The Blue Book on the Integration of Informationization and
Industrialization in China(2013)

中国信息化与工业化融合发展水平评估

蓝皮书（2013）

中国电子信息产业发展研究院　编　著
工业和信息化部信息化推进司　指　导

主　编／罗　文
副主编／樊会文

人民出版社

责任编辑：邵永忠

图书在版编目（CIP）数据

中国信息化与工业化融合发展水平评估蓝皮书 . 2013/
中国电子信息产业发展研究院 编著；罗文 主编 .——北京：人民出版社 ,2014.6
ISBN 978-7-01-013610-3

Ⅰ.①中⋯ Ⅱ.①中⋯②罗⋯ Ⅲ.①信息化—经济发展水平
—白皮书—中国— 2013②工业化—经济发展水平—白皮书
—中国— 2013 Ⅳ.① G202② F424

中国版本图书馆 CIP 数据核字（2014）第 113014 号

中国信息化与工业化融合发展水平评估蓝皮书（2013）
ZHONGGUO XINXIHUA YU GONGYEHUA RONGHE FAZHAN SHUIPING PINGGU LANPISHU（2013）

中国电子信息产业发展研究院 编著
罗 文 主编

人民出版社 出版发行
（100706 北京市东城区隆福寺街 99 号）

北京艺辉印刷有限公司印刷 新华书店经销

2014 年 6 月第 1 版 2014 年 6 月第 1 次印刷
开本：787 毫米 ×1092 毫米 16 开 印张：24.5
字数：410 千字

ISBN 978-7-01-013610-3 定价：88.00 元

邮购地址 100706 北京市东城区隆福寺街 99 号
人民东方图书销售中心 电话（010）65250042 65289539

代　序

以改革创新精神奋力开创新型工业化发展新局面
——中国工业和信息化发展系列蓝皮书

近年来，在党中央、国务院的正确领导下，经过全行业的共同努力，我国工业和信息化保持持续健康发展。工业经济总体规模持续扩大，综合实力明显增强，产业结构调整取得新进展，企业创新能力不断提升，信息化和工业化融合深入推进。工业和信息化发展有力地带动了国内其他产业的创新发展，在促进国民经济增长、调整优化经济结构、扩大城乡就业以及改善人民生活质量等方面发挥了巨大作用，推动了我国工业化、信息化、城镇化、农业现代化进程。

当前，我国工业和信息化发展已经进入到新阶段，国内外环境正在发生广泛而深刻的变化，既有难得的机遇和有利条件，也面临着诸多可以预见和难以预见的困难、风险和挑战。去年底的中央经济工作会议和今年的全国"两会"，对今年经济工作作出了全面部署，强调要坚持稳中求进工作总基调，把改革创新贯穿于经济社会发展各个领域各个环节，切实提高经济发展质量和效益，促进经济持续健康发展、社会和谐稳定。工业和信息化系统要认真学习、深刻领会和全面贯彻落实党中央、国务院决策部署，紧紧围绕"稳中求进、改革创新"的核心要求，着力激发市场主体活力，着力强化创新驱动，着力推进两化深度融合，不断在转型升级、提质增效上迈出新步伐，努力保持工业和信息化持续健康发展，奋力开创新型工业化事业发展新局面。

一是要以深化改革激发市场活力。按照中央部署要求，以使市场在资源配置中起决定性作用和更好发挥政府作用为核心，处理好政府与市场的关系，积极推进重点领域和关键环节改革取得实质性进展，释放改革红利，激发市场主体活力。

当前的重点，是要加快深化行政审批制度改革，转变政府职能，创新管理方式，鼓励引导民间资本进一步进入电信、军工等领域，推动清理和废除对非公有制经济各种形式的不合理规定。同时，认真履行行业管理职责，积极主动作为，及时反映行业、企业情况和诉求，协调推进国有企业、财税、金融、资源性产品价格等领域改革，强化产业对外合作，推动制造业扩大对外开放。要注重加强组织领导，加强调查研究，加强督促检查，严格落实责任，细化完善方案和措施，确保工业和信息化领域改革开好局、起好步。

二是要以扩大内需增强发展内生动力。坚持把优化供给和培育需求结合起来，扩大消费需求，改善供给质量，优化投资结构，使工业发展建立在内需持续扩大的基础上。要着力提高工业产品供给水平，加强质量品牌建设，优化工业产品供给，满足居民对大宗耐用消费品及新兴消费领域产品的需求。要大力培育发展信息消费，支持 4G 加快发展，全面推进三网融合，鼓励移动互联网新技术新业务发展，加快移动智能终端、智能电视、北斗导航终端、智能语音软件研发应用和电子商务发展，抓好信息消费试点市和智慧城市试点。高度重视解决小微企业发展面临的困难和问题，狠抓政策完善和落实，切实减轻企业负担，进一步激发民间投资活力。同时，充分利用"两个市场、两种资源"，落实好各项政策，巩固和扩大国际市场份额，积极开拓海外市场

三是要以调整优化结构提升发展质量和效益。坚持进退并举、有保有压，加快调整产业结构，提升产业素质和竞争优势。改造提升传统产业方面，要加强企业技术改造，提高并严格执行能耗、环保和安全等行业准入标准，着力化解产能严重过剩矛盾，加快淘汰落后产能，推进企业兼并重组，强化工业节能减排，加快航空、卫星及应用、轨道交通、海洋工程、智能制造等领域重大技术装备研制和技术开发。发展壮大战略性新兴产业方面，要推动健全完善体制机制，着力突破关键核心技术，强化市场培育，在新一代移动通信、集成电路、物联网、大数据、先进制造、新材料等方面赶超先进，引领未来产业发展。同时，要大力促进制造业与服务业融合发展，开展制造业服务化试点示范，加快发展工业设计、现代物流、信息技术服务等面向工业的生产性服务业。

四是要以创新驱动提升产业核心竞争力。坚持把创新驱动作为新型工业化发展的原动力，紧紧抓住增强自主创新这个关键环节，协调推进科技体制改革，促

进科技与经济紧密结合，推动我国工业向全球价值链高端跃升。当前，要加快健全技术创新市场导向机制，强化企业创新主体地位，落实促进企业创新的财税政策，推动扩大研发费用加计扣除范围，研究实施设备加速折旧政策，改进财政补助方式，鼓励企业设立研发机构，推动建设企业主导的产业创新联盟。要依托国家科技重大专项、重大创新发展工程和应用示范工程，结合实施工业强基工程，加大技术攻关力度，力争在信息技术、智能制造、节能环保、节能与新能源汽车等领域，突破一批重大关键核心技术和共性技术，推进科技成果转化和产业化，加快新技术新产品新工艺研发应用，抢占产业发展制高点。

五是要以两化深度融合提升发展层次和水平。适应新科技革命和产业变革趋势和要求，积极营造良好环境，汇聚政策资源，激发企业行业内在动力，促进信息网络技术广泛深入应用。要尽快建立和推广企业两化融合管理体系标准，发布两化融合管理体系基本要求和实施指南，选择部分企业开展贯标试点。要促进信息技术与制造业融合创新，推进智能制造生产模式的集成应用，开发工业机器人等智能基础制造装备和成套装备，推进智能装备、工业软件在石化、机械加工等行业示范应用。要加强重点领域智能监测监管体系建设，提高重点高危行业安全生产水平、重点行业能源利用智能化水平。同时，要加快信息网络基础设施建设，全面落实"宽带中国"战略，大力发展信息技术产业，切实维护网络与信息安全，为两化融合提供有力支撑和保障。

推进工业和信息化转型升级、提质增效、科学发展，既是当前紧迫性的中心工作，也是长期性艰巨任务。工业和信息化系统要更加紧密地团结在以习近平同志为总书记的党中央周围，坚持走新型工业化道路，以改革创新精神，求真务实，开拓进取，狠抓落实，不断以良好成效在建设工业强国征程中迈出坚定步伐，为全面建成小康社会、实现中华民族伟大复兴中国梦做出新的更大贡献。

工业和信息化部部长　苗圩

2014 年 5 月 4 日

3

前　言

　　信息化与工业化融合(本书简称"两化融合")有广义和狭义两个层面的理解。广义上讲，两化融合是工业化进程与信息化进程的重合；狭义上讲，是信息技术广泛应用于工业领域，引起生产效率提高和生产方式变革，从而使工业结构调整升级的过程。就狭义而言，两化融合主要体现在工业利用信息技术的水平和层次，我们将"三个转变，一个拓展"作为两化深度融合的基本内涵，即：从单项业务信息技术应用向多业务多技术综合集成转变，从单纯信息技术应用向业务流程再造和组织结构调整转变，从单一企业信息技术应用向产业链上下游协同应用转变，拓展新型商业模式和产业形态。按照这一理解，两化融合发展水平是指一定时期内一个国家或地区各个产业信息化普及状态和应用水平，反映信息化与工业化相互促进、协调发展的程度。从推动实际工作和评估发展水平角度出发，我们主要是按照狭义、同时也兼顾广义来建立两化融合指标体系并开展评估工作。推动两化融合是我国加快工业转型升级、走中国特色新型工业化道路的根本要求。未来几年，我国两化融合要在"深度"上下工夫，着力提高两化融合发展水平。

　　2013 年，是我国两化融合取得重要进展的关键一年。国家层面密集发布了一系列促进两化深度融合的政策措施。8 月 8 日，国务院印发了《关于促进信息消费扩大内需的若干意见》(国发〔2013〕32 号)，明确提出要加快信息基础设施演进升级，增强信息产品供给能力，提升公共服务信息化水平，为提升制造业聚集区信息网络基础设施、增强电子信息产业支撑和服务能力提供了良好政策环境。8 月 17 日，国务院印发了《"宽带中国"战略及实施方案》(国发〔2013〕31 号)，将加快宽带网络优化升级、提高宽带网络应用水平作为重点内容，为解决信息基础设施滞后制约两化融合向深度发展的突出问题提供了重要支撑。8 月 23 日，工业和信息化部(以下简称"工信部")立足当前工作实际，针对制约工业转型升级的突出矛盾和问题，制定了《信息化和工业化深度融合专项行动计划

（2013—2018年）》，明确了推进两化深度融合的方向和突破口，并在提高企业信息化水平、提升信息产业支撑服务能力、推动专业领域两化融合向纵深发展、开展前瞻性布局等方面提出了八项行动计划，务实推进两化融合重点工程。10月24日，工信部印发了《信息化发展规划》，提出了促进工业领域信息化深度应用、加快推进服务业信息化、积极提高中小企业信息化应用水平三项主要任务，强调了"十二五"末期推动两化深度融合的工作重点。为贯彻落实国家政策，各地政府也纷纷出台针对地方两化融合发展现状的指导意见和配套措施。11月19日，青海省印发了《关于建设宽带青海促进信息消费的指导意见》，提出要加快信息基础设施建设，推动传统产业信息化改造，提升软件行业支撑服务水平，加快建设青海信息产业园，着力解决信息基础设施落后制约两化深度融合的问题，加快区域产业聚集，增强电子信息产业创新能力和竞争力。12月3日，安徽省印发了《安徽省信息化和工业化深度融合专项行动计划实施方案（2013—2017年）》，提出要切实抓好推动两化深度融合的八项重大行动，并详细制定了安徽省两化深度融合专项行动计划的任务分工和进度安排。12月31日，四川省印发了《关于促进信息消费扩大内需的实施方案》，提出要加快实施信息基础设施演进升级工程，增强电子基础产业创新和应用能力，提升软件业支撑服务水平，为改善两化融合基础设施环境，提升电子信息产业支撑和服务能力创造了良好的政策环境。回顾2013年，是两化融合相关政策出台较多的一年，为我国两化融合发展营造了良好的政策环境。

两化融合区域发展水平评估是推进两化融合的有力抓手。2013年，工信部将区域发展水平评估结果作为《信息化与工业化深度融合专项行动计划（2013—2018年）》目标评判依据之一。同时，区域发展水平评估也是各地摸清两化融合现状、发现问题、把握发展趋势和规律的重要手段，有利于引导、推动工业转型升级和转变经济发展方式。2013年，赛迪智库信息化研究中心在工信部信息化推进司的指导下，在2012年评估的基础上，开展了第二次区域发展水平评估，经过评估启动、试点调研、指标体系完善、评估实施等四个阶段工作，形成了评估结果。

一是建立工作机制。为严格遵守中央关于转变作风的八项规定，2013年评估工作中没有召开启动大会或工作部署会，仅是通过文件传达相关工作要求。3

月底，向全国各省份下发了《关于开展2013年区域两化融合发展水平评估工作的函》，同时下发了《2013年区域两化融合发展水平评估工作计划》，与各地工业和信息化主管部门之间建立了稳定的工作联络机制。

二是开展试点调研。4月中旬，选取黑龙江、广东、广西、新疆等四个地方作为试点调研省份，同时向上述省份下发了《关于请协助做好2013年区域两化融合发展水平评估试点考察调研工作的通知》。从5月份开始，先后对四地的评估情况进行了实地考察，并围绕评估指标体系和测算方法、数据采集和抽样调查方法等方面征求了地方的意见和建议。试点省份均对现有评估指标体系和评估方法表示赞同，认为应予以沿用，仅需对企业数据采集样本量作适当调整。

三是修改完善评估指标体系。首先，根据调研省份的意见，在确保评估工作的一致和延续性的基础上，保持现有评估指标体系和测算方法不变。其次，为进一步增强数据采集的科学性、有效性和可行性，对数据采集的抽样方法作了几点改进：一是各省份企业调研样本量与工业企业总量成一定比例；二是调研范围由当地的优势行业扩展到所有工业行业，不再对行业进行限定；三是集团型企业总部不在调查范围之内，其下属经营实体公司可纳入地方调查范围之内。

四是组织实施评估工作。9月初，向各省份下发了《关于请协助开展2013年"区域"两化融合发展水平评估数据采集工作的函》，并向工信部规划司、运行监测协调局分别发送了《关于请提供"区域"两化融合发展水平评估工作相关数据的函》，征集部分指标的原始数据。同时，升级了"区域两化融合发展水平评估"网上填报系统。截至10月底，全部完成数据采集工作。11月份开始，采用综合评分法，借助指数测算软件，计算得出各省、市、区两化融合发展指数，并进行纵向分析和横向区域对比分析。最后，根据数据分析结果，结合省（市、自治区）两化融合进展情况和发展特点，编写完成了《中国信息化与工业化融合发展水平评估蓝皮书（2013）》。

《中国信息化与工业化融合发展水平评估蓝皮书（2013）》基于全国31个省（直辖市、自治区）6500多家企业的网络调研数据，对2012年全国区域两化融合发展水平进行了评估分析，同时总结归纳了我国区域两化融合发展的特点，点评了31个省（直辖市、自治区）两化融合的优劣势，并对全国及各省市区如何加快推进两化深度融合、进一步完善区域水平评估提出了具体建议。全书共分为三十四章。

第一章主要介绍区域两化融合水平评估指标体系和计算方法。区域两化融合发展水平评估指标体系主要由基础环境、工业应用、应用效益三类指标构成（包括三类23个指标）。

第二章对区域两化融合水平评估结果进行综合分析。通过年度对比分析和区域横向比较，深入分析了2010年和2011年31个省（直辖市、自治区）两化融合发展综合指数及其排名情况，总结归纳出我国区域两化融合发展特点。

第三章至三十三章分别对31个省（直辖市、自治区）两化融合发展情况进行剖析。首先对基础环境、工业应用和应用效益三类指标进行分项比较和定量评价，然后对2011年31个省（直辖市、自治区）的两化融合优劣势进行评析，总结其基本特征，并对各省推进两化融合提出相关建议。

第三十四章主要从加强组织协调、开展示范应用、加强政策扶持、建设综合服务体系等层面对下一步推进我国两化深度融合提出具体建议。

值得一提的是，与2011年全国两化融合发展水平评估相比，2012年全国两化融合发展水平评估扩大了样本容量，调查企业数量由2300多家增加到6500多家，涉及行业类别更加广泛，企业的规模构成比例更加合理，新增加的调查企业中有相当一部分是中小企业。样本容量的扩大及样本中中小企业比例的上升，使得2012年的评估中部分地区的部分指标有一定程度的下降，但这并不代表当地两化融合水平的下降。通过优化企业规模构成比例和增加和企业数量，2012年的两化融合发展水平评估在之前的基础上对指标进行了修正，使指标更能真实反应当前各地两化融合的真实水平，提高了评估的权威性和可靠性，为各地推进两化融合提供了更加科学的建议。今后的工作中，我们将进一步规范样本的采集，统一行业的选择，稳定调查企业的数量和企业规模的构成比例，使区域两化融合发展水平评估更加真实、准确地反应各地的水平，引导两化融合发展进一步向地市县延伸，建立形成有效的两化融合统计、监测、评估体系，促进各地科学务实推进两化融合。

工业和信息化部信息化推进司司长
2014 年 4 月

目　录

代　序（苗圩）
前　言（徐愈）

第一章　信息化与工业化融合指标体系 / 1

　　一、评估指标体系 / 1

　　二、指标说明 / 4

　　三、抽样方法 / 9

　　四、指标测算方法 / 9

第二章　区域两化融合发展水平总体分析 / 12

　　一、综合分析 / 12

　　二、基础环境分析 / 18

　　三、工业应用分析 / 35

　　四、应用效益分析 / 54

第三章　北京市两化融合发展水平分析 / 69

　　一、总体情况 / 69

　　二、两化融合发展水平分析 / 71

　　三、优劣势评价 / 76

　　四、相关建议 / 77

第四章　天津市两化融合发展水平分析 / 80

　　一、总体情况 / 80

　　二、两化融合发展水平分析 / 82

　　三、优劣势评价 / 87

　　四、相关建议 / 88

第五章　河北省两化融合发展水平分析 / 91

　　一、总体情况 / 91

　　二、两化融合发展水平分析 / 93

　　三、优劣势评价 / 98

四、相关建议 / 99

第六章　山西省两化融合发展水平分析 / 101

一、总体情况 / 101

二、两化融合发展水平分析 / 103

三、优劣势分析 / 107

四、相关建议 / 109

第七章　内蒙古自治区两化融合发展水平分析 / 111

一、总体情况 / 111

二、两化融合发展水平分析 / 113

三、优劣势评价 / 118

四、相关建议 / 119

第八章　辽宁省两化融合发展水平分析 / 121

一、总体情况 / 121

二、两化融合发展水平分析 / 122

三、优劣势评价 / 127

四、相关建议 / 128

第九章　吉林省两化融合发展水平分析 / 130

一、总体情况 / 130

二、两化融合发展水平分析 / 132

三、优劣势评价 / 137

四、相关建议 / 138

第十章　黑龙江省两化融合发展水平分析 / 140

一、总体情况 / 140

二、两化融合发展水平分析 / 142

三、优劣势评价 / 146

四、相关建议 / 148

第十一章　上海市两化融合发展水平分析 / 149

一、总体情况 / 149

二、两化融合发展水平分析 / 151

三、优劣势评价 / 155

四、相关建议 / 157

第十二章　江苏省两化融合发展水平分析 / 159

一、总体情况 / 159

二、两化融合发展水平分析 / 162

三、优劣势评价 / 167

四、相关建议 / 168

第十三章 浙江省两化融合发展水平分析 / 170

一、总体情况 / 170

二、两化融合发展水平分析 / 171

三、优劣势评价 / 176

四、相关建议 / 177

第十四章 安徽省两化融合发展水平分析 / 179

一、总体情况 / 179

二、两化融合发展水平分析 / 181

三、优劣势评价 / 185

四、相关建议 / 187

第十五章 福建省两化融合发展水平分析 / 188

一、总体情况 / 188

二、两化融合发展水平分析 / 189

三、优劣势评价 / 194

四、相关建议 / 195

第十六章 江西省两化融合发展水平分析 / 197

一、总体情况 / 197

二、两化融合发展水平分析 / 198

三、优劣势评价 / 202

四、相关建议 / 204

第十七章 山东省两化融合发展水平分析 / 205

一、总体情况 / 205

二、两化融合发展水平分析 / 206

三、优劣势评价 / 210

四、相关建议 / 212

第十八章 河南省两化融合发展水平分析 / 214

一、总体情况 / 214

二、两化融合发展水平分析 / 215

三、优劣势评价 / 219

四、相关建议 / 221

第十九章 湖北省两化融合发展水平分析 / 222

一、总体情况 / 222

二、两化融合发展水平分析 / 225

三、优劣势评价 / 229

四、相关建议 / 231

第二十章　湖南省两化融合发展水平分析 / 233

一、总体情况 / 233

二、两化融合发展水平分析 / 235

三、优劣势评价 / 239

四、相关建议 / 240

第二十一章　广东省两化融合发展水平分析 / 242

一、总体情况 / 242

二、两化融合发展水平分析 / 245

三、优劣势评价 / 250

四、相关建议 / 251

第二十二章　广西壮族自治区两化融合发展水平分析 / 253

一、总体情况 / 253

二、两化融合发展水平分析 / 255

三、优劣势评价 / 259

四、相关建议 / 260

第二十三章　海南省两化融合发展水平分析 / 262

一、总体情况 / 262

二、两化融合发展水平分析 / 263

三、优劣势评价 / 268

四、相关建议 / 270

第二十四章　重庆市两化融合发展水平分析 / 272

一、总体情况 / 272

二、两化融合发展水平分析 / 274

三、优劣势评价 / 278

四、相关建议 / 280

第二十五章　四川省两化融合发展水平分析 / 282

一、总体情况 / 282

二、两化融合发展水平分析 / 284

三、优劣势评价 / 289

四、相关建议 / 291

第二十六章 贵州省两化融合发展水平分析 / 292

一、总体情况 / 292

二、两化融合发展水平分析 / 294

三、优劣势评价 / 298

四、相关建议 / 299

第二十七章 云南省两化融合发展水平分析 / 301

一、总体情况 / 301

二、两化融合发展水平分析 / 303

三、优劣势评价 / 308

四、相关建议 / 309

第二十八章 西藏自治区两化融合发展水平分析 / 311

一、总体情况 / 311

二、两化融合发展水平分析 / 313

三、优劣势评价 / 317

四、相关建议 / 319

第二十九章 陕西省两化融合发展水平分析 / 320

一、总体情况 / 320

二、两化融合发展水平分析 / 322

三、优劣势评价 / 326

四、相关建议 / 328

第三十章 甘肃省两化融合发展水平分析 / 330

一、总体情况 / 330

二、两化融合发展水平分析 / 332

三、优劣势评价 / 336

四、相关建议 / 338

第三十一章 青海省两化融合发展水平分析 / 340

一、总体情况 / 340

二、两化融合发展水平分析 / 342

三、优劣势评价 / 347

四、相关建议 / 348

第三十二章 宁夏回族自治区两化融合发展水平分析 / 350

一、总体情况 / 350

二、两化融合发展水平分析 / 352

三、优劣势评价 / 356

四、相关建议 / 357

第三十三章　新疆维吾尔自治区两化融合发展水平分析 / 359

一、总体情况 / 359

二、两化融合发展水平分析 / 361

三、优劣势评价 / 365

四、相关建议 / 367

第三十四章　相关建议 / 369

一、加强两化融合宏观引导和组织协调 / 369

二、选择典型项目推动两化融合示范应用 / 370

三、完善对信息服务企业的扶持政策 / 371

四、建立健全两化融合综合服务体系 / 372

五、其它推进信息化和工业化融合的建议 / 373

第一章 信息化与工业化融合指标体系

一、评估指标体系

信息化与工业化融合指标体系包括一个发展指数、三个分指数、23个具体指标（见表1）。第一类是基础环境，共8个指标，涵盖网络基础设施建设、移动电话和互联网应用普及、两化融合政策环境建设、中小企业信息化服务体系建设以及工业企业信息化环境建设等方面；第二类是工业应用，共8个指标，涵盖工业企业重要信息系统应用、电子商务应用、生产装备信息技术应用以及工业园区信息化应用等方面；第三类是应用效益，共7个指标，涵盖工业生产效益和水平、创新能力、节能减排水平以及信息产业发展水平等方面。

表1—1 区域两化融合发展水平评估基本指标体系

类别	指标及权重	单位	数据来源	计算方法	指标说明
基础环境（25.0）	城（省）域网出口带宽（1.0）	Gbps	当地通信管理局、电信运营商统计数据		反映当地网络基础设施建设水平；这里统计省级国内和国际互联网出口带宽总和。
	固定宽带普及率（4.0）	个/人	工信部运行局统计数据、《中国统计年鉴》	互联网宽带接入用户数/年平均人口；年平均人口为当年年底人口与当年年初（上年年底）人口的平均数	反映当地宽带网络基础设施覆盖率；互联网宽带接入用户数为工信部运行局统计数据，人口数据来自统计年鉴。

1

（续表）

类别	指标及权重	单位	数据来源	计算方法	指标说明
	固定宽带端口平均速率（4.0）	Mbps	当地通信管理局、电信运营商统计数据		反映当地居民宽带网络享有水平；这里统计宽带用户购买带宽的平均速率。
	移动电话普及率（4.0）	部/百人	工信部经济运行局统计数据		反映当地居民移动信息化应用水平。
	互联网普及率（4.0）	%	《中国互联网发展状况统计报告》		反映互联网在当地居民工作生活中的渗透率。
	两化融合专项引导资金（2.0）	—	当地工业和信息化主管部门	是则记为该项满分，否则记为零分	反映当地两化融合财政支持力度；这里以是否设立省级两化融合专项引导资金来计分。
	中小企业信息化服务平台数（3.0）	个	当地工业和信息化主管部门		反映当地面向中小企业信息化服务体系建设水平；这里统计省级以上中小企业信息化服务平台的个数。
	重点行业典型企业信息化专项规划（3.0）	%	调查数据	制定企业信息化专项规划的企业数/调查企业总数	反映当地企业对信息化建设的重视程度。
工业应用（50.0）	重点行业典型企业ERP普及率（6.0）	%	调查数据	广泛应用ERP的企业数/调查企业总数	广泛应用ERP是指物料需求计划、采购计划、主生产计划、销售执行计划、财务预算、人力资源计划等功能基本实现。
	重点行业典型企业MES普及率（6.0）	%	调查数据	广泛应用MES的企业数/调查企业总数	广泛应用MES是指应用MES实现自动排产计划生成、生产过程监控、设备状态监控的车间比例均在80%以上。
	重点行业典型企业PLM普及率（6.0）	%	调查数据	广泛应用PLM的企业数/调查企业总数	广泛应用PLM是指应用PLM基本落实企业产品研发管理制度。
	重点行业典型企业SCM普及率（6.0）	%	调查数据	广泛应用SCM的企业数/调查企业总数	广泛应用SCM是指供应链信息和协作管理、供应链业务执行等功能基本实现。

（续表）

类别	指标及权重	单位	数据来源	计算方法	指标说明
	重点行业典型企业采购环节电子商务应用（6.0）	%	调查数据	电子商务产生的采购额占采购总额30%以上的企业数/调查企业总数	反映当地工业企业电子商务应用水平。
	重点行业典型企业销售环节电子商务应用（6.0）	%	调查数据	电子商务产生的销售额占销售总额30%以上的企业数/调查企业总数	
	重点行业典型企业装备数控化率①（7.0）	%	调查数据	调查企业的数控装备数量总和/调查企业的生产装备数量总和	反映当地工业企业生产装备信息技术应用水平。
	国家新型工业化产业示范基地两化融合发展水平（7.0）	%	工信部规划司	由国家新型工业化产业示范基地评估指标体系中"大中型企业数字化设计工具普及率"和"电子商务交易额"两项加权得出	反映当地重点工业园区两化融合发展水平。
应用效益（25.0）	工业增加值占GDP比重（4.0）	%	《中国统计年鉴》	工业增加值/GDP	反映当地工业发展对GDP增长的贡献率。
	第二产业全员劳动生产率（4.0）	元/人·年	《中国统计年鉴》	第二产业增加值/第二产业从业人员年平均人数	反映当地第二产业从业人员的生产效率；第二产业增加值、第二产业从业人员年平均人数均为统计局数据，再根据计算公式获得。
	工业成本费用利润率（4.0）	%	《中国统计年鉴》		反映当地工业企业的盈利能力。
	单位工业增加值工业专利量（4.0）（备）	件/亿元	《各省统计年鉴》、《中国统计年鉴》	工矿企业专利申请受理数/工业增加值	反映当地工业企业创新能力；工矿企业专利申请受理数取自《各省统计年鉴》，工业增加值数据取自《中国统计年鉴》。

（续表）

类别	指标及权重	单位	数据来源	计算方法	指标说明
	单位地区生产总值能耗（3.0）	吨标准煤/万元	《中国统计年鉴》		反映当地工业节能水平。
	电子信息制造业主营业务收入（3.0）	亿元	工信部运行局统计数据		反映当地两化融合带动信息产业发展的能力。
	软件业务收入（3.0）	亿元	工信部运行局统计数据		

①装备数控化率是指数控装备占生产装备的比例。

二、指标说明

（一）总体说明

1. 统计指标可以在《中国统计年鉴》、《各省统计年鉴》、《各省国民经济和社会发展统计年度公报》均可以找到的，以《中国统计年鉴》为准，对于不能在《中国统计年鉴》找到的统计数据，以《各省统计年鉴》或《各省国民经济和社会发展统计年度公报》为准。

2. 2013 年的评估结果反映的是 2012 年全国各地两化融合发展水平，2012 年统计数据计算截止日期为 2012 年 12 月 31 日。

（二）指标分项说明

1. 城（省带宽）域网出口

该指标反映本地区在数据和互联网业务上与国内和国际其他地区数据传输服务能力。

数据来源：调查电信、联通、移动、广电四家运营商。

计算方法：统计电信、联通、移动、广电四家运营商在各类网络（包括电信网、互联网、有线电视网）上关于数据及互联网业务的国内、国际出省(市)设计带宽(备案带宽)之和，包括省际互联传输带宽、省(市)与国家汇接节点间传输带宽、省(市)与国际汇接节点间传输带宽。统计数据以截止到统计年度 12 月 31 日仍有效在用的备案带宽为准。

2. 固定宽带普及率

该指标反映本地区人均固定宽带使用水平。

数据来源：互联网宽带接入用户数统计数据取自工信部运行局《XXXX 年全国电信业统计公报》。地区常住人口数（包括户籍人口和持居住证人口）按当地人口统计部门年度 12 月份统计数据为准。

计算方法：互联网宽带接入用户数 / 地区常住人口数。

3. 固定宽带端口平均速率

该指标反映本地区宽带平均接入速率。

数据来源：调查本地区各大互联网宽带服务提供商，不局限于电信、联通、移动、广电四大营运商。

计算方法：统计本地区各大互联网宽带服务提供商（不局限于电信、联通、移动、广电四大营运商）卖出的固定互联网宽带服务中平均每个宽带端口的名誉速率（不是指实际下载速率）。统计数据以截止到统计年度 12 月 31 日仍在有效服务期范围内的固定宽带端口的平均速率为准。

4. 移动电话普及率

该指标反映本地区移动电话普及应用水平。

数据来源：取自工信部经济运行局《XXXX 年 12 月电话用户分省情况》。

5. 互联网普及率

该指标反映本地区互联网普及应用水平。

数据来源：取自《中国互联网络发展状况统计报告》统计数据。2010 年数据统计取自中国互联网络信息中心 2011 年 1 月份发布的《中国互联网络发展状况统计报告》。2011 年数据统计取自中国互联网络信息中心 2012 年 1 月份发布的《中国互联网络发展状况统计报告》。

6. 两化融合专项引导资金

反映本级政府对本地两化融合推进资金支持力度。

数据来源：一般为当地工业和信息化主管部门

计算方法：统计本级政府各职能部门设立的面向两化融合引导专项资金，不包括电子信息产业发展基金、技术改造资金等各类面向其他用途的专项资金。统计数据以截止到统计年度 12 月 31 日本级政府各职能部门该年度累计投入的两化融合引导专项资金总和为准。

7. 中小企业信息化服务平台数量

反映本级政府面向中小企业的信息化服务体系建设情况。

数据来源：一般为当地工业和信息化主管部门

计算方法：统计本级政府投资或合作建立的面向中小企业信息化服务的公共平台数，包括行业协会建立的信息化服务平台，但不包括商业性质的平台。统计数据以截止统计年度12月31日仍有效服务的中小企业信息化服务平台数量为准。

8. 重点行业典型企业信息化专项规划

该指标反映本地区重点行业典型企业在对企业自身信息化发展上的统筹规划能力。

数据来源：企业调查数据。

计算方法：受调查的本地区重点行业典型企业中制定企业信息化专项规划的企业数／受调查的本地区重点行业典型企业总数。该规划不一定要求在统计年度制定，只需要在统计年度仍然有效执行即可。统计数据以截止到统计年度12月31日是否仍有有效执行的企业信息化专项规划为准。

9. 重点行业典型企业 ERP 普及率

该指标反映本地区重点行业典型企业 ERP 应用情况。

数据来源：企业调查数据。

计算方法：受调查的重点行业典型企业中广泛应用 ERP 的企业数／受调查的重点行业典型企业总数。

工业企业广泛应用 ERP 是指物料需求计划、采购计划、主生产计划、销售执行计划、财务预算、人力资源计划等功能基本实现。

10. 重点行业典型企业 MES 普及率

该指标反映本地区重点行业典型企业 MES 应用情况。

数据来源：企业调查数据。

计算方法：受调查的重点行业典型企业中广泛应用 MES 的企业数／受调查的重点行业典型企业总数。

工业企业广泛应用 MES 是指应用 MES 实现自动排产计划生成、生产过程监控、设备状态监控的车间比例均在 80% 以上。

11. 重点行业典型企业 PLM 普及率

该指标反映本地区重点行业典型企业 PLM 应用情况。

数据来源：企业调查数据。

计算方法：受调查的重点行业典型企业中广泛应用 PLM 的企业数 / 受调查的重点行业典型企业总数。

工业企业广泛应用 PLM 是指应用 PLM 基本落实企业产品研发管理制度。

12. 重点行业典型企业 SCM 普及率

该指标反映本地区重点行业典型企业 SCM 应用情况。

数据来源：企业调查数据。

计算方法：受调查的重点行业典型企业中广泛应用 SCM 的企业数 / 受调查的重点行业典型企业总数。

工业企业广泛应用 SCM 是指供应链信息和协作管理、供应链业务执行等功能基本实现。

13. 重点行业典型企业采购环节电子商务应用

反映本地区重点行业典型企业采购信息化水平。

数据来源：企业调查数据。

计算方法：受调查的重点行业典型企业中电子商务产生的采购额占采购总额 30% 以上的企业数 / 受调查的重点行业典型企业总数。统计数据以截止统计年度 12 月 31 日受调查的本地区重点行业典型企业电子商务采购占比为准。

14. 重点行业典型企业销售环节电子商务应用

反映本地区重点行业典型企业销售信息化水平。

数据来源：企业调查数据。

计算方法：受调查的重点行业典型企业中电子商务产生的销售额占销售总额 30% 以上的企业数 / 受调查的重点行业典型企业总数。统计数据以截止到统计年度 12 月 31 日受调查的本地区重点行业典型企业电子商务销售占比为准。

15. 重点行业典型企业装备数控化率

反映本地区重点行业典型企业装备数字化水平。

数据来源：企业调查数据。

计算方法：受调查的本地区重点行业典型企业中拥有数控机床总数 / 受调查

的本地区重点行业典型企业中拥有的机床总数。统计数据以截止到统计年度 12 月 31 日受调查的本地区重点行业典型企业装备数控化率为准。

16. 国家新型工业化产业示范基地两化融合发展水平

反映本地区重点工业园区两化融合发展水平。

数据来源：取自工信部规划司国家新型工业化产业示范基地指标体系的统计数据。

计算方法：由"大中型企业数字化设计工具普及率"和"电子商务交易额"两项数据量化加权得到。

17. 工业增加值占 GDP 的比重

该指标反映本地区工业发展对 GDP 增长的贡献率。

数据来源：工业增加值、GDP 统计数据取自《中国统计年鉴》。

计算方法：工业增加值 /GDP。

18. 第二产业全员劳动生产率

该指标反映本地区第二产业从业人员的劳动生产效率。

数据来源：第二产业增加值、第二产业从业人员年平均人数等统计数据取自《中国统计年鉴》。

计算方法：第二产业增加值 / 第二产业从业人员年平均人数。

19. 工业成本费用利润率

该指标反映本地区工业企业的竞争赢利能力。

数据来源：来自《中国统计年鉴》。

20. 单位工业增加值工业专利量

该指标反映本地区工业企业创新能力。

数据来源：工矿企业专利申请受理数取自《各省统计年鉴》，工业增加值数据取自《中国统计年鉴》。

计算方法：工矿企业专利申请受理数 / 工业增加值。

21. 单位地区生产总值能耗

该指标反映本地区工业耗能水平。

数据来源：来自《中国统计年鉴》。

22. 电子信息制造业主营业务收入

该指标反映本地区两化融合带动电子信息产业发展的能力。

数据来源：取自工信部运行局《XXXX 年规模以上电子信息制造业主要效益指标完成情况》。

23. 软件业务收入

该指标反映本地区两化融合带动软件产业发展的能力。

数据来源：取自工信部运行局《XXXX 年 1—12 月软件产业主要经济指标完成情况》。

三、抽样方法

上表中所有调查数据均采取抽样调查的方式，抽样调查的样本量相比 2012 年做了适当的调整。调查行业应尽量涵盖当地全部工业门类，调查企业包括规模以上和中小型工业企业，受调查的规模以上工业企业数量不少于当地规模以上工业企业总数的 5%（或者不少于 100 家），受调查的中小企业数量不少于受调查的规模以上工业企业数量。由于西藏、海南、青海等地工业企业数量较少，为保证抽样调查的科学性和有效性，在兼顾行业覆盖面、企业规模等因素的前提下，上述 3 个地方受调查企业总数均不少于 50 家。

需要说明的是，集团型企业（是指其下属公司具有法人地位（二级法人）的企业集团）的总部不在调查范围之内，其下属公司可在调查范围之内。中小企业划分标准参考《中小企业划型标准规定》（工信部联企业〔2011〕300 号）。

四、指标测算方法

根据区域两化融合发展水平评估基本指标体系，采用无量纲化处理和综合评分法，计算出区域两化融合发展指数。计算方法如下：

（一）指标无量纲化

为了消除各指标单位不同的问题，首先对数据进行无量纲化处理，计算出无量纲化后的相对值。各评估指标原始值记为 X_{ni}（n= 年份，i= 指标），无量纲化后值记为 Z_{ni}。为了避免某年数据变化过大造成无量纲化值突变，消除数值突变对评估效果的影响，这里采用取对数的方式对指标进行无量纲化。考虑到综合计算结果能满足各地自己时间维度上的纵向比较需求，需设定指标基期。选择2010 年作为基期，将 2010 年的全国各省数据的中间值记为 $\overline{Z}_{(n=2010)i}$ =50。2010 年之后，第 n 年无量纲化后的值为 Z_{ni}（n ≥ 2010）：

正指标计算公式 $Z_{ni} = [Log_2(1 + \dfrac{X_{ni}}{\overline{X}_{(n=2010)i}})] * 50$

逆指标计算公式 $Z_{ni} = [Log_2(1 + \dfrac{\overline{X}_{(n=2010)i}}{X_{ni}})] * 50$

其中，对指标体系中"两化融合专项引导资金"指标做特殊处理，"有"则 Z_{ni}=100，"无"则 Z_{ni}=0。

（二）指标权重确定

指标权重确定采取专家打分法（即 Delphi 法）。根据专家意见，三类指标的权重中，基础环境占 25%，工业应用占 50%，应用效益占 25%。

（三）分类指数和发展指数的合成

各评估指标首先计算无量纲化值 Z_{ni}，依据各评估指无量纲化值 Z_{ni} 分别计算出基础环境指数、工业应用指数和应用效益指数，最后，根据基础环境指数、工业应用指数和应用效益指数加权计算出两化融合水平指数。

1. 分类指数的合成方法

依据某一类所有指标无量纲化后的数值与其权重计算为：

$$I_{jn} = \frac{\sum\limits_{i=j\min}^{j\max} Z_{ni}W_i}{\sum\limits_{i=j\min}^{j\max} W_i} \qquad (j=1,2,3)$$

I_{1n}、I_{2n}、I_{3n} 分别代表基础环境指数、工业应用指数和应用效益指数。

2. 区域两化融合水平发展指数合成方法

依据所有指标无量纲化后的数值与其权重计算为：

$$I_n = \sum_{j=1}^{3} \left(I_{jn} \frac{\sum_{i=j\min}^{j\max} W_i}{\sum_{i=1}^{23} W_i} \right)$$

即　　$$I_n = \frac{\sum_{i=1}^{23} Z_{ni} W_i}{\sum_{i=1}^{23} W_i}$$

经过上述计算处理后，便可得到参评对象的两化融合发展水平发展指数。最终测算数据既可以实现同一地区不同年度之间的横向比较，又能实现同一年度不同地区之间的纵向比较。

第二章　区域两化融合发展水平总体分析

本章利用第一章提出的区域两化融合指标体系，在对全国 31 个省（直辖市、自治区）6500 多家企业的数据网上调查的基础上，对全国各省（直辖市、自治区）区域两化融合发展水平进行了评估分析。

一、综合分析

2012 年全国两化融合发展指数为 61.95，2011 年为 59.07，增长 2.88。其中，2012 年基础环境指数为 64.87，2011 年为 58.36，增长 6.51；2012 年工业应用指数为 57.34，2011 年为 56.13，增长 1.21；2012 年应用效益指数为 68.27，2011 年为 65.65，增长 2.62。基础环境类指数增长最快。如下表所示。

表 2—1　2012 年、2011 年两化融合各类指数发展比较

	基础环境	工业应用	应用效益	发展指数
2012年	64.87	57.34	68.27	61.95
2011年	58.36	56.13	65.65	59.07
增长量	6.51	1.21	2.62	2.88

数据来源：中国电子信息产业发展研究院。

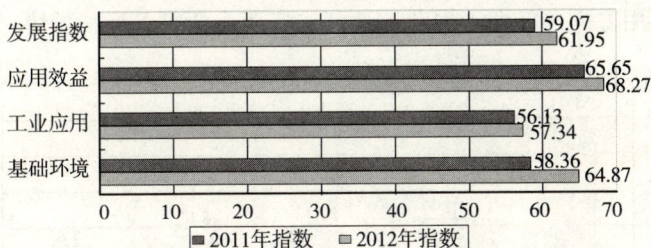

图2—1　2012年、2011年两化融合各类指数发展比较

数据来源：中国电子信息产业发展研究院。

从各省的数据来看，2012年各省两化融合指数都有不同程度的提高，其中江西、河北、浙江、广西、广东指数增长最快，超过全国平均增速的省份还有北京、四川、湖南、上海、西藏、江苏、山西、贵州、辽宁、新疆。

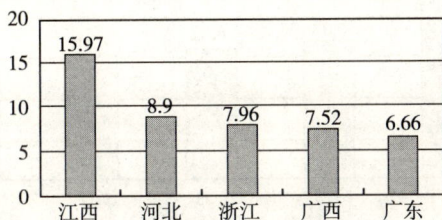

图2—2　2012年两化融合发展指数增长前五名

数据来源：中国电子信息产业发展研究院。

在基础环境方面，重庆、山西、四川、广东、河北增长最快。

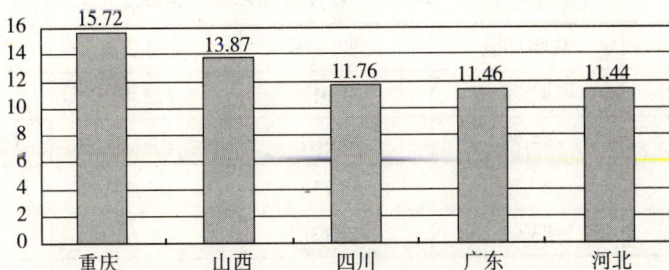

图2—3　2012年两化融合基础环境类指数增长前五名

数据来源：中国电子信息产业发展研究院。

13

在工业应用方面，江西、河北、浙江、广西、西藏）增长最快。

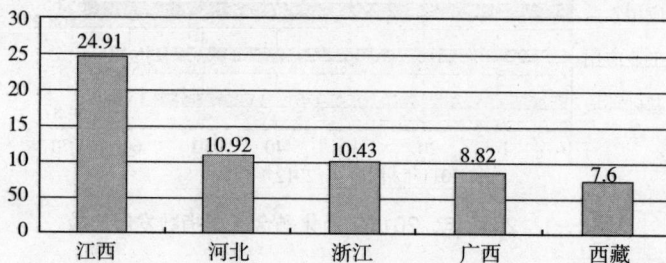

图2—4　2012年两化融合工业应用类指数增长前五名

数据来源：中国电子信息产业发展研究院。

在应用效益方面，四川、广西、上海、浙江、河南增长最快。

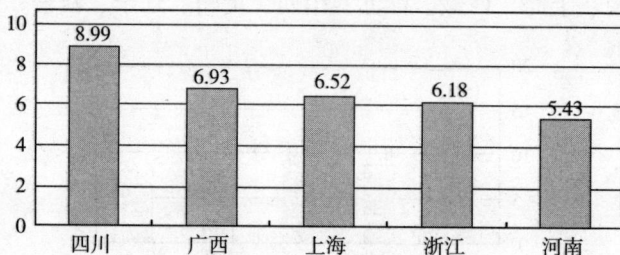

图2—5　2012年两化融合应用效益类指数增长前五名

数据来源：中国电子信息产业发展研究院。

在发展指数方面，江苏、上海、北京、广东、浙江增长最快。

表2—2　2012年各省市两化融合指数

省份	基础环境	工业应用	应用效益	发展指数
江苏	82.73	71.91	122.49	87.26
上海	84.79	75.86	108.61	86.28
北京	79.79	68.75	108.53	81.46
广东	83.64	57.73	122.91	80.50
浙江	79.05	68.27	99.18	78.69
山东	74.71	68.77	94.29	76.64
福建	83.09	63.92	87.93	74.72

（续表）

省份	基础环境	工业应用	应用效益	发展指数
湖北	67.23	71.34	67.30	69.30
湖南	64.20	71.22	69.21	68.96
辽宁	78.64	57.16	82.29	68.81
天津	70.82	52.53	91.66	66.88
江西	58.04	73.3	57.24	65.47
重庆	71.42	57.87	74.68	65.46
黑龙江	70.81	66.68	51.85	64
广西	57.80	73.76	50.33	63.91
河南	64.87	61.11	65.04	63.03
四川	64.54	51.61	83.62	62.85
河北	60.72	66.94	51.42	61.50
陕西	72.22	48.47	70.34	59.87
安徽	54.83	57.13	67.79	59.22
新疆	64.07	54.70	50.46	55.98
吉林	69.02	47.85	54.45	54.79
山西	58.07	51.30	46.83	51.87
内蒙古	56.53	47.87	52.07	51.08
海南	59.84	38.56	47.34	46.07
贵州	50.91	42.51	47.49	45.86
宁夏	48.33	46.78	38.82	45.18
青海	53.04	44.21	38.15	44.90
甘肃	53.91	43.29	38.54	44.76
云南	39.79	41.33	41.69	41.03
西藏	33.50	34.75	33.73	34.19
全国均值	64.87	57.34	68.27	61.95

数据来源：中国电子信息产业发展研究院。

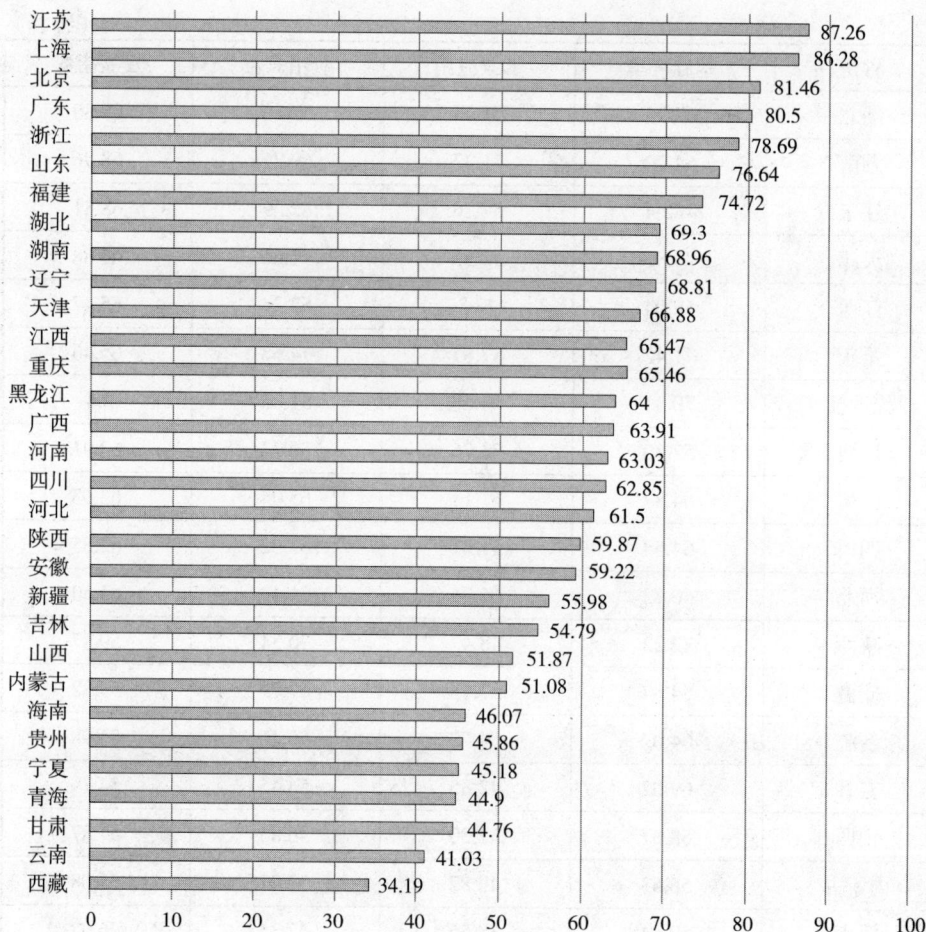

图2—6　2012年各省市两化融合指数

数据来源：中国电子信息产业发展研究院。

从以上数据可以总结出 2012 年我国区域两化融合发展的基本特点：

一是 2012 年全国及各省份两化融合发展水平均有不同程度的提升。2010 年，我国两化融合发展指数为 52.73，2011 年为 59.07，2012 年为 61.95。2011 年比 2010 年增加了 6.34 点，2012 年比 2011 年增加了 2.88 点，2012 年的增长幅度比 2011 年有所降低，这是因为 2012 年数据采集的样本量扩大较多，扩大的样本大多为中小企业，其两化融合水平相对大型企业来说比较低，因此在一定程度上降低了增幅。由于同样原因，在本报告中的某些具体指标中，甚至出现了 2012 年指数值下降的现象。这是样本量扩大造成的数值降低，并非实际发展水平的降低。

　　二是我国两化融合发展水平提升的政策驱动因素比较明显。三类指标中，增加量较多的为基础环境指数，基础环境指数增加了6.51。这是因为2012年工信部实施了宽带提速计划，各级政府加大宽带建设投入，使我国固定宽带普及率、移动电话普及率均有所提高。2011—2012年工业和信息化部开展了"两化融合深度行"、两化融合成果展、以两化融合专项资金资助重点项目、中小企业两化融合公共技术平台建设等工作，许多省份也出台了相应的两化融合促进政策，一些省份还设立了两化融合专项引导资金，这些政策对调动企业积极性、促进两化深度融合起到了显著作用。即使在工业经济不景气、企业经营困难和资金紧张的不利环境下，企业信息化应用仍然以较快速度普及，应用效益也有所体现。

　　三是东中西部两化融合发展不平衡。东部11个省的两化融合平均指数是73.52，西部是51.25，中部是62.08。东部基础环境指数是76.16，西部是55.50，中部是63.38；东部工业应用指数是62.76，西部是48.92，中部是62.49；东部应用效益指数是92.42，西部是51.66，中部是59.96。

表2—3　我国东中西部两化融合各类指数比较

	东部	中部	西部
发展指数	73.52	62.08	51.25
基础环境	76.16	63.38	55.50
工业应用	62.76	62.49	48.92
应用效益	92.42	59.96	51.66

数据来源：中国电子信息产业发展研究院。

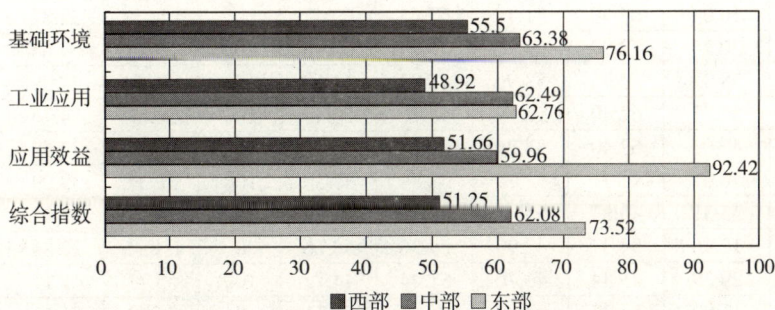

图2—7　我国东中西部两化融合各类指数比较

数据来源：中国电子信息产业发展研究院。

二、基础环境分析

2012 年全国两化融合发展水平评估基础环境类评估结果如下表所示。

表 2—4　2012 年全国两化融合发展水平评估基础环境类评估结果

省份	城（省）域网出口带宽	固定宽带普及率	固定宽带端口平均速率	移动电话普及率	互联网普及率	两化融合专项引导资金	中小企业信息化服务平台数	重点行业典型企业信息化专项规划	基础环境指数
上海	113.11	97.71	67.71	79.14	80.54	100	93.72	75.05	84.79
广东	148.70	85.02	58.68	75.45	76.68	100	150	36.32	83.64
福建	76.19	90.37	60.50	71.48	75.32	100	125.13	78.37	83.09
江苏	140.80	82.19	59.97	65.26	66.14	100	142.90	68.15	82.73
北京	74.16	97.71	54.54	89.22	83.18	100	70.75	69.93	79.79
浙江	141.91	92.90	54.90	75.17	73.54	100	77.22	72.21	79.05
辽宁	75.32	79.25	49.69	66.74	66.31	100	150	64.21	78.64
山东	56.74	72.97	56.40	57.71	57.01	100	150	61.54	74.71
陕西	87.43	66.10	56.75	61.82	58.38	100	134.09	47.83	72.22
重庆	22.42	69.62	49.46	53.66	57.79	100	150	63.64	71.42
天津	73.81	72.97	53.82	66.83	73.15	100	75.13	68.11	70.82
黑龙江	58.15	62.40	60.50	52.86	51.50	100	132.19	68.84	70.81
吉林	49.32	69.62	53.23	59.35	55.52	100	137.74	37.32	69.02
湖北	95.16	66.10	55.41	57.86	57.01	100	75.13	71.57	67.23
河南	51.49	58.50	55.05	48.47	46.79	100	136.85	41.53	64.87
四川	94.32	58.50	56.47	52.21	48.36	100	98.48	53.9	64.54
湖南	71.56	54.37	53.67	50.17	50	100	93.72	73.17	64.2
新疆	29.38	62.40	51.9	63.65	60.37	100	92.07	47.66	64.07
河北	83.72	69.62	58.41	56.38	58.38	0	79.25	75.12	60.72
海南	10.09	62.40	51.75	62.44	60.47	0	140.37	38.82	59.84
山西	30.26	72.97	50.31	56.79	60.93	100	25.13	60.66	58.07
江西	58.37	50	53.96	46.02	44.60	0	147.71	57.09	58.04
广西	57.73	62.40	50.99	48.76	50.97	100	36.85	74.74	57.80
内蒙古	47.01	62.40	54.26	68.89	55.82	100	29.25	37.63	56.53
安徽	76.01	50	52.79	47.84	47.80	100	40.37	59.99	54.83
甘肃	35.31	40.37	55.97	52.48	47.46	100	75.13	34	53.91
青海	12.46	54.37	43.99	65.26	58.76	0	118.46	22.86	53.04
贵州	29.29	45.34	46.70	51.44	44.72	100	55.77	41.11	50.91
宁夏	11.99	54.37	53.89	64.3	57.21	0	55.77	36.61	48.33
云南	50.45	50	55.90	49.04	44.60	0	11.12	37.59	39.79
西藏	3.26	40.37	45.56	57.15	50	0	0	20.61	33.50
全国均值	63.42	66.24	54.29	60.45	58.69	—	93.56	54.72	64.87

数据来源：中国电子信息产业发展研究院。

2011 年全国两化融合发展水平评估基础环境类指标情况如下。

表 2—5　2011 年全国两化融合发展水平评估基础环境类指标情况表

省份	城（省）域网出口带宽	固定宽带普及率	固定宽带端口平均速率	移动电话普及率	互联网普及率	两化融合专项引导资金	中小企业信息化服务平台数	重点行业典型企业信息化专项规划	基础环境指数
福建	70.08	79.25	54.90	65.98	71.96	100	113.65	82.11	77.83
辽宁	57.20	76.18	53.23	62.06	64.21	100	146.14	63.50	76.35
上海	111.85	92.90	60.30	73.49	78.96	100	50	74	76.26
江苏	110.15	76.18	56.47	60.77	63.31	100	113.65	61.94	74.55
浙江	110.76	87.74	52.79	70.13	71.24	100	72.97	66.34	74.25
广东	142.35	79.25	52.05	69.15	74.63	100	105.77	14.82	72.18
山东	79.46	66.10	55.90	55.35	54.72	100	113.65	70.42	70.40
北京	62.32	102.22	45.15	80.25	81.87	0	70.75	67.40	68.59
陕西	78.08	58.50	50.92	57.20	55.22	100	118.46	54.24	67.34
天津	54.73	72.97	46.45	65.49	70.83	100	50	81.54	66.89
黑龙江	58.93	58.50	58.55	48.70	48.02	100	90.37	65.66	63.28
湖北	83.37	58.50	52.72	52.59	54.11	100	68.46	72.37	63.10
河南	77.61	50	53.16	43.86	43.43	100	95.34	72.21	61.68
吉林	39.71	62.40	53.45	54.72	52.03	100	70.75	64.77	61.47
湖南	67.44	45.34	48.60	45.84	45.76	100	85.02	72.37	59.27
新疆	37.04	54.37	49.46	56.54	57.31	100	50	69.64	58.67
海南	7.78	54.37	50.31	56.95	55.82	0	136.85	48.02	57.29
内蒙古	37.70	54.37	54.11	64.85	51.39	100	29.25	57.62	55.89
重庆	21.84	58.50	45.31	48.93	53.90	100	43.72	71.01	55.70
四川	85.32	50	52.49	47.49	43.66	0	92.07	61.12	52.78
广西	55.11	54.37	44.24	44.52	45.65	100	29.25	69.66	52.28
安徽	58.22	45.34	52.20	44.40	42.35	100	29.25	65.66	51.20
贵州	28.72	40.37	49.85	46.85	39.40	100	46.93	54.79	49.59
河北	65.85	62.40	54.18	53.56	52.97	0	25.13	66.11	49.28
江西	53.85	45.34	51.60	42.75	39.65	0	90.37	53.21	48.08
甘肃	31.58	35.02	48.45	49.32	43.31	100	29.25	55.83	47.65
宁夏	10.65	50	52.12	59.40	49.46	0	50	52.37	46.47
山西	23.51	66.10	51.30	52.32	56.22	0	0	59.22	44.20
青海	10.86	45.34	45.80	59.45	53.80	0	43.72	41.97	43.42
云南	44.29	40.37	53.38	45.37	40.15	0	11.12	37.28	36.26
西藏	3.57	29.25	18.25	50.50	46.22	0	0	31.08	26.95
全国均值	57.42	59.73	50.57	55.77	54.89	—	66.84	60.59	58.36

数据来源：中国电子信息产业发展研究院。

从 2011 年和 2012 年各省份两化融合发展水平评估结果看，2012 年全国两化融合基础环境指数由 2011 年的 58.36 提高到了 64.87。其中，中小企业信息化服务平台数指标增长最快，重点行业典型企业信息化专项规划指标增长最慢。如下表所示。

表 2—5　基础环境类指标增加值

省份	城（省）域网出口带宽	固定宽带普及率	固定宽带端口平均速率	移动电话普及率	互联网普及率	两化融合专项引导资金	中小企业信息化服务平台数	重点行业典型企业信息化专项规划	基础环境指数
2012年	63.42	66.24	54.29	60.45	58.69	—	93.56	54.72	64.87
2011年	57.42	59.73	50.57	55.77	54.89	—	66.84	60.59	58.36
增加值	6	6.51	3.72	4.68	3.8	—	26.72	—5.87	6.51

数据来源：中国电子信息产业发展研究院。

其中上海、广东、福建、江苏、北京、浙江、辽宁的基础环境明显优于全国平均水平，中小企业信息化服务体系较完善，当地有关部门对两化融合财政支持力度较大；青海、贵州、宁夏、云南、西藏的基础环境最差，固定宽带普及率和固定宽带端口平均速度较低，当地有关部门对两化融合财政支持力度较小。

2012 年，大部分省份两化融合发展基础环境指数比 2011 年有 5 分以上的上升幅度，反映了区域两化融合发展的基础环境明显改善，这主要得益于当地中小企业信息化服务体系建设水平较高，对两化融合财政支持力度较大，企业比较重视信息化建设。

各省份两化融合发展的基础环境呈现出"东好西差"的特点。其中，基础环境最好的省份均为东部省份，网络基础设施建设水平、宽带网络基础设施覆盖率均明显高于全国平均水平，当地居民移动信息化应用水平和互联网的渗透率较高，中小企业信息化服务平台数量较多，政府对两化融合的资金支持力度较大，企业普遍重视信息化建设。基础环境处于中等水平的省份均为中、西部省份。基础环境最差的省份全部为西部省份，主要原因是网络基础设施建设水平明显低于全国平均水平，财政资金支持力度小，两化融合政策环境亟待优化。

（一）城（省）域网出口带宽

2012 年，在城（省）域网出口带宽方面，全国平均水平为 63.42。各省情况如下图所示。

省份	数值
广东	148.7
浙江	141.91
江苏	140.8
上海	113.11
湖北	95.16
四川	94.32
陕西	87.43
河北	83.72
福建	76.19
安徽	76.01
辽宁	75.32
北京	74.16
天津	73.81
湖南	71.56
江西	58.37
黑龙江	58.15
广西	57.73
山东	56.74
河南	51.49
云南	50.45
吉林	49.32
内蒙古	47.01
甘肃	35.31
山西	30.26
新疆	29.38
贵州	29.29
重庆	22.42
青海	12.46
宁夏	11.99
海南	10.09
西藏	3.26

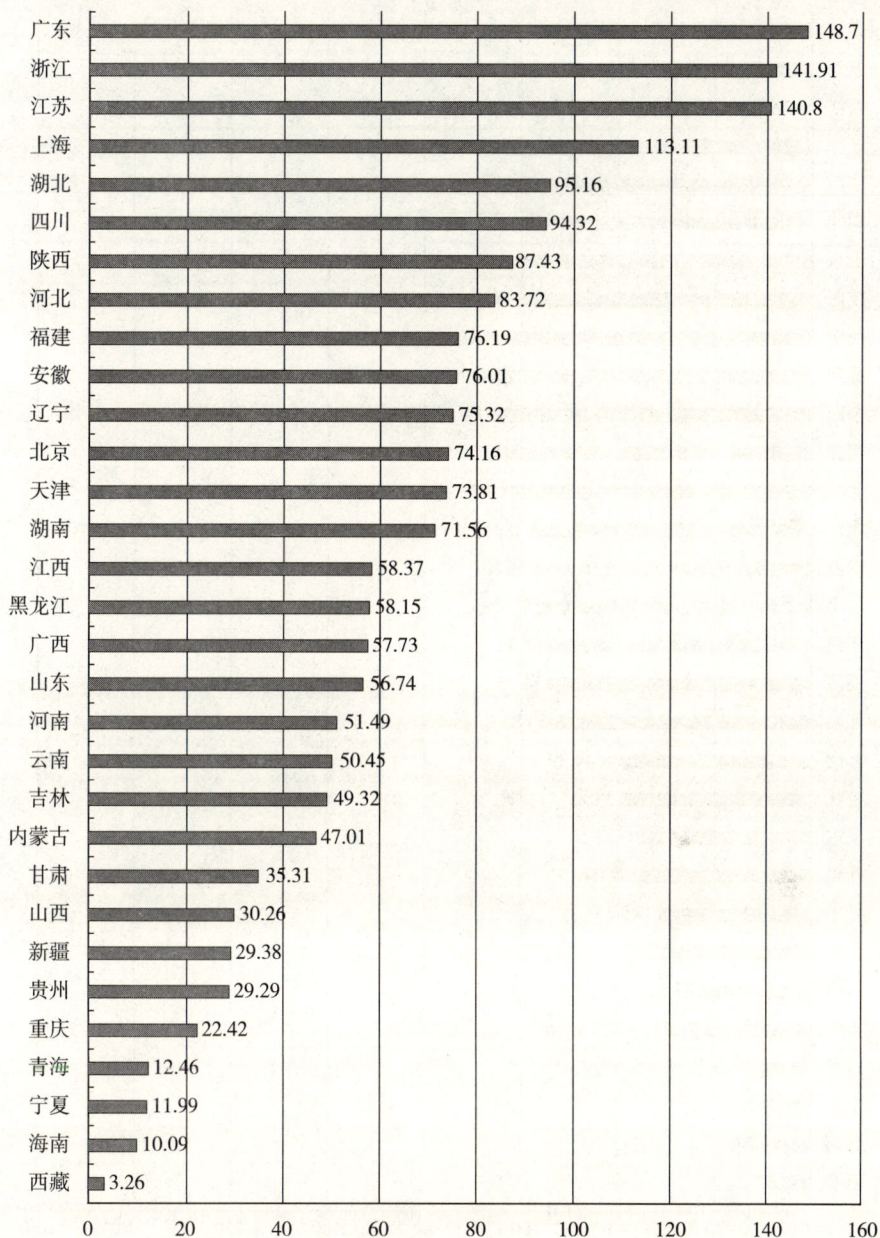

图 2—8　2012年城（省）域网出口带宽指数情况

数据来源：中国电子信息产业发展研究院。

2011 年，在城（省）域网出口带宽方面，全国平均水平为 50.57。各省情况如下图所示。

省份	指数
广东	142.35
上海	111.85
浙江	110.76
江苏	110.15
四川	85.32
湖北	83.37
山东	79.46
陕西	78.08
河南	77.61
福建	70.08
湖南	67.44
河北	65.85
北京	62.32
黑龙江	58.93
安徽	58.22
辽宁	57.2
广西	55.11
天津	54.73
江西	53.85
云南	44.29
吉林	39.71
内蒙古	37.7
新疆	37.04
甘肃	31.58
贵州	28.72
山西	23.51
重庆	21.84
青海	10.86
宁夏	10.65
海南	7.78
西藏	3.57

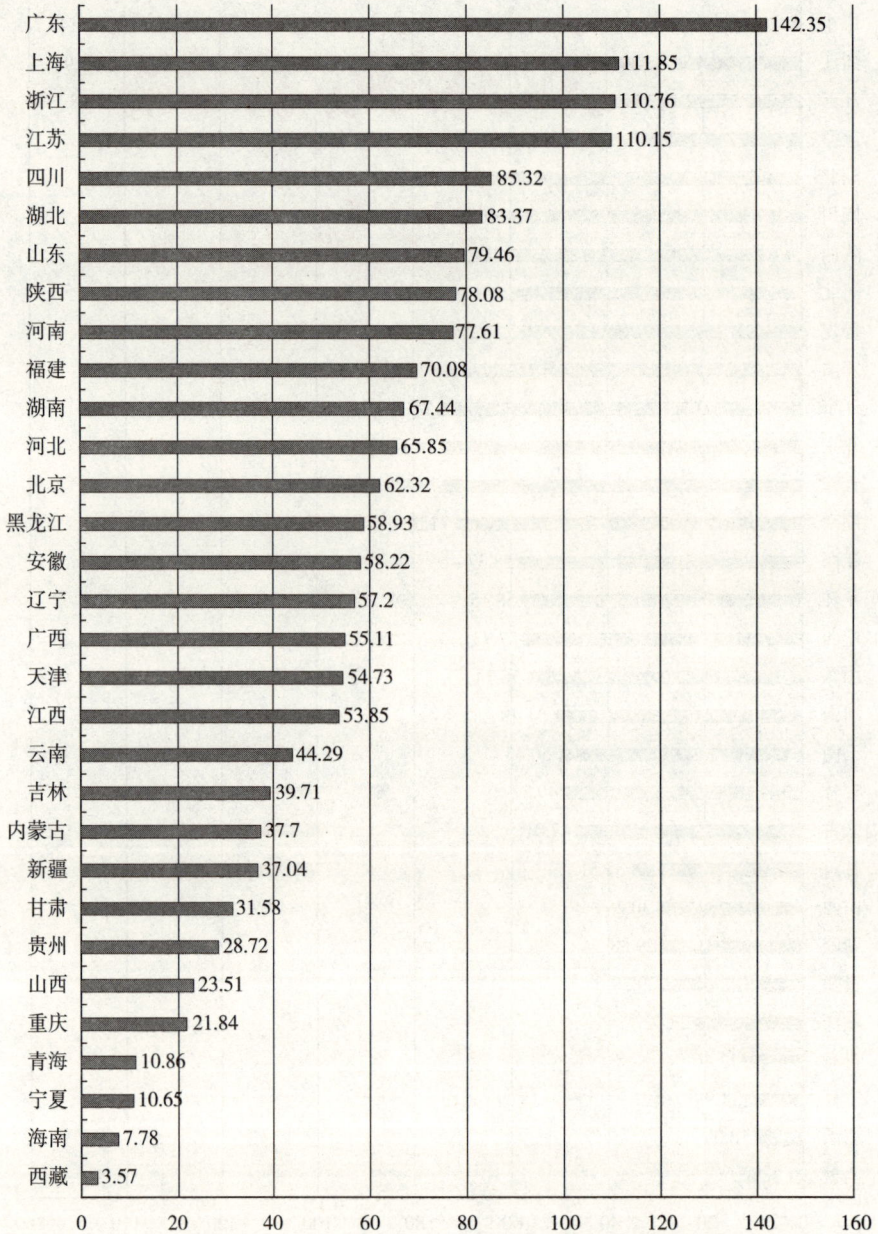

图2—9　2011年城（省）域网出口带宽指数情况

数据来源：中国电子信息产业发展研究院。

（二）固定宽带普及率

2012 年，在固定宽带普及率方面，全国平均水平为 66.24。各省情况如下图所示。

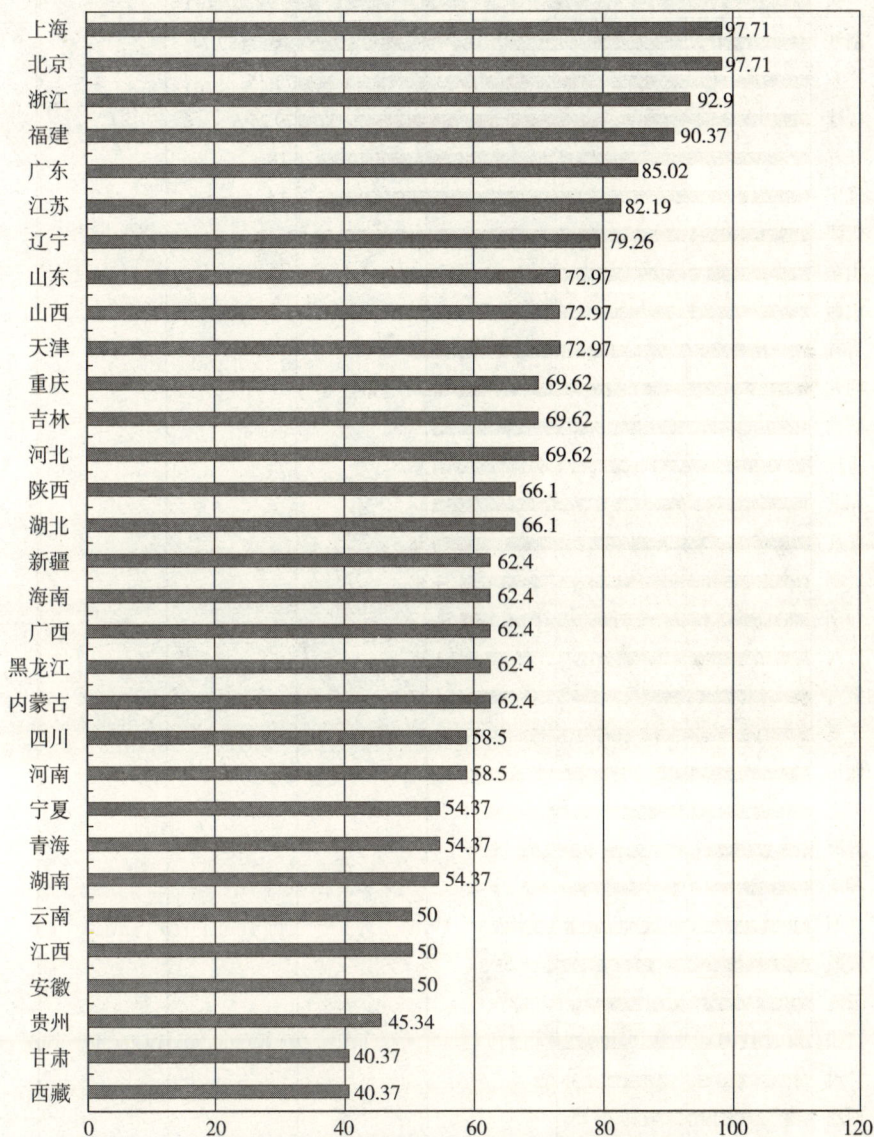

图 2—10　2012年固定宽带普及率指数情况

数据来源：中国电子信息产业发展研究院。

省份	数值
上海	97.71
北京	97.71
浙江	92.9
福建	90.37
广东	85.02
江苏	82.19
辽宁	79.26
山东	72.97
山西	72.97
天津	72.97
重庆	69.62
吉林	69.62
河北	69.62
陕西	66.1
湖北	66.1
新疆	62.4
海南	62.4
广西	62.4
黑龙江	62.4
内蒙古	62.4
四川	58.5
河南	58.5
宁夏	54.37
青海	54.37
湖南	54.37
云南	50
江西	50
安徽	50
贵州	45.34
甘肃	40.37
西藏	40.37

2011 年，在固定宽带普及率方面，全国平均水平为 59.73，各省情况如下图所示。

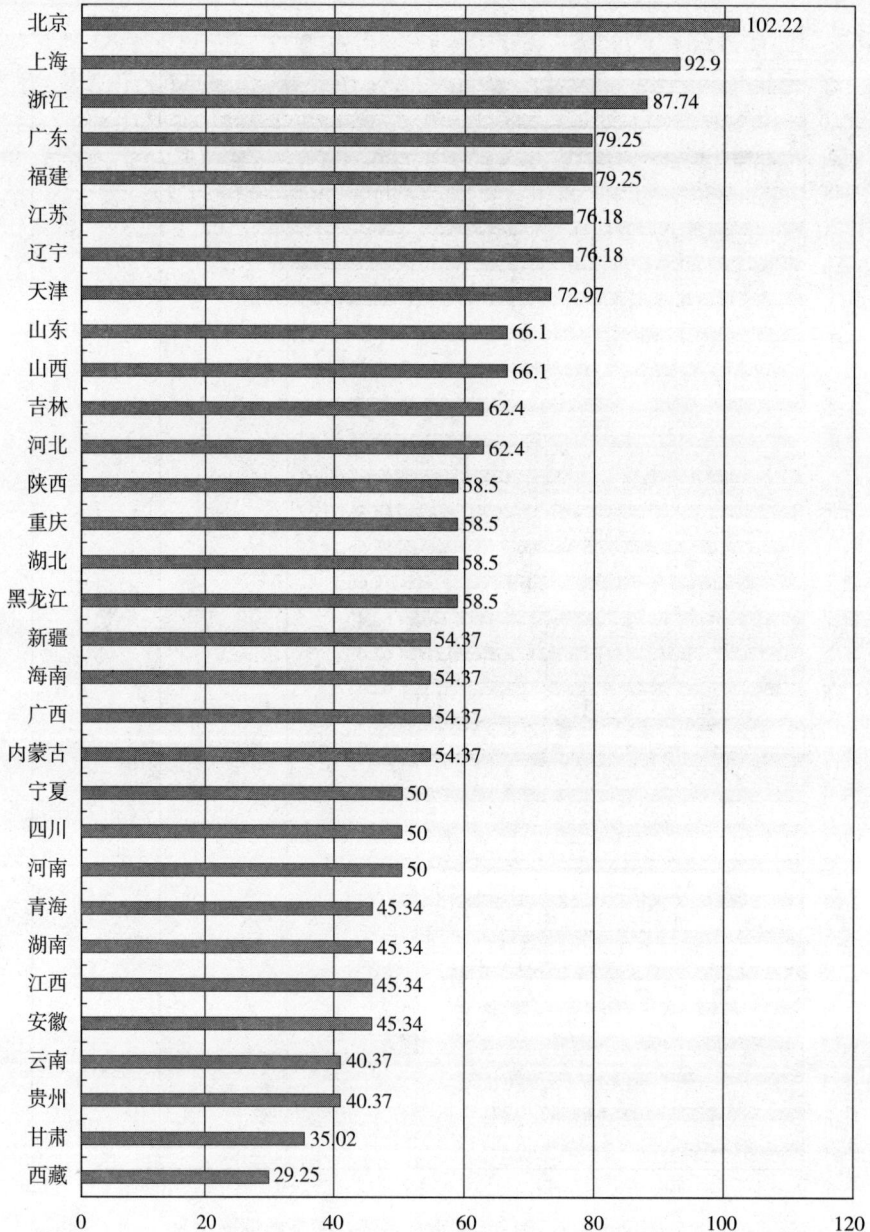

图 2—11　2011年固定宽带普及率指数情况

数据来源：中国电子信息产业发展研究院。

（三）固定宽带端口平均速率

2012 年，在固定宽带端口平均速率方面，全国平均水平为 54.29。各省情况如下图所示。

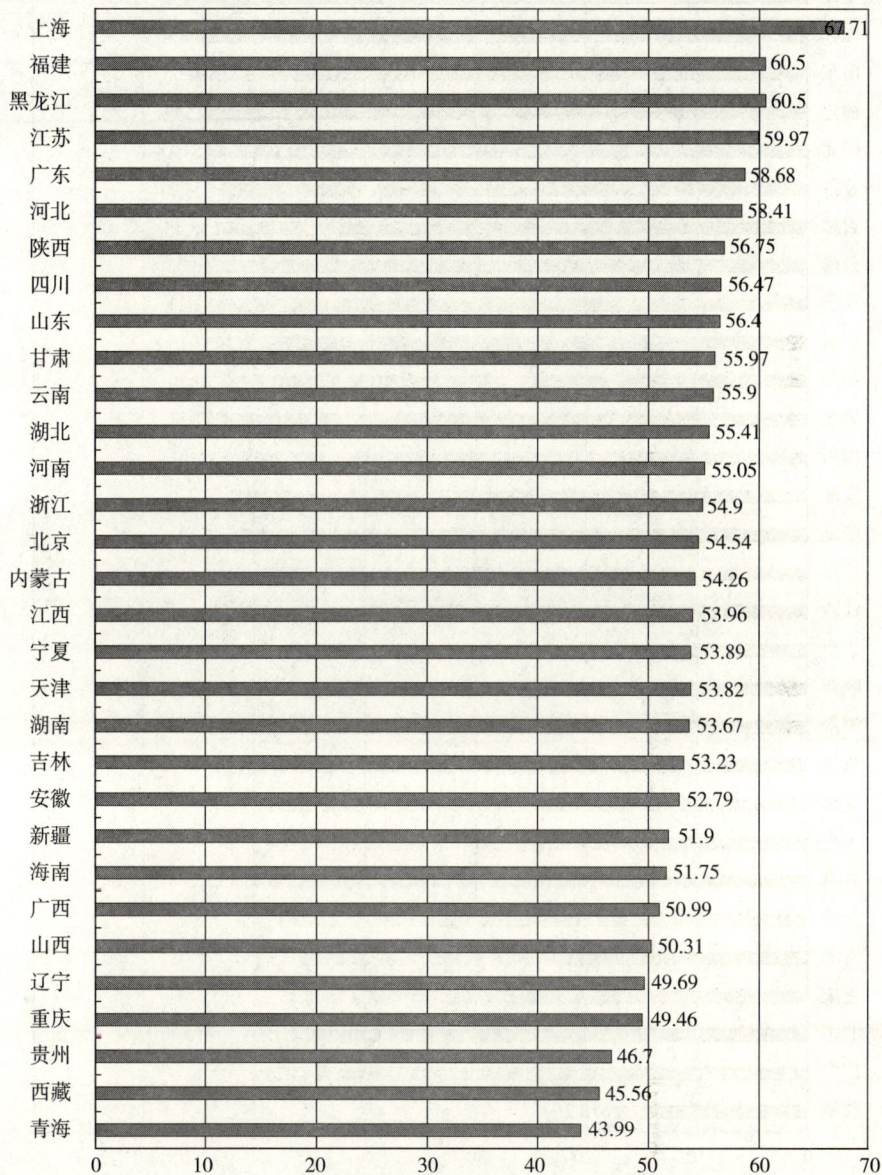

图 2—12　2012年固定宽带端口平均速率指数情况

数据来源：中国电子信息产业发展研究院。

2011 年，在固定宽带端口平均速率方面，全国平均水平为 50.57。各省情况如下图所示。

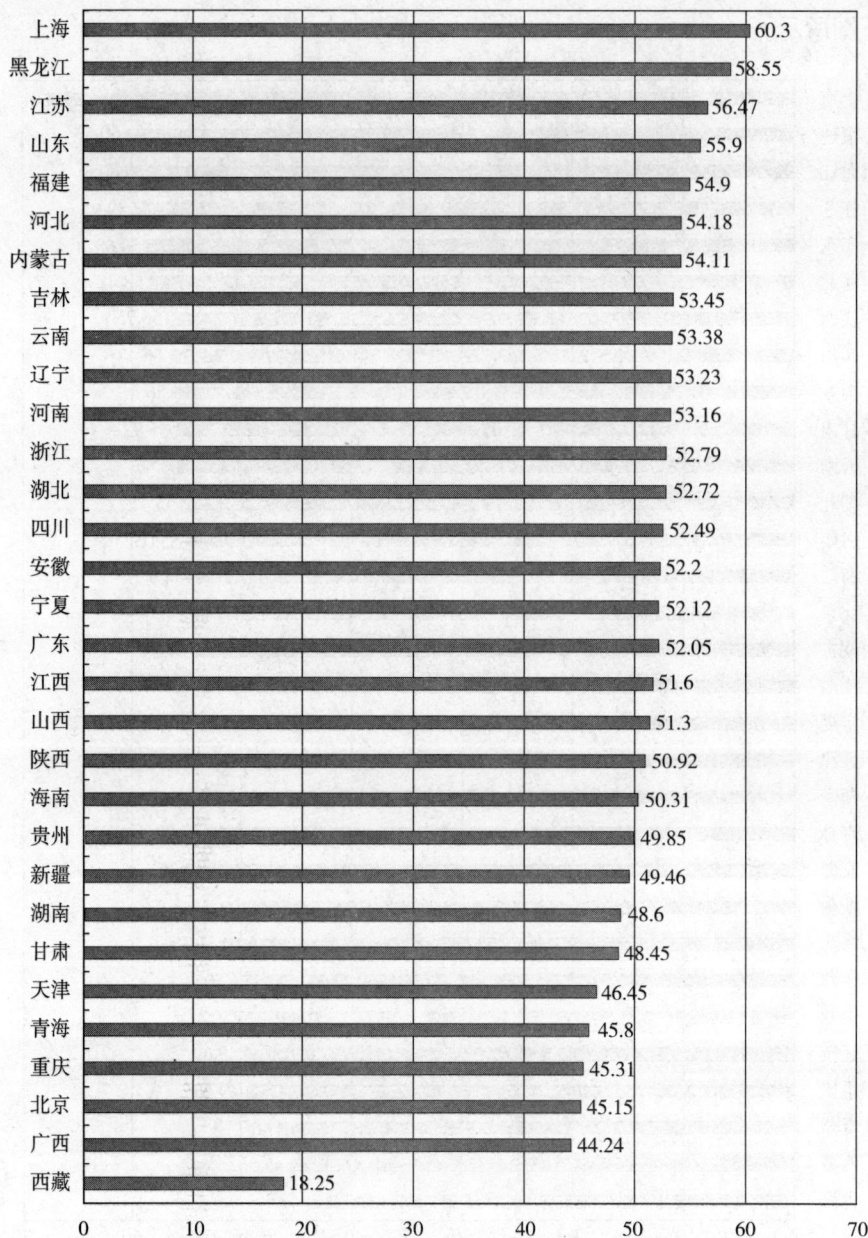

省份	数值
上海	60.3
黑龙江	58.55
江苏	56.47
山东	55.9
福建	54.9
河北	54.18
内蒙古	54.11
吉林	53.45
云南	53.38
辽宁	53.23
河南	53.16
浙江	52.79
湖北	52.72
四川	52.49
安徽	52.2
宁夏	52.12
广东	52.05
江西	51.6
山西	51.3
陕西	50.92
海南	50.31
贵州	49.85
新疆	49.46
湖南	48.6
甘肃	48.45
天津	46.45
青海	45.8
重庆	45.31
北京	45.15
广西	44.24
西藏	18.25

图 2—13 2011年固定宽带端口平均速率指数情况

数据来源：中国电子信息产业发展研究院。

（四）移动电话普及率

2012 年，在移动电话普及率方面，全国平均水平为 60.45，各省情况如下图所示。

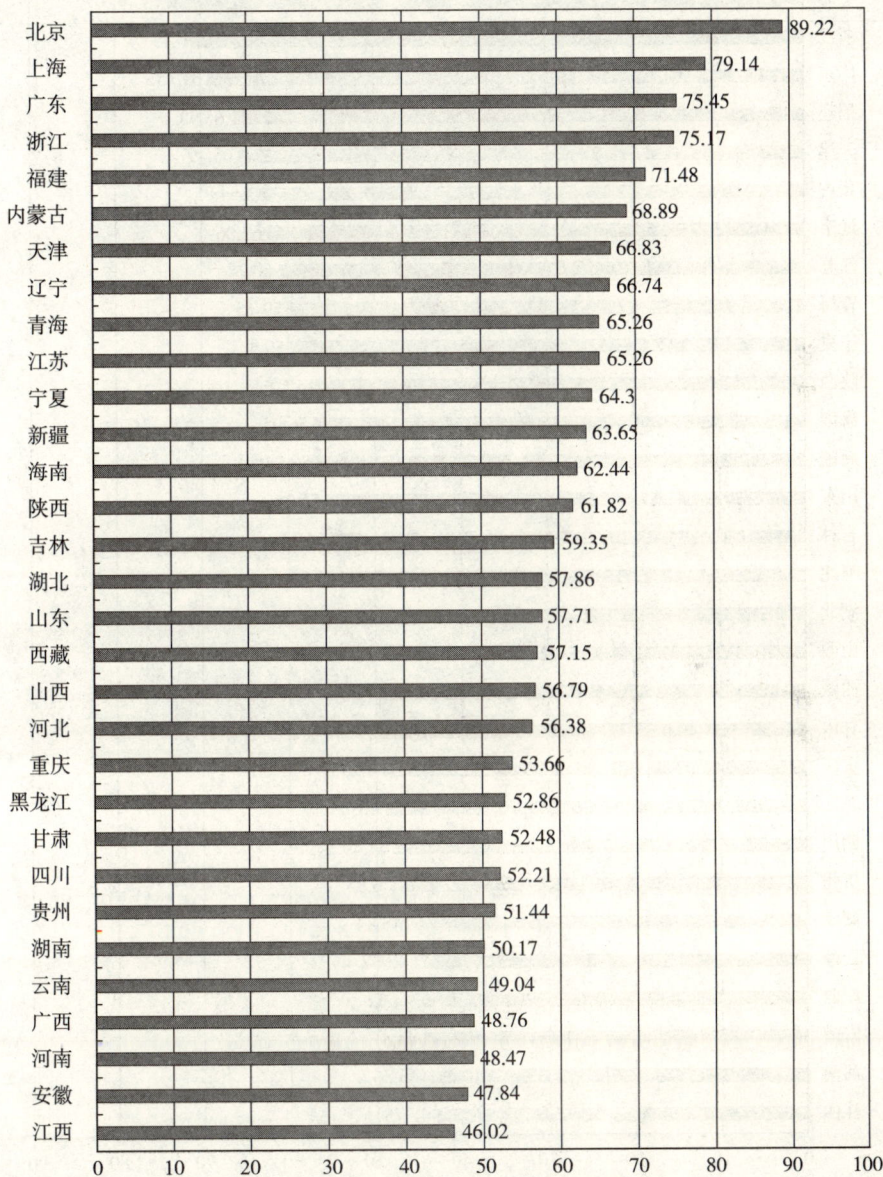

省份	指数
北京	89.22
上海	79.14
广东	75.45
浙江	75.17
福建	71.48
内蒙古	68.89
天津	66.83
辽宁	66.74
青海	65.26
江苏	65.26
宁夏	64.3
新疆	63.65
海南	62.44
陕西	61.82
吉林	59.35
湖北	57.86
山东	57.71
西藏	57.15
山西	56.79
河北	56.38
重庆	53.66
黑龙江	52.86
甘肃	52.48
四川	52.21
贵州	51.44
湖南	50.17
云南	49.04
广西	48.76
河南	48.47
安徽	47.84
江西	46.02

图 2—14　2012年移动电话普及率指数情况

数据来源：中国电子信息产业发展研究院。

2011 年，在移动电话普及率方面，全国平均水平为 55.77。各省情况如下图所示。

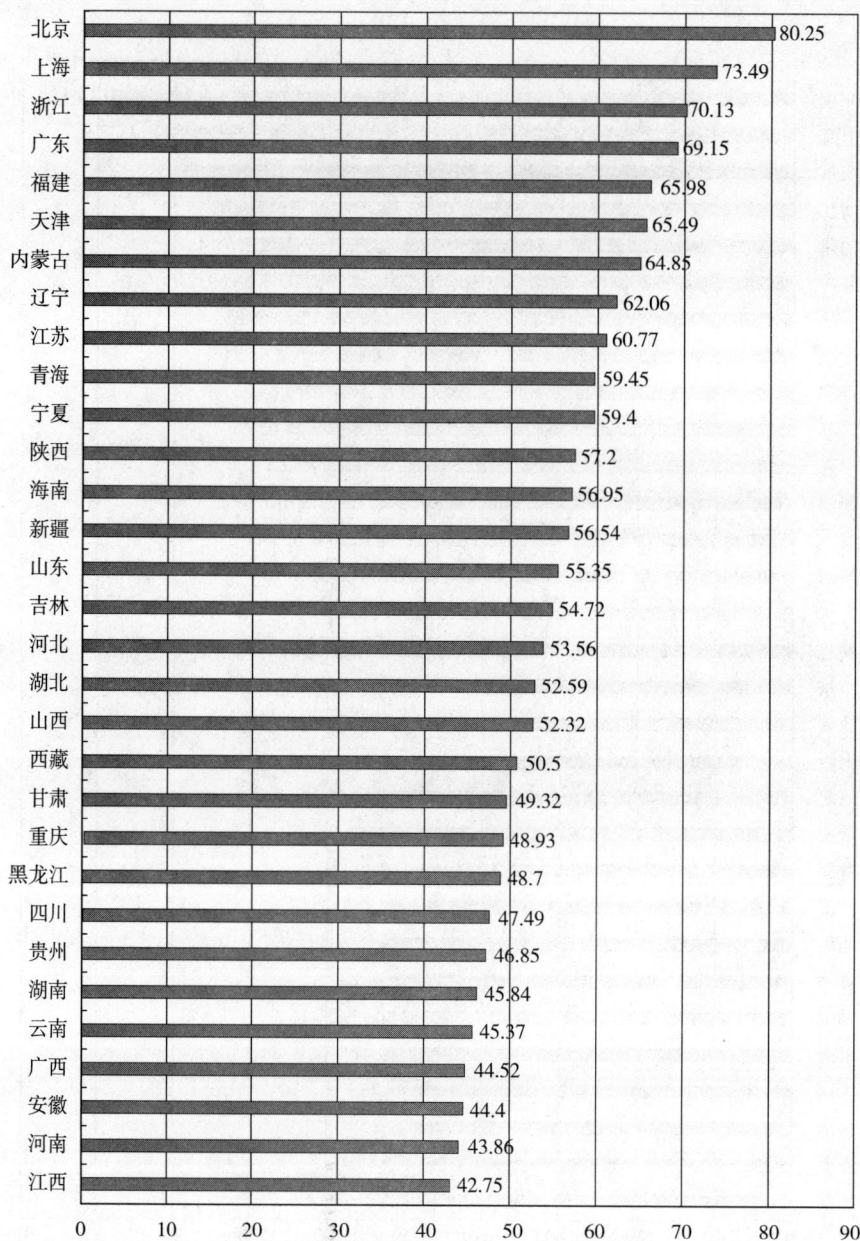

图 2—15　2011年移动电话普及率指数情况

数据来源：中国电子信息产业发展研究院。

（五）互联网普及率

2012 年，在互联网普及率方面，全国平均水平为 58.69，各省情况如下图所示。

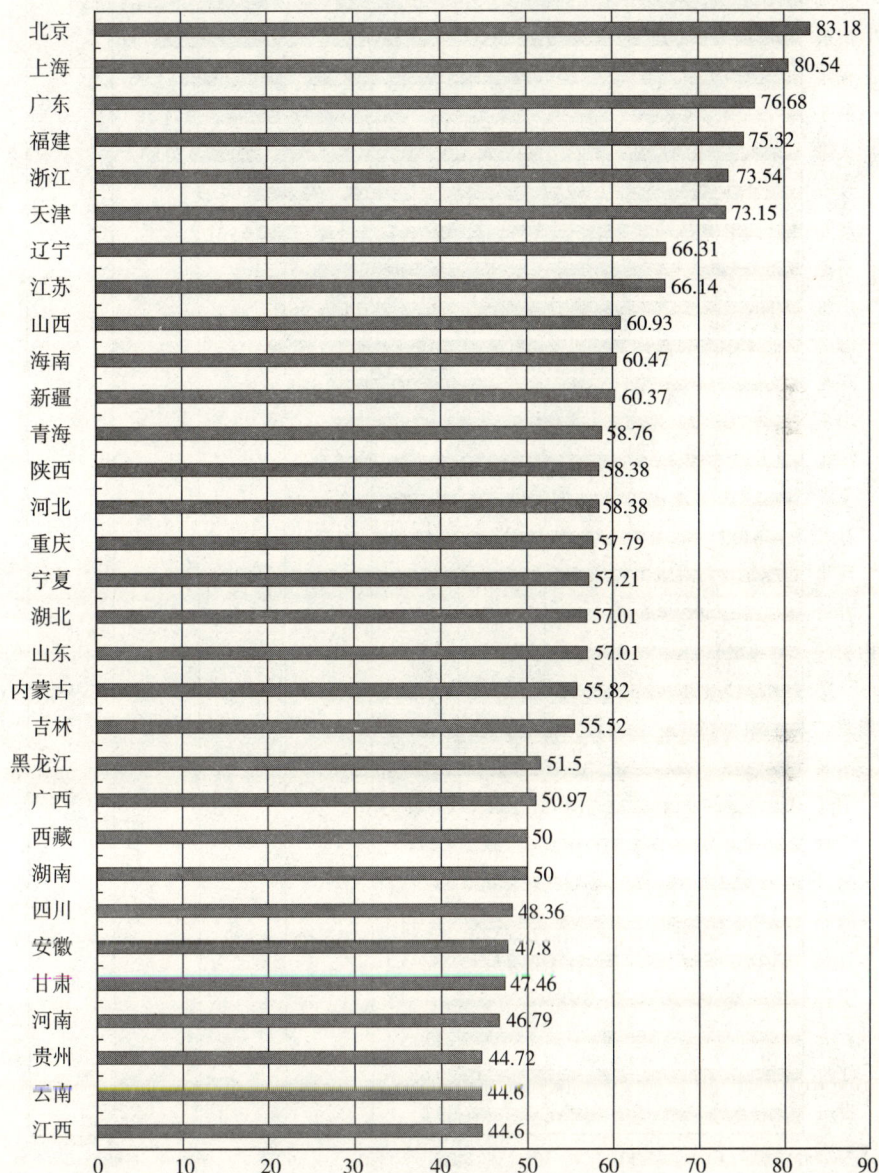

图 2—16　2012年互联网普及率指数情况

省份	指数
北京	83.18
上海	80.54
广东	76.68
福建	75.32
浙江	73.54
天津	73.15
辽宁	66.31
江苏	66.14
山西	60.93
海南	60.47
新疆	60.37
青海	58.76
陕西	58.38
河北	58.38
重庆	57.79
宁夏	57.21
湖北	57.01
山东	57.01
内蒙古	55.82
吉林	55.52
黑龙江	51.5
广西	50.97
西藏	50
湖南	50
四川	48.36
安徽	47.8
甘肃	47.46
河南	46.79
贵州	44.72
云南	44.6
江西	44.6

数据来源：中国电子信息产业发展研究院。

2011年,在互联网普及率方面,全国平均水平为54.89,各省情况如下图所示。

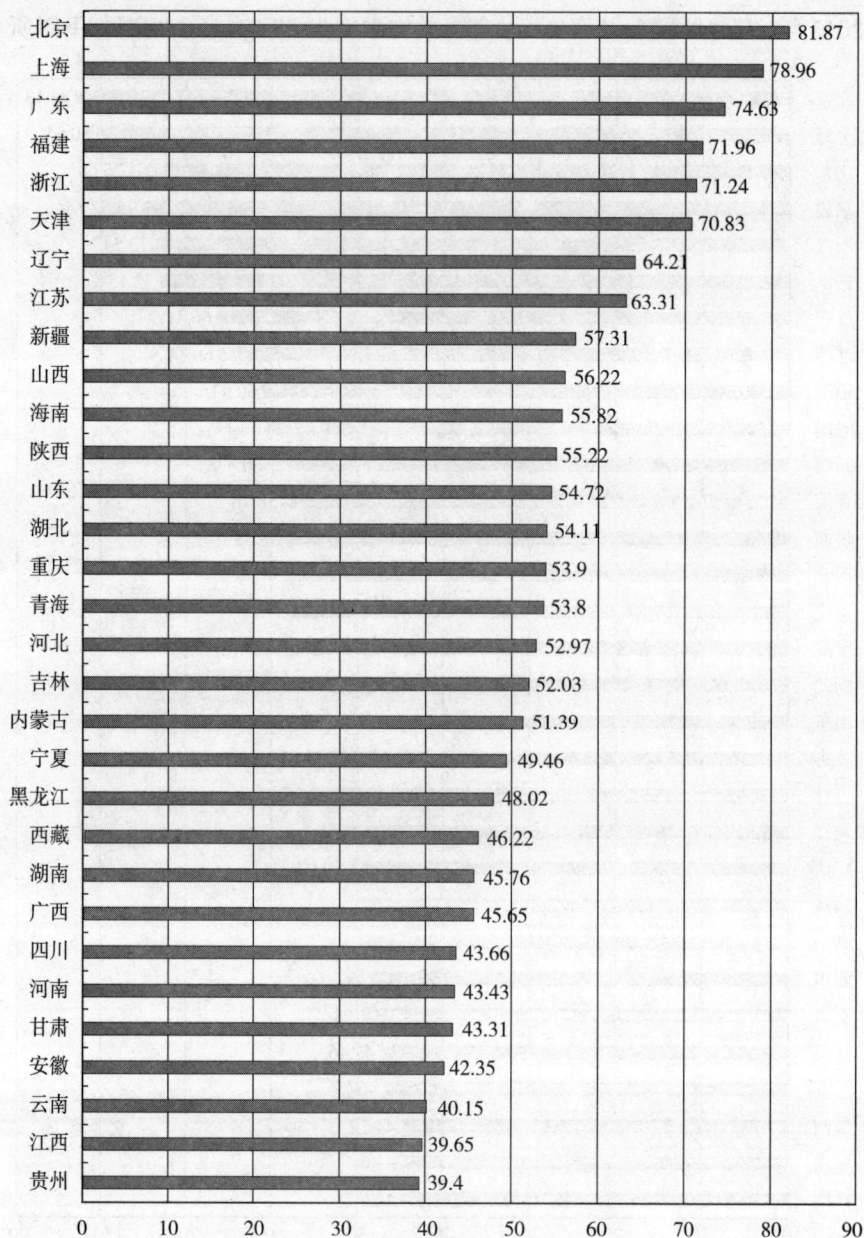

省份	数值
北京	81.87
上海	78.96
广东	74.63
福建	71.96
浙江	71.24
天津	70.83
辽宁	64.21
江苏	63.31
新疆	57.31
山西	56.22
海南	55.82
陕西	55.22
山东	54.72
湖北	54.11
重庆	53.9
青海	53.8
河北	52.97
吉林	52.03
内蒙古	51.39
宁夏	49.46
黑龙江	48.02
西藏	46.22
湖南	45.76
广西	45.65
四川	43.66
河南	43.43
甘肃	43.31
安徽	42.35
云南	40.15
江西	39.65
贵州	39.4

图 2—17　2011年互联网普及率指数情况

数据来源:中国电子信息产业发展研究院。

（六）两化融合专项引导资金

2011 年和 2012 年，设立两化融合专项引导资金的省份分别有 24 个、21 个，两年中都设立两化融合专项引导资金的省份有内蒙古、辽宁、吉林、黑龙江、上海、江苏、浙江、安徽、福建、山东、河南、湖北、湖南、广东、广西、天津、重庆、陕西、甘肃、贵州、新疆，其中东部省份 8 个，中部省份 6 个，西部省份 7 个。2012 年增加了北京、天津、山西。

（七）中小企业信息化服务平台数

2012 年，在中小企业信息化服务平台数方面，全国平均水平为 93.56，各省情况如下图所示。

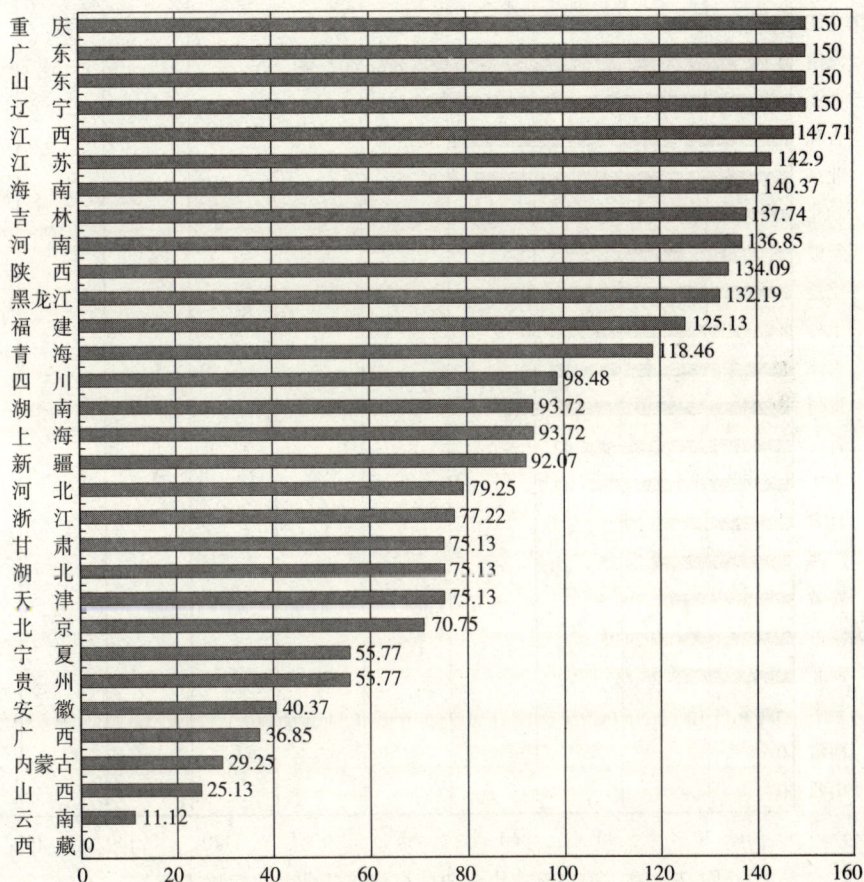

省份	数值
重庆	150
广东	150
山东	150
辽宁	150
江西	147.71
江苏	142.9
海南	140.37
吉林	137.74
河南	136.85
陕西	134.09
黑龙江	132.19
福建	125.13
青海	118.46
四川	98.48
湖南	93.72
上海	93.72
新疆	92.07
河北	79.25
浙江	77.22
甘肃	75.13
湖北	75.13
天津	75.13
北京	70.75
宁夏	55.77
贵州	55.77
安徽	40.37
广西	36.85
内蒙古	29.25
山西	25.13
云南	11.12
西藏	0

图 2—18　2010年中小企业信息化服务平台数指数情况

数据来源：中国电子信息产业发展研究院。

2011 年，在中小企业信息化服务平台数方面，全国平均水平为 66.84，各省情况如下图所示。

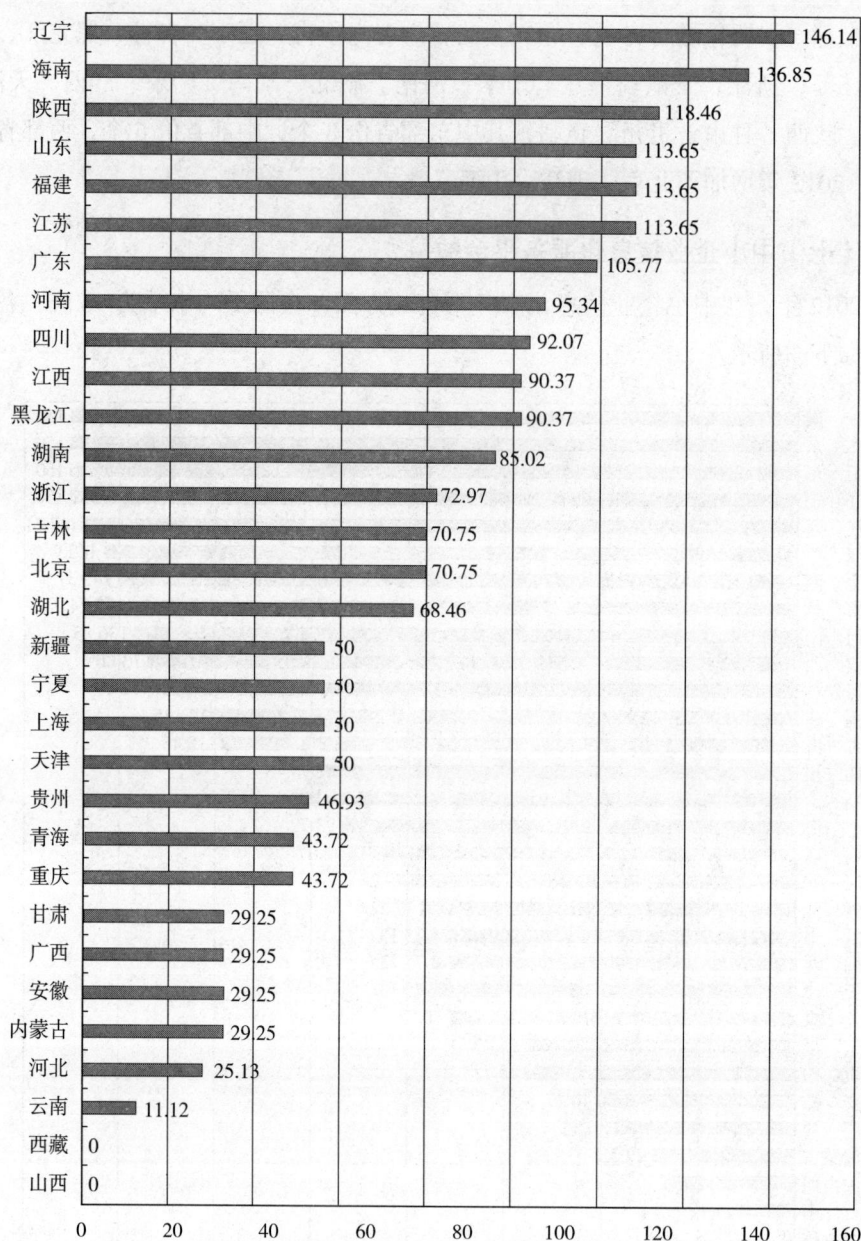

图 2—19 2011年中小企业信息化服务平台数指数情况

数据来源：中国电子信息产业发展研究院。

（八）重点行业典型企业信息化专项规划

2012 年，在重点行业典型企业信息化专项规划方面，全国平均水平为 54.72，各省情况如下图所示。

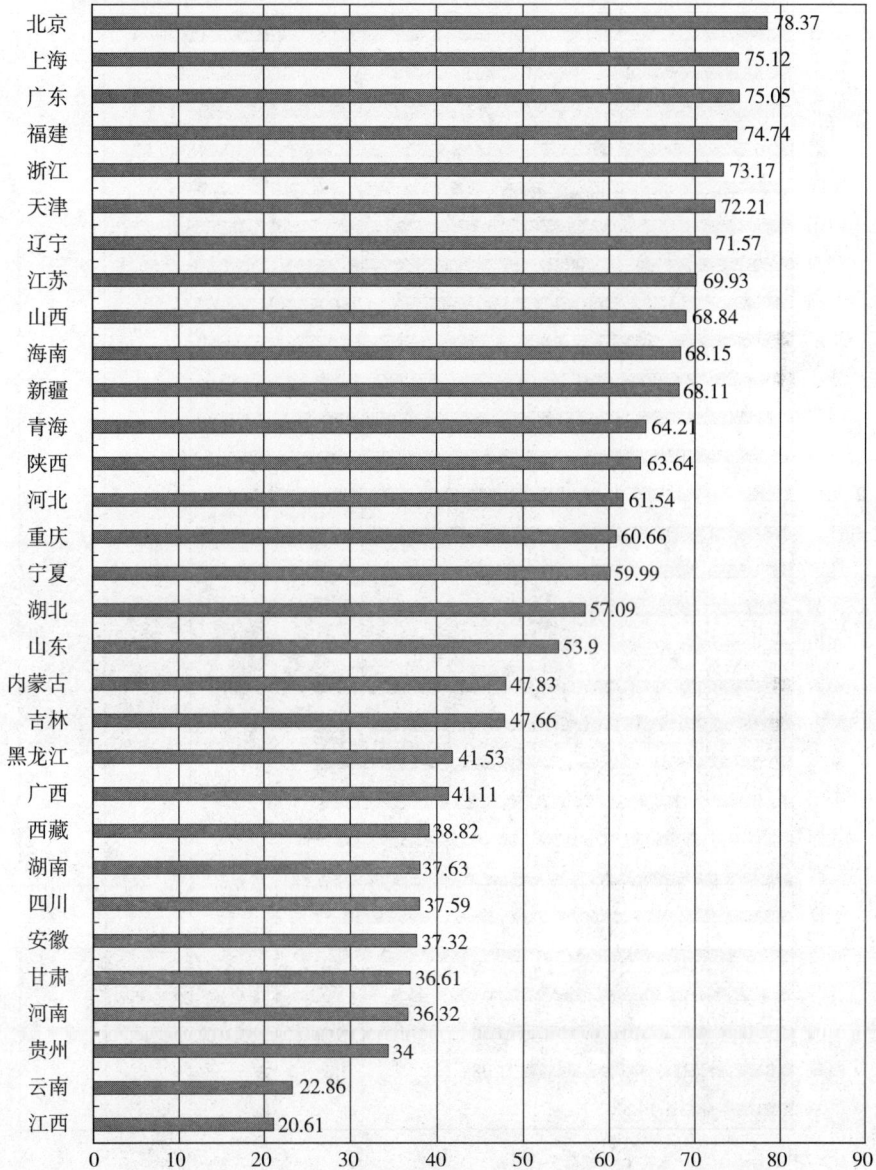

图 2—20　2012年重点行业典型企业信息化专项规划指数情况

数据来源：中国电子信息产业发展研究院。

2011 年，在重点行业典型企业信息化专项规划方面，全国平均水平为 60.59，各省情况如下图所示。

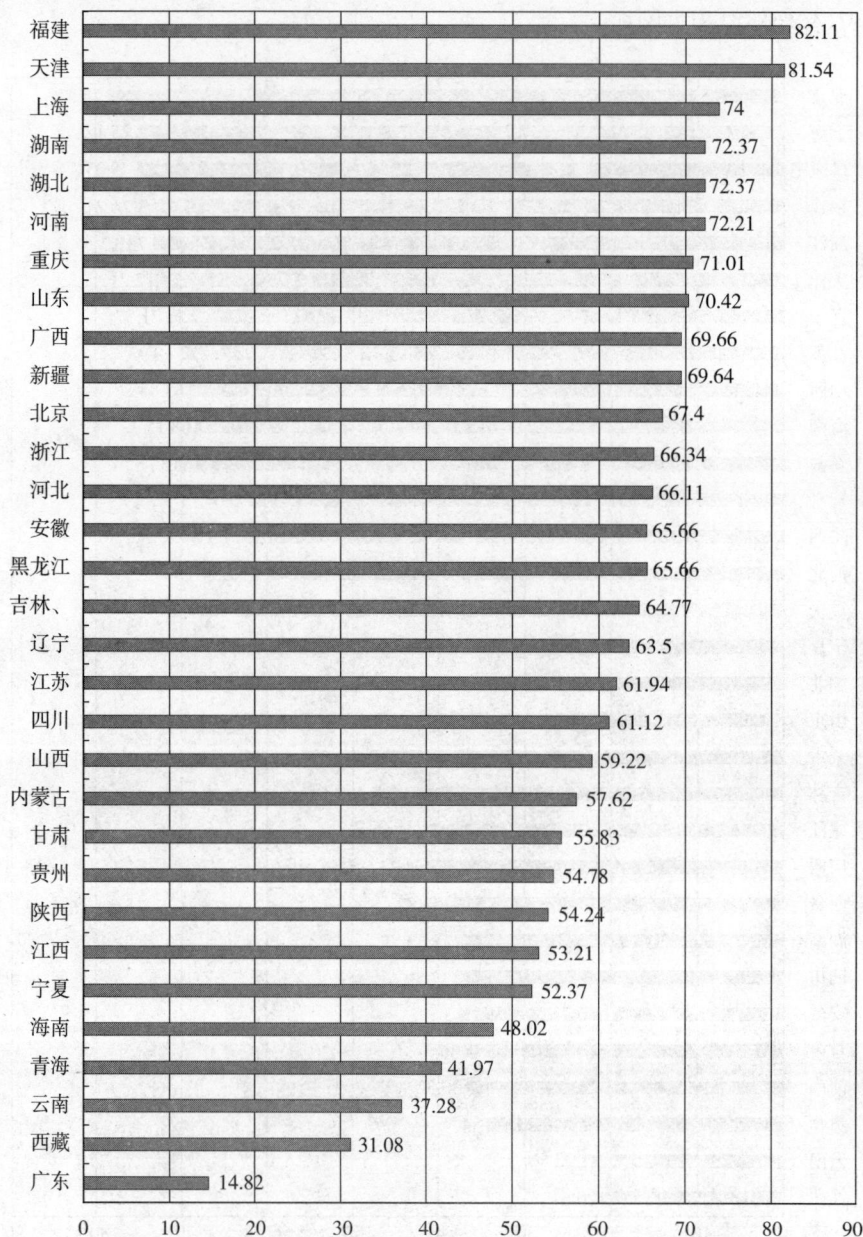

省份	数值
福建	82.11
天津	81.54
上海	74
湖南	72.37
湖北	72.37
河南	72.21
重庆	71.01
山东	70.42
广西	69.66
新疆	69.64
北京	67.4
浙江	66.34
河北	66.11
安徽	65.66
黑龙江	65.66
吉林、	64.77
辽宁	63.5
江苏	61.94
四川	61.12
山西	59.22
内蒙古	57.62
甘肃	55.83
贵州	54.78
陕西	54.24
江西	53.21
宁夏	52.37
海南	48.02
青海	41.97
云南	37.28
西藏	31.08
广东	14.82

图 2—21　2011年重点行业典型企业信息化专项规划指数情况

数据来源：中国电子信息产业发展研究院。

三、工业应用分析

2012 年，全国两化融合发展水平评估工业应用类指标情况如下所示。

表 2—7　2012 年全国两化融合发展水平评估工业应用类指标情况表

省份	重点行业典型企业ERP普及率	重点行业典型企业MES普及率	重点行业典型企业PLM普及率	重点行业典型企业SCM普及率	重点行业典型企业采购环节电子商务应用	重点行业典型企业销售环节电子商务应用	重点行业典型企业装备数控化率	国家新型工业化产业示范基地两化融合发展水平	工业应用指数
上海	67.65	97.19	74.27	63.29	103.39	107.45	56.87	45.10	75.86
广西	66.13	86.45	75.53	62	75.36	92.11	67.46	67.16	73.76
江西	68.76	79.50	54.43	63.47	96.92	106.95	83.86	36.85	73.30
江苏	69.65	87.09	57.04	67.23	90.37	92.14	57.46	58.91	71.91
湖北	66.49	72.48	54.2	67.93	100.83	98.19	32.91	82.26	71.34
湖南	70.21	71.26	59.03	67.93	90.76	97.48	51.44	65.81	71.22
山东	63.84	58.65	56.81	61.32	76.71	75.38	54.43	100.17	68.77
北京	55.75	73.08	69.29	55.1	49.85	72.12	56.63	112.86	68.75
浙江	75.83	77.14	54.2	62.48	76.90	85.06	52.03	65.67	68.27
河北	56.51	67.98	48.17	61.12	70.23	89.97	66.61	73.82	66.94
黑龙江	68.37	65.18	35.88	66.33	93.14	101.98	43.15	63.81	66.68
福建	75.06	46.72	55.1	70.39	57.86	65.77	51.26	87.41	63.92
河南	55.88	59.5	52.14	53.27	75.43	79.43	53.39	61.10	61.11
重庆	68.92	67.06	45.2	60.71	69.59	85.4	14.56	58.58	57.87
广东	73.17	16.65	26.61	73.17	64.57	87.23	63.67	56.08	57.73
辽宁	51.87	47.39	52.19	49.41	56.69	69.77	42.44	85.27	57.16
安徽	62.26	62.84	52.37	59.45	68.42	70.06	36.32	49.95	57.13
新疆	56.38	62.62	36.65	51.07	63.58	55.49	70.92	40.52	54.70
天津	46.92	33.14	50.10	49.84	42.27	44.57	31.39	115.09	52.53
四川	53.05	46.36	40.36	53.27	55.53	64.09	33.32	67.31	51.61
山西	58.68	48.51	49.36	57.41	57.95	52.54	46.29	42.05	51.30
陕西	52.07	44.82	47.39	49.66	57.67	53.57	32.22	52.4	48.47
内蒙古	51.22	56.4	46.38	50.40	43.50	47.68	44.33	44.23	47.87
吉林	54.57	55.56	43.52	54.41	55.71	53.2	29.45	40.65	47.85
宁夏	49.70	46.20	48.90	40.54	49.15	55.43	46.15	39.50	46.78
青海	36.37	45.39	44.56	38.55	49.15	59.21	54.11	27.49	44.21
甘肃	48.28	49.65	49.18	41.31	42.41	46.33	35	36.67	43.29

（续表）

省份	重点行业典型企业ERP普及率	重点行业典型企业MES普及率	重点行业典型企业PLM普及率	重点行业典型企业SCM普及率	重点行业典型企业采购环节电子商务应用	重点行业典型企业销售环节电子商务应用	重点行业典型企业装备数控化率	国家新型工业化产业示范基地两化融合发展水平	工业应用指数
贵州	44.40	44.65	49.16	43.83	35.60	35.81	56	30.42	42.51
云南	44.97	35.79	44.56	45	23	37.63	43.34	53.92	41.33
海南	41.68	37	27.82	41.77	44.83	54.30	20.42	42.93	38.56
西藏	47.42	34.86	34.18	42.72	17.05	21.51	35.81	42.93	34.75
全国均值	58.10	57.33	49.50	55.63	63.05	69.61	47.20	59.58	57.34

数据来源：中国电子信息产业发展研究院。

2011 年全国两化融合发展水平评估工业应用类评估结果如下所示。

表 2—8　2011 年全国两化融合发展水平评估工业应用类评估结果

省份	重点行业典型企业ERP普及率	重点行业典型企业MES普及率	重点行业典型企业PLM普及率	重点行业典型企业SCM普及率	重点行业典型企业采购环节电子商务应用	重点行业典型企业销售环节电子商务应用	重点行业典型企业装备数控化率	国家新型工业化产业示范基地两化融合发展水平	工业应用指数
上海	67.07	89.13	71.18	62.42	97.42	103.19	58.65	42.01	72.94
湖北	68.51	70.34	56.88	67.05	98.71	105.88	35.77	72.51	71.24
山东	57.76	62.96	77.92	66.27	70.42	69.39	63.40	97.05	71.03
江苏	62.30	77.90	65.98	62.12	82.62	82.57	64.75	54.48	68.71
黑龙江	57.76	74.84	47.55	61.12	83.83	89.97	68.93	53.28	66.92
安徽	63.34	56.74	67.05	65.13	87.06	83.70	62.36	51.35	66.68
湖南	69.22	63.86	63.15	69.54	78.70	83.78	46.11	54.31	65.45
广西	54.51	78.48	66.44	58.38	60.28	80.34	59.43	62.89	64.94
北京	54.37	70.34	57.96	54.66	45.49	66.86	52.69	111.11	64.89
河南	64.10	62.15	67.43	60.01	73.17	78.88	56.65	58.64	64.83
福建	68.51	50.90	68.93	64.48	53.47	58.19	56.83	85.75	63.70
重庆	64.32	50.44	57.47	64.6	70.67	78.75	62.30	51.09	62.22
陕西	58.59	44.54	56.88	56.88	76.90	72.12	56.59	47.69	58.51
浙江	54.76	52.82	43.58	59.78	62.41	75.33	51.57	62.67	57.84
吉林	64.10	65.54	60.08	58.32	65.07	79.34	28.24	40.24	56.68
河北	62.79	58.41	53.90	61.12	41.08	50	64.88	54.69	56.02
天津	59.98	71.87	35.80	43.46	16.88	26.06	55.02	124.72	55.65

（续表）

省份	重点行业典型企业ERP普及率	重点行业典型企业MES普及率	重点行业典型企业PLM普及率	重点行业典型企业SCM普及率	重点行业典型企业采购环节电子商务应用	重点行业典型企业销售环节电子商务应用	重点行业典型企业装备数控化率	国家新型工业化产业示范基地两化融合发展水平	工业应用指数
辽宁	55.72	51.35	50.45	57.37	48.70	48.78	38.65	71.14	52.86
宁夏	61.63	62.15	65.90	56	51.94	46.91	40.37	40.05	52.60
内蒙古	50.49	54.51	59.27	58.77	54.90	57.40	26.76	50.78	51.10
广东	63.74	17.12	90.57	64.44	31.67	39.05	59.27	40.56	50.77
四川	52.62	39.97	54.66	55.4	53.47	64.09	30.05	57.47	50.68
新疆	63.06	50	52.59	61.45	59.64	60.18	12.83	50.59	50.51
江西	48.03	68.77	42.40	44.16	58.33	44.72	40.14	42.87	48.39
山西	47.07	48.84	42.40	45.88	48.25	44.72	64.73	43.11	48.36
云南	46.45	30.67	51.93	43.47	31.37	45.83	67.07	56.78	47.31
海南	42.32	53.9	36.14	39.83	54.98	54.09	44.91	42.93	46.05
青海	51.66	44.27	37.51	51.20	57.73	52.30	61.84	10.81	45.53
甘肃	51.25	53.45	41.24	41.23	59.16	43.49	35.41	36.33	44.82
贵州	42.73	23.94	39.30	42	39.27	40.54	15.48	44.76	35.77
西藏	39.90	29.54	39.99	42	42.95	25.52	5.46	0	27.15
全国均值	57.05	55.80	55.57	56.08	59.89	62.97	47.97	55.25	56.13

数据来源：中国电子信息产业发展研究院。

从 2011 年和 2012 年各省份两化融合发展水平评估结果看，2012 年全国两化融合工业应用指数由 2011 年的 56.13 提高到了 57.34，其中上海、广西、江西、江苏、湖北、湖南、山东的工业应用位居全国前列，企业的 ERP、MES、PLM、SCM 和电子商务普及应用水平比较高，多个业务环节的信息化应用开始走向综合集成和产业链协同；青海、甘肃、贵州、云南、海南、西藏的工业应用最差，企业信息化应用水平较低，大部分企业的信息化普遍处于单项应用阶段，有的企业甚至尚未开始应用信息技术。

2012 年，大部分省份工业应用指数比 2011 年有 5 分以上的上升幅度，反映了区域两化融合工业应用水平明显提高，这主要得益于当地政府积极落实工信部以"百企示范、千企试点、万企行动"为内涵的两化深度融合"百千万"工程，明显激发了企业的信息化建设积极性，使得企业信息化应用水平普遍提高。

各省份工业应用呈现出"重工业基础较好的省份普遍较好"的特点。上海、广西、江西、江苏、湖北、湖南、山东等重工业基础较好的省份，这些省份积极利用信息技术改造和提升传统产业，加快工业转型升级步伐，不断突破资源、环境等条件的约束，因此，这些省份的规模以上工业企业信息化应用水平相对较好。青海、甘肃、贵州、云南、海南、西藏等省份位于我国西部地区，这些省份的工业基础普遍薄弱，采用信息技术改造提升传统工业的推进步伐较缓慢，工业企业信息化应用水平普遍较差。

（一）重点行业典型企业ERP普及率

2012 年，在重点行业典型企业 ERP 普及率方面，全国平均水平为 58.13，各省情况如下图所示。

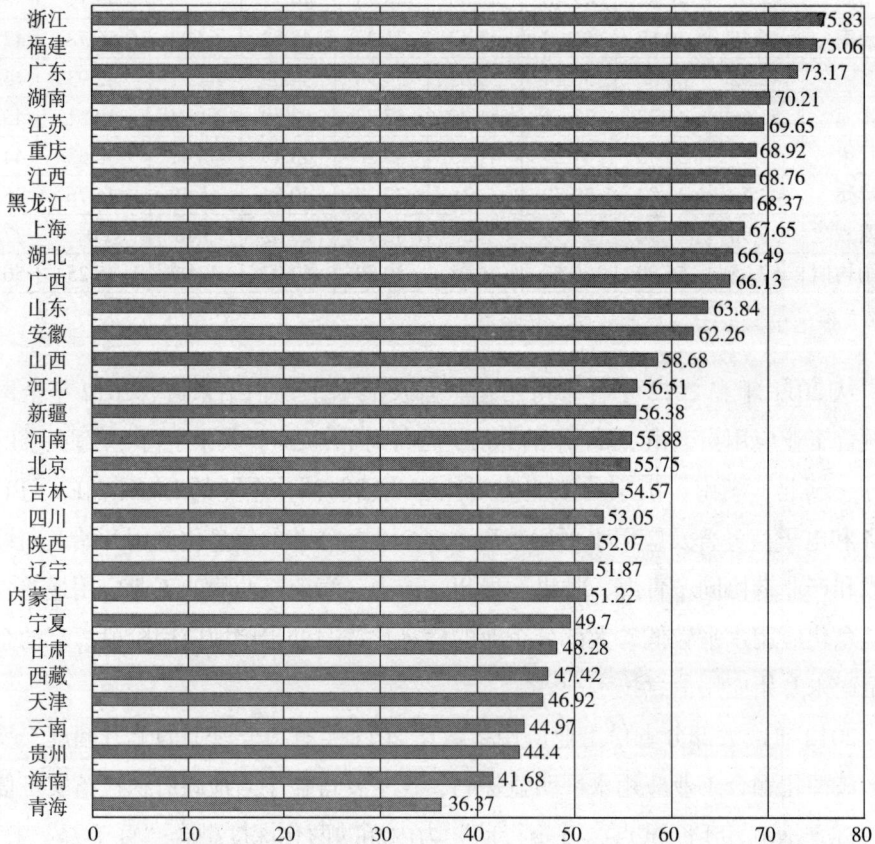

省份	数值
浙江	75.83
福建	75.06
广东	73.17
湖南	70.21
江苏	69.65
重庆	68.92
江西	68.76
黑龙江	68.37
上海	67.65
湖北	66.49
广西	66.13
山东	63.84
安徽	62.26
山西	58.68
河北	56.51
新疆	56.38
河南	55.88
北京	55.75
吉林	54.57
四川	53.05
陕西	52.07
辽宁	51.87
内蒙古	51.22
宁夏	49.7
甘肃	48.28
西藏	47.42
天津	46.92
云南	44.97
贵州	44.4
海南	41.68
青海	36.37

图 2—22　2012年重点行业典型企业ERP普及率指数各省情况

数据来源：中国电子信息产业发展研究院。

2011 年，在重点行业典型企业 ERP 普及率方面，全国平均水平为 57.05，各省情况如下图所示。

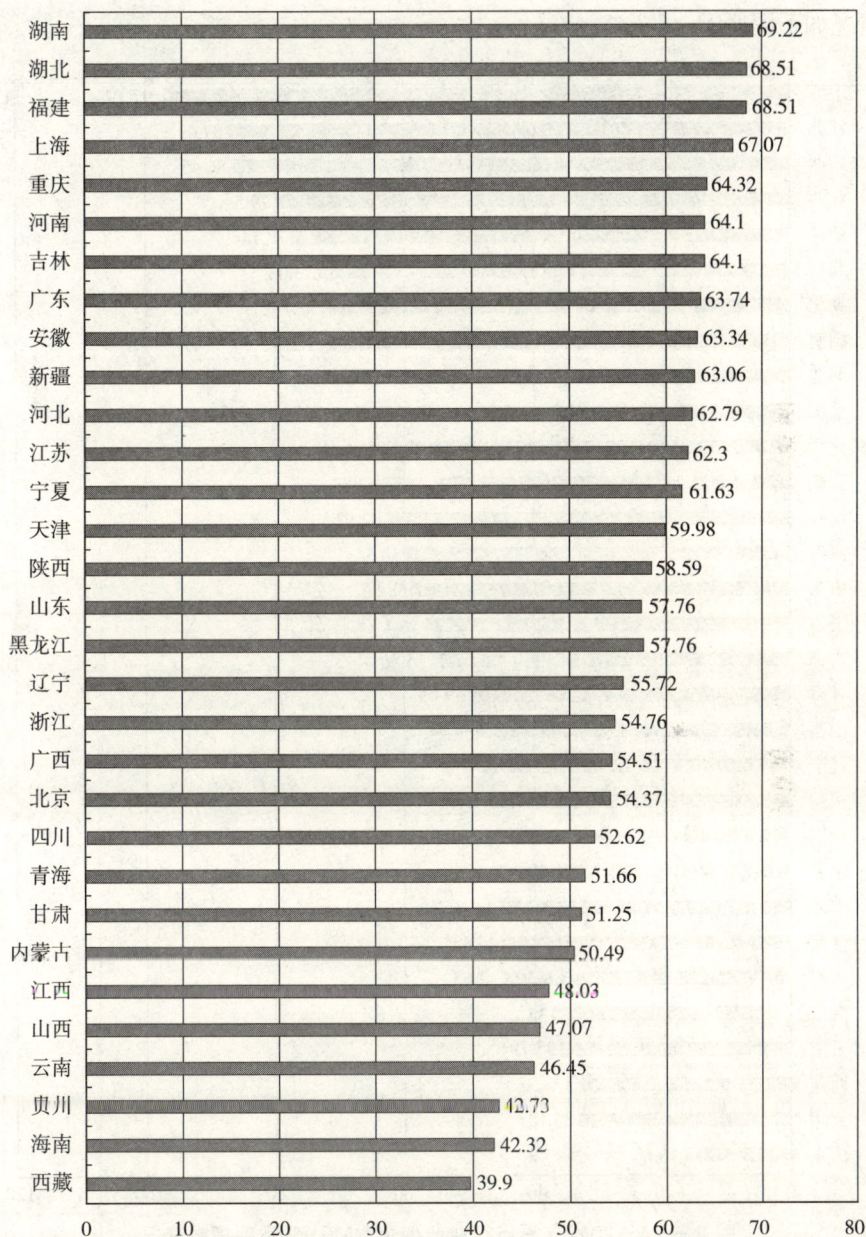

省份	数值
湖南	69.22
湖北	68.51
福建	68.51
上海	67.07
重庆	64.32
河南	64.1
吉林	64.1
广东	63.74
安徽	63.34
新疆	63.06
河北	62.79
江苏	62.3
宁夏	61.63
天津	59.98
陕西	58.59
山东	57.76
黑龙江	57.76
辽宁	55.72
浙江	54.76
广西	54.51
北京	54.37
四川	52.62
青海	51.66
甘肃	51.25
内蒙古	50.49
江西	48.03
山西	47.07
云南	46.45
贵州	42.73
海南	42.32
西藏	39.9

图 2—23 2011年重点行业典型企业ERP普及率指数情况

数据来源：中国电子信息产业发展研究院。

（二）重点行业典型企业MES普及率

2012 年，在重点行业典型企业 MES 普及率方面，全国平均水平为 57.33，各省情况如下图所示。

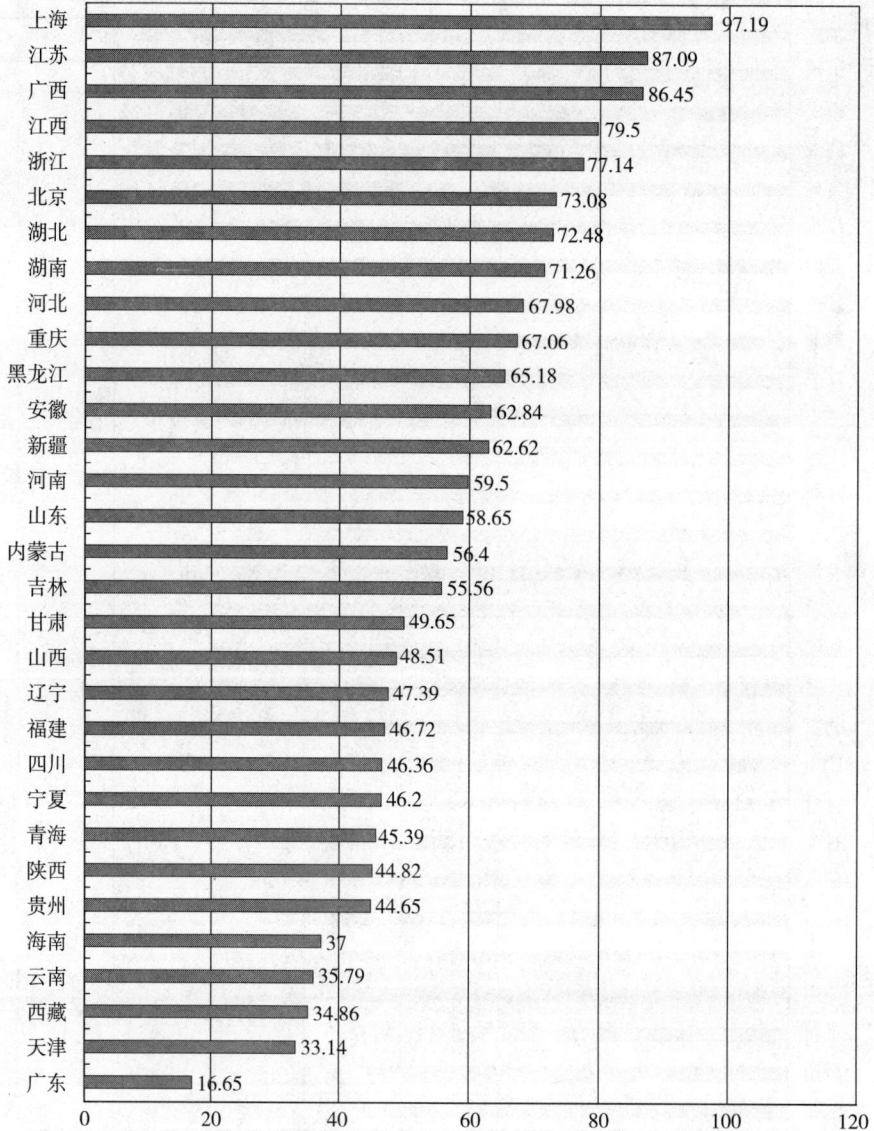

省份	数值
上海	97.19
江苏	87.09
广西	86.45
江西	79.5
浙江	77.14
北京	73.08
湖北	72.48
湖南	71.26
河北	67.98
重庆	67.06
黑龙江	65.18
安徽	62.84
新疆	62.62
河南	59.5
山东	58.65
内蒙古	56.4
吉林	55.56
甘肃	49.65
山西	48.51
辽宁	47.39
福建	46.72
四川	46.36
宁夏	46.2
青海	45.39
陕西	44.82
贵州	44.65
海南	37
云南	35.79
西藏	34.86
天津	33.14
广东	16.65

图 2—24　2012年重点行业典型企业MES普及率指数情况

数据来源：中国电子信息产业发展研究院。

2011年，在重点行业典型企业 MES 普及率方面，全国平均水平为55.8，各省情况如下图所示。

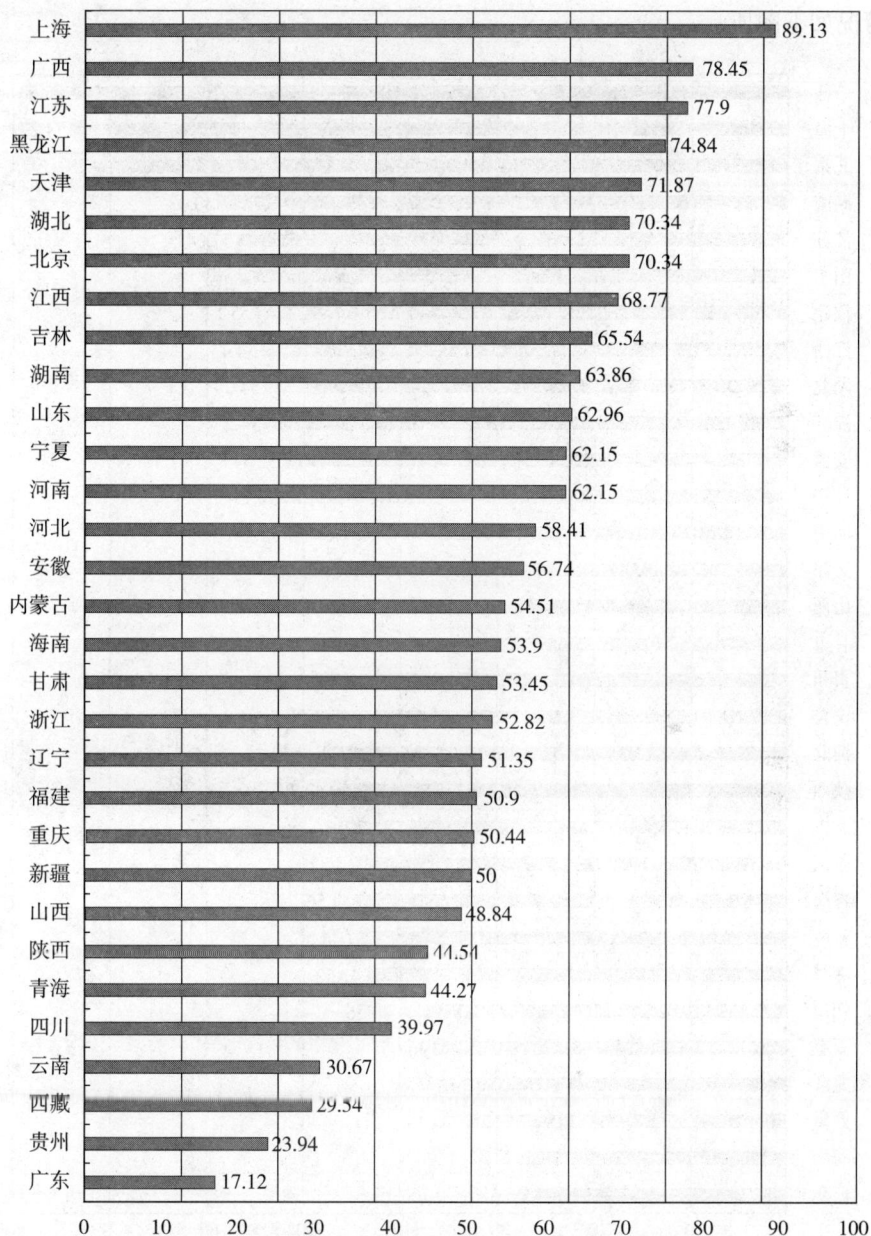

图2— 25 2011年重点行业典型企业MES普及率指数情况

数据来源：中国电子信息产业发展研究院。

（三）重点行业典型企业PLM普及率

2012年，在重点行业典型企业 PLM 普及率方面，全国平均水平为 49.50，各省情况如下图所示。

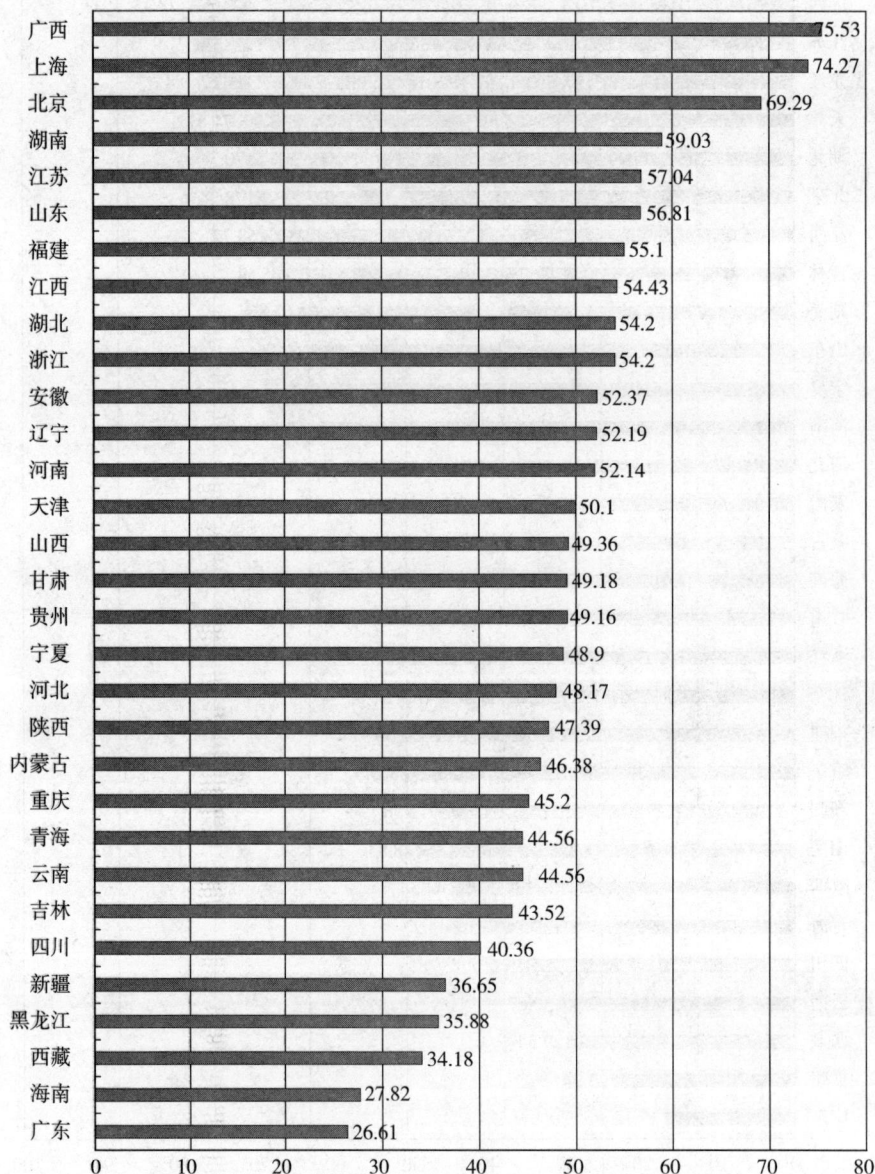

图2—26　2012年重点行业典型企业PLM普及率指数情况

数据来源：中国电子信息产业发展研究院。

2011 年，在重点行业典型企业 PLM 普及率方面，全国平均水平为 55.57，各省情况如下图所示。

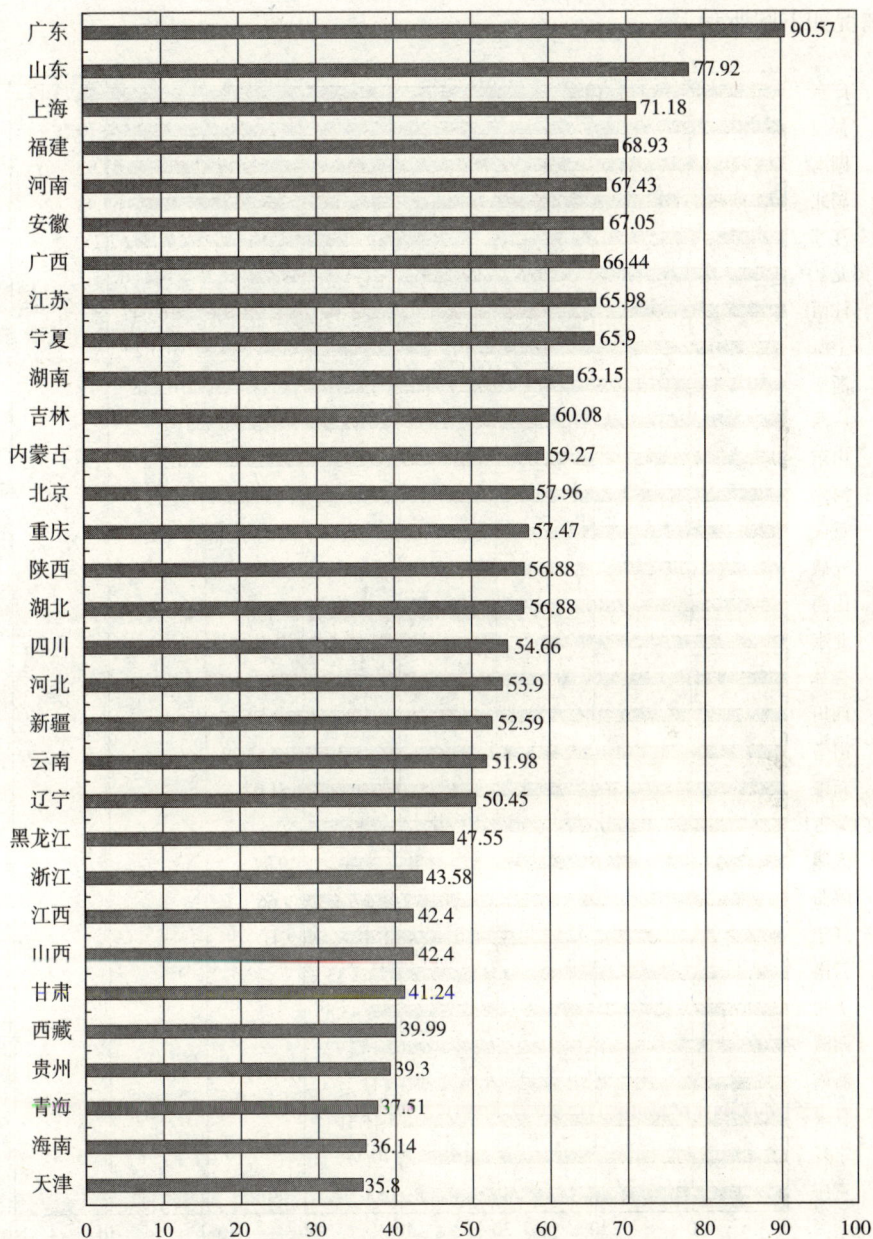

图 2—27　2011年重点行业典型企业PLM普及率指数情况

数据来源：中国电子信息产业发展研究院。

（四）重点行业典型企业SCM普及率

2012年，在重点行业典型企业SCM普及率方面，全国平均水平为55.63，各省情况如下图所示。

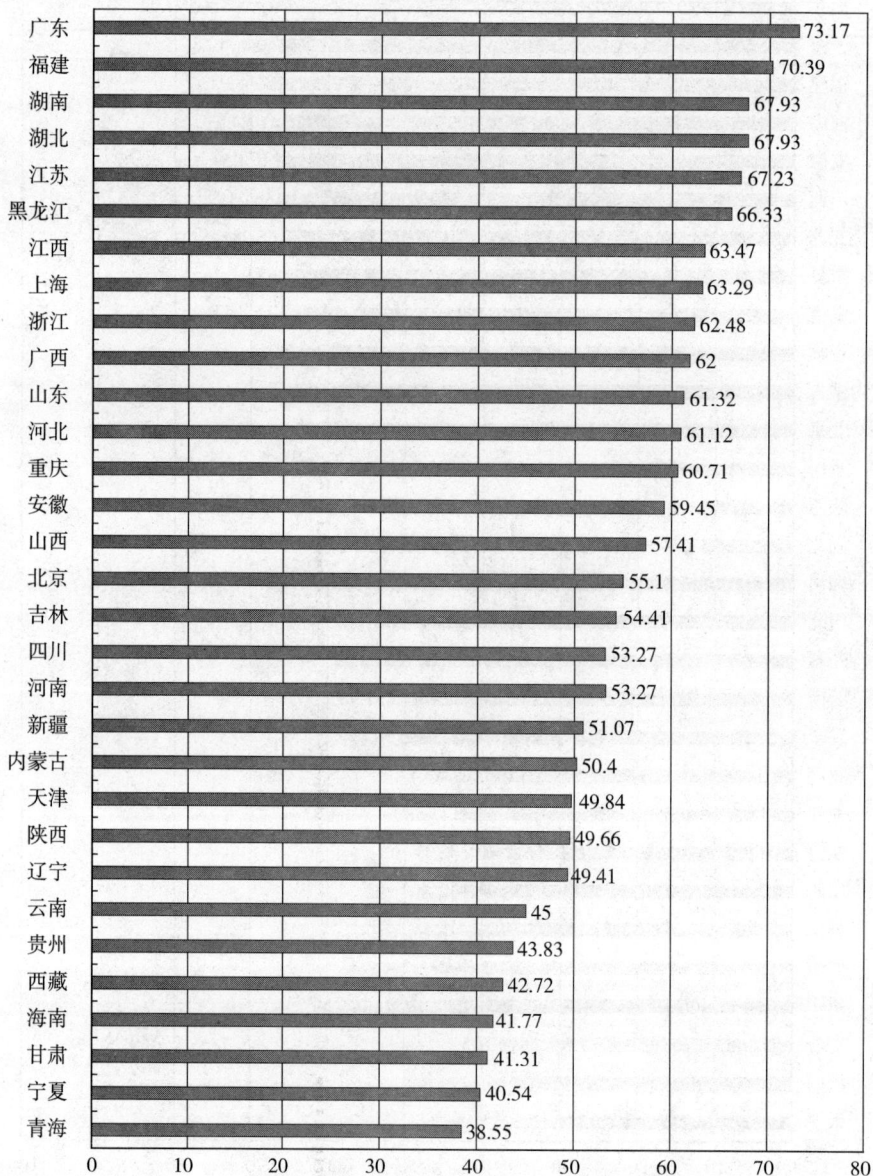

省份	数值
广东	73.17
福建	70.39
湖南	67.93
湖北	67.93
江苏	67.23
黑龙江	66.33
江西	63.47
上海	63.29
浙江	62.48
广西	62
山东	61.32
河北	61.12
重庆	60.71
安徽	59.45
山西	57.41
北京	55.1
吉林	54.41
四川	53.27
河南	53.27
新疆	51.07
内蒙古	50.4
天津	49.84
陕西	49.66
辽宁	49.41
云南	45
贵州	43.83
西藏	42.72
海南	41.77
甘肃	41.31
宁夏	40.54
青海	38.55

图2—28　2012年重点行业典型企业SCM普及率指数情况

数据来源：中国电子信息产业发展研究院。

2011 年，在重点行业典型企业 SCM 普及率方面，全国平均水平为 56.08，各省情况如下图所示。

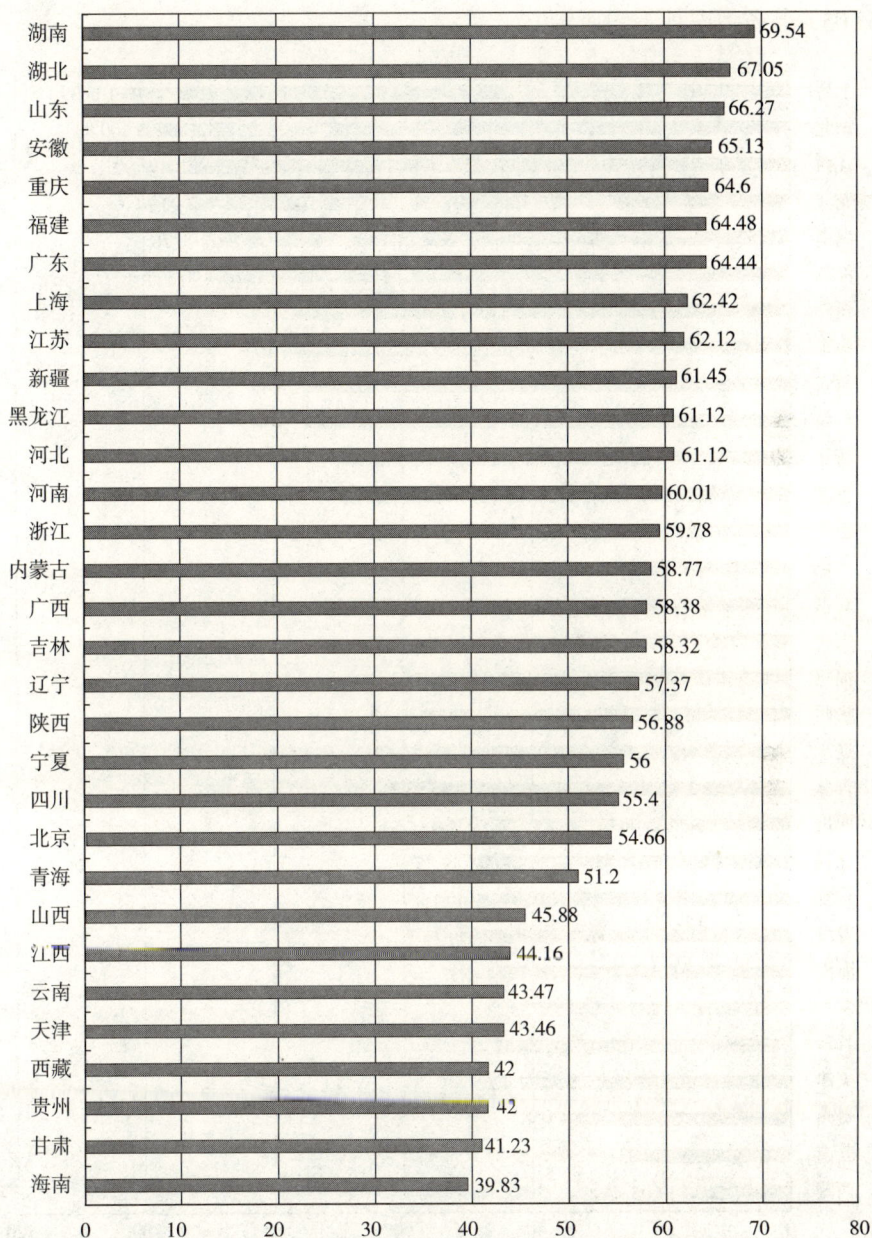

图 2—29　2011年重点行业典型企业SCM普及率指数情况

数据来源：中国电子信息产业发展研究院。

45

（五）重点行业典型企业采购环节电子商务应用

2012年，在重点行业典型企业采购环节电子商务应用方面，全国平均水平为63.05，各省情况如下图所示。

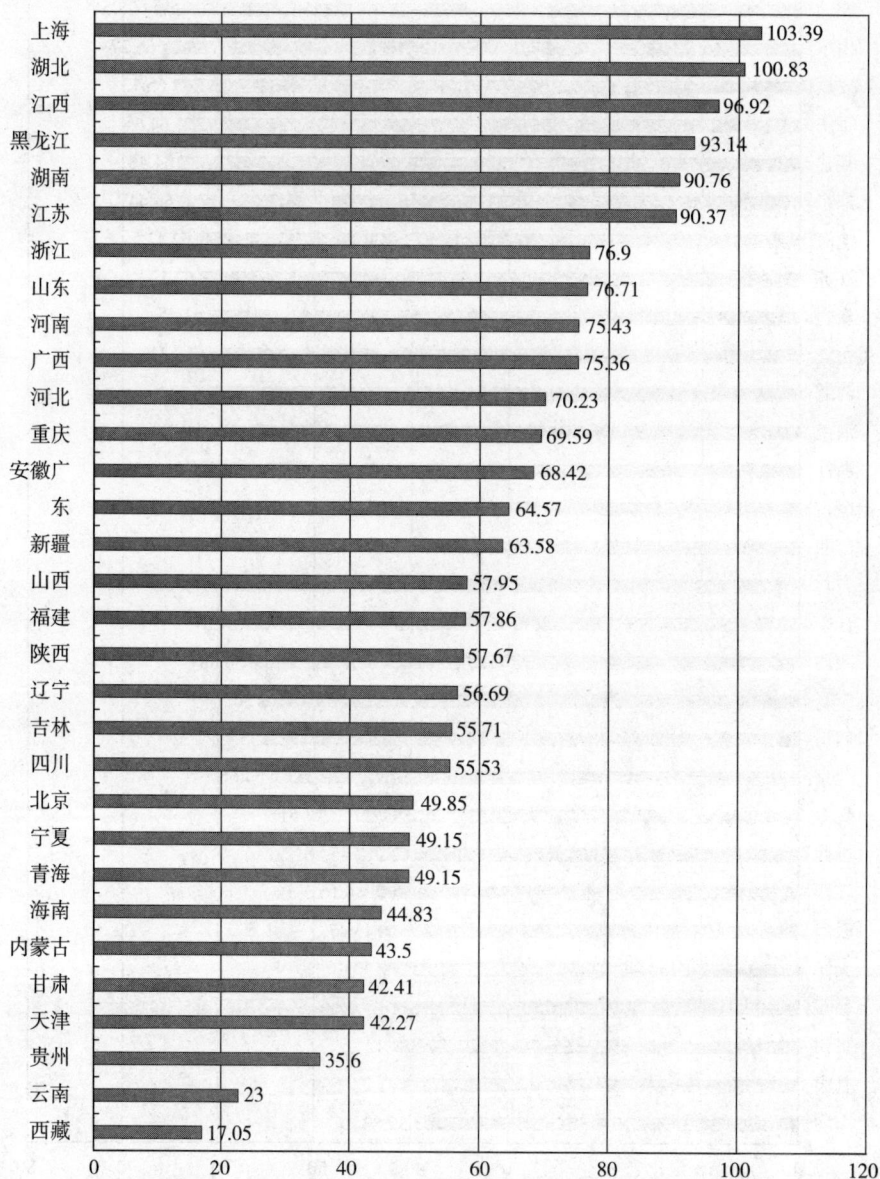

图2—30 2012年重点行业典型企业采购环节电子商务应用指数情况

数据来源：中国电子信息产业发展研究院。

2011 年，在重点行业典型企业采购环节电子商务应用方面，全国平均水平为 59.89，各省情况如下图所示。

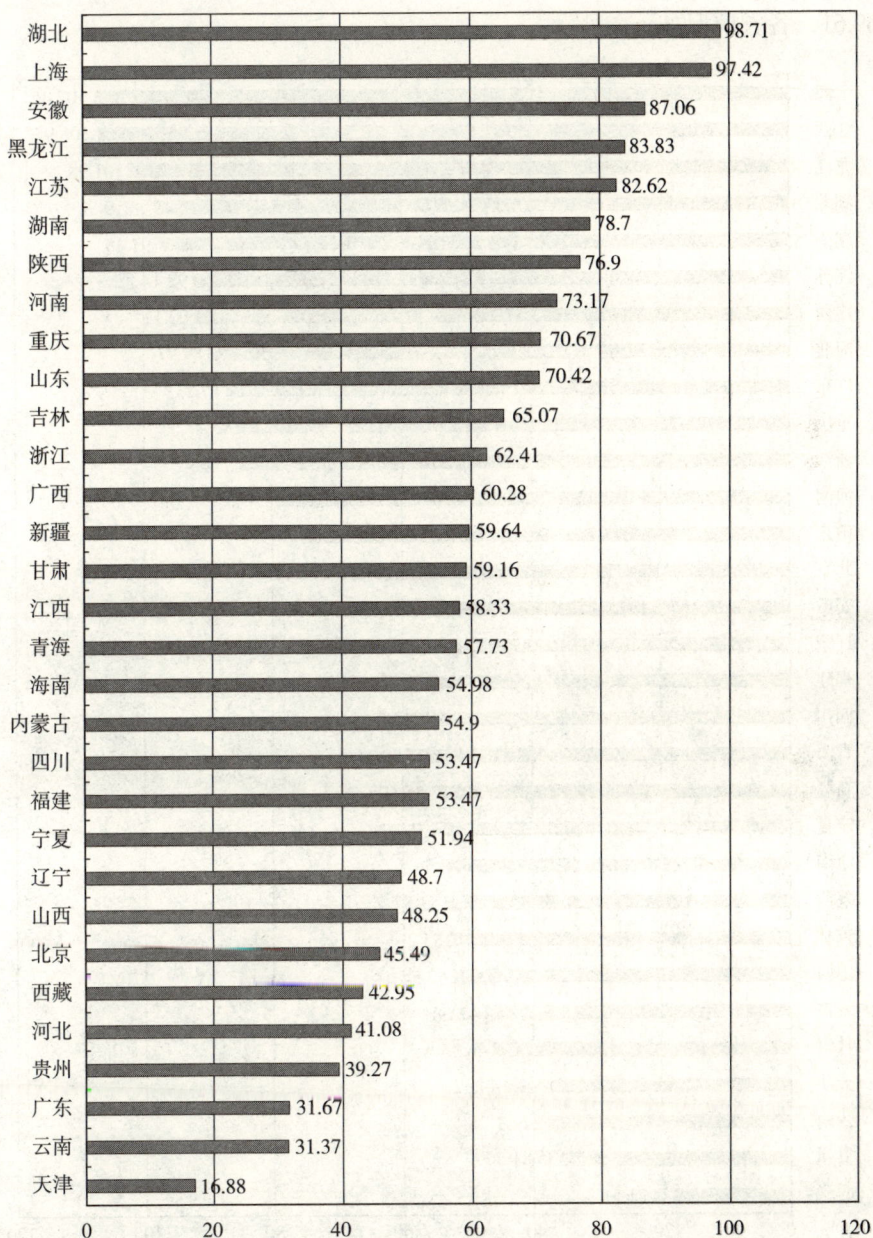

图 2—31 2011年重点行业典型企业采购环节电子商务应用指数情况

数据来源：中国电子信息产业发展研究院。

47

（六）重点行业典型企业销售环节电子商务应用

2012年，在重点行业典型企业销售环节电子商务应用方面，全国平均水平为69.61，各省情况如下图所示。

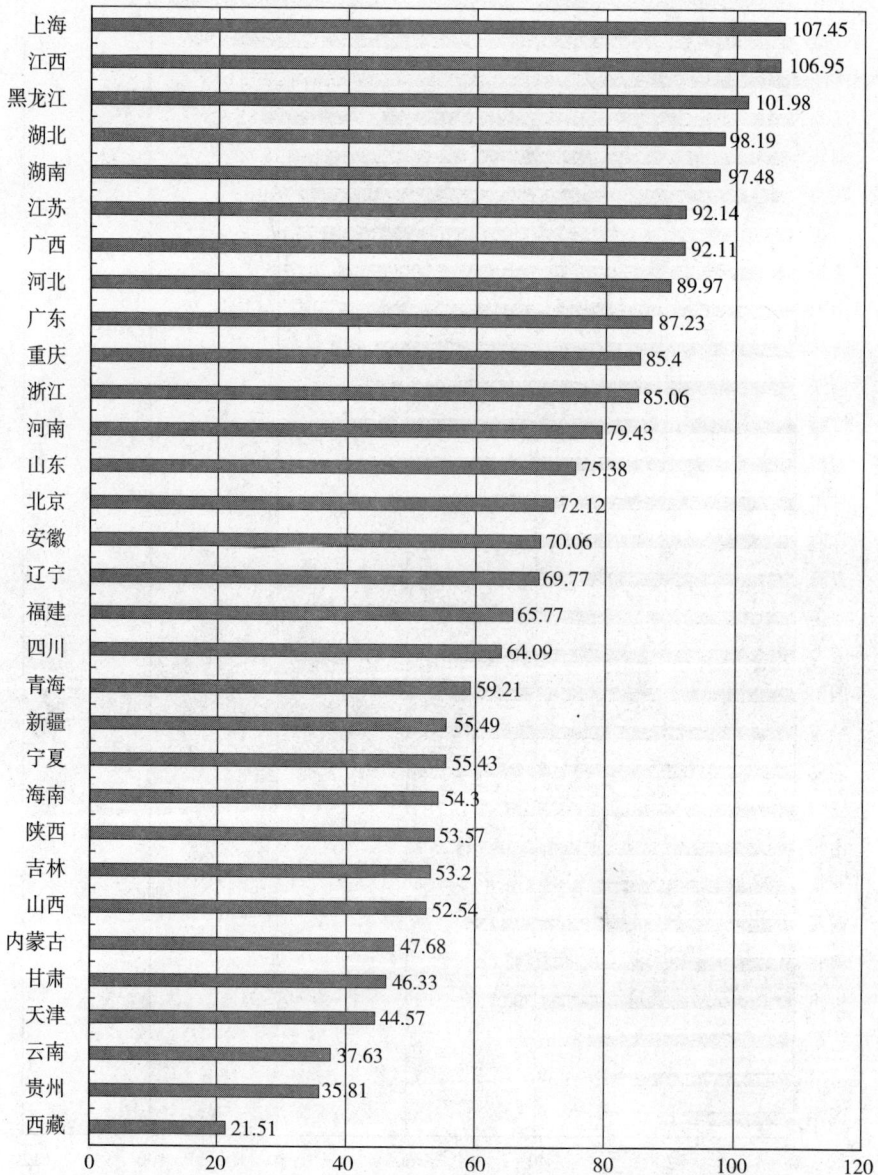

图2—32　2012年重点行业典型企业销售环节电子商务应用指数情况

数据来源：中国电子信息产业发展研究院。

　　2011 年，在重点行业典型企业销售环节电子商务应用方面，全国平均水平为 62.97，各省情况如下图所示。

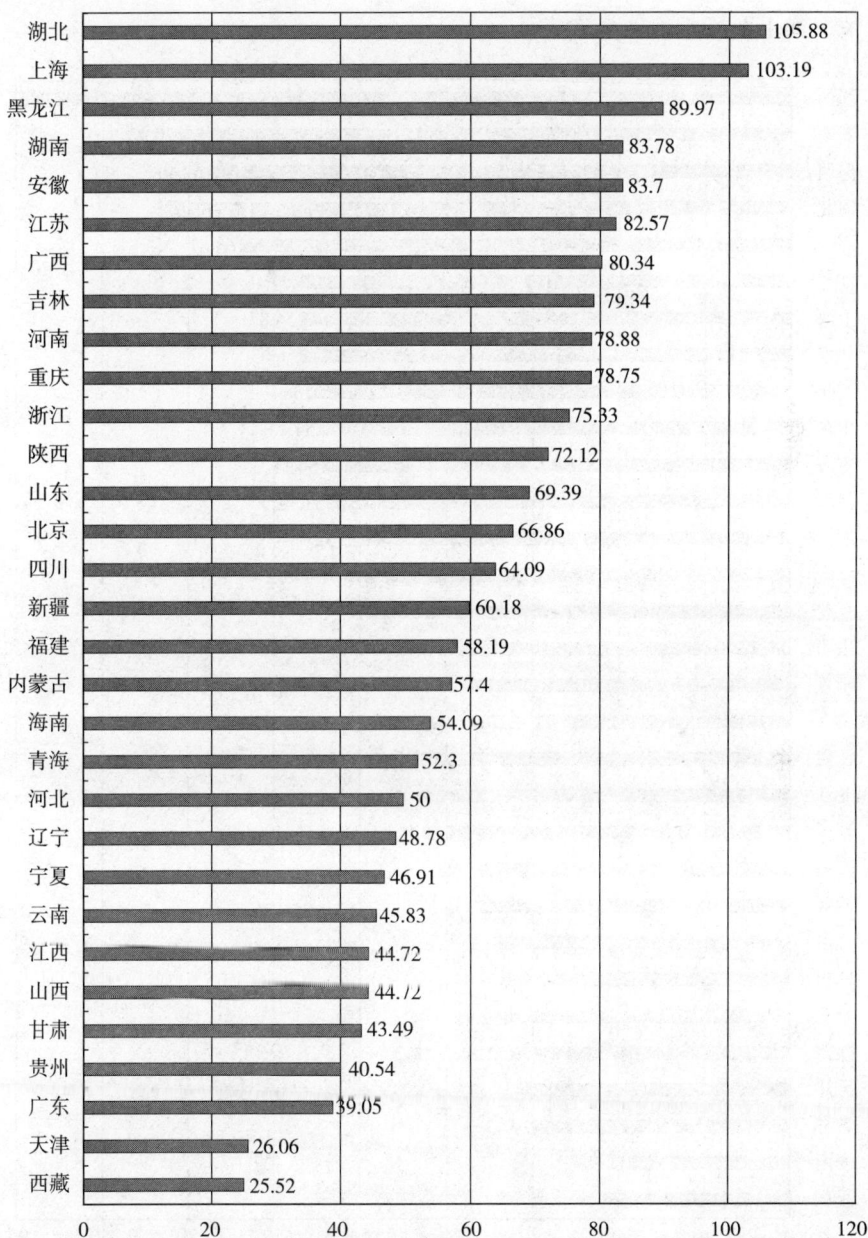

省份	指数
湖北	105.88
上海	103.19
黑龙江	89.97
湖南	83.78
安徽	83.7
江苏	82.57
广西	80.34
吉林	79.34
河南	78.88
重庆	78.75
浙江	75.33
陕西	72.12
山东	69.39
北京	66.86
四川	64.09
新疆	60.18
福建	58.19
内蒙古	57.4
海南	54.09
青海	52.3
河北	50
辽宁	48.78
宁夏	46.91
云南	45.83
江西	44.72
山西	44.72
甘肃	43.49
贵州	40.54
广东	39.05
天津	26.06
西藏	25.52

图 2—33　2011年重点行业典型企业销售环节电子商务应用指数情况

数据来源：中国电子信息产业发展研究院。

（七）重点行业典型企业装备数控化率

2012 年，在重点行业典型企业装备数控化率方面，全国平均水平为 47.02，各省情况如下图所示。

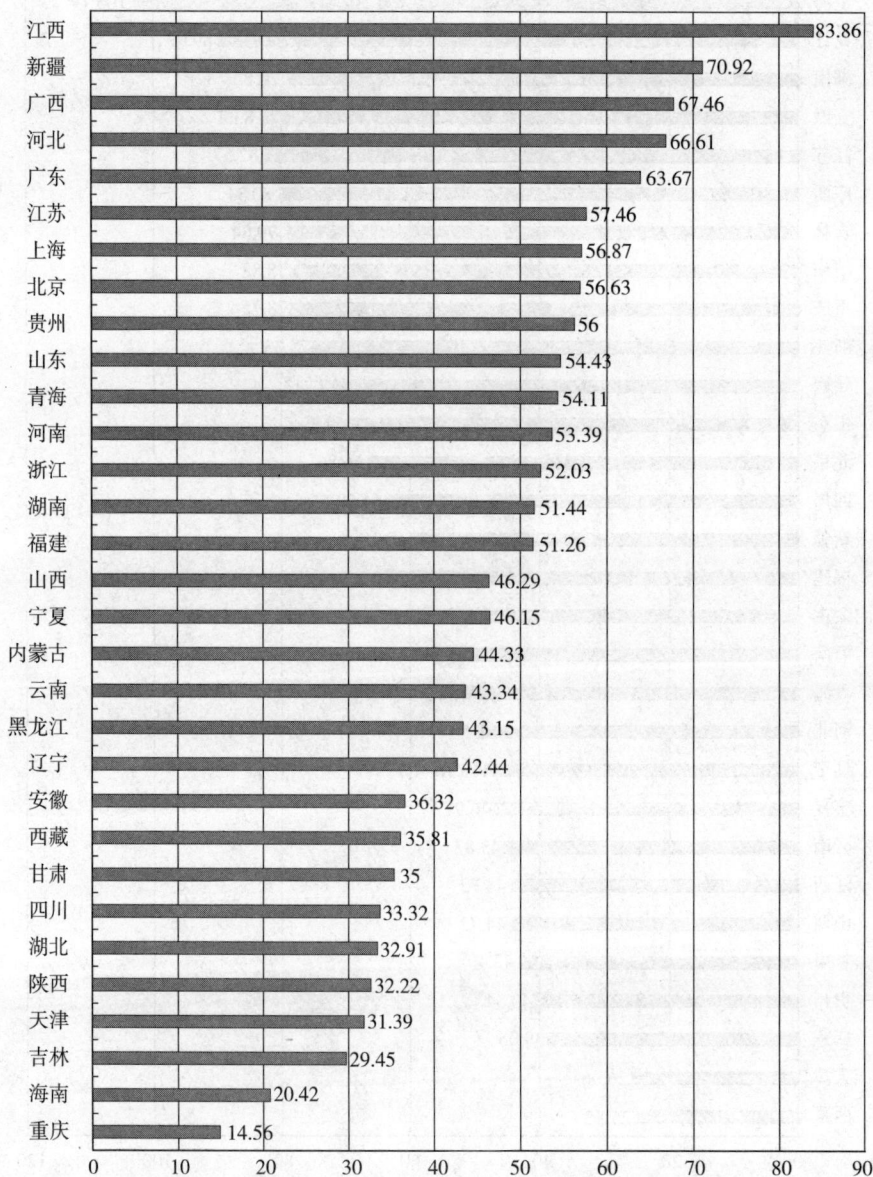

省份	数值
江西	83.86
新疆	70.92
广西	67.46
河北	66.61
广东	63.67
江苏	57.46
上海	56.87
北京	56.63
贵州	56
山东	54.43
青海	54.11
河南	53.39
浙江	52.03
湖南	51.44
福建	51.26
山西	46.29
宁夏	46.15
内蒙古	44.33
云南	43.34
黑龙江	43.15
辽宁	42.44
安徽	36.32
西藏	35.81
甘肃	35
四川	33.32
湖北	32.91
陕西	32.22
天津	31.39
吉林	29.45
海南	20.42
重庆	14.56

图 2—34　2012年重点行业典型企业装备数控化率指数情况

数据来源：中国电子信息产业发展研究院。

2011 年，在重点行业典型企业装备数控化率方面，全国平均水平为 47.97，各省情况如下图所示。

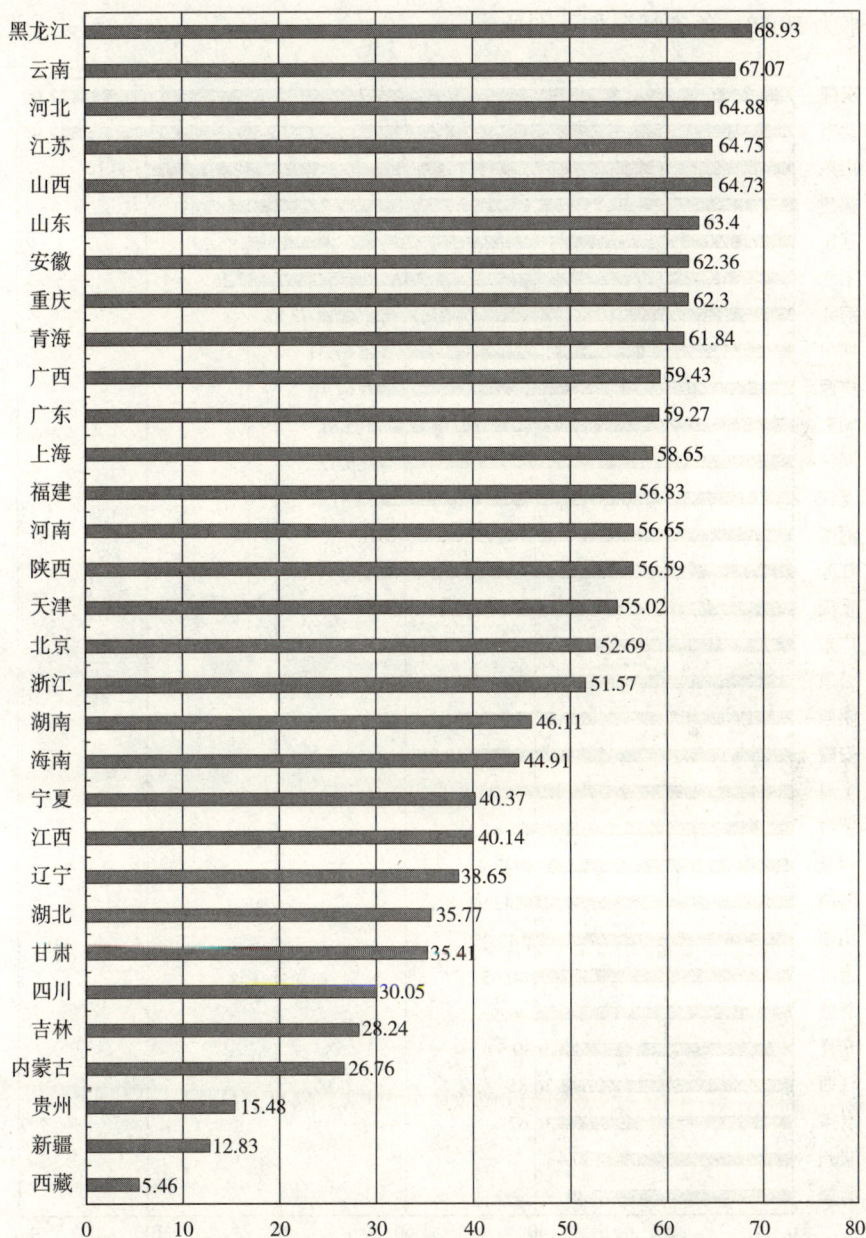

图 2—35　2011年重点行业典型企业装备数控化率指数情况

数据来源：中国电子信息产业发展研究院。

（八）国家新型工业化产业示范基地两化融合发展水平

2012 年，在国家新型工业化产业示范基地两化融合发展水平方面，全国平均水平为 59.58，各省情况如下图所示。

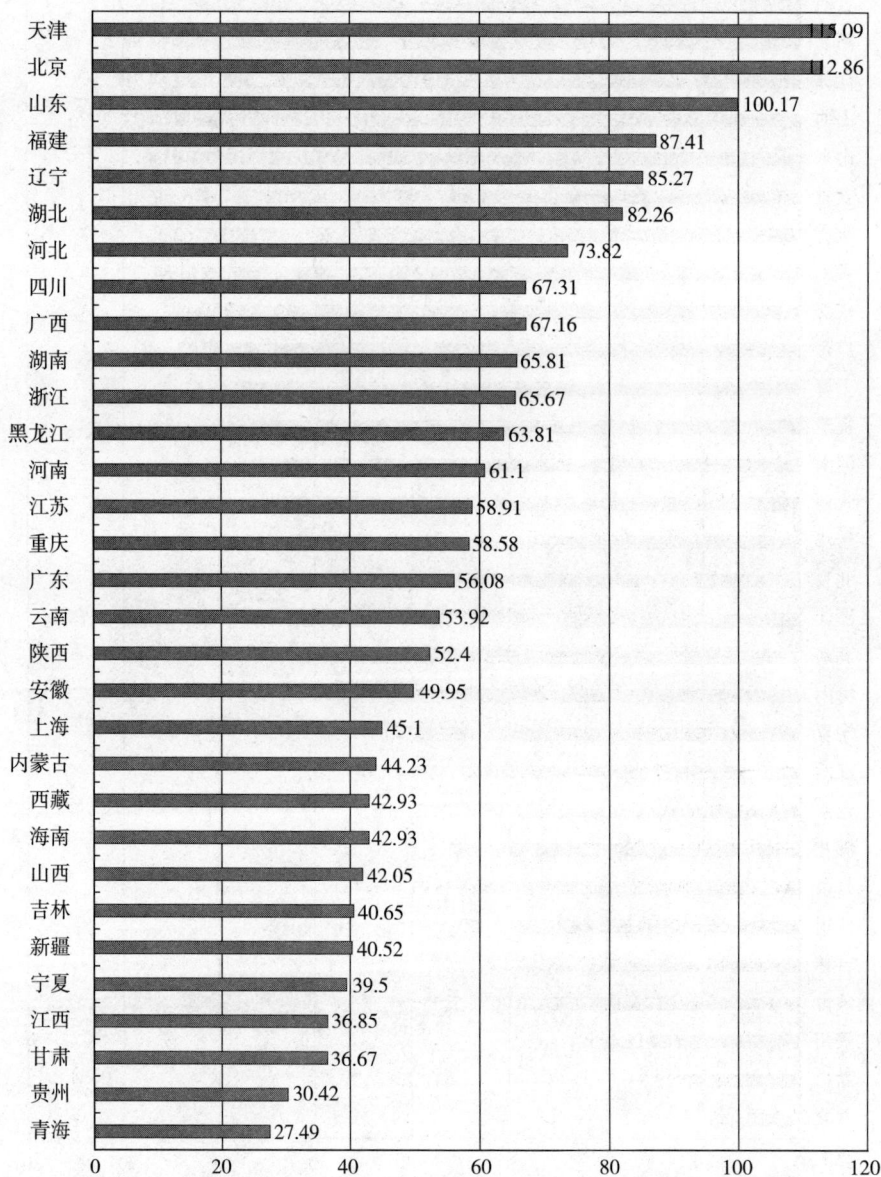

图 2—36　2012年国家新型工业化产业示范基地两化融合发展水平指数情况

数据来源：中国电子信息产业发展研究院。

2011 年，在国家新型工业化产业示范基地两化融合发展水平方面，全国平均水平为 55.25，各省情况如下图所示。

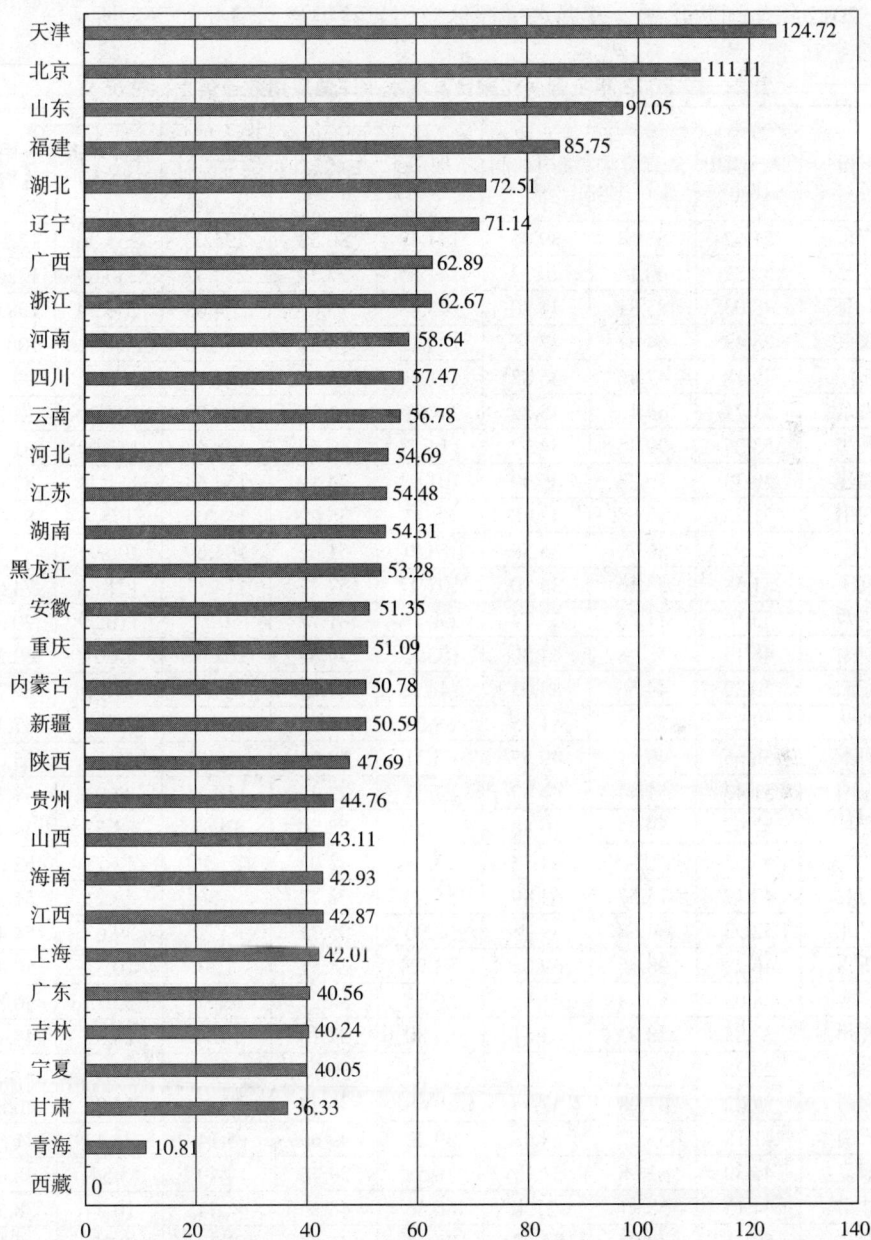

图 2—37　2011年国家新型工业化产业示范基地两化融合发展水平指数情况况

数据来源：中国电子信息产业发展研究院。

四、应用效益分析

2012 年全国两化融合发展水平评估应用效益类指标情况如下表所示。

表 2—9   2012 年全国两化融合发展水平评估应用效益类指标情况

省份	工业增加值占GDP比重	第二产业全员劳动生产率	工业成本费用利润率	单位工业增加值工业专利量	单位地区生产总值能耗	电子信息制造业主营业务收入	软件业务收入	应用效益指数
广东	51.62	63.14	39.46	141.48	80.52	294.08	255.36	122.91
江苏	52.39	60.14	40.73	141.85	77.22	293.32	256.69	122.49
上海	43.03	85.31	41.80	143.48	75.67	204.68	206.59	108.61
北京	25.49	64.47	47.16	180.12	90.37	146.66	244.42	108.53
浙江	39.18	47.46	36.83	181.40	78.02	161.67	180.32	99.18
山东	51.71	64.13	45.22	95.61	61.24	188.09	194.22	94.29
天津	53.25	99.45	54.12	114.77	69.47	148.47	117.09	91.66
福建	50.33	59.23	45.49	101.94	74.19	154.54	161.39	87.93
四川	51.45	53.58	48.48	85.12	55.22	148.06	175.4	83.62
辽宁	52.97	86.71	35.59	67.40	51.62	103.69	206.91	82.29
重庆	51.58	53.16	34.90	107.47	57.22	114.31	121.33	74.68
陕西	53.16	71.76	72.74	64.77	61.72	56.21	118.29	70.34
湖南	48.13	58.48	44.30	103.83	59.83	102.62	74.61	69.21
安徽	50.32	44.56	43.03	144.55	67.05	91.30	29.92	67.79
湖北	49.54	58.95	41.75	88.28	58.94	101.27	82.57	67.30
河南	56.65	49.41	49.57	65.31	59.38	129.62	58.39	65.04
江西	51.42	51.44	44.99	47.33	73.47	119.21	24.07	57.24
吉林	52.67	89.84	40.88	38.66	58.50	16.67	82.52	54.45
内蒙古	55.35	121.45	64.33	23.33	43.02	24.56	13.75	52.07
黑龙江	48.19	75.57	64.89	56.28	53.72	7.56	44.21	51.85
河北	52.93	54.68	39.75	55.06	45.71	63.27	49.63	51.42
新疆	46.22	98.95	69.02	53.83	38.51	4.33	20.32	50.46
广西	48.05	50.98	41.94	50.65	64.27	66.86	32.78	50.33
贵州	37.85	48.93	63.51	89.80	37.10	10.13	28.37	47.49
海南	25.28	66.71	51.86	83.49	70.75	10.68	9.96	47.34
山西	59.02	67.98	37.34	50.65	36.27	55.23	12.08	46.83
云南	41.18	56.22	44.48	59.22	49.69	5.14	24.42	41.69
宁夏	44.89	61.98	31.11	76.58	29.46	4.40	3.54	38.82
甘肃	44.15	58.01	27.4	66.36	43.25	6.34	10.34	38.54
青海	53.16	70.93	54.77	26.12	31.75	3.20	9.62	38.15
西藏	11.99	59	71.38	33.90	46.24	0	0	33.75
全国均值	46.88	66.21	47.38	58.12	58.04	91.49	91.91	68.27

数据来源：中国电子信息产业发展研究院。

2011 年全国两化融合发展水平评估应用效益类评估结果如下表所示。

表 2—10　2011 年全国两化融合发展水平评估应用效益类评估结果

省份	工业增加值占GDP比重	第二产业全员劳动生产率	工业成本费用利润率	单位工业增加值工业专利量	单位地区生产总值能耗	电子信息制造业主营业务收入	软件业务收入	应用效益指数
广东	52.33	72.74	41.94	133.90	80.52	292.89	239.21	121.66
江苏	54.98	59.85	43.51	134.72	77.22	275.67	235.02	117.44
北京	26.14	73.53	45.77	156.88	90.37	142.63	231.73	104.14
上海	45.01	75.44	43.32	127.70	75.67	204.85	181.63	102.09
浙江	41.66	42.68	40.25	164.10	78.02	158.84	153.20	93
山东	58.53	60.97	46.85	80.12	61.24	193.90	177.65	91.37
天津	53.72	114.43	55.64	116.36	69.47	134.39	98.80	90.74
福建	50.97	50.37	50	93.12	74.19	152.32	144.11	83.59
辽宁	54.10	78.01	40.10	63.70	51.62	101.71	182.52	78.05
四川	51.36	48.52	47.91	54.45	55.22	136.85	160.16	74.63
重庆	52.74	90.90	38.91	102.58	57.22	86.33	79.54	72.39
安徽	52.65	43.51	43.83	128.59	67.05	94.10	28.37	65.72
陕西	52.24	57.75	79.79	63.15	61.72	49.92	97.27	65.54
湖南	48.06	51.24	48.05	97.67	59.83	78.70	71.34	64.39
湖北	50.19	43.62	44.94	81.40	58.94	100.28	67.81	62.47
河南	57.41	45.74	54.40	59.80	59.38	96.94	50.60	59.61
江西	54.01	45.01	44.34	40.93	73.47	99.33	24.24	53.13
吉林	52.54	82.29	45.22	40.18	58.50	16.94	73.10	53.06
新疆	48.80	110.64	79.42	48.01	38.51	3.32	14.95	52.71
内蒙古	55.41	114.15	72.80	19.43	43.02	17.74	10.64	50.45
黑龙江	50.96	68.25	73.70	46.64	53.72	5.26	39.43	50.14
宁夏	42.74	127.30	46.31	66.36	29.46	4.68	2.97	49.69
山西	54.21	98.36	48.22	48.68	36.27	28.52	11.89	49.12
河北	54.02	51.04	43.65	45.95	45.71	56.23	47.67	49.10
贵州	36.60	54.73	56.39	85.12	37.10	12.07	24.42	46.09
广西	48.72	38.56	46.98	40.93	64.27	42.56	21.21	43.40
海南	26.03	109.1	10.13	65.31	70.75	1.89	3.33	42.81
云南	44.08	48.93	53.18	49.34	49.69	3.98	22.76	40.46
青海	53.47	60.54	72.14	24.27	31.75	3.44	0	37.89
甘肃	48.13	52.23	30.21	47.33	43.25	4.88	10.70	35.52

（续表）

省份	工业增加值占GDP比重	第二产业全员劳动生产率	工业成本费用利润率	单位工业增加值工业专利量	单位地区生产总值能耗	电子信息制造业主营业务收入	软件业务收入	应用效益指数
西藏	12.30	48.16	83.22	39.42	46.24	0	0	34.84
全国均值	47.87	68.34	50.68	76.33	58.04	83.91	80.85	65.65

数据来源：中国电子信息产业发展研究院

从2011年和2012年各省份两化融合发展水平评估结果看，2012年全国两化融合应用效益指数由2011年的65.65提高到了68.27，广东、江苏、上海、北京、浙江、山东的应用效益明显高于全国其他省份，这些省份电子信息、软件和信息服务业发达，以两化融合推进工业节能减排的力度较大，单位地区生产总值能耗较低。山西、云南、宁夏、甘肃、青海、西藏的应用效益最差，信息产业规模小，工业研发水平低，单位工业增加值工业专利量偏少。

2012年，大部分省份两化融合发展应用效益指数比2011年有10分以上的上升幅度，反映了区域两化融合发展的应用效益显著提高，这一方面得益于当地政府积极推动电子信息产业、软件和信息服务业的发展，另一方面也得益于当地政府积极推动工业企业利用信息技术加快节能降耗。

各省份两化融合发展的应用效益普遍呈现出"信息产业规模大，应用效益好"的特点。信息产业较发达的广东、江苏、上海、北京、浙江、山东等省份的工业应用效益普遍较好，这些省份的电子信息制造业主营业务收入和软件业务收入均处于全国上游水平，信息技术支撑本地企业节能降耗的成效明显。宁夏、甘肃、青海、西藏等信息产业弱省，应用效益指数较低，这些省份的电子信息制造业主营业务收入和软件业务收入都位于全国下游，信息技术支撑企业节能降耗的能力普遍不足，工业研发科技水平普遍比较低。

（一）工业增加值占GDP比重

2012年，在工业增加值占GDP比重方面，全国平均水平为46.88，各省情况如下图所示。

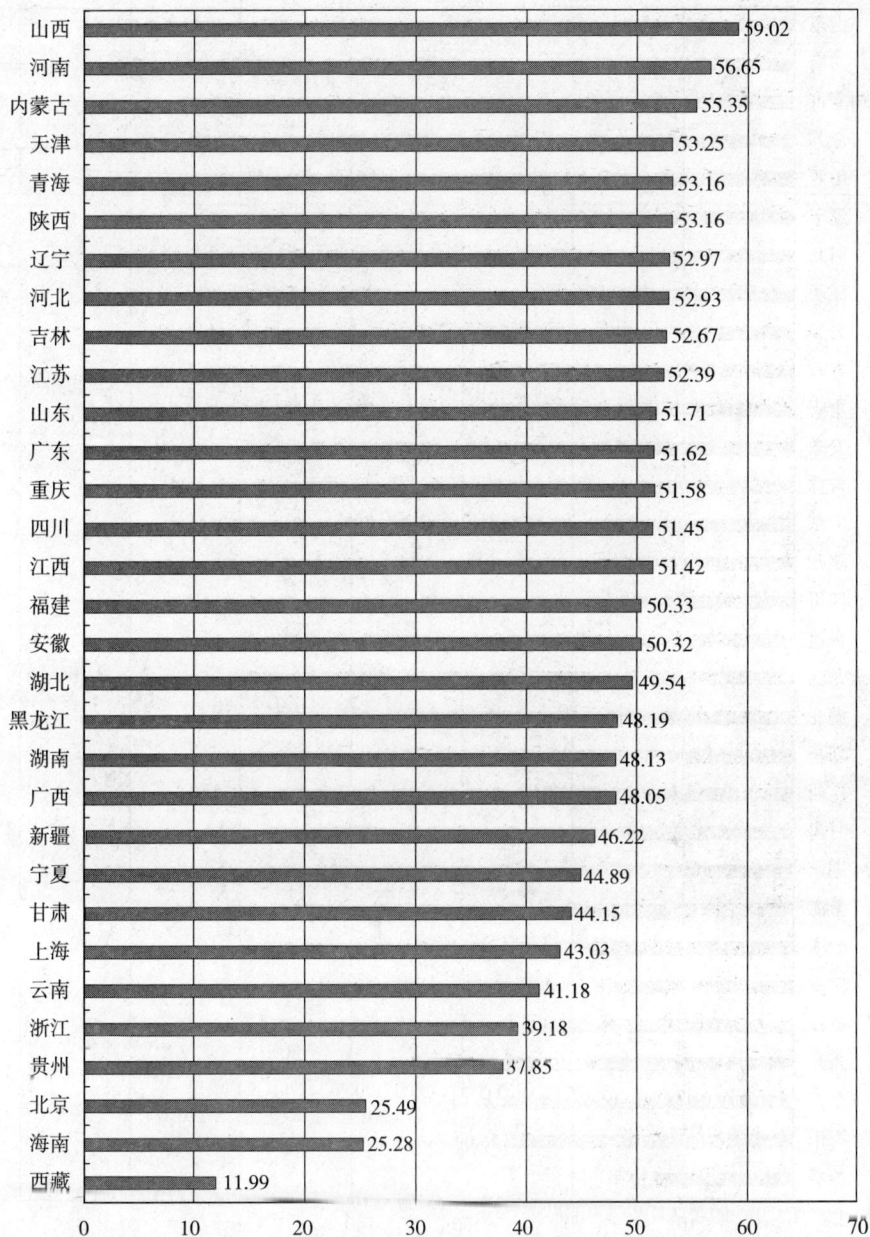

图 2—38 2012年工业增加值占GDP比重指数情况

数据来源：中国电子信息产业发展研究院。

2011 年，在工业增加值占 GDP 比重方面，全国平均水平为 47.87，各省情况如下图所示。

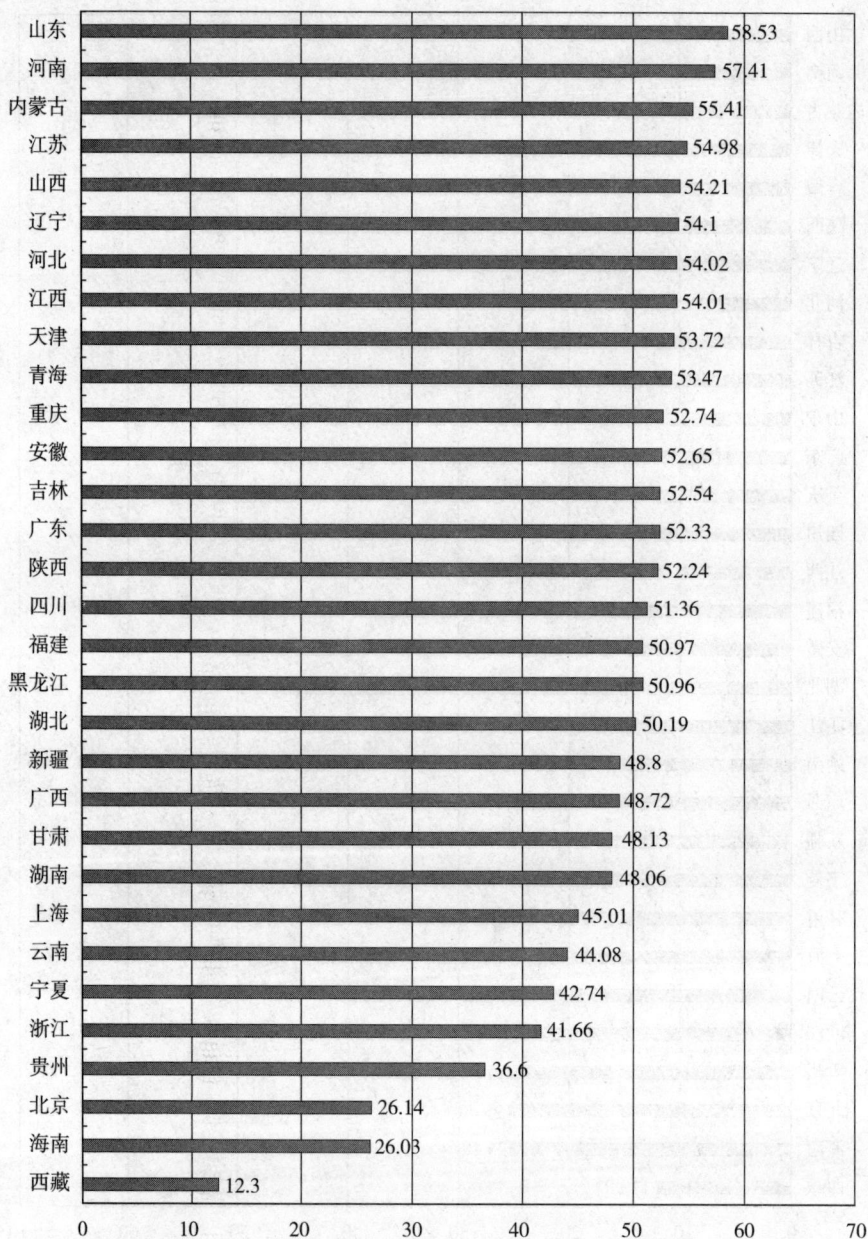

图 2—39　2011年工业增加值占GDP比重指数情况

数据来源：中国电子信息产业发展研究院。

从 2011、2012 年的统计和评估结果可以看出，2012 年的工业增加值占 GDP 比重指标值比 2011 年减少了约 1 个百分点，这主要是因为评估模型中将"工业增加值占 GDP 比重"设为正指标（即该值越大越好），这基本符合我国工业化现实情况。但是，由于我国各省市工业发展并不平衡，上海、广东、福建、江苏、北京等地服务业占 GDP 比重越来越大，工业比重呈现下降趋势；四川、陕西、山西、甘肃等中西部地区工业比重还在持续上升。因此，2012 年评估结果反映出：全国整体上工业所占比重比 2011 年有所下降，工业发展进入第二阶段。

（二）第二产业全员劳动生产率

2012 年，在第二产业全员劳动生产率方面，全国平均水平为 66.21，各省情况如下图所示。

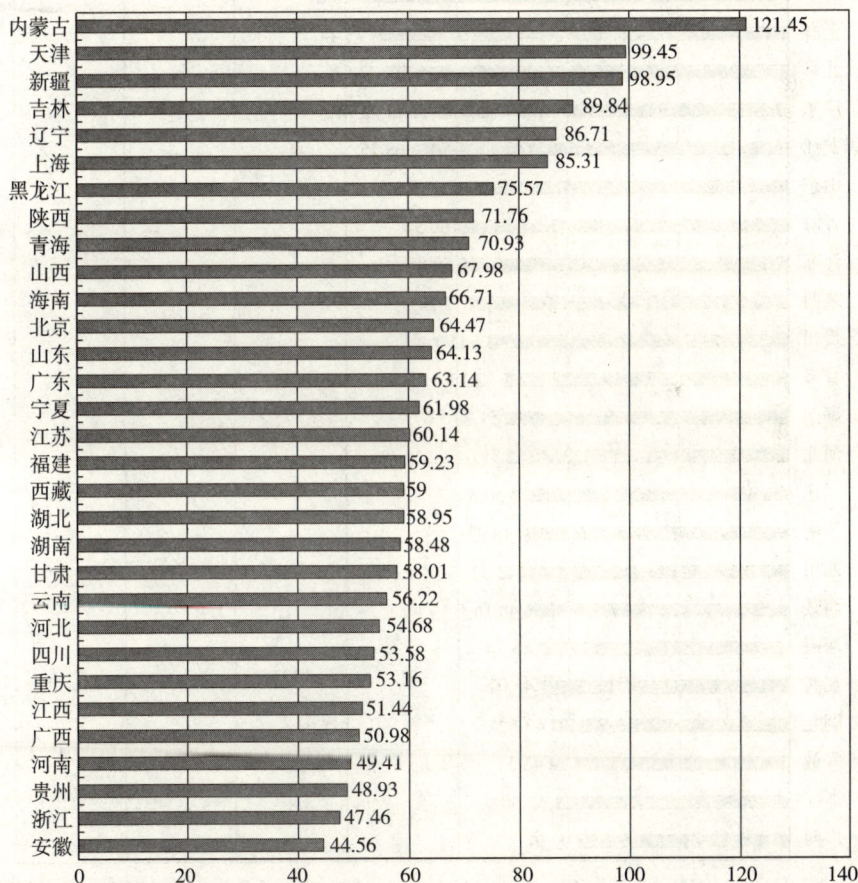

图 2—40　2012年第二产业全员劳动生产率指数情况

数据来源：中国电子信息产业发展研究院。

2011 年，在第二产业全员劳动生产率方面，全国平均水平为 68.34，各省情况如下图所示。

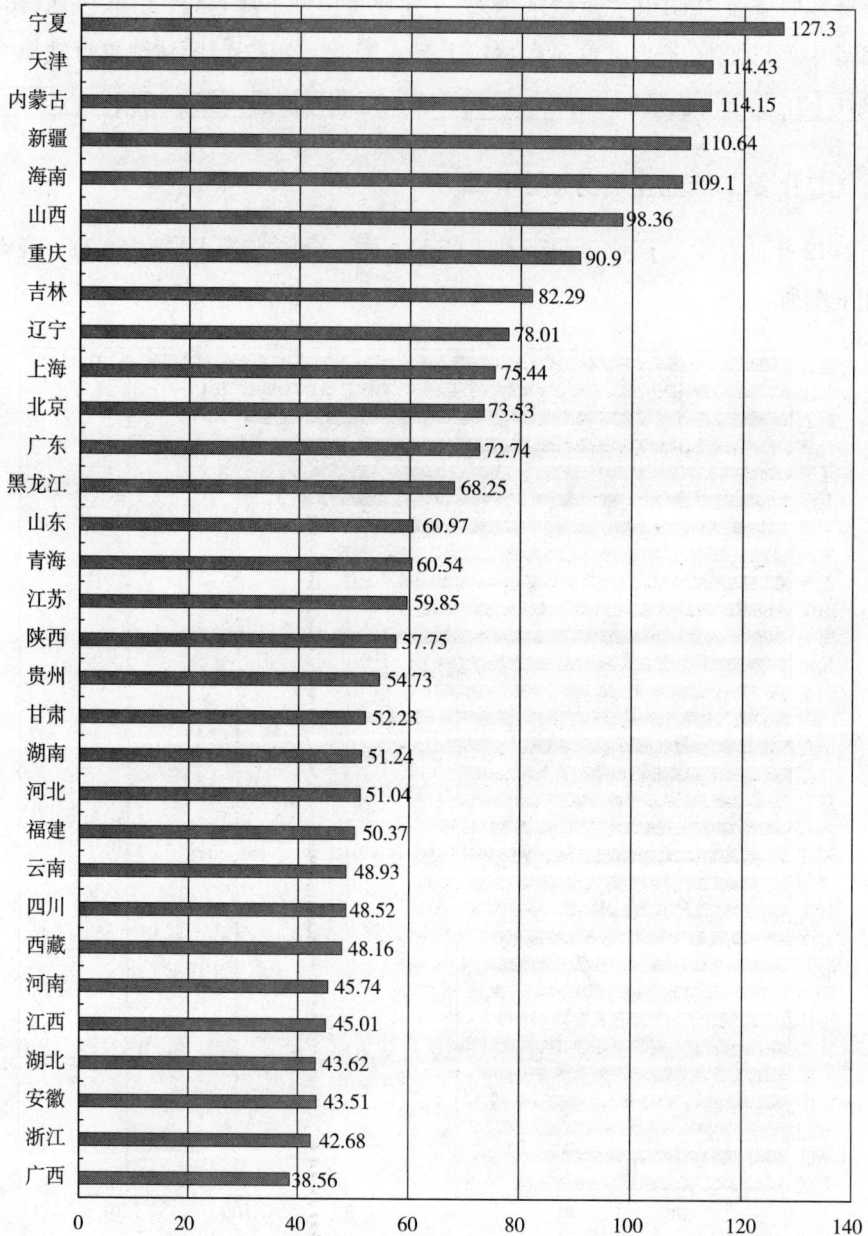

省份	数值
宁夏	127.3
天津	114.43
内蒙古	114.15
新疆	110.64
海南	109.1
山西	98.36
重庆	90.9
吉林	82.29
辽宁	78.01
上海	75.44
北京	73.53
广东	72.74
黑龙江	68.25
山东	60.97
青海	60.54
江苏	59.85
陕西	57.75
贵州	54.73
甘肃	52.23
湖南	51.24
河北	51.04
福建	50.37
云南	48.93
四川	48.52
西藏	48.16
河南	45.74
江西	45.01
湖北	43.62
安徽	43.51
浙江	42.68
广西	38.56

图 2—41　2011年第二产业全员劳动生产率指数情况

数据来源：中国电子信息产业发展研究院。

（三）工业成本费用利润率

2012 年，在工业成本费用利润率方面，全国平均水平为 47.38，各省情况如下图所示。

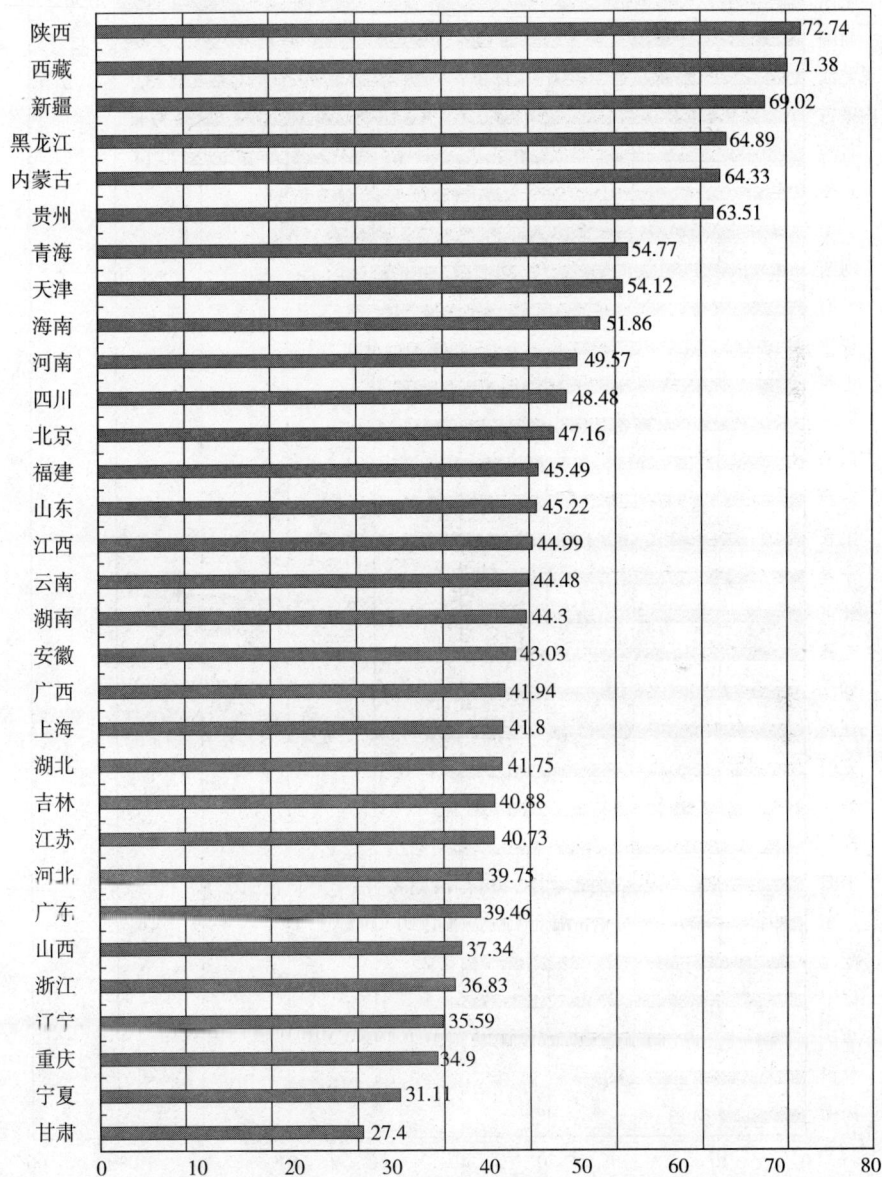

省份	数值
陕西	72.74
西藏	71.38
新疆	69.02
黑龙江	64.89
内蒙古	64.33
贵州	63.51
青海	54.77
天津	54.12
海南	51.86
河南	49.57
四川	48.48
北京	47.16
福建	45.49
山东	45.22
江西	44.99
云南	44.48
湖南	44.3
安徽	43.03
广西	41.94
上海	41.8
湖北	41.75
吉林	40.88
江苏	40.73
河北	39.75
广东	39.46
山西	37.34
浙江	36.83
辽宁	35.59
重庆	34.9
宁夏	31.11
甘肃	27.4

图 2—42　2012年工业成本费用利润率指数情况

数据来源：中国电子信息产业发展研究院。

2011年，在工业成本费用利润率方面，全国平均水平为50.68，各省情况如下图所示。

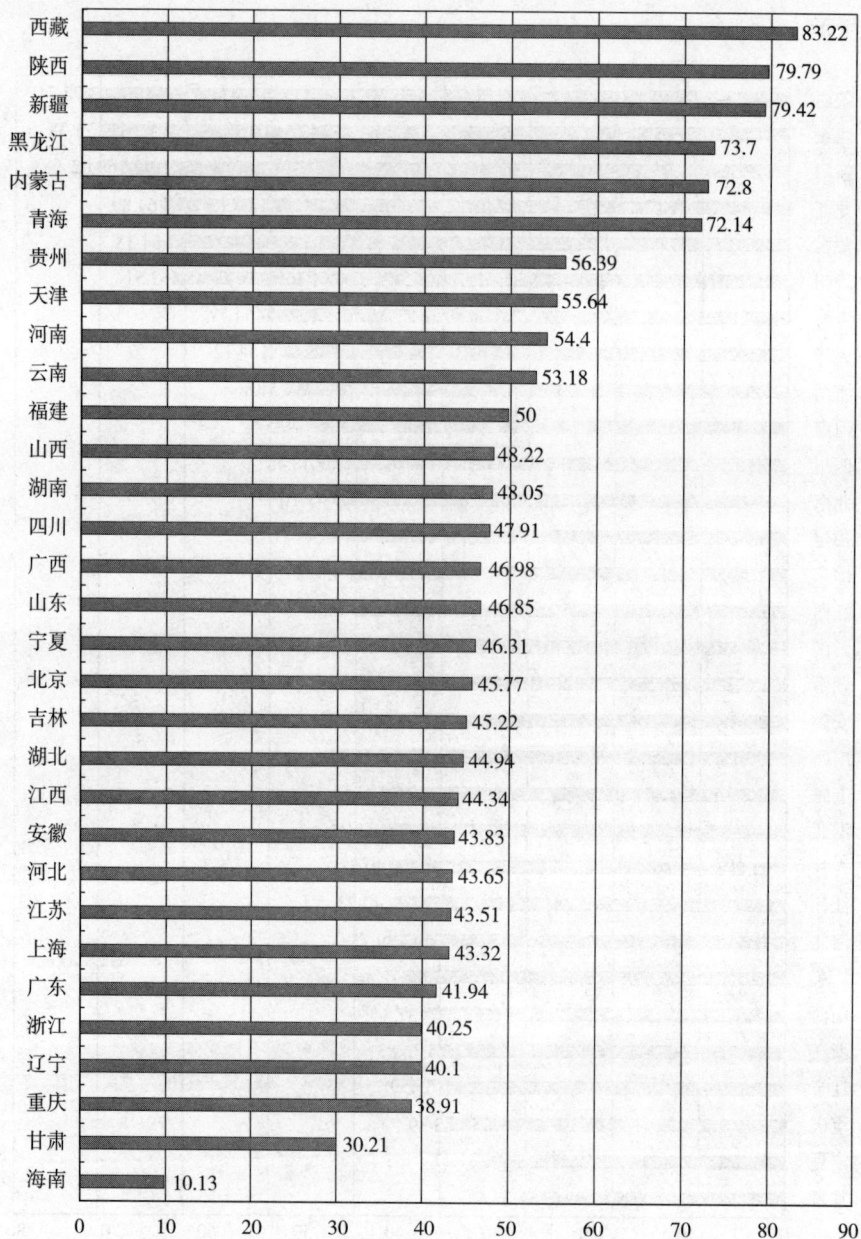

省份	数值
西藏	83.22
陕西	79.79
新疆	79.42
黑龙江	73.7
内蒙古	72.8
青海	72.14
贵州	56.39
天津	55.64
河南	54.4
云南	53.18
福建	50
山西	48.22
湖南	48.05
四川	47.91
广西	46.98
山东	46.85
宁夏	46.31
北京	45.77
吉林	45.22
湖北	44.94
江西	44.34
安徽	43.83
河北	43.65
江苏	43.51
上海	43.32
广东	41.94
浙江	40.25
辽宁	40.1
重庆	38.91
甘肃	30.21
海南	10.13

图2—43 2011年工业成本费用利润率指数情况

数据来源：中国电子信息产业发展研究院。

从 2011、2012 年的统计和评估结果可以看出，2012 年的工业成本费用利润率比 2011 年减少了 3.3 个百分点，这主要是因为 2012 年原材料、土地、人工等主要工业成本比 2011 年有所增加，而技术进步带来的成本减少未能充分抵消和带动其他成本下降。因此，我国两化融合推进过程中，还需要充分发挥信息技术带动成本下降的潜力。

（四）单位工业增加值工业专利量

2012 年，在单位工业增加值工业专利量方面，全国平均水平为 85.12，各省情况如下图所示。

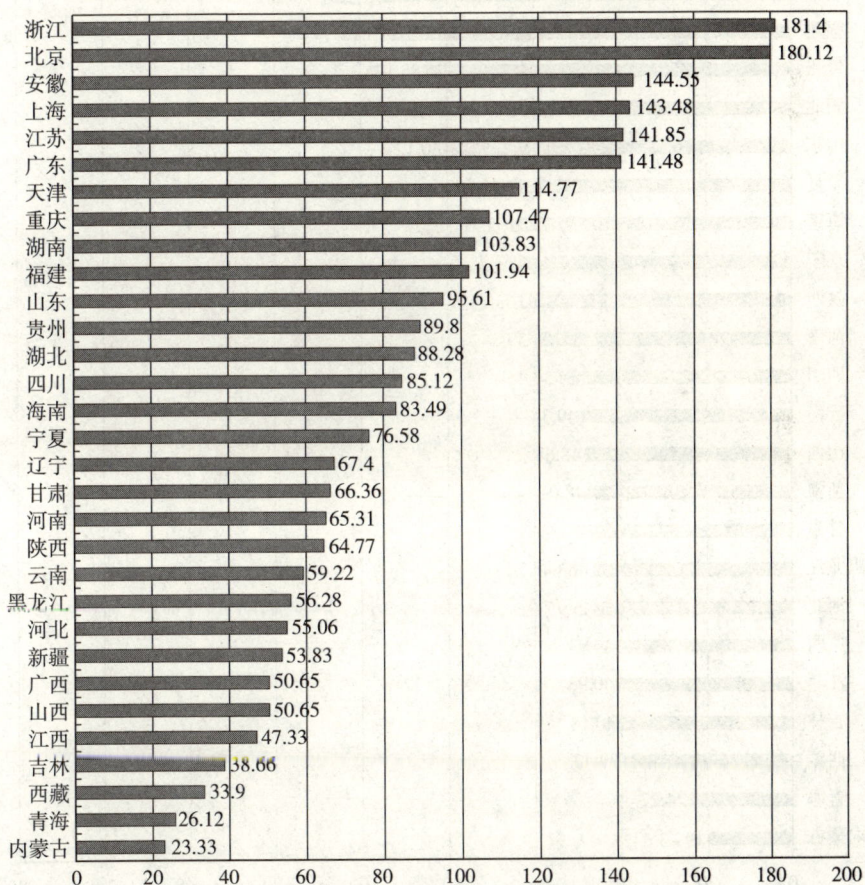

图 2—44　2012年单位工业增加值工业专利量指数情况

数据来源：中国电子信息产业发展研究院。

2011 年，在单位工业增加值工业专利量方面，全国平均水平为 76.33，各省情况如下图所示。

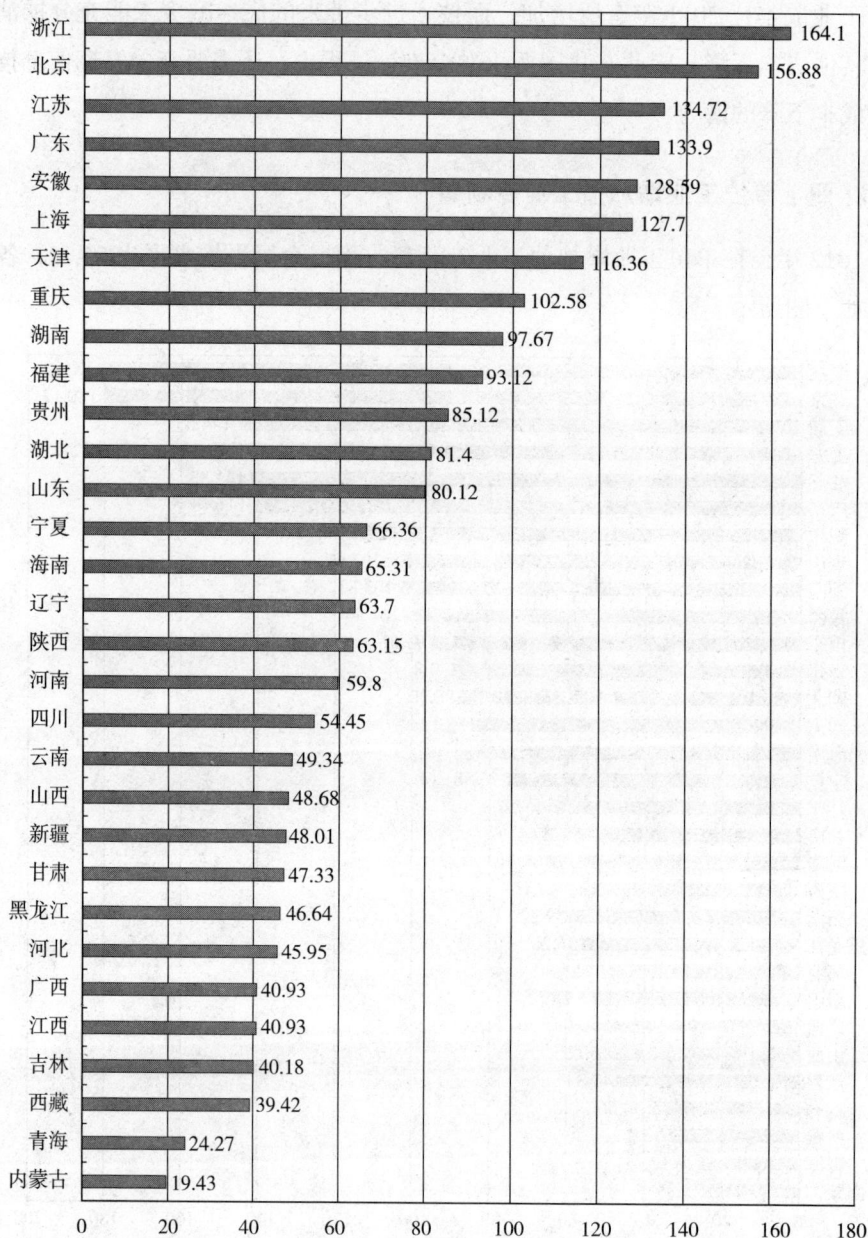

省份	数值
浙江	164.1
北京	156.88
江苏	134.72
广东	133.9
安徽	128.59
上海	127.7
天津	116.36
重庆	102.58
湖南	97.67
福建	93.12
贵州	85.12
湖北	81.4
山东	80.12
宁夏	66.36
海南	65.31
辽宁	63.7
陕西	63.15
河南	59.8
四川	54.45
云南	49.34
山西	48.68
新疆	48.01
甘肃	47.33
黑龙江	46.64
河北	45.95
广西	40.93
江西	40.93
吉林	40.18
西藏	39.42
青海	24.27
内蒙古	19.43

图 2—45　2011年单位工业增加值工业专利量指数前10名

数据来源：中国电子信息产业发展研究院。

（五）单位地区生产总值能耗

国家统计局《国家统计年鉴2013》未发布2012年单位地区生产总值能耗。

（六）电子信息制造业主营业务收入

2012年，在电子信息制造业主营业务收入方面，全国平均水平为91.49，各省情况如下图所示。

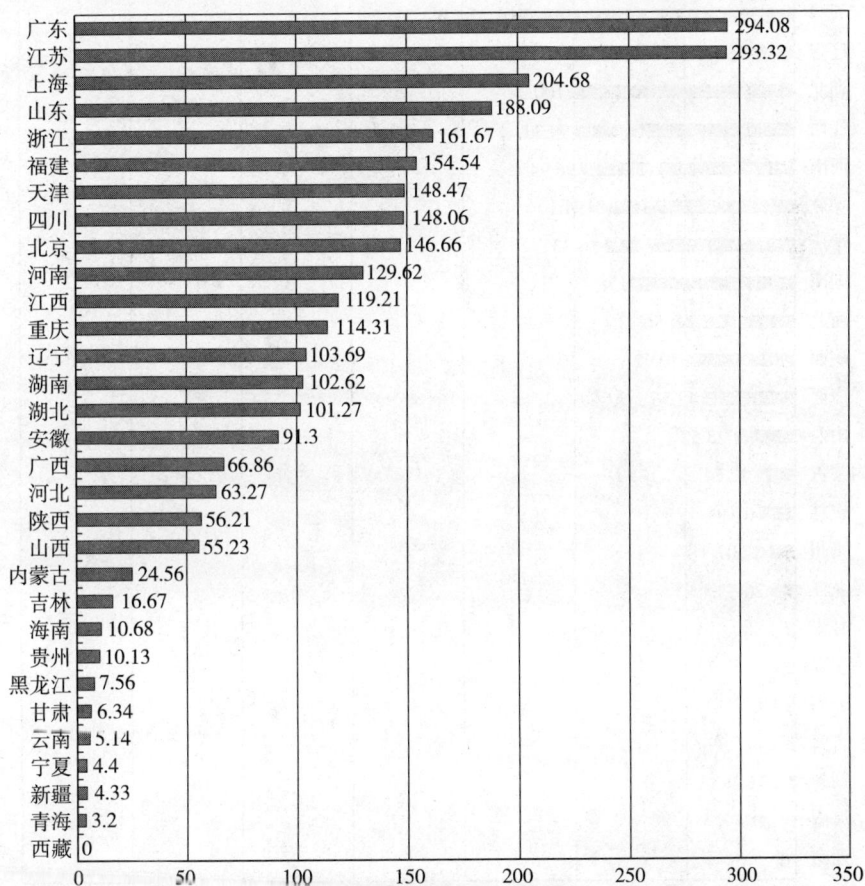

省份	数值
广东	294.08
江苏	293.32
上海	204.68
山东	188.09
浙江	161.67
福建	154.54
天津	148.47
四川	148.06
北京	146.66
河南	129.62
江西	119.21
重庆	114.31
辽宁	103.69
湖南	102.62
湖北	101.27
安徽	91.3
广西	66.86
河北	63.27
陕西	56.21
山西	55.23
内蒙古	24.56
吉林	16.67
海南	10.68
贵州	10.13
黑龙江	7.56
甘肃	6.34
云南	5.14
宁夏	4.4
新疆	4.33
青海	3.2
西藏	0

图2—46　2012年电子信息制造业主营业务收入指数情况

数据来源：中国电子信息产业发展研究院。

2011年，在电子信息制造业主营业务收入方面，全国平均水平为83.91，各省情况如下图所示。

省份	数值
广东	292.89
江苏	275.67
上海	204.85
山东	193.9
浙江	158.84
福建	152.32
北京	142.63
四川	136.85
天津	134.39
辽宁	101.71
湖北	100.28
江西	99.33
河南	96.94
安徽	94.1
重庆	86.33
湖南	78.7
河北	56.23
陕西	49.92
广西	42.56
山西	28.52
内蒙古	17.74
吉林	16.94
贵州	12.07
黑龙江	5.26
甘肃	4.88
宁夏	4.68
云南	3.98
青海	3.44
新疆	3.32
海南	1.89
西藏	0

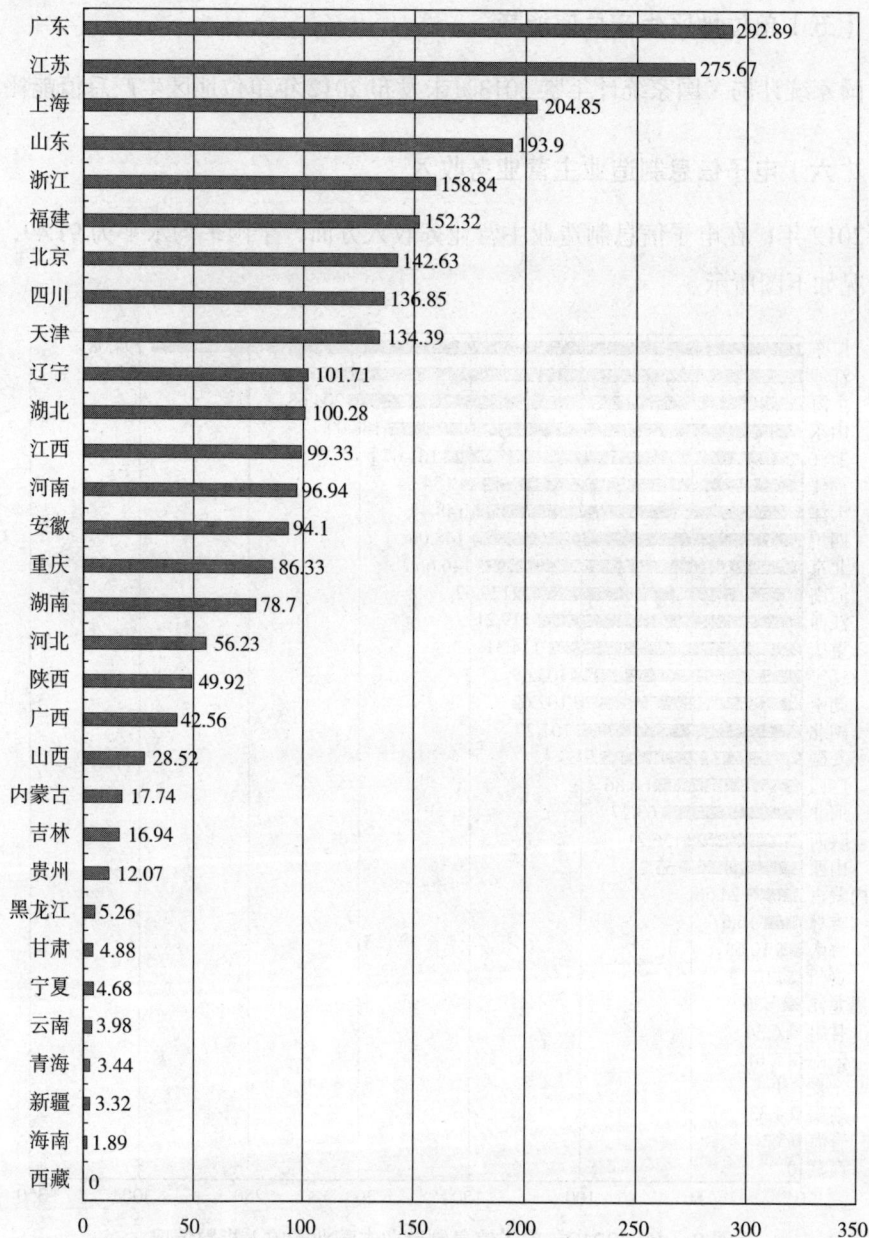

图 2—47 2011年电子信息制造业主营业务收入指数情况

数据来源：中国电子信息产业发展研究院。

（七）软件业务收入

2012 年，在软件业务收入方面，全国平均水平为 91.91，各省情况如下图所示。

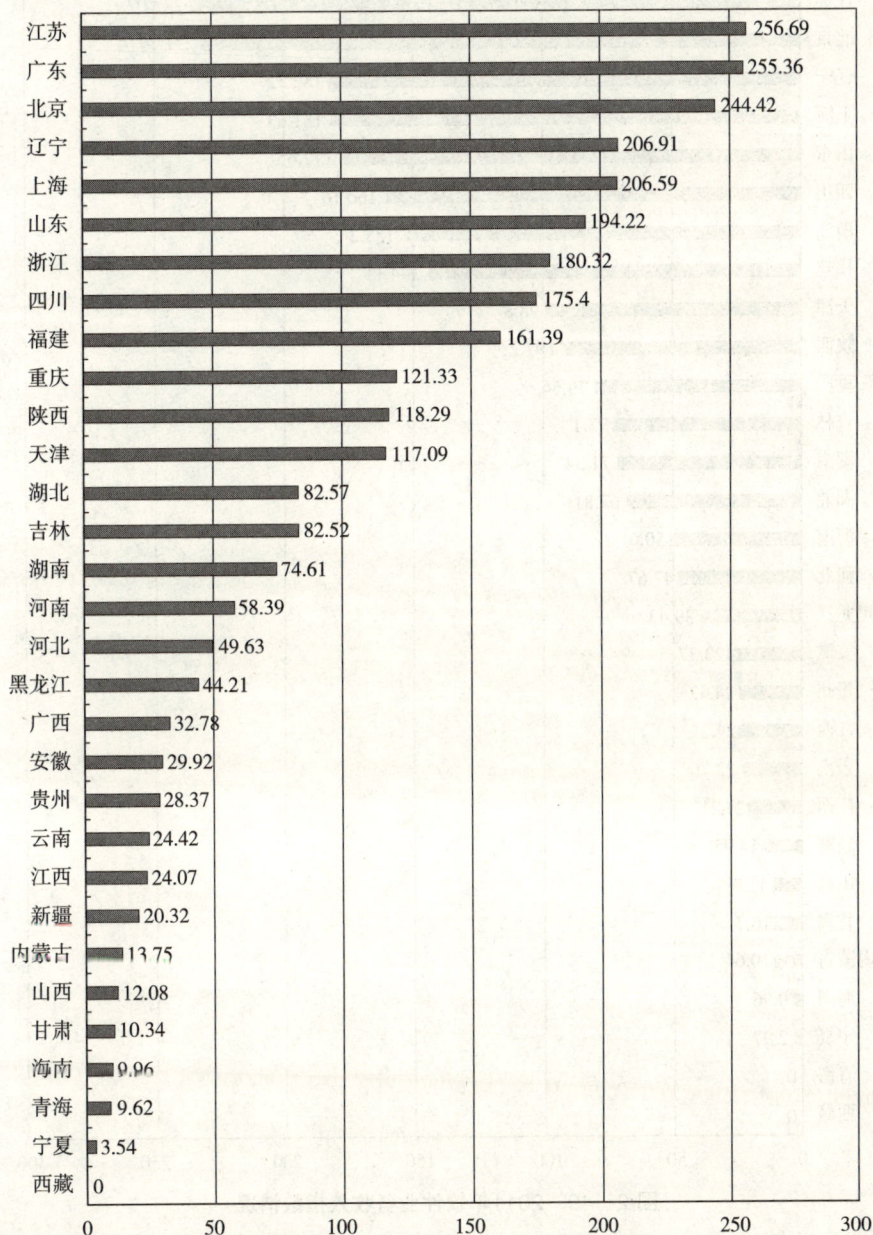

图 2—48　2012年软件业务收入指数情况

数据来源：中国电子信息产业发展研究院。

2011年，在软件业务收入方面，全国平均水平为80.85，各省情况如下图所示。

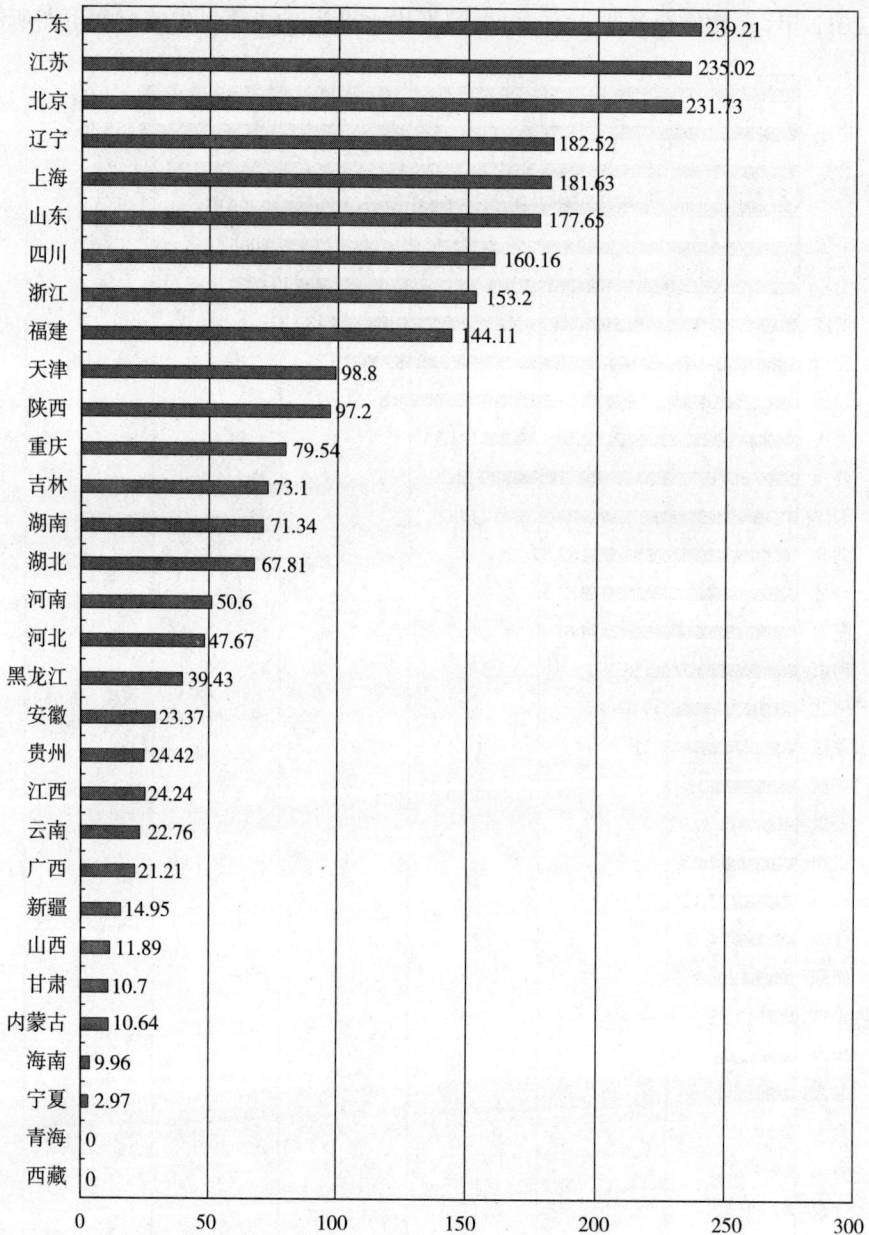

省份	数值
广东	239.21
江苏	235.02
北京	231.73
辽宁	182.52
上海	181.63
山东	177.65
四川	160.16
浙江	153.2
福建	144.11
天津	98.8
陕西	97.2
重庆	79.54
吉林	73.1
湖南	71.34
湖北	67.81
河南	50.6
河北	47.67
黑龙江	39.43
安徽	23.37
贵州	24.42
江西	24.24
云南	22.76
广西	21.21
新疆	14.95
山西	11.89
甘肃	10.7
内蒙古	10.64
海南	9.96
宁夏	2.97
青海	0
西藏	0

图2—49 2011年软件业务收入指数情况

数据来源：中国电子信息产业发展研究院。

第三章　北京市两化融合发展水平分析

一、总体情况

（一）经济概况

2012 年，北京市全年实现地区生产总值 17801 亿元，比上年增长 7.7%。其中，第一产业增加值 150.3 亿元，同比增长 3.2%；第二产业增加值 4058.3 亿元，同比增长 7.5%；第三产业增加值 13592.4 亿元，同比增长 7.8%。三次产业结构占比由上年的 0.8:23.1:76.1 变化为 0.8:22.8:76.4。全年实现工业增加值 3294.3 亿元，比上年增长 7%，占地区生产总值的比重为 18.5%，比上年降低 0.5 个百分点。在规模以上工业中，高技术制造业、现代制造业增加值分别增长 11.3% 和 7.4%。产业高端化升级继续推进，生产性服务业实现增加值 8994 亿元，同比增长 10.7%；文化创意产业实现增加值 2189.2 亿元，同比增长 10%；高技术产业实现增加值 1139.2 亿元，同比增长 9.2%。全市完成地方公共财政预算收入 3314.9 亿元，比上年增长 10.3%[1]。

（二）两化融合主要进展

2012 年，北京市启动了光纤宽带普及提速工程试点工作，对两化融合基础环境起到很大的优化作用，同时设立了两化融合专项引导资金，加大了政府引导工业企业信息化的力度。总体来看，企业综合集成水平继续升高，企业两化融合处于单项应用向综合集成过渡阶段。工业企业生产管理方式变革和模式创新不断

---

[1] 北京市统计局：《2012年北京市国民经济和社会发展统计公报》，2013年3月。

涌现，各产业均涌现出一批利用两化融合实现快速发展、竞争力明显提升的典型企业，引领和带动各行业整体水平不断提升。

1. 积极部署两化融合相关工作，实施八大重点工程

为理清思路，统筹两化融合工作，北京市围绕服务"人文北京、科技北京、绿色北京"建设，发布了《关于推进两化融合促进首都经济发展的若干意见》，提出了北京市两化融合推进思路、目标、重点任务和保障措施，提出实施北京两化融合"338"战略，即以两化融合促进经济发展方式转变、产业结构优化升级为主线，以提升企业核心竞争力为突破口，促进信息化与制造业、服务业和农业三大产业的深度融合；提升自主创新、转型发展、资源配置三大能力，实现"北京创造"、增强"北京活力"、强化"北京影响"；实施制造业强化工程、服务业提升工程、农业优化工程、大型企业跨越工程、两化融合咨询引导工程、中小企业推广应用工程、电子商务创新发展工程、智慧园区建设工程等八大重点工程，探索信息化与经济深度融合的有效路径，全面促进首都经济持续快速发展。

2. 狠抓重点企业，实施两化融合项目

统筹全市工业发展资金、基础设施提升计划、中小企业发展资金等专项资金，加强对两化融合重点项目、重点应用的支持。支持京诚凤凰工业炉、李宁、御香苑、资源亚太等一大批企业利用两化融合实现柔性制造、智能制造，实现产业升级，提升企业发展质量和效益；推动二商集团等控股集团强化"总部运营"能力、促进总部集团型企业跨越发展；支持智能电网、能耗监测平台、冷链物流、食品安全追溯、全供应链管理等一批企业物联网重点项目和一批基于云计算的企业运营管控信息化服务支撑平台、服装行业供应链SaaS平台、云安全存储的公共信息平台建设，充分发挥信息技术的渗透和支撑作用，有力地引导了企业两化融合的进程，促进了企业竞争力的提高，一批企业通过两化融合实现快速增长。北京第一机床厂在"聚焦中高端数控机床"战略的引导下，凭借信息化技术，库存年存货周转率从9.5个月减少到3个月；北京地铁车辆装备有限公司打造数字化研发制造基地，提升企业核心竞争力。变型产品设计周期缩短20%，新产品开发周期缩短50%。产品生产周期缩短30%以上，零部件库存减少15%，产品生产成本降低5%以上；中煤北京煤矿机械有限责任公司以信息化促产品创新，产品打入国际市场，在国内市场的占有率稳定在40%以上，新产品贡献率连续三年高于60%。

3. 发展电子商务龙头企业，扩大全球影响力

一是结合第三产业占据主导地位的优势，进一步明确了电子商务的发展思路，编制了《加快北京市电子商务发展的指导意见》和《北京市电子商务发展"十二五"规划》，明确了北京市电子商务发展的战略目标和总体思路，提出充分发挥首都特色和资源优势，以综合创新和总部经济"双轮"驱动电子商务发展为核心，以深化电子商务应用和提升电子商务服务能力为主线，加快本地龙头企业和电子商务服务"两翼"发展，完善电子商务支撑体系，优化发展环境的总体策略。二是进一步优化发展环境，创建了北京市第一批"电子商务示范区"和"电子商务产业园"，出台了一系列产业园促进政策，电子商务服务业和电子商务创新孵化体系布局初步形成。三是大力支持用友、中搜、慧聪、金银岛等一批电子商务服务公共平台建设和新发地蔬菜电子商务市场、马连道网上茶城、北京大宗产品交易所等一批新型电子商务市场的建设。四是积极配合国际电子商务交易平台、电子商务诚信平台和金融机构电子商务中心的落地工作，强化北京在网络经济的影响力。

4. 营造良好服务支撑环境，引导中小企业创新应用

进一步优化两化融合的服务环境，支持神州数码、惠聪、中企动力及中搜的云服务平台，开展不同领域的垂直深入数据挖掘、应用服务，为大型集团用户构建开放型云平台；支持企业构建基于百度凤鸣计划、用友 U8 等云计算供应链的管理系统，实现制造企业有效地管理供应链的营销过程，重点推动北京市龙头制造业企业使用企业移动供应链管理平台；整合北京移动零售通、配货通服务及用友移动电子商务、恩威协同在线商务等服务平台，为中小企业提供基础服务。同时，组织了北京移动、北京联通、中搜、用友、中企开源等企业开展各类企业信息化培训 600 场，参培企业共计 6000 家，培训人次超过 3 万人，支持一批中小企业跨入了信息化门槛，实现了增产增效。

二、两化融合发展水平分析

（一）综合分析

2012 年，北京市两化融合发展指数为 81.46，比 2011 年提高了 5.8 个点，在全国的排名第三位，比 2011 年提高了一个名次。基础环境方面，2012 年北京市基础环境指数为 79.79，比 2011 年提高了 11 个点多，提升幅度较大，在全国的排名

也比去年提升了 3 个名次，为第五位。工业应用方面，2012 年北京市工业应用指数为 68.75，比 2011 年提高了近 4 个点。应用效益方面，2012 年北京市应用效益指数为 108.53，比 2011 年提高了 4.39 个点。这两方面在全国仍保持较前的位置。

表 3—1　2011—2012 年北京市两化融合指数情况

指标	2011年指数	2012年指数	变化情况
基础环境	68.59	79.79	↑11.20
工业应用	64.89	68.75	↑3.86
应用效益	104.14	108.53	↑4.39
发展指数	75.63	81.46	↑8.9

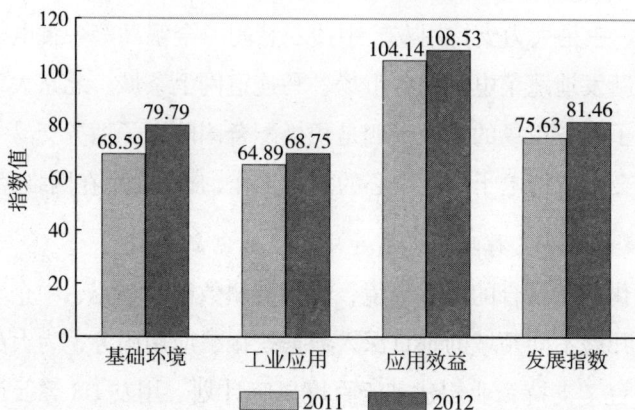

图 3—1　2011—2012年北京市两化融合指数情况

数据来源：中国电子信息产业发展研究院。

（二）具体分析

1. 基础环境指数

2012 年，北京市启动光纤宽带普及提速工程试点工作，光纤入户率有显著提高，对改善两化融合基础环境起到了显著作用，北京市两化融合基础环境在全国居前列水平。具体来看，北京市城（省）域网出口带宽指数为 74.16，比 2011 年提高了 11.84 个点；固定宽带普及率指数为 97.71，比 2011 年降低了 4.51 个点；固定宽带端口平均速率指数为 54.54，比 2011 年提高了 9.39 个点；移动电话普及率指数为 89.22，比 2011 年提高了近 9 个点。在互联网应用普及方面，2012 年，北京市互联网普及率指数为 83.18，比 2011 年提高了 1.31 个点。在两化融合政策环境建设方面，2012 年，北京市设立了两化融合专项引导资金，在改善环境指数方面起到了重要作用。中小企业信息化服务平台数量指数为 70.75，与 2011 年持平。重点行业典型企业信息化专项规划情况指数为 69.93，比 2011 年提高了 2.5 个点。

表 3—2 2011—2012 年北京市两化融合基础环境指数情况

指标	2011年指数	2012年指数	变化情况
城（省）域网出口带宽	62.32	74.16	↑11.84
固定宽带普及率	102.22	97.71	↓4.51
固定宽带端口平均速率	45.15	54.54	↑9.39
移动电话普及率	80.25	89.22	↑8.97
互联网普及率	81.87	83.18	↑1.31
两化融合专项引导资金	0	100	——
中小企业信息化服务平台数	70.75	70.75	——
重点行业典型企业信息化专项规划	67.40	69.93	↑2.53

数据来源：中国电子信息产业发展研究院。

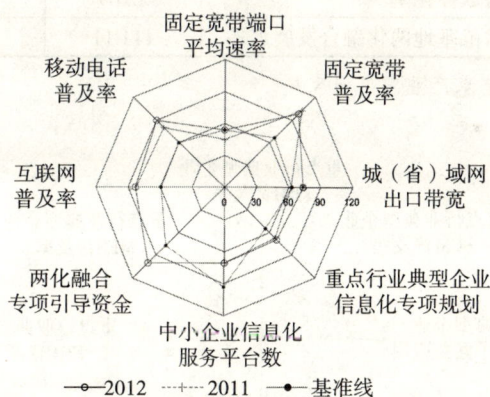

图 3—2 2011—2012年北京市两化融合基础环境指数情况

数据来源：中国电子信息产业发展研究院。

2. 工业应用指数

2012 年，北京市工业企业中信息技术应用继续深化，工业应用指数为 68.75，比上年提高了 3.86 个点。其中，重点行业典型企业 ERP 普及率指数为 55.75，比 2011 年提高了 1.4 个点。重点行业典型企业 MES 普及率指数为 73.08，

比 2011 年提高了 2.7 个点。重点行业典型企业 PLM 普及率指数为 69.29，比
2011 年提高了 11.3 个点。重点行业典型企业 SCM 普及率指数为 55.10，比 2011
年提高了 0.44 个点。重点行业典型企业采购环节电子商务应用普及率指数为
49.85，比 2011 年提高了 4.36 个点。重点行业典型企业销售环节电子商务应用普
及率指数为 72.12，比 2011 年得分提高了 5.26 个点。重点行业典型企业装备数
控化率指数为 56.63，比 2011 年提高了近 4 个点。国家新型工业化产业示范基地
两化融合发展水平指数为 112.86，比 2011 年提高了 1.75 个点。

表 3—3 2011—2012 年北京市两化融合工业应用指数情况

指标	2011年指数	2012年指数	变化情况
重点行业典型企业ERP普及率	54.37	55.75	↑1.38
重点行业典型企业MES普及率	70.34	73.08	↑2.74
重点行业典型企业PLM普及率	57.96	69.29	↑11.33
重点行业典型企业SCM普及率	54.66	55.1	↑0.44
重点行业典型企业采购环节电子商务应用	45.49	49.85	↑4.36
重点行业典型企业销售环节电子商务应用	66.86	72.12	↑5.26
重点行业典型企业装备数控化率	52.69	56.63	↑3.94
国家新型工业化产业示范基地两化融合发展水平	111.11	112.86	↑1.75

数据来源：中国电子信息产业发展研究院。

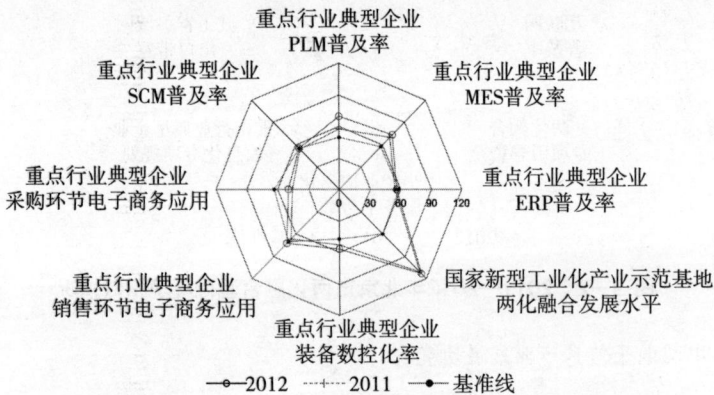

图 3—3 2011—2012年北京市两化融合工业应用指数情况

数据来源：中国电子信息产业发展研究院

3. 应用效益指数

2012 年，北京市两化融合应用效益有所提升，应用效益指数为 108.53，比

2011 年提高了 4.4 个点。在地区工业生产效益和水平方面，2012 年，北京市工业增加值占 GDP 比重指数为 25.49，比 2011 年下降了 0.65 个点；第二产业全员劳动生产率指数为 64.47，比 2011 年下降了 9 个点，下降幅度较大；工业成本费用利润率指数为 47.16，比 2011 年提高了 1.39 个点；单位工业增加值工业专利量上升较快，指数为 180.12，比 2011 年提高了 23.2 个点。在工业节能减排水平方面有了较快提升，单位地区生产总值能耗指数为 90.37，与 2011 年持平。在信息产业发展水平方面，电子信息制造业主营业务收入指数为 146.66，比 2011 年提高了 4 个点左右；软件业务收入在 2012 年明显提升，指数为 244.42，比 2011 年提高了 12.7 个点。

表 3—4　2011—2012 年北京市两化融合应用效益指数情况

指标	2011年指数	2012年指数	变化情况
工业增加值占GDP比重	26.14	25.49	↓ 0.65
第二产业全员劳动生产率	73.53	64.47	↓ 9.06
工业成本费用利润率	45.77	47.16	↑ 1.39
单位工业增加值工业专利量	156.88	180.12	↑ 23.24
单位地区生产总值能耗	90.37	90.37	——
电子信息制造业主营业务收入	142.63	146.66	↑ 4.03
软件业务收入	231.73	244.42	↑ 12.69

数据来源：中国电子信息产业发展研究院。

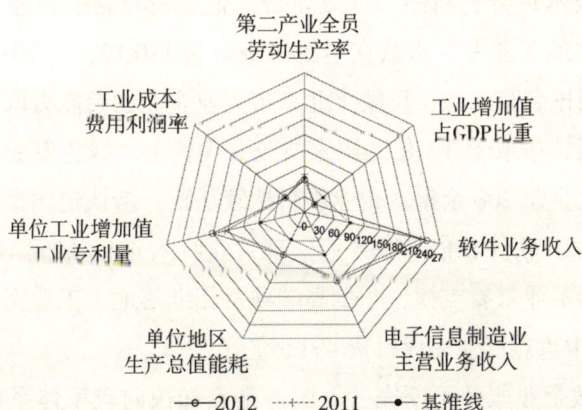

图 3—4　2011—2012 年北京市两化融合应用效益指数情况

数据来源：中国电子信息产业发展研究院。

三、优劣势评价

北京市两化融合发展具有鲜明特点，宽带提速工程显著改善了信息网络环境，大型企业信息化水平较高，信息技术在提升创新能力方面成效显著，依托现代信息技术的平台经济、现代服务业发展较快。2012 年，北京市首次设立两化融合专项资金，提高了政府在引导工业企业信息化应用方面的力度。北京市在两化融合方面具有较强的优势：

一是得天独厚的地缘和科技优势。北京作为首都，云集了大量高新技术产业，具有得天独厚的科技优势和整合各产业的平台优势，为两化融合提供了肥沃的土壤。北京市战略性新兴产业加快发展，中关村科学城 281 家企业和多个产业联盟入驻。软件名城创建稳步推进，发布北斗导航与位置服务产业发展实施方案，"祥云工程"快速推进，新登记软件产品 6543 件，同比增长 2.4 倍。在"两化融合深度行——北京行动"上，京仪集团、燕京啤酒和中国本土信息技术服务厂商用友公司签订了企业两化融合重点项目，朝阳区和北京移动签署了共建"移动电子商务合作协议"，北京市电子商务服务联盟成立，北京移动、北京联通、北京电信、北京邮电大学互联网治理与法律研究中心、中搜网、敦煌网、慧聪网、凡客诚品、新发地电子交易中心、315 电子商务诚信平台、用友软件、神州数码、金银岛等单位成为首批成员。

二是信息技术提升创新能力成效显著，企业核心竞争力进一步增强。北京市单位工业增加值工业专利指数在本次调查中为 180.12，与 2011 年相比又有一定提升，在全国排名第二位，反映了北京市工业企业创新能力取得显著提升。技改力度不断加强，争取了 3.3 亿元国家技改专项资金。绿色发展步伐加快，全年关停退出高排放企业 200 余家。企业创新持续活跃，新认定国家级企业技术中心 2 家、市级 47 家。软件和信息服务业实现营业收入 4197 亿元，同比增长 18%。高端制造业成为工业重要支撑，一批高端项目相继落地，工业完成固定资产投资 707.8 亿元，其中重点产业完成投资 491.5 亿元。

三是中小微企业服务不断完善，服务重点加快向政策体系化转变。完善政策体系，发布中小企业公共服务平台和小企业创业基地管理办法及实施细则等，50% 以上中小企业专项资金用于支持服务体系建设。公共服务更加完善，新认定 6 家国家级和 19 家市级中小企业公共服务平台以及 20 家小企业创业基地，启动公共服务平台网络建设。着力深化融资支持，通过私募债、集合票据、集合信托等创新融资方式，实现融资 46.4 亿元。

四是电子商务发展潜力得到初步挖掘，电子商务产业集聚区正在形成。2012年，北京市电子商务交易额达到 5500 亿元，同比增长 15%。电子商务已逐渐成为各大企业转型发展的新动力，同时也是北京市推进信息化和经济融合的重要突破口。北京市有慧聪、金银岛、敦煌等一批龙头电子商务服务企业，北京市传统产业信息化不断深化和电子商务需求的释放，极大地促进了电子商务服务业快速发展，在全市范围内逐渐形成了若干电子商务服务企业聚集的产业集群。

同时，北京市两化融合工作在推进过程中也面临着如下劣势：

一是企业两化融合发展的能力有待提高。大型企业利用信息化促进企业全面转型升级的主动性还有待增强；中小企业信息化应用意识有待进一步提高，利用信息化提升竞争力的能力还处于较低水平。多数中小企业资金有限、信息化人才匮乏，缺乏应用信息技术的意识和能力，凭自身实力很难跨过"门槛"，迈入快速发展的轨道。北京市 50% 左右的企业尚处于覆盖渗透的初级阶段，实现了信息化与研发设计、生产制造、运营管理等环节的初步融合，但大多数中小企业仍存在应用水平低、资金投入少等问题，信息化的效益潜力还未得到充分挖掘。

二是支撑体系和发展环境尚需优化。工业软件、电子商务支撑体系、产业联盟支撑效果等仍不能满足需求，政策引导、资金扶持、标准规范等方面的工作力度还需进一步加强。

三是互联网网速不能满足需求。2012 年北京市固定宽带普及率仍居全国第一，由于固定宽带端口基数大，北京市固定宽带端口平均速率仅排名全国中游，虽然较 2011 年有了较大进步，但仍然难以满足快速增长的需求。

四、相关建议

对北京市两化融合提出以下建议：

一是进一步加强信息化在中关村国家自主创新示范区建设中的作用。中关村是我国创新资源最密集的区域，在核心技术、发展模式、体制机制等方面的创新持续引领我国高新技术产业方向，也是国家两化深度融合的重要策源地和产品创新中心。以中关村国家自主创新示范区为核心，成立重要行业的产业联盟，加快实现科技产品的产业化转化。围绕国家和北京经济社会发展的重大需求，进一步发挥中关村科教资源密集优势，增强中关村创新发展对推进工业化和信息化深度融合的创新引领作用。加强中关村与国内产业集聚区的合作，支持企业跨区域整合创新资源，通过成果转化等模式，充分发挥中关村的辐射与引领作用，形成带动周边乃至全国产业协同发展的模式。组织中关村内重点企业承担关键核心技术研发和重大科技成果产业化与应用示范项目，支持企业加大研发投入力度，鼓励有条件的企业建立企业技术中心和研发中心。

二是实施智慧工业工程，大力支持智能工业装备的普及应用。加强工业机器人基础零部件的研发设计，加大关键核心部件开发力度，加强整体技术的系统集成，立足国产，鼓励对量大面广、通用的工业机器人进行集中生产制造，改变分散研制的状况，形成规模化生产，降低生产成本，提高工业机器人的市场竞争力。制定支持工业机器人发展的政策，对于适用工业机器人进行智能制造的产业行业，给予资金支持，对于一些有危险、有毒、有害的工作岗位，制定必须以机器人代替人工等指导政策。通过政策的引导鼓励，加快工业机器人在制造业的普及应用，加大信息技术、自动化技术在生产制造过程中的渗透，提高精益生产、敏捷制造的水平，增强企业的核心竞争力。

三是实施智慧产业园区工程，提升产业集聚区智慧化水平。全面提升工业化基地的信息化基础设施，统筹部署产业园区的驻地网、移动通信和无线局域网，实现光纤到企、随处接入、移动互联的无线宽带覆盖。按照"一体化"集约共享的原则，以服务为宗旨，以应用为核心，以信息资源开发利用为抓手，重点推动政务信息公开、信息共享和业务协同。面向园区企业，积极开展业务外包、设备租赁、数据托管、投融资等公共服务，推动公共服务平台建设。建立健全全程动态监测、污染源控制、生态保护的信息服务体系，实现园区功能提升。充分整合各类资源，按照"打造特色产业、龙头企业和名牌产品"的原则，依托园区优惠政策环境，提升关键技术创新、产品研发和产业链协同能力，提高园区生产效率，优化产业结构，积极培育企业品牌，打造以园区龙头企业为核心的区域型精细化制造中心，引导中小企业集群发展。在产业园区的建设和管理过程中，定期组织开展评估，研究提出标准规范，推动园区建设的持续改善。

四是发展面向中小企业的公共信息平台，提升中小企业信息化应用水平。建立并完善一批产业集群、基于信息网络的工业设计、产品研发、虚拟仿真、样品分析、检验检测、技术推广、人才培训、市场拓展等信息化综合服务平台；鼓励开展适合中小企业特点的网络基础设施服务，积极发展设备租赁、数据托管、流程外包等信息技术服务业。进一步支持出台相关引导政策，加大中小企业培训力度，加快普及推广适合中小企业特点的企业管理系统，使中小企业通过信息化持续获得利润。推动中小企业开展客户关系管理、进销存管理、财务管理、办公自动化、人力资源管理等信息技术应用，引导企业加强制造系统与管理系统的协同与集成应用。鼓励中小企业参与以龙头企业为核心的产业链协作，通过战略合作提升管理信息化水平，拓展市场范围。

第四章　天津市两化融合发展水平分析

一、总体情况

（一）经济概况

2012 年，天津市全年实现地区生产总值 12885.18 亿元，按可比价格计算，比上年增长 13.8%。分三次产业看，第一产业增加值 171.54 亿元，同比增长 3.0%；第二产业增加值 6663.68 亿元，同比增长 15.2%；第三产业增加值 6049.96 亿元，同比增长 12.4%。三次产业结构为 1.3 : 51.7 : 47.0。工业生产保持较快增长，实现工业增加值 6122.92 亿元，同比增长 15.8%。高新技术产业产值 6951.65 亿元，同比增长 14.3%，占规模以上工业的 29.9%。高端装备制造、新一代信息技术、节能环保等战略性新兴产业快速发展，国家级新型工业化示范基地达到 6 个。财政收入较快增长，全年地方一般预算收入 1760.02 亿元，同比增长 21.0%。[1]

（二）两化融合主要进展

2012 年，天津市政府与工信部签订"共同推进战略性新兴产业发展，促进天津工业转型升级战略合作框架协议"，并建立了给企业发展提供"一站式"服务的企业发展共享服务平台，极大地优化了两化融合发展环境。两化融合在加快提升改造传统产业、促进节能减排、发展电子商务方面、带动电子信息产业快速发展等方面成效显著，为经济发展方式转变发挥着积极的促进作用。

---

[1] 天津市统计局：《天津市2012年国民经济和社会发展统计公报》，2013年3月。

1. 信息基础设施进一步完善

天津市经过多年的长足发展,信息基础设施已经具备了相当的规模。2012 年,全市公网固定电话净增 19.2 万户, 达到 353.7 万户;全市移动电话净增 89.6 万户,达到 1325.2 万户, 其中 3G 用户净增 108.1 万户, 达到 296.4 万户, 3G 用户占移动电话用户的比例达到 22.4%。固定电话普及率为 26.2 部 / 百人, 移动电话普及率为 98.1 部 / 百人。互联网宽带接入用户净增了 18.1 万户, 达到 204.8 万户, 其中 8M 以上用户为 55.3 万户, 占比总宽带接入用户的 27.0%。移动互联网用户净增了 117.4 万户, 达到 750.1 万户。2012 年天津市继续推进光纤入户工程, 天津联通已新建及改造光纤入户小区 2800 多个, 覆盖用户 220 万户。天津移动正在加大城市 WLAN 无线覆盖力度, 截至 2012 年 10 月 15 日, WLAN 热点覆盖的公共场所已达 1100 余个。

2. 信息化广泛应用于企业运行各个环节

信息化与企业的研发、设计、生产、物流、营销、管理等关键环节深度融合。天津市 90% 的企业实现了计算机辅助设计, 20% 的企业实现产品生命周期管理, 95% 以上的企业实现了财务管理。节能监管信息平台强化对企业能源使用的监督和考核。天钢集团、天铁集团、荣钢集团等企业集团建设能源管理中心不断取得新进展, 有效地控制能耗调配和排放。促使天津市在节能减排领域保持了国内领先水平, 培育了大火箭、太重、鼎盛天工、天士力、大港石化等一批示范效应明显的典型企业。

3. 电子商务与物流信息化发展不断取得新成效

天津市入选国家电子商务示范城市,滨海高新区入选国家电子商务示范基地。电子商务在促进企业供应链优化提升和惠及百姓生活方面发挥了重要作用。目前, 60% 的企业建立了门户网站, 35% 的企业开展电子商务, 重点打造了化工、钢铁、汽车、纺织服装等十个超百亿规模行业电子商务平台。天津港物流服务平台已覆盖全国 12 个省区市的 21 个城市, 构建了便捷的"陆港"通关物流模式, 促进了生产性服务业发展。

4. 物联网、云计算等新技术应用兴起

天津市大力推广物联网技术应用。近年来充分发挥政府在物联网发展的引导和推动作用, 在食品安全、电网安全监测、节能减排、电梯安全监测、自来水管

网安全监测、燃气管网安全监测、桥梁安全监测、环境保护和物流等领域组织实施的一批示范工程不断取得新成效，提高了城市管理水平、提升了公共行业服务水平、促进了天津市物联网产业的发展，惠及了百姓生活。云计算产业快速发展，催生了一批国内外知名企业聚集天津，形成了物联网、云计算、服务器、存储器等产业集群。天津已经聚集了"天河一号"国家超算中心、腾讯云计算中心、摩托罗拉、三星、IBM、曙光、大唐、中兴等企业，两化融合与电子信息产业呈现相互促进、互动融合发展的态势。

5. 两化融合环境不断优化

天津市公共服务平台建设扎实推进，促进信息技术应用云服务化，面向企业提供共性和专业化服务。"天河一号"服务领域涵盖了资源勘探、卫星遥感处理、生物医药研发、基因数据采集、动漫影视等领域，用户已达300家。天津国家数字出版基地云计算中心已实现服务上线，为用户提供安全、可靠、低成本的云服务，极大地降低了企业投入及运营成本。线缆CAPP、模具设计、快速原型等服务平台已为企业产品设计、工艺优化、生产数据挖掘等提供服务。天津市企业发展共享服务平台正式投入运行。为给企业发展提供更好的"一站式"服务，进一步优化本市投资发展环境，天津市政府还与工信部签署"共同推进战略性新兴产业发展，促进天津工业转型升级战略合作框架协议"，建立部市合作机制，加快改造提升传统产业，推进信息化与工业化深度融合，促进工业绿色低碳发展。

二、两化融合发展水平分析

（一）综合分析

2012年，天津市两化融合发展指数为66.88，比2011年有0.35的略微下降，在全国各个省市中排名第11位，比2011年下降了3个名次。基础环境方面，2012年基础环境指数为70.82，比2011年提高了近4个点。工业应用方面，2012年工业应用指数为52.53，比2011年下降了3个点多。应用效益方面，2012年应用效益指数为91.66，比2011年提高了0.92。

表 4—1　2011—2012 年天津市两化融合指数情况

指标	2011年指数	2012年指数	变化情况
基础环境	66.89	70.82	↑3.93
工业应用	55.65	52.53	↓3.12
应用效益	90.74	91.66	↑0.92
发展指数	67.23	66.88	↓0.35

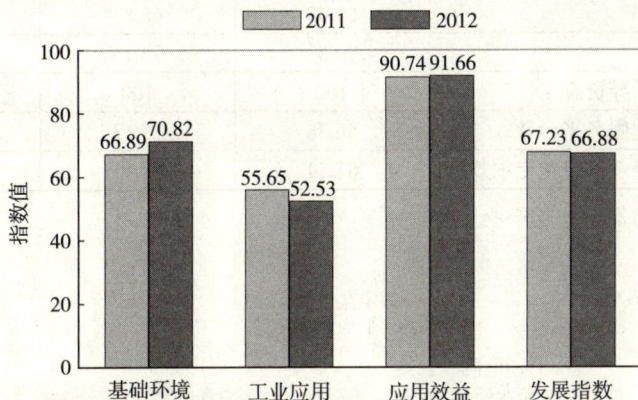

图 4—1　2011—2012年天津市两化融合指数情况

数据来源：中国电子信息产业发展研究院。

（二）具体分析

1. 基础环境指数

天津市两化融合基础环境相对较好。在信息基础设施建设方面，2012 年，天津市城（省）域网出口带宽指数为 73.81，比 2011 年提高了 19；固定宽带普及率指数为 72.97，与 2011 年持平；固定宽带端口平均速率指数为 53.82，比 2011 年提高了 7.4；移动电话普及率指数为 66.83，比 2011 年提高了 1.3。在互联网应用普及方面，2012 年，大津市互联网普及率指数为 73.15，比 2011 年提高了 2.3。在两化融合政策环境建设方面，2012 年，天津市设立了两化融合专项引导资金，中小企业信息化服务平台数量指数为 75.13，比 2011 年提高了 18.25；重点行业典型企业信息化专项规划指数为 68.11，比 2011 年降低了 13.4，降幅较大。2012 年，天津市两化融合基础环境各项指标绝大部分较 2011 年有所提升，城（省）域网出口带宽和中小企业信息化服务平台数这两项指标提升幅度较大，天津市注重资金引导，已连续三年都出台了两化融合专项引导资金。

表4—2　2011—2012年天津市两化融合基础环境指数情况

指标	2011年指数	2012年指数	变化情况
城（省）域网出口带宽	54.73	73.81	↑19.08
固定宽带普及率	72.97	72.97	——
固定宽带端口平均速率	46.45	53.82	↑7.37
移动电话普及率	65.49	66.83	↑1.34
互联网普及率	70.83	73.15	↑2.32
两化融合专项引导资金	100	100	——
中小企业信息化服务平台数	56.88	75.13	↑18.25
重点行业典型企业信息化专项规划	81.54	68.11	↓13.43

数据来源：中国电子信息产业发展研究院。

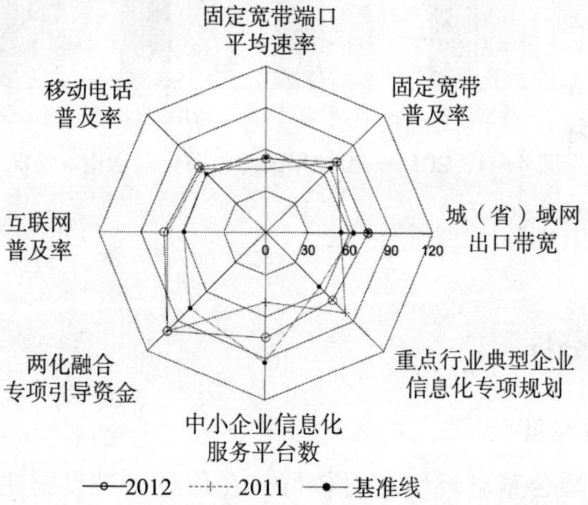

图4—2　2011—2012年天津市两化融合基础环境指数情况

数据来源：中国电子信息产业发展研究院。

2. 工业应用指数

2012年，天津市工业应用信息技术水平仍有较大发展空间。其中重点行业典型企业ERP普及率指数为46.92，比2011年降低了13。重点行业典型企业MES普及率指数为33.14，比2011年降低了近39个点。重点行业典型企业PLM普及率指数为50.1，比2011年提高了14.3。重点行业典型企业SCM的普及率指数分别为49.84，比2011年提高了6.4。重点行业典型企业采购和销售环节电子商务应用普及率指数分别为 42.27 和 44.57，分别比 2011 年提高了 25.4 个点和 18.5 个点。重点行业典型企业装备数控化率指数为 31.39，比 2011 年降低了 23.6。国家新型工业化产业示范基地两化融合发展水平指数为 115.09，比 2011 年降低了近 9.6 个点。

表 4—3　2011—2012 年天津市两化融合工业应用指数发展情况

指标	2011年指数	2012年指数	变化情况
重点行业典型企业ERP普及率	59.98	46.92	↓13.06
重点行业典型企业MES普及率	71.87	33.14	↓38.73
重点行业典型企业PLM普及率	35.80	50.1	↑14.3
重点行业典型企业SCM普及率	43.46	49.84	↑6.38
重点行业典型企业采购环节电子商务应用	16.88	42.27	↑25.39
重点行业典型企业销售环节电子商务应用	26.06	44.57	↑18.51
重点行业典型企业装备数控化率	55.02	31.39	↓23.63
国家新型工业化产业示范基地两化融合发展水平	124.72	115.09	↓9.63

数据来源：中国电子信息产业发展研究院。

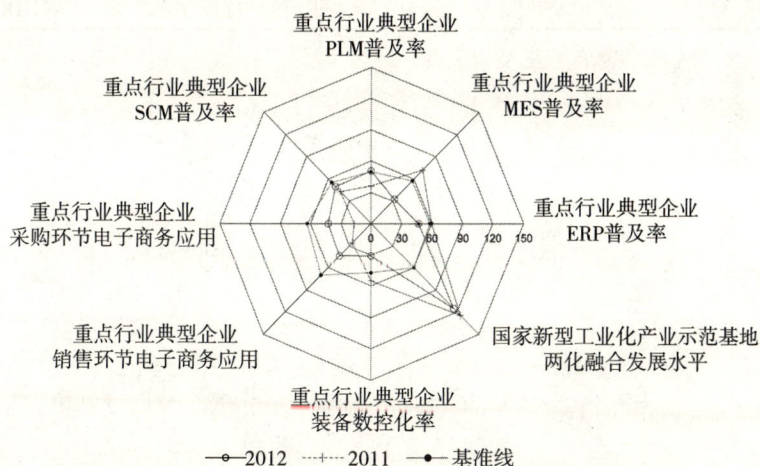

图 4—3　2011—2012年天津市两化融合工业应用指标值情况

数据来源：中国电子信息产业发展研究院。

3. 应用效益指数

2012 年，天津市两化融合应用效益指数为 66.88。在地区工业生产效益和水平方面，2012 年，工业增加值占 GDP 比重指数为 53.25，比 2011 年下降了 0.47；第二产业全员劳动生产率指数为 99.45，比 2011 年降低了 14.98；工业成本费用利润率指数为 54.12，比 2011 年下降了 1.5；单位工业增加值工业专利量指数为 114.77，比 2011 年下降了 1.6 个点左右。在工业节能减排水平方面，单位地区生产总值能耗指数为 69.47，与 2011 年保持持平。在信息产业发展水平方面，电子信息制造业主营业务收入指数为 148.47，比 2011 年提高了 14；软件业务收入指数为 117.09，比 2011 年提高了 18.3。

表 4—4　2011—2012 年天津市两化融合应用效益指数情况

指标	2011年指数	2012年指数	变化情况
工业增加值占GDP比重	53.72	53.25	↓ 0.47
第二产业全员劳动生产率	114.43	99.45	↓ 14.98
工业成本费用利润率	55.64	54.12	↓ 1.52
单位工业增加值工业专利量	116.36	114.77	↓ 1.59
单位地区生产总值能耗	69.47	69.47	——
电子信息制造业主营业务收入	134.39	148.47	↑ 14.08
软件业务收入	98.80	117.09	↑ 18.29

数据来源：中国电子信息产业发展研究院。

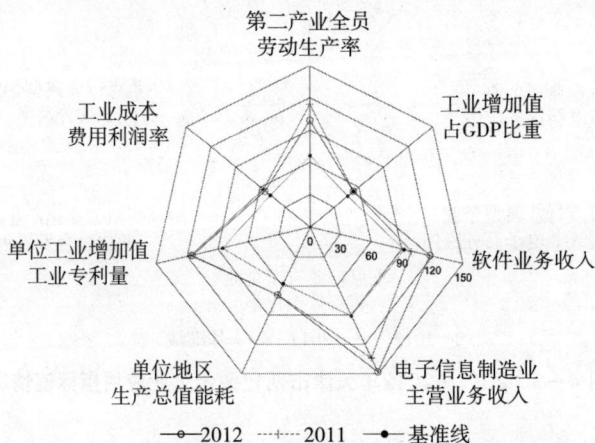

图 4—4　2011—2012年天津市两化融合应用效益指数情况

数据来源：中国电子信息产业发展研究院。

三、优劣势评价

天津市作为我国的老工业基地，在工业领域积累了坚实的发展基础。当前，天津市自主创新能力进一步增强，服务业发展加快，滨海新区的龙头带动作用和服务辐射功能日益显现。具体优势如下：

一是工业基础较为雄厚扎实。2012 年全年航空航天、石油化工、装备制造、电子信息、生物医药、新能源新材料、轻纺和国防八大优势产业工业总产值 21085.08 亿元，同比增长 14.8%，占全市规模以上工业的比重为 90.7%。高新技术产业产值 6951.65 亿元，同比增长 14.3%，占规模以上工业的 29.9%。高端装备制造、新一代信息技术、节能环保等战略性新兴产业快速发展，国家级新型工业化示范基地达到六个，产业聚集效应进一步显现。节能降耗成效显著，关停并转 1000 多家高耗能、高污染企业。形成五种具有示范效应的循环经济模式，国家循环经济试点城市建设加快推进。

二是自主创新能力明显提升。天津市建设产业化重大项目 140 项，"天河一号"、"曙光星云"超级计算机等一批国际领先水平的科技成果投入应用，新引进 31 家国家级科研院所，新增 23 个国家级重点实验室，建成一批国家级工程中心、企业技术中心和重大科技创新平台。大力实施科技小巨人成长计划，科技型中小企业达到 3.5 万家，小巨人企业 1800 家。制定实施中长期人才发展规划纲要，人才队伍继续壮大。专利申请 14 万件、授权 5.9 万件。全社会研发经费支出占生产总值比重由 2.3% 提高到 2.7%，综合科技进步水平位居全国前列。[1]

三是服务业发展加快。天津市实施重大项目 160 项，服务业占全市经济比重由 42.8% 提高到 47%。全市金融机构数量增长 4.8 倍，存贷款余额分别增长 1.5 倍和 1.8 倍。商品销售总额达到 2.5 万亿元，建成银河购物中心、万达广场、水游城、大悦城等大型商业综合体，新建改造佛罗伦萨小镇等 38 条特色商业街。津湾广场一期、泰安道五人院、意式风情区、极地海洋世界等特色商业旅游设施交付使用，新增五星级标准酒店 25 家，国际邮轮母港开港运营。建成梅江会展中心，成功举办三届夏季达沃斯论坛以及一大批国际性重大会展活动，城市国际影响力显著提升。

四是滨海新区开发开放全面推进。滨海新区功能区建设全面展开，高端产业

---

[1] 黄兴国：《2013年天津市政府工作报告》，2013年1月。

加快聚集，自主创新能力不断提升，龙头带动作用和服务辐射功能明显增强。高水平现代制造业和研发转化基地初步形成。开发区主要经济指标保持国家级开发区首位，南港工业区、临港经济区建港造陆 200 平方公里，空港经济区、滨海高新区加快开发。百万吨乙烯、千万吨炼油、空客 A320 总装线、中航直升机总装基地等项目建成投产，大推力火箭、300 万吨造修船、长城汽车等项目加快推进，形成了航空航天、石油化工、电子信息、装备制造、新能源新材料等一批高端产业基地。建成国际生物医药联合研究院、中科院工业生物技术研究所等一批重大科技创新、研发转化平台。

天津市两化融合发展也存在一些劣势：

一是信息化对产业发展的支撑带动作用尚显不足。信息技术应用创新的力度不够，对传统产业改造升级、新兴产业培育的科技支撑能力不足，电子信息产业自主创新能力不强，软件与信息服务业规模较小，不能满足信息化高端发展需求。企业信息化应用水平仍处于初级阶段，信息技术仍以单项应用为主，并且大部分企业信息系统相互独立，企业经营管理方面的决策智能化程度较低，众多企业尚未达到向信息资源整合和业务协同方向发展的级别，信息化应用未能实现从企业内部向供应链上下游延伸，信息化建设力度需要进一步加强。

二是缺乏面向全社会服务、具有影响力的公共信息服务平台。在电子商务、金融服务、数字内容等领域，公共信息服务发展相对滞后，尚未形成具有一定规模和较强影响力的电子商务及信息技术综合服务平台。对于众多中小企业，亟需提升软硬件和应用能力，但由于中小企业资金有限、信息化人才匮乏、意识薄弱，凭自身实力很难开展深入的信息技术应用。

三是信息化发展环境有待进一步优化。信息化建设与运维资金缺口较大，高端人才不足，信息化标准规范滞后，信息安全的保障能力有待进一步加强，适应信息社会发展的制度环境需要进一步完善。

四、相关建议

对天津市两化融合提出以下建议：

一是进一步加强信息技术在工业领域的集成应用。创新营销服务，延伸价值链，将制造产品总包工程化、集成化为用户服务，从卖产品向卖服务延伸。建立和完善以企业为主体的技术创新体系，大力实施专利、品牌、标准三大战略，全面增强科技引领、应用转化、品牌创造、标准制定能力，推进产业链由中低端向高端转移、创新主体由企业缺位向到位转化、发展方式由要素驱动向创新驱动转型。

二是建设具有国际竞争力的先进制造业基地。坚持走新型工业化道路，推动重大项目建设，实现优势产业集群发展，进一步增强产业竞争力。继续发展壮大优势支柱产业，培育战略性新兴产业，改造提升传统产业，石油化工、装备制造成为万亿级产业，重点打造航空航天、新能源新材料等产业链，建成电子信息、生物医药、节能环保等新型工业化产业示范基地。建成一批国家级产业基地，发展形成一批具有国际竞争力、行业领先的大企业大集团，拥有一批掌握核心技术、占据产业链高端的自主品牌，实现由天津制造向天津智造的转变

三是构筑科技创新高地。实施科教兴市、人才强市战略，找准科技与经济结合点，大项目承担，小巨人应用，科技平台整合，要素分配激活，科技金融助推，扩大开放做强，推动科技融入经济建设主战场，加快建设创新型城市。继续加强创新能力建设，紧紧围绕产业发展，组织一批科技重大专项和产业化项目，突破一批关键技术、核心技术，提高原始创新、集成创新和引进消化吸收再创新能力。发展大学科技园，建设未来科技城。着力构建以企业为主体、市场为导向、产学研用相结合的技术创新体系，深化部市、院市合作，建成一批重大科技创新平台、科技企业孵化器、工程中心、企业技术中心，显著提升研发转化服务能力。加快培育创新主体，大力发展科技型中小企业，打造更多技术水平高、发展潜力大、拥有"杀手锏"产品的科技小巨人企业。实施知识产权战略，加强知识产权保护。培养和聚集大批优秀人才，在全社会大力营造创新创业氛围，完善激励机制，激发创新活力，增强人才吸引力和凝聚力。

四是着力提升现代服务业信息化水平。要努力改变天津市电子商务落后的状态，在重点产业领域打造行业性电子商务平台，力争形成特色。以产业链为基础、以供应链管理为重点，依托重点企业集团和大型交易平台，在汽车、钢铁、化工、医药等领域，着力打造企业间电子商务平台，推动行业第三方电子商务服务平台向网上交易、物流配送、信用支付集成方向升级，推动大型企业电子商务规模化发展。完善物流信息化建设。以建设北方国际物流中心为目标，整合海港、空港、铁路、公路等物流信息资源，搭建物流信息公共服务平台，提供物流供需信

息、交易报价、签约信息、诚信管理、支付结算等服务，降低物流成本，形成多式联运的智能化物流网络体系。开展物联网应用试点示范，推动 RFID、自动识别、GPS 等新技术在物流行业的广泛应用。

第五章　河北省两化融合发展水平分析

一、总体情况

（一）经济概况

2012 年，河北省地区生产总值实现 26575.0 亿元，比上年增长 9.6%。其中，第一产业增加值 3186.7 亿元，同比增长 4.0%；第二产业增加值 14001.0 亿元，同比增长 11.5%；第三产业增加值 9387.3 亿元，同比增长 8.4%。第一产业增加值占全省生产总值的比重为 12.0%，第二产业增加值比重为 52.7%，第三产业增加值比重为 35.3%。全部工业增加值 12511.6 亿元，比上年增长 11.8%。规模以上工业中，钢铁工业增加值比上年增长 16.6%，装备制造业增长 15.0%，石化工业增长 9.5%，医药工业增长 14.6%，建材工业增长 5.9%，食品工业增长 13.7%，纺织服装业增长 16.8%。高新技术产业增加值增长 15.6%，高于全省规模以上工业 2.2 个百分点。其中，高端装备制造、新材料和生物领域增加值分别增长 14.2%、20.7% 和 20.6%。全部财政收入 3479.3 亿元，比上年增长 15.3%，其中公共财政预算收入 2084.2 亿元，增长 19.9%。[1]

（二）两化融合主要进展

河北省委、省政府高度重视两化融合工作，把推动信息化和工业化深度融合作为经济强省建设的重要抓手之一。2012 年实施了"宽带普及提速工程"和"宽

---

[1]　河北省统计局：《河北省2012年国民经济和社会发展统计公报》，2013年2月。

带中国战略"落地工程，改善了两化融合基础环境，同时加大了对企业两化融合项目的资金引导，2011—2012 省技改专项资金支持两化融合项目贴息资金 3000 多万元，争取国家两化融合专项资金 260 万元。河北省继续坚持"点、线、面、体"全方位的推进思路，从企业、行业、区域、环境等层面整体推动两化融合发展。

1. 重点企业信息化水平明显提升

一是制定了《培育百家信息化与工业化融合重点企业专项工作方案》（冀工信〔2010〕126 号），每年培育 100 家两化融合重点企业，明确目标任务和主攻方向。同时，组织有关专家和咨询机构，对重点企业两化融合项目建设进行现场指导，帮助企业分析问题、找出瓶颈、达产达效。目前，共培育省级两化融合重点企业 370 家。二是开展两化融合促进节能减排、安全生产等专项工作。分别有 4 家和 7 家企业项目列入全国首批 80 个两化融合促进节能减排重点推进项目和首批 100 个两化融合促进安全生产重点推进项目；河北钢铁集团唐钢公司等 4 家企业被工信部、财政部、科技部列为国家第一批资源节约型、环境友好型试点企业；43 个企业能源管理中心和清洁生产项目列为国家级示范项目，获得中央财政资金支持共计 3.414 亿元。新峰水泥公司节能减排在线仿真技术被列为国家重点推广技术，工信部在河北省召开了全国水泥工业节能减排在线仿真技术现场交流会。三是制定了《河北省信息化与工业化融合示范企业评选管理办法（试行）》，评选了 46 家省级两化融合示范企业，印发了 3 册《河北省信息化和工业化融合示范企业资料汇编》，其中 10 家被评为国家级两化融合示范企业。

2. 重点行业引领作用初显

一是制定了《河北省信息化与工业化融合公共服务示范平台认定管理办法（试行）》，认定了 10 个面向行业的两化融合公共服务示范平台，建设了 3 个大宗电子商务交易平台。二是利用国家已出台的企业两化融合发展水平评估规范，2010 年选择钢铁、纺织、汽车三个行业开展了评估试点，2012 年开展了两化融合重点企业两化融合发展水平评估，覆盖了 12 个行业。三是在上海召开了全省钢铁企业能源管理中心与信息化建设交流会，组织省内 40 多家钢铁企业到宝钢进行了现场参观和对标。第四届水泥行业建材（水泥）行业信息化应用论坛暨水泥行业两化融合发展水平评估报告发布会在唐山举办。

3. 两化融合试验区和产业集群建设继续推进

一是认真抓好唐山暨曹妃甸国家级两化融合试验区建设。召开了唐山暨曹妃甸国家级两化融合试验区建设工作会议，工信部杨学山副部长为试验区授牌并作重要讲话；印发了《唐山暨曹妃甸信息化与工业化融合试验区发展规划》；加强唐山暨曹妃甸现场调研和项目督导，2011 年 12 月通过国家验收。二是积极推进产业集群两化融合。抓好安平国家级县域经济信息化试点建设和总结，2010 年 12 月顺利通过国家验收。2011 年 5 月承办了首次全国产业集群两化融合经验交流会，24 个省市及有关专家共 400 余人共聚河北省安平；同时召开了"河北省县域特色产业信息化推进大会"，11 个市、32 个重点产业集群参加了会议。

4. 两化融合环境继续改善

2012 年 5 月，河北省政府办公厅文件出台了《关于推进信息化与工业化深度融合促进现代产业体系建设的意见》，发布 20 个重点产业和领域两化深度融合的实施指南，提出以培育十大两化融合示范区、百个两化融合公共服务示范平台、千家两化融合重点企业、万名两化融合企业家为抓手，全面推动两化深度融合。组织了全省两化融合经验交流会、两化融合深度行等各类活动和培训 118 场，覆盖了 70% 的县（市、区）。《中国电子报》3 次对河北省两化融合进行专刊报道。同时，河北省加大对企业两化融合项目的资金引导，2011—2012 省技改专项资金支持两化融合项目贴息资金 3000 多万元。2012 年，国家支持河北省两化融合专项资金 260 万元，在 31 个省市中位列第五。

二、两化融合发展水平分析

（一）综合分析

2012 年，河北省两化融合发展指数为 61.5，2011 年为 52.6，比 2011 年提高 8.9。从全国来看，2012 年河北排名第 18 位，比去年上升了 3 个名次。从指数所包含的各个分指数来看，2012 年基础环境指数为 60.72，2011 年为 49.28，提高了 11.4 个点左右，说明其两化融合基础环境有较大改善。2012 年工业应用指数为 66.94，2011 年为 56.02，提高了近 11 个点，提升幅度也较大。2012 年应用效益指数为 51.42，2011 年应用效益指数为 49.1，提高了 2.3。

表5—1　2011—2012年河北省两化融合指数情况

指标	2011年指数	2012年指数	变化情况
基础环境	49.28	60.72	↑11.44
工业应用	56.02	66.94	↑10.92
应用效益	49.1	51.42	↑2.32
发展指数	52.6	61.5	↑8.9

数据来源：中国电子信息产业发展研究院。

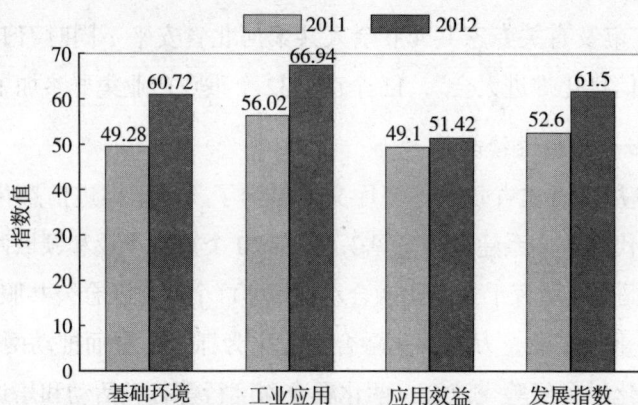

图5—1　2011—2012年河北省两化融合指数情况

数据来源：中国电子信息产业发展研究院。

（二）具体分析

1. 基础环境指数

2012年，河北省基础环境指数大幅提高。在信息基础设施建设方面，2012年河北省城（省）域网出口带宽指数为83.72，比2011年提高了近18个点，提升幅度明显；2012年固定宽带普及率指数为69.62，比2011年提高了7个多点；2012年固定宽带端口平均速率指数为58.41，比2011年提高了4.2。2012年，河北省移动电话普及率指数为56.38，比2011年提高了2.8。在互联网应用普及方面，2011年河北省互联网普及率指数为58.38，比2011年提高了5.4。在两化融合政策环境建设方面，2010到2012年河北省两化融合专项引导资金建设方面尚处空白；2012年，河北省中小企业信息化服务体系有很大进步，2012年中小企业信息化服务平台数量指数为79.25，比2011年提高了54.1个点左右。2011年重点行业典型企业信息化专项规划比例指数为 75.12，比 2011 年提高了 9 。

表 5—2 2011—2012 年河北省两化融合基础环境指数情况

指标	2011年指数	2012年指数	变化情况
城（省）域网出口带宽	65.85	83.72	↑17.87
固定宽带普及率	62.4	69.62	↑7.22
固定宽带端口平均速率	54.18	58.41	↑4.23
移动电话普及率	53.56	56.38	↑2.82
互联网普及率	52.97	58.38	↑5.41
两化融合专项引导资金	0	0	——
中小企业信息化服务平台数	25.13	79.25	↑54.12
重点行业典型企业信息化专项规划	66.11	75.12	↑9.01

数据来源：中国电子信息产业发展研究院．

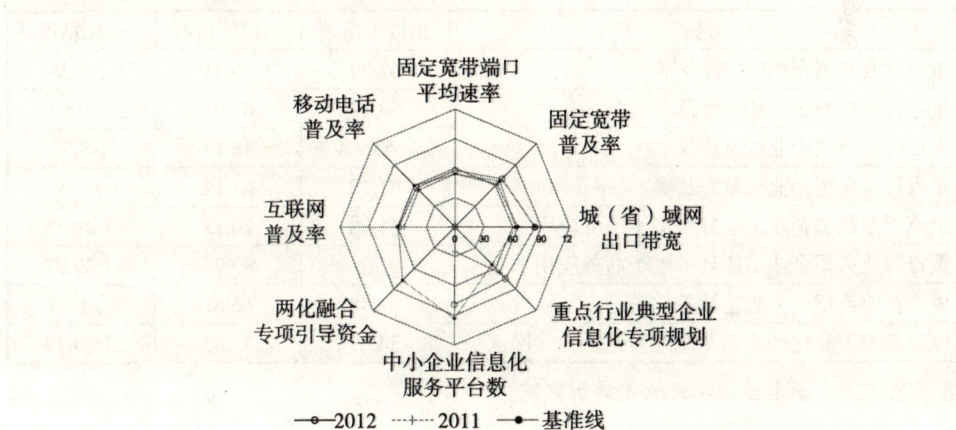

图 5—2 2011—2012年河北省两化融合基础环境指数情况

数据来源：中国电子信息产业发展研究院。

2. 工业应用指数

2012 年，河北省两化融合工业应用总体处于全国上游水平，较 2011 年有明显提升。

2012 年，河北省工业应用指数为 66.94，2011 年为 56.02，提高了近 11 个点。就每个具体指数来看，2012 年重点行业典型企业 ERP 普及率为 56.51，比 2011 年降低了 6.3。2012 年重点行业典型企业 MES 普及率指数为 67.98，2011 年为 58.41，提高了 9.6 个点左右。2012 年，重点行业典型企业 PLM 普及率指数为

48.17，比2011年降低了5.7个点左右。2012年，重点行业典型企业SCM普及率指数为61.12，与2011年持平。2011年重点行业典型企业采购环节电子商务应用指数为70.23，比2011年提高了29个多点。2012年，重点行业典型企业销售环节电子商务应用指数为89.97，比2011年提高了40个点左右。上述两指数的变化说明，2012年河北省在电子商务采购和销售环节的应用方面提升较大。河北省重点行业典型企业装备数控化率水平名列前茅，2012年重点行业典型企业装备数控化率为66.61，比2011年提高了1.7个点左右，远高于2012年全国的平均水平47.2。2012年，河北省国家新型工业化产业示范基地两化融合发展水平指数为73.82，比2011年提高了19个多点，增幅也较大。

表5—3　2011—2012年河北省两化融合工业应用指数情况

指标	2011年指数	2012年指数	变化情况
重点行业典型企业ERP普及率	62.79	56.51	↓6.28
重点行业典型企业MES普及率	58.41	67.98	↑9.57
重点行业典型企业PLM普及率	53.9	48.17	↓5.73
重点行业典型企业SCM普及率	61.12	61.12	——
重点行业典型企业采购环节电子商务应用	41.08	70.23	↑29.15
重点行业典型企业销售环节电子商务应用	50	89.97	↑39.97
重点行业典型企业装备数控化率	64.88	66.61	↑1.73
国家新型工业化产业示范基地两化融合发展水平	54.69	73.82	↑19.13

数据来源：中国电子信息产业发展研究院。

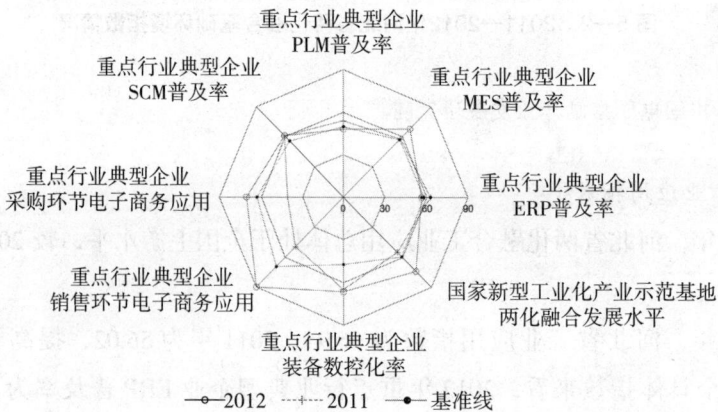

图5—3　2011—2012年河北省两化融合工业应用指数情况

数据来源：中国电子信息产业发展研究院。

3. 应用效益指数

2012年，河北省两化融合应用效益指数为51.42，在全国处于中偏下游水平，比2011年增加2.32，表明河北省两化融合工作在应用效益方面有一定改善。

在地区工业生产效益和水平方面，2012年工业增加值占GDP比重指数为52.93，比2011年降低了1个点左右；2012年第二产业全员劳动生产率指数为54.68，比2011年提高了3.6；2012年工业成本费用利润率指数为39.75，比2011年下降了近4个点；2012年单位工业增加值工业专利量指数为55.06，比2011年提高了9个点。在工业节能减排水平方面，2012年单位地区生产总值能耗指数为45.71，与2011年保持持平。在信息产业发展水平方面，2012年电子信息制造业主营业务收入指数为63.27，比2011年提高了7个点左右；2012年软件业务收入指数为49.63，2011年为47.67，提高了近2个点。

表5—4　2011—2012年河北省两化融合应用效益指数情况

指标	2011年指数	2012年指数	变化情况
工业增加值占GDP比重	54.02	52.93	↓1.09
第二产业全员劳动生产率	51.04	54.68	↑3.64
工业成本费用利润率	43.65	39.75	↓3.90
单位工业增加值工业专利量	45.95	55.06	↑9.11
单位地区生产总值能耗	45.71	45.71	——
电子信息制造业主营业务收入	56.23	63.27	↑7.04
软件业务收入	47.67	49.63	↑1.96

数据来源：中国电子信息产业发展研究院

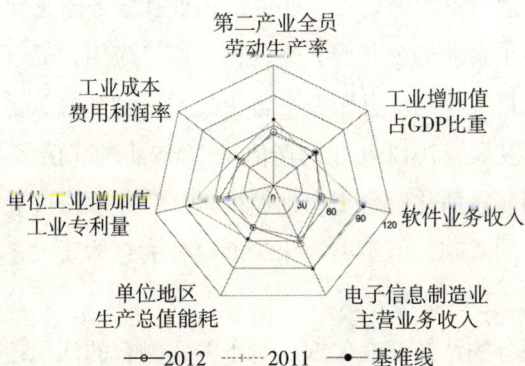

图5—4　2011—2012年河北省两化融合应用效益指数情况

数据来源：中国电子信息产业发展研究院。

三、优劣势评价

总体来看，河北省两化融合发展水平处于全国中游水平，与其他东部沿海省份之间存在一定差距，但河北省具备一些相对优势。

一是信息化已经渗透到企业生产、经营、管理、发展的各个环节，传统产业综合竞争力明显提升。截至 2012 年年底，全省大中型企业数字化设计工具普及率和关键工序数控率分别达到 75% 和 65%，管理信息系统、企业门户网站应用率分别达到 90% 和 85%，48% 的企业应用了电子商务，全省电子商务交易额突破 5000 亿元。信息技术与传统产业加速融合，成效比较明显。河北钢铁股份有限公司承德分公司的产销一体化系统使库存降低 20% 到 30%，非计划品率降低 20% 到 30%，存货成本减少 10% 以上。唐山轨道客车有限责任公司通过高速动车组产品研发平台、经营管理平台、生产平台等三个信息化平台的建设，实现了物流、资金流、信息流、工作流的高度集成和统一，降低产品设计周期达 30% 左右，缩短生产周期 15%—20% 左右。开滦集团通过矿山综合自动化系统，每年为矿山增收 25.34 亿元，整个矿井生产运行的可靠性和安全性大幅提高。

二是两化融合延伸了产业链条，促进了生产性服务业的发展。开滦集团以信息化为支撑，从企业自身物流需要演变成为提供第三方业务的现代化物流公司，现代物流、煤化工等非煤产业收入占经济总量的比重已达到了 74%。秦皇岛港通过建设以海运煤炭交易信息平台、环渤海动力煤指数发布平台为核心的增值业务系统，成功实现了港口资源的增值、业务的拓展和服务的延伸。

三是服务于中小企业的公共服务平台得到广泛应用，促进了产业集群的快速发展。安平县重点打造丝网信息服务平台、技术研发平台、物流配送平台，促进了丝网产业集群的发展，2012 年丝网产值是 2005 年的 3 倍多。

总体上看，河北省两化融合正在加速推进，不断取得进展，为下一步两化深度融合提供了较好的基础，但距离两化深度融合的总体要求还有较大差距，还存在着一些突出问题，主要表现为：

一是对两化融合的认知存在欠缺。对于两化融合的认识还停留在比较浅的层次，没有将两化融合放到战略层面去认识和推动，信息化建设资金持续投入力度也不够。

二是两化融合的深度有待挖掘。信息化的高投入与应用系统建设低效益的矛盾突出，业务技术两张皮、信息资源开发利用不足、标准建设滞后，信息化的效能没有得到充分发挥和体现。

三是两化融合保障支撑体系尚待完善。缺乏有针对性的政策支持，信息化建设资金持续投入力度不够，满足两化融合需要的复合型人才稀缺，本地 IT 企业服务两化融合的能力和水平较低，不能满足两化融合的需求。

四、相关建议

对河北省两化融合提出以下建议：

一是加强组织推动和加大政策支持。建立和完善两化融合规划发展制度、首席信息官（CIO）制度、发展水平评估制度，切实加强对两化深度融合工作的组织领导和长期推动。对两化融合项目给予专项资金重点支持，鼓励有条件的地方设立两化融合专项资金，带动企业持续投入两化融合。

二是抓好两化融合示范工程建设。推广唐山暨曹妃甸国家级两化融合试验区建设经验，打造省级两化融合示范区，培育两化融合重点企业和两化融合示范企业，力争使一批行业龙头企业成为国家示范，以点带面，推动两化融合对标赶超。

三是完善支撑体系，营造发展氛围。发挥政府、社会、企业多方作用，推进政产学研用联动，加快建设两化深度融合行业服务中心、评估认证中心等支撑机构，加强标准和品牌建设，开展两化融合专家咨询企业行和万名企业家两化融合培训活动，建立一批培训和实训基地。加强《河北省信息化条例》宣贯，举办两化深度融合主题论坛，推动两化深度融合理念、技术和产品应用。加强交流合作，加大宣传力度，营造有利于两化深度融合发展的浓厚氛围。

四是大力推进信息化在自主创新、中小企业和城镇化发展等方面的应用和融合，提升构建现代产业体系的驱动力。以信息化支撑企业自主创新和技术进步，增强现代产业体系发展的内生动力；利用信息化手段化解中小企业发展难题，增强经济发展活力；推动智能城市建设，为现代产业体系创造需求。

五是加强信息化基础设施建设。积极推进无线城市建设；进一步加强网络统筹和共建共享，实现网络资源的高效利用；提高 3G 网络覆盖率；加快数字广播电视网络改造，构建双向互动综合多媒体信息网；进一步完善网络布局，加快发展移动互联网和物联网先导性应用，构建宽带、泛在、融合、安全的信息网络基础设施。

第六章　山西省两化融合发展水平分析

一、总体情况

（一）经济概况

2012 年，山西省全年生产总值为 12112.8 亿元，同比增长 10.1%。其中，第一产业增加值 697.9 亿元，同比增长 6.0%，占生产总值的比重为 5.8%；第二产业增加值 7009.1 亿元，同比增长 10.9%，占生产总值的比重为 57.8%；第三产业增加值 4405.9 亿元，同比增长 9.5%，占生产总值的比重为 36.4%。全年规模以上工业增加值增长 11.9%。规模以上工业企业实现主营业务收入 17788.4 亿元，同比增长 9.7%。其中，煤炭、焦炭、冶金和电力工业分别实现主营业务收入 7289.4 亿元、1488.8 亿元、3846.2 亿元和 1481.2 亿元，同比分别增长 10.0%、-13.9%、9.3% 和 19.9%；化学、建材、装备制造、医药和食品工业分别实现主营业务收入 836.3 亿元、356.8 亿元、1516.1 亿元、113.3 亿元和 632.2 亿元，同比分别增长 15.2%、5.2%、23.6%、17.6% 和 21.2%。[1]

（二）两化融合主要进展

2012 年，山西省继续积极推进两化融合，出台一系列相关政策措施，推进信息技术在工业发展关键环节和重点领域的深化应用，带动了重点行业信息化水平的提高。《山西省国家资源型经济转型综合配套改革试验总体方案》获国务院

---

[1]　山西省统计局：《山西省2012年国民经济和社会发展统计公报》，2013年3月。

批复，给两化融合带来新的契机。

1. 两化融合政策体系继续完善

山西省积极推进两化融合，制定出台相关政策措施，提高信息化水平。省政府下发了《关于加快培育好发展战略性新兴产业的意见》，省人大将《山西省信息化条例》列入 2013 年重点立法项目，省经信委制定《山西省两化融合指导意见》，出台《两化融合示范企业认定管理办法》等，积极营造两化融合发展的优良环境，大力推进信息化建设。

2. 信息产业进一步发展

2012 年，山西省实现电子信息制造业主营业务收入 456.6 亿元，软件业务收入 29.9 亿元，较 2010 年分别增长 258.7% 和 200.8%。信息产业（包括信息技术服务业与软件产业）虽然规模上与发达省份有较大差距，但增长速度空前。截至 2012 年年底，山西省共有软件企业 151 家，其中国家计算机信息系统集成资质企业 70 家，登记软件产品共计 1039 件，软件和信息技术服务示范企业 10 户。

3. 重点行业企业信息化水平显著提升

2012 年，山西全省加速推进信息技术在重点行业的深度应用，提升企业信息化水平，重点行业信息化水平显著提升。重点行业典型企业装备数控化率达到 64.51%，ERP 普及率达 45%，SCM 普及率达 50%。重点骨干企业信息化建设逐步从单项应用向全面集成应用发展。

4. 通信业助力工业企业信息化发展

电信运营商和增值服务商发挥网络资源和信息技术资源优势，开发适合工业企业特点的系列产品和解决方案，带动工业企业低成本、低风险地迈入信息化门坎，有效推进了工业企业两化深度融合。山西移动在政务、公共安全、物流、制造业等方面推出专门的解决方案；山西联通推出有特色的 3G 无线应用项目，包括平安城市、电子政务、企业办公、车务通、手机查勘、移动采编、智能公交、移动执法、手机证券等行业应用；山西电信也推出警务 E 通、天翼 V 网、移动全球眼、应急管理等二十余项行业信息化应用产品。

二、两化融合发展水平分析

（一）综合分析

2012 年，山西省两化融合发展指数为 51.87，比 2011 年提高了 4.36 个点，但远低于 61.95 的全国平均水平，全国排名第 23 位，比 2011 年提升了 3 个名次。基础环境方面，2012 年基础环境指数为 58.07，2011 年为 44.2，提高了近 14 个点。工业应用方面，2012 年工业应用指数为 51.3，比 2011 年提高了近 3 个点。应用效益方面，2012 年应用效益指数为 46.83，与 2011 年相比出现了负增长，降低了 2.3 个点。

表 6—1　2011—2012 年山西省两化融合指数情况

指标	2011年指数	2012年指数	变化情况
基础环境	44.2	58.07	↑13.87
工业应用	48.36	51.3	↑2.94
应用效益	49.12	46.83	↓2.29
发展指数	47.51	51.87	↑4.36

数据来源：中国电子信息产业发展研究院。

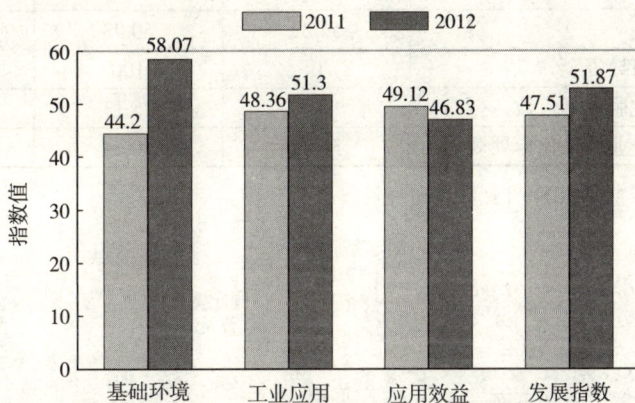

图 6—1　2011—2012年山西省两化融合指数情况

数据来源：中国电子信息产业发展研究院。

（二）具体分析

1. 基础环境指数

2012 年，山西省两化融合基础环境建设有较大进展，在全国的名次由 2011

年的 28 名上升到 21 名。

在信息基础设施建设方面，2012 年山西省城（省）域网出口带宽指数为 30.26，2011 年为 23.51，提高了 6.75 个点；2012 年固定宽带普及率指数为 72.97，2011 年为 66.1，提升了近 7 个点；2012 年固定宽带端口平均速率指数为 50.31，2011 年为 51.3，下降了约 1 个点；2012 年移动电话普及率指数为 56.79，比 2011 年提高了 4.5 个点。在互联网应用普及方面，2012 年山西省互联网普及率指数为 60.93，比 2011 年提高了将近 4.7 个点。2012 年，山西省在两化融合政策环境建设方面，山西省有了一定突破，2012 年设置了两化融合专项引导资金，并且开始建设省级中小企业信息化服务平台，平台数指数为 25.13。2012 年，山西省重点行业典型企业信息化专项规划比例指数为 60.66，比 2011 年提高了 1.4 个点左右。

表 6—2　2011—2012 年山西省两化融合基础环境指数情况

指标	2011年指数	2012年指数	变化情况
城（省）域网出口带宽	23.51	30.26	↑6.75
固定宽带普及率	66.1	72.97	↑6.87
固定宽带端口平均速率	51.3	50.31	↓0.99
移动电话普及率	52.32	56.79	↑4.47
互联网普及率	56.22	60.93	↑4.71
两化融合专项引导资金	0	100	——
中小企业信息化服务平台数	0	25.13	↑25.13
重点行业典型企业信息化专项规划	59.22	60.66	↑1.44

数据来源：中国电子信息产业发展研究院。

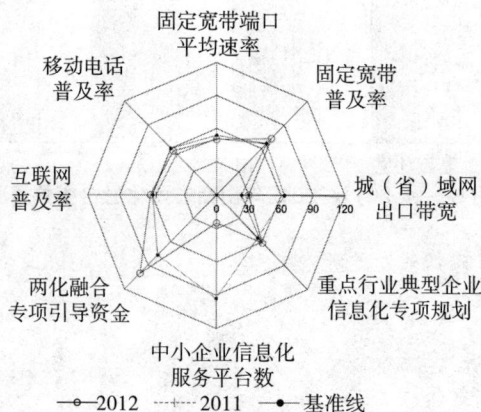

图 6—2　2011—2012 年山西省两化融合基础环境指数情况

数据来源：中国电子信息产业发展研究院。

2. 工业应用指数

2012 年，山西省两化融合工业应用建设有一定进展，在全国的排名由第 25 位提升到第 21 位。

2012 年，山西省工业应用指数为 51.3，比 2011 年提高了 2.94 个点。2012 年，重点行业典型企业 ERP 普及率指数为 58.68，2011 年为 47.07，提高了 11.6 个点。2012 年重点行业典型企业 MES 普及率指数为 48.51，比 2011 年有 0.33 个点的略微下降。2012 年重点行业典型企业 PLM 普及率指数为 49.36，比 2011 年提高了 7 个点。2012 年重点行业典型企业 SCM 普及率指数为 57.41，2011 年为 45.88，提高了 11.5 个点。2012 年重点行业典型企业采购环节电子商务应用普及率指数为 57.95，比 2011 提高了近 10 个点。2012 年重点行业典型企业销售环节电子商务应用普及率指数为 52.54，比 2011 年提高了 7.8 个点。2012 年重点行业典型企业装备数控化率指数为 46.29，2011 年为 64.73，下降了 18 个点多。2012 年国家新型工业化产业示范基地两化融合发展水平指数为 42.05，比 2011 年下降了 1 个点左右。

表 6—3　2011—2012 年山西省两化融合工业应用指数情况

指标	2011年指数	2012年指数	变化情况
重点行业典型企业ERP普及率	47.07	58.68	↑11.61
重点行业典型企业MES普及率	48.84	48.51	↓0.33
重点行业典型企业PLM普及率	42.4	49.36	↑6.96
重点行业典型企业SCM普及率	45.88	57.41	↑11.53
重点行业典型企业采购环节电子商务应用	48.25	57.95	↑9.7
重点行业典型企业销售环节电子商务应用	44.72	52.54	↑7.82
重点行业典型企业装备数控化率	64.73	46.29	↓18.44
国家新型工业化产业示范基地两化融合发展水平	43.11	42.05	↓1.06

数据来源：中国电子信息产业发展研究院。

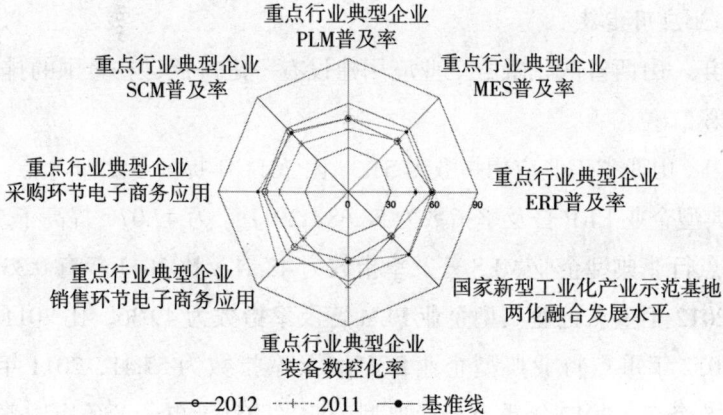

图 6—3 2011—2012 年山西省两化融合工业应用指数情况

数据来源：中国电子信息产业发展研究院。

3. 应用效益指数

2012 年，山西省两化融合应用效益出现了下滑，2012 年应用效益指数为 46.83，比 2011 年降低了 2.3 个点，全国排名为第 26 位，比 2011 年落后了 3 个名次。

在地区工业生产效益和水平方面，2012 年工业增加值占 GDP 比重指数为 59.02，比 2011 年为提高了 4.8 个点。2012 年，第二产业全员劳动生产率指数为 67.98，2011 年为 98.36，下降了 30 个点多；2012 年，工业成本费用利润率指数 为 37.34，2011 年为 48.22，下降了近 11 个点；2012 年单位工业增加值工业专利 量指数为 50.65，2011 年为 48.68，提高了不到 2 个点。在工业节能减排水平方 面，2012 年单位地区生产总值能耗指数为 36.27，与 2011 年保持持平。在信息 产业发展水平方面，2012 年电子信息制造业主营业务收入指数为 55.23，2011 年 为 28.52，提高了 26.7 个点，提升幅度较大；2012 年软件业务收入指数为 12.08， 比 2012 年有 0.2 个点的略微提高。

表 6—4 2011—2012 年山西省两化融合应用效益指数情况

指标	2011年指数	2012年指数	变化情况
工业增加值占GDP比重	54.21	59.02	↑4.81
第二产业全员劳动生产率	98.36	67.98	↓30.38
工业成本费用利润率	48.22	37.34	↓10.88
单位工业增加值工业专利量	48.68	50.65	↑1.97

（续表）

指标	2011年指数	2012年指数	变化情况
单位地区生产总值能耗	36.27	36.27	——
电子信息制造业主营业务收入	28.52	55.23	↑26.71
软件业务收入	11.89	12.08	↑0.19

数据来源：中国电子信息产业发展研究院。

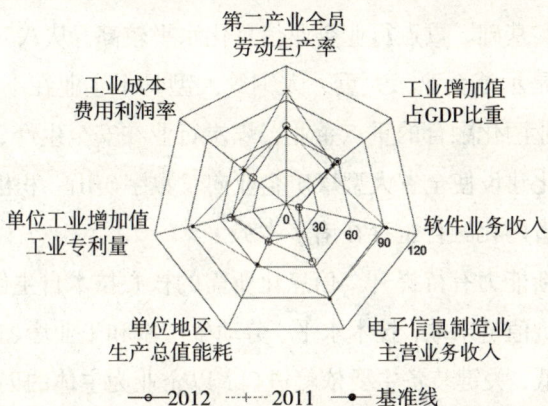

图6—4 2011—2012年山西省两化融合应用效益指数情况

数据来源：中国电子信息产业发展研究院。

三、优劣势分析

总体来看，山西省两化融合发展程度处于全国下游水平，与多数省份之间存在较大差距，有很大的提升空间，但是山西省也具有一定的相对优势。其优势主要有以下两点：

一是互联网应用普及率较高。据评估结果，2012年山西省的固定宽带普及率和互联网普及率均位列全国前十名。山西省紧紧围绕全省转型跨越发展和信息化建设需要，下发相关政策文件，成立宽带普及提速组织机构，积极推进通信网络建设，全面加快宽带普及提速。截至2012年年底，宽带用户数达到504.78万，宽带4M以上用户数为255.08万户，占比达54%。

二是工业基础相对较好，重点行业企业信息化水平较高。山西省是我国老工业基地，是国家的能源重化工基地，煤炭、冶金、电力、化工、装备制造等产业

107

基础雄厚。"十二五"以来，山西省创新工作机制，着力推动工业化和信息化融合发展，工业整体综合竞争力得到提升。2012年，全省生产总值12112.8万亿元，同比增长133%。规模以上工业企业实现主营业务收入1.78万亿元，同比增长9.7%，利润806.5亿元；工业增加值达到6421.8亿元，同比增长12%，占GDP的比重达到53%。煤炭、冶金、机电、电力工业等支柱产业，2012年，工业增加值分别实现3712亿元、848亿元、470亿元、378亿元，奠定了信息化与工业化融合发展的坚实基础。重点行业企业信息化水平较高，从八五CIMS计划实施，榆次经纬纺机就是示范企业，太重、太钢等大型骨干企业在十五、十一五期间，是我国制造业行业两化融合的重点企业，煤炭行业在安全生产、质量监控、人员定位方面的信息化建设使全省大型煤矿企业向"数字矿山"积极推进。

同时，山西省两化融合也存在诸多劣势：

一是自主创新能力有待提升。信息化所需的核心技术自主创新能力不足，多数处于国际产业价值链末端，技术水平、劳动生产率和工业增加值率都还比较低，产品附加值也很低，关键装备主要依赖进口，以企业为主体的创新体系亟待完善。

二是信息技术应用水平不高。整体上应用水平落后于实际需求，部分领域和地区应用效果不够明显，与国内先进地区省份有较大差距。

三是工业企业对信息化的认识不足。山西是我国的老工业基地，以煤炭、冶金、焦化、电力、装备制造、煤化工等行业为主，产业特点使得工业企业更加重视工业化，而对信息化的认识不足。总体来说，目前山西各行业两化深度融合程度仍然较低，例如煤炭行业，成熟的应用仅分布在少数大型煤业集团。

四是中小企业信息化支撑力度不足。山西省中小企业信息化服务平台数指标在2012年虽然有了零的突破，但数量和质量都不甚理想，政府为中小企业开展信息化建设支撑能力不足，使得省内各类中小企业信息化应用发展仍严重滞后。

五是电子信息产业较为落后。山西省信息产业发展虽已初具规模，其发展规模与速度也逐年扩大和增长，但与发达地区和周边省份相比，山西省信息产业在工业总产值、销售收入、市场占有率、占GDP比重等方面都较低，在全国处于中下游水平。

四、相关建议

对山西省两化融合提出以下建议：

一是加快发展高端装备及智能化产品开发与应用，解决工业生产数控设备控制技术国产化问题。加大数字化、智能化装备产品开发力度。通过培育重大装备制造企业集成应用示范重点推进煤炭机械、纺织机械、重型机械等装备产品中信息技术的融入，加快自动监测与诊断系统、微波技术、激光技术、统计模式识别、模糊控制技术等信息技术在装备产品中的应用，开发数字化、智能化、机电一体化产品，实现产品升级换代，提升装备制造产品的技术水平和附加值，进而带动信息技术、信息产品制造业的发展。

二是推进地方重点骨干企业集成关键技术应用，培育集团企业数字化应用示范，解决大型企业业务流程再造、供应链建设、电子商务体系建设和决策支持系统建设与应用问题。在重点煤矿中选择试点，发挥煤炭行业信息化的后发优势。重点培育潞安集团、山西焦煤集团、阳泉煤业集团等大型煤炭企业成为具有示范作用的数字矿山，对有条件的，向"智慧矿山"发展。针对行业的特点，结合企业自身的现状，考虑企业的核心需求与发展趋势，借助现代先进的规划设计技术，构建科学合理、重点突出、主次分明、循序渐进、切实可行的信息化战略规划；开发适应煤矿井下环境的高速、可靠和经济的宽带综合网络系统，推进矿井计算机网络管理，推进煤矿数字信息网络综合自动化监测监控技术与装备，加快煤矿安全、生产、调度和运销一体化信息网络系统建设。

三是推进山西省支柱产业链与产业集群信息化关键技术应用，解决中小企业管理信息化普及提升和公共服务平台建设问题。继续完善和优化中小企业信息化政策环境和服务体系，支撑中小企业信息化建设；树立一批两化深度融合典型示范工程，以点带面，引领和推进中小企业信息化发展；建成一批中小企业公共服务平台，促进中小企业产业链协作能力和社会资源利用能力的提升；打造一批全国一流、面向行业企业的门户网站和电子商务平台，推进中小企业电子商务的深化应用；培育一批拥有自主知识产权的中小企业信息化产品及服务提供商，为中小企业信息化建设提供产品和服务支持；建立一个中小企业信息化体验和服务中心，为中小企业提供信息化感知环境、高层次人才培训平台和成套解决方案"一站式"定制服务。全面促进中小企业信息化与产品研发、经营管理、生产制造、产业链协作等各环节的深度融合，促进中小企业整体竞争力的提升，力争中小企业信息化应用达到全国中上水平。

四是推进利用信息技术促进节能减排，解决工业企业低碳发展绿色发展问题。两化融合促进节能减排，重点是推进工业领域节能减排电子信息技术的应用与推广，加快高能耗产业企业能源管理中心的建设，利用信息技术，加强能耗和污染物排放的监测监督。大型钢铁企业炼铁高炉在配套建设 TRT 的基础上，重点推进高炉顶压高精度稳定性控制技术，提高高炉顶压控制的稳定性和节能效果；重点推进铁合金、电石行业矿热炉、电弧炉节电专家系统，实施电极端间隙自动测控、矿热炉电气特性计算机自动调整、计算机仿真优化控制系统等节能信息化解决方案；重点推进化肥企业氨合成塔温度自动控制及优化技术；进一步深化变频技术应用，推广矢量控制变频调速技术，采用全数字化，具有通信、联网功能和集成 PLC 的高端变频器，扩展变频技术应用领域，从常规的风机、泵类等拓展到输送、喂料机械等装备。推进节能型电除尘器电源及控制技术的应用，采用多处理器并行处理，构建信息资源硬件平台，实现智能动态优化控制；推广太钢废水减排在线综合治理成果，建立废水在线参数智能检测管理系统，优化废水综合治理工艺参数，实现在线处理可视化控制。推进一批利用信息技术促进节能减排示范项目的实施，在政策、资金、项目等方面予以重点支持，总结提炼示范成果，抓好推广工作。

五是加大煤矿安全生产信息化建设力度，解决两化融合中工业安全问题。建设完善瓦斯监控、矿山顶板压力监测、井下煤炭运输系统监控、井下温度监控、其他有害气体监控、生产作业系统监控等安全监测监控系统。要落实国家安全监管总局、国家煤矿安监局《关于建设完善煤矿井下安全避险"六大系统"的通知》要求，按照规定的内容和时间要求，建设完善煤矿井下监控、人员定位、紧急避险、压风自救、供水施救和通信联络等安全避险系统。要实行目标责任制管理，制定切实可行的工作规划和方案，明确建设完善的目标、任务、措施及进度安排。企业信息化管理部门要做好安全避险"六大系统"信息化的综合构架，要在挖掘本企业信息化人才和煤炭安全生产专业人才的同时，选聘信息化专家、咨询机构、IT 企业参与其中，落实安全信息化项目的资金投入，为安全避险"六大系统"的建设完善做好支撑保障。

第七章 内蒙古自治区两化融合发展水平分析

一、总体情况

（一）经济概况

2012 年，内蒙古自治区实现生产总值 15988.34 亿元，按可比价格计算，比上年增长 11.7%。其中，第一产业增加值 1447.43 亿元，同比增长 5.8%；第二产业增加值 9032.47 亿元，同比增长 14%；第三产业增加值 5508.44 亿元，同比增长 9.4%。第一产业对经济增长的贡献率为 4.3%，第二产业对经济增长的贡献率为 67%，第三产业对经济增长的贡献率为 28.7%。全区生产总值中一、二、三次产业比例为 9.1:56.5:34.4。完成地方财政总收入 2497.28 亿元，其中公共财政预算收入 1552.75 亿元，同比分别增长 10.4% 和 14.5%。2012 年，全区工业发展呈现出以下亮点：1. 民营经济和中小企业实现了较快发展。私营企业增加值增长 21.3%，非公有工业增加值增长 16.9%，均高于全部规模以上工业增速。中小型企业增加值占全部规模以上工业的 71.2%，同比增长 16.0%。2. 工业结构调整成效明显。内蒙古自治区六大优势特色产业增加值占规模以上工业的 90% 以上，非煤产业增加值增速为 14.4%，非煤产业增加值占规模以上工业的 60.7%。高新技术产业增加值同比增长 35.9%；装备制造业同比增长 14.5%。作为自治区特色的稀土产业得到了较快发展，稀土行业增加值同比增长 11.5%。3. 东部盟市工业发展较快。东部盟市规模以上工业增加值增速达 19.8%，快于西部盟市增速 4.2

个百分点，快于全区平均增速 5 个百分点。[1]

（二）两化融合主要进展

2012 年，内蒙古自治区继续推进两化深度融合，促进产业整合和产业集群的优化升级。自治区政府还与科技部签署了《依靠科技创新进一步促进内蒙古经济社会又好又快发展战略合作框架协议》，共同提高自治区科技创新能力，为两化深度融合注入新的活力。

1. 信息化基础设施日臻完善

内蒙古自治区信息网络基础设施建设适度超前，基本满足了城市信息化发展的需求。程控交换、数字通信、光纤传输、无线通信等新技术广泛应用，电信网络、有线电视网络和宽带互联网覆盖全区。农村牧区基础通信网络建设逐步完善，2012 年，邮电业务总量（2010 年不变价）270.28 亿元，同比增长 6.2%。其中，电信业务总量 259.08 亿元，同比增长 6%；邮政业务总量 11.2 亿元，同比增长 12.4%。年末本地网固定电话用户 368.29 万户，同比下降 3.1%。年末移动电话用户 2550.13 万户，同比增长 10.4%。全区电话普及率（包括固定和移动电话）达到 117.58 部 / 百人，同比增长 8%。全区已通电话的行政村比重为 100%。年末全区互联网络用户 1826 万户，同比增长 21.7%。

2. 信息产业发展较为迅速

积极推进呼和浩特电子信息产品制造业基地和包头内蒙古软件园区建设，加快电信业发展，信息产业实力进一步增强。2012 年，全区信息产业包括通信业、软件业和电子信息产品制造业实现销售收入 258.1 亿元。全区软件企业 200 多家，已认证企业 89 家，登记产品 196 项。目前，包头内蒙古软件园建设入园企业 100 多家，软件开发和系统集成产品有几十个。蒙古文应用系统的软件产品开发，添补了我国在蒙文软件开发领域的空白。呼伦贝尔、通辽、满洲里分别引进了投资几十亿的电子产品组装项目，结束了自治区东部地区无电子信息产品制造业的历史。

3. 企业信息化成效显著

全区大力实施"制造业信息化工程"、"中小企业信息化工程"，通过大型企

---

[1] 内蒙古自治区统计局：《内蒙古自治区2012年国民经济和社会发展统计公报》，2013年3月。

业带动、中小企业跟进的方式，加快推进两化融合。在装备制造、冶金、绒纺、稀土、电力、电子、化工、建材、乳业、制药等行业中，计算机辅助设计、计算机辅助制造、计算机辅助工艺计划、计算机辅助工程、产品生命周期管理等信息技术得到广泛推广，应用率达 60%。蒙牛、伊利、包钢、伊化等大型企业集团连续几年进入国家"企业信息化 500 强"之列。其中，包钢集团大力加强信息技术对生产工艺、生产设备的自动化改造，企业效益明显提升，成为全区信息化带动工业化的典范。在大型企业的带动下，许多中小企业都通过应用信息网络技术实现了快速增长，全区 3000 多家规模以上工业企业财务管理系统应用率达到 90%，供应链管理系统、客户关系管理系统应用率达到 40%，企业制造源计划系统、企业资源计划系统的应用率达到 30%，企业整体素质和竞争能力得到提升。

4. 电子政务和城市信息化全面推进

自 2004 年以来，内蒙古自治区信息办每年召开一次电子政务现场会，全面推进电子政务。目前，政务城域网已接入自治区四大班子和 90 多家委办厅局，政务广域网已接入全区 12 个盟、市和满洲里、二连浩特市。全区 12 个盟、市和 101 个旗县区均建立了政府门户网站。城市及社区信息化工程全面展开，自治区主要城市网上就业、招生录取、金融证券、人口管理、社会安全、交通指挥、社保医疗、文化娱乐等新兴服务业快速发展，改善了城镇居民的生活方式。数字小区及家庭上网工程建设全面实施，启动实施了内蒙古自治区消费信息资源数据库项目。鄂尔多斯、呼和浩特市建立了统一社区信息平台，开发完成了社区信息化应用软件，建立了呼叫中心、数字存储交换中心等。包头市被列为全国中欧信息社会项目资助的五个城市之一。通辽市科尔沁区永清街道"数字社区"建设被确定为国家级社区信息化建设试点。

二、两化融合发展水平分析

（一）综合分析

2012 年，内蒙古两化融合发展指数为 51.08，比 2011 年有约 1 个点的下降，名次也由第 22 名下降到 24 名。基础环境指数较 2011 年的 55.89 有略微提高，为 56.53；工业应用指数为 47.87，比 2011 年下降了 3 个点多；应用效益指数达到 52.07，比 2011 年的 50.45 有 1.62 个点的提升。

表 7—1　2011—2012 年内蒙古自治区两化融合指数情况

指标	2011年指数	2012年指数	变化情况
基础环境	55.89	56.53	↑0.64
工业应用	51.1	47.87	↓3.23
应用效益	50.45	52.07	↑1.62
发展指数	52.13	51.08	↓1.05

数据来源：中国电子信息产业发展研究院。

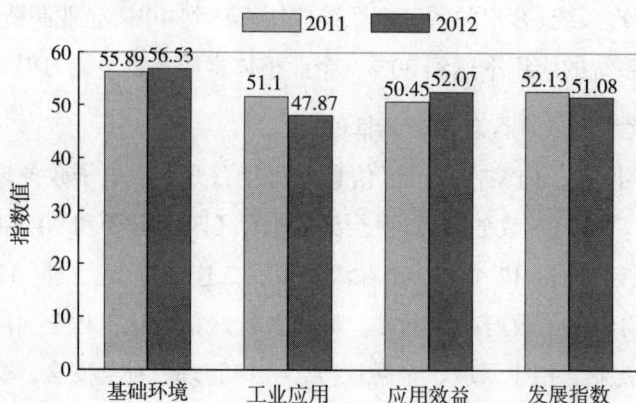

图 7—1　2011—2012年内蒙古自治区两化融合指数情况

数据来源：中国电子信息产业发展研究院。

（二）具体分析

1. 基础环境指数

2012 年，内蒙古自治区两化融合基础环境发展较 2011 年有 0.64 个点的略微提升，各项指标发展参差不齐，从全国整体发展水平来看，除移动电话普及率较高外，城（省）域网出口带宽、中小企业信息化服务平台数、重点行业典型企业信息化专项规划等指标水平较低。其中，2012 年，城（省）域网出口带宽指数由 2011 年的 37.7 提高到 47.01，虽然提高了 9.3 个点，但与全国水平相比仍有较大差距；固定宽带普及率指数由 2011 年的 54.37 提高到 62.4；固定宽带端口平均速率指数由 2011 年的 54.11 提高至 54.26；移动电话普及率指数由 2011 年的 64.85 提高到 68.89，提高了 4 个点左右；互联网普及率指数由 2011 年的 51.39 提高 4.4 个点至 55.82；内蒙古自治区近三年均设立了两化融合专项引导资金，中小企业信息化服务平台发展水平一直保持不变；重点行业典型企业信息化专项规划指数出现了 20 个点的大幅度下滑，由 2011 年的 57.62 变为 2012 年的 37.63。

表 7—2　2011—2012 年内蒙古自治区两化融合基础环境指数情况

指标	2011年指数	2012年指数	变化情况
城（省）域网出口带宽	37.7	47.01	↑9.31
固定宽带普及率	54.37	62.4	↑8.03
固定宽带端口平均速率	54.11	54.26	↑0.15
移动电话普及率	64.85	68.89	↑4.04
互联网普及率	51.39	55.82	↑4.43
两化融合专项引导资金	100	100	——
中小企业信息化服务平台数	29.25	29.25	——
重点行业典型企业信息化专项规划	57.62	37.63	↓19.99

数据来源：中国电子信息产业发展研究院。

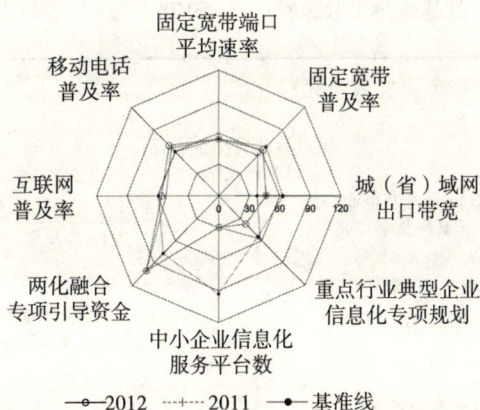

图 7—2　2011—2012年内蒙古自治区两化融合基础环境指数情况

数据来源：中国电子信息产业发展研究院。

2. 工业应用指数

2012 年，内蒙古自治区工业应用水平为 47.87，比 2011 年的 51.1 下降了 3 个点多，全国排名也由 2011 年的 20 名下降到 23 名，多项指标都出现了不同幅度的下降。2012 年，重点行业典型企业 ERP 和 MES 普及率指数分别为 51.22 和 56.4，较 2011 年分别有 0.73 和 1.89 个点的略微增长；重点行业典型企业 PLM 和 SCM 普及率指数分别为 46.38 和 50.4，较 2011 年分别下降了 12.9 和 8.4 个点，下降幅度较大；重点行业典型企业采购环节和销售环节的电子商务应用指数较 2011 年分别下降 11.4 和 9.7 个点，也出现了较大降幅；重点行业典型企业装备数控化水平有较大的提升，比 2011 年的 26.76 提升了 17.6 个点，发展指数达44.33；国家新型工业化产业示范基地两化融合发展水平为 44.23，较 2011 年有较大下降，降幅为 6.55 个点。

表 7—3　2011—2012 年内蒙古自治区两化融合工业应用指数情况

指标	2011年指数	2012年指数	变化情况
重点行业典型企业ERP普及率	50.49	51.22	↑0.73
重点行业典型企业MES普及率	54.51	56.4	↑1.89
重点行业典型企业PLM普及率	59.27	46.38	↓12.89
重点行业典型企业SCM普及率	58.77	50.4	↓8.37
重点行业典型企业采购环节电子商务应用	54.9	43.5	↓11.4
重点行业典型企业销售环节电子商务应用	57.40	47.68	↓9.72
重点行业典型企业装备数控化率	26.76	44.33	↑17.57
国家新型工业化产业示范基地两化融合发展水平	50.78	44.23	↓6.55

数据来源：中国电子信息产业发展研究院。

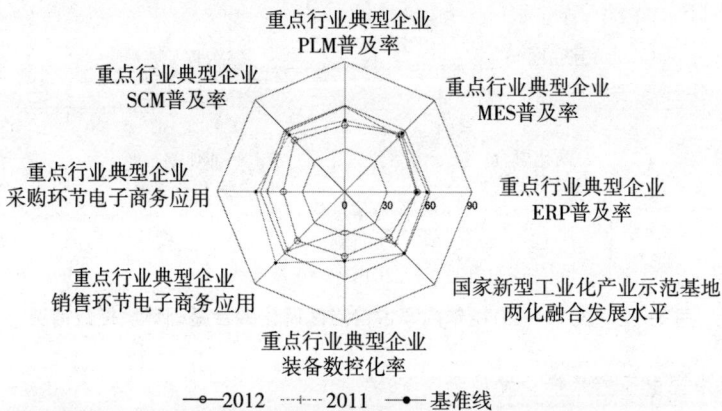

图 7—3　2011—2012年内蒙古自治区两化融合工业应用指标值情况

数据来源：中国电子信息产业发展研究院。

3. 应用效益指数

2012 年，内蒙古自治区两化融合应用效益指数为 52.07，比 2011 年的 50.45 有 1.62 个点的略微提升，在全国的排名为第 19 名，比 2011 年上升了 1 个名次。

工业增加值较高，但单位工业增加值工业专利量很低；第二产业全员劳动生产率和工业成本费用利润率较高，但单位能耗排名较低；电子信息制造业和软件收入也较低。具体表现为，工业增加值占 GDP 比重指数为 55.35，与 2011 年基本持平，第二产业全员劳动生产率水平由 2011 年的 114.15 提高 7.3 个点到 121.45，此项指标全国排名第一；工业成本费用利润率指数较 2011 年的 72.80 有较大下降，为 64.33，但仍处于全国较高水平；单位工业增加值工业专利量发展指数由 2011 年的 19.43 提高 3.9 个点，达 23.33；单位地区生产总值能耗指数与 2011 年保持持平，为 43.02；电子信息制造业主营业务收入发展指数由 2011 年的 17.74 提高 6.82 个点，达 24.56；软件业务收入发展指数较 2011 年的 10.64 有 3.11 个点的小幅提高，达 13.75。

表7—4　2011—2012年内蒙古自治区两化融合应用效益指数情况

指标	2011年指数	2012年指数	变化情况
工业增加值占GDP比重	55.41	55.35	↓ 0.06
第二产业全员劳动生产率	114.15	121.45	↑ 7.3
工业成本费用利润率	72.80	64.33	↓ 8.47
单位工业增加值工业专利量	19.43	23.33	↑ 3.9
单位地区生产总值能耗	43.02	43.02	——
电子信息制造业主营业务收入	17.74	24.56	↑ 6.82
软件业务收入	10.64	13.75	↑ 3.11

数据来源：中国电子信息产业发展研究院。

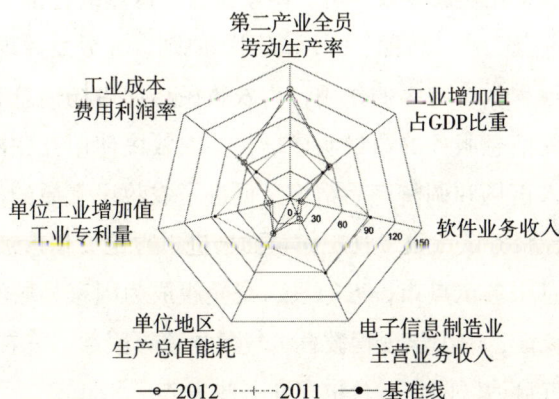

图 7—4　2011—2012年内蒙古自治区两化融合应用效益指数情况

数据来源：中国电子信息产业发展研究院。

三、优劣势评价

内蒙古自治区两化融合水平在全国处于下游水平，但内蒙古自治区两化融合发展也具有一定优势：

一是工业实力较强。自治区坚持资源优势与后发优势相结合，大力实施以工业化为核心的"三化互动"战略，高起点、高标准建设了一大批国内外领先的大项目，工业发展水平显著提升，能源、煤化工、农畜产品加工等工业不仅在产品规模上位居全国前列，在产业集中度、技术水平方面也处于国内乃至国际领先地位。规模以上工业企业4318户，实现利润1558亿元，居全国第10位，同比增长6.5%，高于全国平均3.5个百分点；工业比重由43.3%提高到49.8%，已成为带动自治区经济增长的主导力量。自治区工业已进入了新的发展阶段，规模的扩大、实力的增强、技术水平的提升，为加快推进两化融合既提供了现实需求，也奠定了坚实的基础。

二是具有一批信息化应用较好的典型企业。内蒙古自治区企业信息化示范工程建设成果丰硕，规模以上工业企业中，90%以上不同程度地采用了信息技术，其中30%以上企业应用信息技术的水平及程度达到了较高阶段，有效地提升了企业整体素质和竞争能力。示范单位蒙牛乳业、伊利集团已进入国家"企业信息化500强"之列。巴彦淖尔、鄂尔多斯、通辽、呼伦贝尔4个市作为建设中小企业信息化统一应用平台的先行试点都取得了较好效果。

三是农牧业信息化建设成效显著。内蒙古自治区始终把推动农牧业信息化作为信息化建设的重点工作，按照"一网多用"原则，充分发挥现有农牧业信息网络和自治区现代远程教育网络的作用，为农牧民传递市场信息和实用技术信息，使全区农牧民接受信息服务的数量明显增长，农牧民使用互联网比重明显增加，引导了农牧民进入市场和调整产品结构，促进了农牧民素质的提高。全区21个农牧业信息化综合服务试点旗、县工作全面推进，呼伦贝尔市被列为首批国家农村信息化综合信息服务试点市，五原县、奈曼旗成为国家县域经济信息化试点。建立了党员远程教育、中小学远程教育、气象预警等服务"三农"的信息平台。

同时，内蒙古自治区两化融合也存在一些劣势：

一是信息产业层次不高。虽然内蒙古自治区近年信息产业发展较快，但全区信息产业发展基础较为薄弱，地方配套能力弱，产业整体规模依然偏小，在经济总量中的比重依然较低。评估结果中电子信息制造业主营业务收入和软件业务收入指标都处于全国下游水平。软件业发展缺少龙头企业带动，企业资质不高，技术水平低，承揽大工程的能力和经验不足。信息服务业发展缓慢、市场培育不足，内部结构仍以传统服务业为主，信息服务业所占比重偏低。

二是信息技术应用的广度和深度不够。全区大部分企业信息化与工业化的融合程度不足。全区应用信息技术改造传统产业力度不足，企业信息化总体水平还比较落后，中小企业的信息化停留在生产管理的低水平层次，重点行业典型企业ERP普及率、重点行业典型企业PLM普及率、重点行业典型企业SCM普及率在全国范围内普遍偏低，重点行业典型企业采购和销售环节电子商务应用指数也较低。同时，中小企业信息化服务平台数、重点行业典型企业信息化专项规划等信息化支持力度相对2011年也有所降低，信息化带动工业化任务还很艰巨。

三是信息化工业应用和电子商务水平相对不高。从评估结果看，内蒙古自治区重点行业典型企业ERP、PLM和SCM普及率，以及重点行业典型企业采购、销售环节电子商务应用指数都在全国下游水平，表明信息技术应用水平不高。且中小企业信息化服务平台数指标排名也很落后，政府为中小企业开展信息化建设的服务支撑力度仍显不足。

四、相关建议

对内蒙古自治区两化融合提出以下建议：

一是加大资金扶持力度。建立以政府投资为引导，企业投资为主体，其他投资为补充的多元化投融资机制。各级政府将信息化建设专项资金列入财政预算，自治区财政采取"以奖代补"的做法，鼓励盟、市增加对电子政务及信息化和工业化融合项目的投入。创新市场运作机制，加强政策引导，鼓励市内外企业、民间组织及个人参与信息化投资建设。

二是加强技术创新体系建设，推进企业信息化建设。加快建设以企业为主体的自主创新体系，增强集成创新能力和自主创新能力。充分利用信息化对技术创新、扩散、传播的优势，加快新技术、新产品、新工艺、新知识的学习、消化、吸收，利用信息网络平台开展研究与开发合作，缩短创新周期，加快技术创新步伐，降低创新成本。对信息化基础较弱和处于信息技术应用阶段的中小型企业，重点引导小型企业在公共服务平台上收集、发布产品信息和宣传企业形象，开展企业会计财务和办公自动化应用，鼓励企业利用互联网逐步开展网上客户服务和网上贸易洽谈等商务活动。进一步推进大企业的信息化建设，对处于集成应用阶段的大型企业，重点推动企业建立信息共享的集团财务管理、全面预算管理、风险管理、结算中心、分销管理、决策分析等系统，加强信息化条件下流程再造、内控措施与制度建设。

三是加强人才队伍建设。完善人才培养、引进、使用和激励机制，依托各类园区基地和重大项目，充分利用自治区人才小高地的平台，吸引和培养高端人才与创新团队。加快信息产业和信息化人才职业化进程，完善职业资格考试和认证制度，逐步在政府部门和国有大中型企业推行 CIO（首席信息官）制度。

第八章　辽宁省两化融合发展水平分析

一、总体情况

（一）经济概况

2012 年，辽宁省地区生产总值达 24801.3 亿元，按可比价格计算，比上年增长 9.5%。其中，第一产业增加值 2155.8 亿元，同比增长 5.1%；第二产业增加值 13338.7 亿元，同比增长 9.8%；第三产业增加值 9306.8 亿元，同比增长 9.9%。三次产业增加值比重为 8.7∶53.8∶37.5。人均生产总值 56547 元，按可比价格计算，比上年增长 9.3%。全年全部工业增加值 11712.7 亿元，按可比价格计算，比上年增长 9.7%。2012 年，辽宁省规模以上工业增加值按可比价格计算比上年增长 9.9%。从轻重工业看，全年规模以上轻工业增加值比上年增长 12.3%，重工业增加值增长 9.3%。

（二）两化融合主要进展

辽宁省紧紧围绕东北振兴战略，以沈阳国家级两化融合试验区为载体，以全省两化深度融合为目标，不断完善政府引导体系和企业服务体系，大力推进企业信息化与百户企业信息化示范工程有机衔接，两化融合取得显著实效。

1. 加快发展软件服务业

截至 2012 年年底，辽宁省电子信息产业实现主营业务收入 3804 亿元，同比增长 21.2%，其中，软件业实现主营业务收入 2096 亿元，同比增长 32%，全国排名居第四位。工业软件产品结构不断优化升级，产业链不断完善，应用更加广泛。数控机床控制软件、冶金自动化控制软件、输变电设备控制软件、电熔镁能源管理软件，以及各种企业管理信息化解决方案，在生产经营中发挥着巨大作用。

2. 提升传统产业核心竞争力

辽宁省实施百户企业信息化示范工程以来，涌现出沈鼓、大连重工、一汽大柴等一大批企业信息化典型。企业信息化建设提高了企业生产管理水平，提升了企业核心竞争力，改善了企业经济效益，推动全省经济健康、持续、快速发展。如一汽大柴在国内率先采用三维分析工具进行产品设计，提高了产品质量。

3. 工业转型升级见到成效

企业信息技术综合集成利用能力有所增强，研发设计能力和后端营销服务能力有所提升，推动产品从低端向高端过渡，取得一大批核心技术研发成果。两化深度融合在企业清洁生产、节能降耗、安全生产等方面发挥了重要作用。两化深度融合带动了工业设计、现代物流、电子商务、研发服务和管理咨询等领域的生产性服务业快速发展。

4. 两化融合试点工作取得重要成果

沈阳国家级两化融合试验区已建立起政府引导、全社会广泛参与的协同推进机制，形成以 36 个示范企业、5 个市级试验区、百户重点企业为主体，以十百千万工程为重要内容，整体推进、重点突破的发展格局，全市两化融合整体水平得到很大提高，对全省两化融合工作起到了良好的示范与带动作用。[1]

二、两化融合发展水平分析

（一）综合分析

2012 年，辽宁省两化融合发展指数为 68.81。基础环境方面，2011 年基础环境指数为 76.35，2012 年基础环境指数为 78.64，比 2011 年提高 2.29 个点。工业应用方面，2011 年工业应用指数为 52.86，2012 年工业应用指数为 57.16，比 2011 年提高 4.3 个点。应用效益方面，2011 年应用效益指数为 78.05，2012 年应用效益指数为 82.29，比 2011 年提高 4.24 个点。

---

[1] 《辽宁：两化深度融合促进产业升级》，中国电子信息产业网。

表8—1 2011—2012年辽宁省两化融合指数情况

指标	2011年指数	2012年指数	变化情况
基础环境	76.35	78.64	↑ 2.29
工业应用	52.86	57.16	↑ 4.30
应用效益	78.05	82.29	↑ 4.24
发展指数	65.03	68.81	↑ 3.78

数据来源：中国电子信息产业发展研究院。

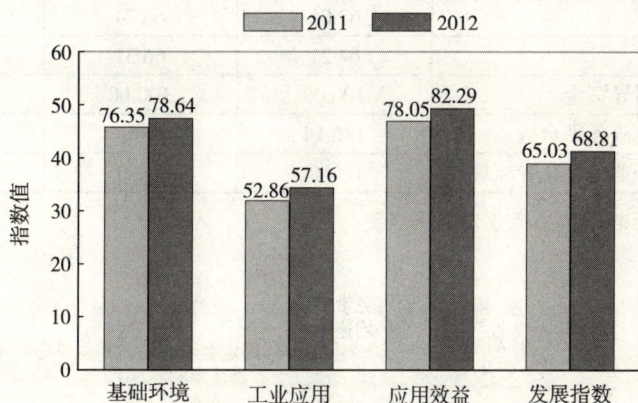

图8—1 2011—2012年辽宁省两化融合指数情况

数据来源：中国电子信息产业发展研究院。

（二）具体分析

1. 基础环境指数

辽宁省两化融合基础环境建设良好。2012年，辽宁省基础环境指数为78.64，其中城（省）域网出口带宽、固定宽带普及率、移动电话普及率、中小企业信息化服务平台数、互联网普及率明显提高，固定宽带端口平均速率有所下降。在信息基础设施建设方面，2012年，辽宁省城（省）域网出口带宽指数为75.32，比2011年提高18.12个点；固定宽带普及率指数为79.25，比2011年提高3.07个点；固定宽带端口平均速率为49.69，比2011年下降3.54个点；移动电话普及率指数为66.74，比2011年提高4.68个点。在互联网应用普及方面，2012年，辽宁省互联网普及率指数为66.31，比2011年提高2.1个点。在两化融合政策环境建设方面，2012年，辽宁省设立了两化融合专项引导资金；中小企业信息化服务平台数指数为 150，比 2011 年提高 3.86 个点；重点行业典型企业信息化专项规划指数为 64.21，比 2011 年提高 0.71 个点。

表 8—2　2011—2012 年辽宁省两化融合基础环境指数情况

指标	2011年指数	2012年指数	变化情况
城（省）域网出口带宽	57.20	75.32	↑18.12
固定宽带普及率	76.18	79.25	↑3.07
固定宽带端口平均速率	53.23	49.69	↓3.54
移动电话普及率	62.06	66.74	↑4.68
互联网普及率	64.21	66.31	↑2.10
两化融合专项引导资金	100.00	100.00	—
中小企业信息化服务平台数	146.14	150	↑3.86
重点行业典型企业信息化专项规划	63.50	64.21	↑0.71

数据来源：中国电子信息产业发展研究院。

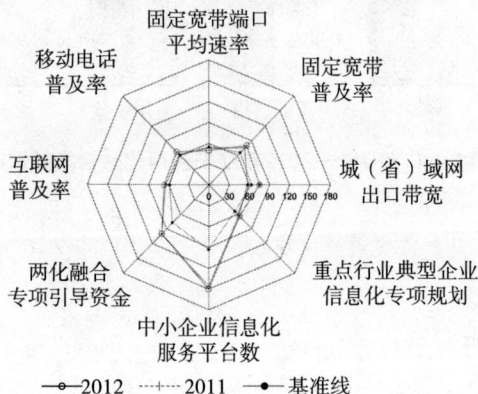

图 8—2　2011—2012年辽宁省两化融合基础环境指数情况

数据来源：中国电子信息产业发展研究院。

2. 工业应用指数

2012 年，辽宁省工业应用指数为 57.16，其中重点行业典型企业销售环节电子商务应用、国家新型工业化产业示范基地两化融合发展水平、重点行业典型企业采购环节电子商务应用比 2011 年显著增长，重点行业典型企业 SCM 普及率、重点行业典型企业 ERP 普及率、重点行业典型企业 MES 普及率有所下降。2012 年，辽宁省重点行业典型企业 ERP 普及率指数为 51.87，比 2011 年下降 3.85 个点。重点行业典型企业 MES 普及率指数为 47.39，比 2011 年下降 3.96 个点。重点行业典型企业 PLM 普及率指数为 52.19，比 2011 年提高 1.74 个点。重点行业典型企业 SCM 普及率指数为 49.41，比 2011 年下降 7.96 个点。重点行业典型企业采购环节电子商务应用普及率指数为 56.69，比 2011 年提高 7.99 个点。重点行业典型企业销售环节电子商务应用普及率指数为 69.77，比 2011 年提高 20.99 个点。重点行业典型企业装备数控化率指数为 42.44，比 2011 年提高 3.79 个点。国家新型工业化产业示范基地两化融合发展水平指数为 85.27，比 2011 年提高 14.13 个点。

表 8—3 2011—2012 年辽宁省两化融合工业应用指数情况

指标	2011年指数	2012年指数	变化情况
重点行业典型企业ERP普及率	55.72	51.87	↓3.85
重点行业典型企业MES普及率	51.35	47.39	↓3.96
重点行业典型企业PLM普及率	50.45	52.19	↑1.74
重点行业典型企业SCM普及率	57.37	49.41	↓7.96
重点行业典型企业采购环节电子商务应用	48.70	56.69	↑7.99
重点行业典型企业销售环节电子商务应用	48.78	69.77	↑20.99
重点行业典型企业装备数控化率	38.65	42.44	↑3.79
国家新型工业化产业示范基地两化融合发展水平	71.14	85.27	↑14.13

数据来源：中国电子信息产业发展研究院。

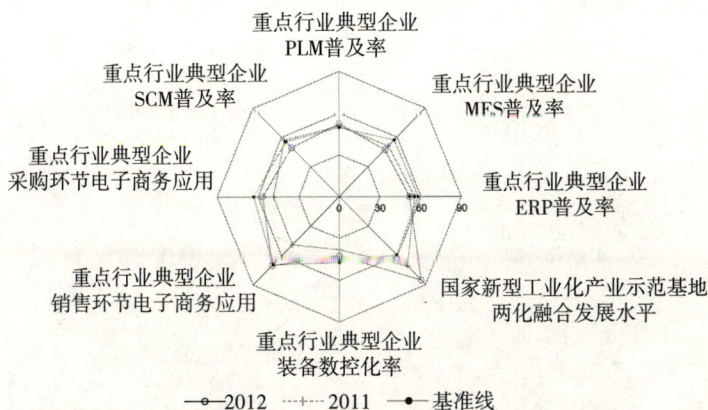

图 8—3 2011—2012年辽宁省两化融合工业应用指数情况

数据来源：中国电子信息产业发展研究院。

3. 应用效益指数

2012 年，辽宁省两化融合应用效益指数达到 82.29，其中软件业务收入、第二产业全员劳动生产率、单位工业增加值工业专利量、电子信息制造业主营业务收入增长较快，工业成本费用利润率、工业增加值占 GDP 比重有所下降。在地区工业生产效益和水平方面，2012 年，工业增加值占 GDP 比重指数为 52.97，比 2011 年下降 1.13 个点；第二产业全员劳动生产率指数为 86.71，比 2011 年提高 8.7 个点；工业成本费用利润率指数为 35.59，比 2011 年下降 4.51 个点；单位工业增加值工业专利量指数为 67.4，比 2011 年提高 3.7 个点。在工业节能减排水平方面，单位地区生产总值能耗指数为 51.62，与 2011 年持平。在信息产业发展水平方面，电子信息制造业主营业务收入指数为 103.69，比 2011 年提高 1.98 个点；软件业务收入指数为 206.91，比 2011 年提高 24.39 个点。

表 8—4   2011—2012 年辽宁省两化融合应用效益指数情况

指标	2011年指数	2012年指数	变化情况
工业增加值占GDP比重	54.10	52.97	↓1.13
第二产业全员劳动生产率	78.01	86.71	↑8.70
工业成本费用利润率	40.10	35.59	↓4.51
单位工业增加值工业专利量	63.70	67.40	↑3.70
单位地区生产总值能耗	51.62	51.62	—
电子信息制造业主营业务收入	101.71	103.69	↑1.98
软件业务收入	182.52	206.91	↑24.39

数据来源：中国电子信息产业发展研究院。

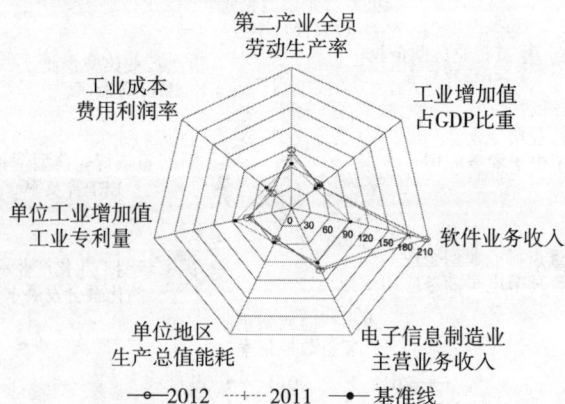

图 8—4   2011—2012年辽宁省两化融合应用效益指数情况

数据来源：中国电子信息产业发展研究院。

三、优劣势评价

辽宁省两化融合发展的优势有：

一是工业基础雄厚，两化融合潜力巨大。辽宁省工业门类比较齐全，拥有基础比较雄厚的工业体系，是中国主要的工业和原材料基地。2012年，辽宁省工业生产继续保持稳定增长，全年工业企业完成增加值11712.7亿元，比上年增长9.7%。辽宁省许多工业产品在中国占有较大比重。发电量、原油、天然气、原煤、机床、冶金设备、矿山设备、变压器、汽车等产量在中国都占有重要地位。石化、冶金、电子信息、机械仍是辽宁省四大支柱产业。

二是信息基础设施比较完善。2012年，辽宁省城（省）域网出口带宽指数为75.32，高于全国平均水平11.90个点；固定宽带普及率指数为79.25，高于全国平均水平13.01个点；移动电话普及率指数为66.74，高于全国平均水平6.29个点。2012年，辽宁省互联网普及率指数为66.31，高于全国平均水平7.62个点。2012年，全省固定电话用户达1285.1万户，移动电话用户达4291.3万户，互联网宽带接入用户达707.9万户，行政村已完全实现互联网宽带业务开通达100%，光缆线路长度449596公里，互联网宽带接入端口1159.5万个，局用交换机容量2107.2万门，移动电话交换机容量6261.5万户。

三是具备较好的两化融合技术知识创新能力。辽宁省现有高校83所，其中软件学院15所。从事科技活动人员24.9万人，其中研究与实验发展(R&D)人员13.5万人，拥有上百家省及中央指数院所，国家及省级工程技术研究中心489个，产业技术创新战略联盟28个。辽宁省是国家知识创新工程先进制造技术的研究与发展基地，是国家软件工程中心等一批国家级先进制造技术研究和工程化的中心，其在产品设计与分析软件和制造过程管控技术、网络化制造等制约企业信息化发展的关键、共性技术技术领域的研究，已达到国际先进和国内领先水平。2012年，辽宁省专利申请41152件，比上年增长10.8%，其中发明专利申请19736件，同比增长34.6%；授权专利21216件，同比增长10.6%，其中授权发明专利3995件，同比增长26.3%。全年有7项成果获国家科技奖，其中自然科学奖1项、科技进步奖6项；有255项成果获省科技进步奖。全年技术市场成交各类技术合同 14676 项；技术合同成交额 230.7 亿元，比上年增长 44.5%。[1]

尽管辽宁省两化融合的发展具有诸多优势，但是同时也应清醒地认识到在发展两化融合过程中存在的不足，主要表现在：

一是产业整体竞争能力不强。从产品结构上看，辽宁省由于长期从事资源开发和成品初级加工，全省工业形成了复杂产品制造与初级产品加工过重、最终产品太少、中间产品过多的局面，产品附加值低，导致经济利益低下。大多数工业产品都是传统产品多，新型产品、高技术产品少，市场竞争力差。新兴装备制造产业化的进程缓慢，部分曾处于全国领先地位的装备制造产品由于技术进步速度慢，优势正在减弱，市场竞争能力衰退，经济效益滑坡。

二是企业信息化水平不高。辽宁省作为工业大省，却没有与之匹配的装备数控化水平，工业装备老化、陈旧。2012 年，辽宁省重点行业典型企业装备数控化率为 35.57%，全国平均重点行业典型企业装备数控化率为 42.90%，在全国排名第 21 位，处于中游水平。重点行业典型企业 ERP 普及率、重点行业典型企业 MES 普及率、重点行业典型企业 SCM 普及率也不够高，在全国的排名分别是第 22 位、第 20 位和第 24 位，信息技术对工业支撑不足，与业务结合不紧密，关键业务系统间的集成应用、业务协同没有有效开展。

四、相关建议

对辽宁省两化融合提出以下建议：

一是优化升级传统产业。推动两化深度融合，加快利用信息技术改造提升传统产业步伐，坚持走新型工业化道路。推进产业集群两化融合，促进产业转型升级，提高产业创新发展能力，实现传统产业质的提升。要深化信息技术集成应用，推动制造模式向数字化、智能化、网络化和服务化转变。提高工业产品信息技术含量和附加值。加快高耗能行业生产设备信息化改造，建立能源资源信息技术支持体系，提高能源资源利用效率和环保综合效益。

二是培育壮大新兴产业。推动两化深度融合，培育壮大以电子信息产业为代表的新兴产业。围绕物联网、云计算、下一代互联网等新技术应用，发展壮大互

---

[1] 辽宁省统计局：《二〇一二年辽宁省国民经济和社会发展统计公报》，2013年2月。

联网产业；大力发展 RFID、新型传感器及模块等关键器件，发展信息技术与先进制造集成技术；以研发设计类工业软件和嵌入式软件为突破口，努力在机床电子、医疗电子、汽车电子、金融电子、石油化工检测电子、信息家电及智能仪器仪表等领域的关键技术上实现重要突破，为两化融合提供支撑。

三是利用信息技术促进节能减排。促进信息技术在东北特钢集团、抚顺铝业公司、辽宁华锦化工集团等高耗能企业的广泛应用，促进节能降耗和减污减排。建议以高耗能企业作为试点，推进生产设备的数字化和智能化，改造传统工艺和生产流程，提高能源综合利用、污染源（物）监控和清洁生产的水平。完善信息化监测系统，对高耗能高污染企业进行能耗和污染排放实时监控，增强企业持续发展能力，促进绿色环保产业发展壮大。建立辽宁省节能预测预警智能监控系统，对各级政府和重点用能企业进行用能监控，有效控制地区能源消耗总量，促进节能减排。

四是鼓励物联网相关技术研发，加快物联网应用模式创新和产业化。以装备、汽车、客机制造、石化、医药、食品、金融等行业为重点，通过龙头企业应用示范，推进物联网技术在物料全生命周期管理、大型设备远程监控与维护、生产过程智能管理与控制、危化品管理和环境监测、智能电网、现金流通管理及金融智能物流运营等领域的应用。以大连港、营口港等主要港口及保税物流园区为重点，推广物联网技术在港口和园区的应用。推进物联网技术在港口货物运输、码头作业、堆场作业、物流装备作业等活动中的应用。推进物联网技术在各产业园区的楼宇管理、安全监管、公共设施监控、园区一卡通等领域中的应用。

第九章 吉林省两化融合发展水平分析

一、总体情况

（一）经济概况

2012 年，吉林省实现地区生产总值 11937.82 亿元，比上年增长 12.0%。其中，第一产业实现增加值 1412.11 亿元，同比增长 5.3%；第二产业实现增加值 6374.45 亿元，同比增长 14.0%；第三产业实现增加值 4151.26 亿元，同比增长 11.0%。按常住人口计算，当年全省人均 GDP 达到 43412 元，同比增长 11.9%。三次产业的结构比例为 11.8:53.4:34.8，对经济增长的贡献率分别为 4.9%、62.9% 和 32.2%。全省民营经济实现增加值 6064.4 亿元，占全省地区生产总值的比重为 50.8%；民营经济实现主营业务收入 23012.2 亿元，同比增长 22.0%。规模以上工业企业万元增加值综合能源消耗降低 12.2%。2012 年，吉林省工业实现增加值 5582.48 亿元，比上年增长 14.1%，其中，规模以上工业增加值 5477.29 亿元，比上年增长 14.1%。在规模以上工业中，轻工业实现增加值 1562.46 亿元，同比增长 16.2%；重工业实现增加值 3914.83 亿元，同比增长 13.3%。

（二）两化融合主要进展

吉林省紧紧围绕老工业基地振兴和富民强省目标，统筹推进新型工业化和新型城镇化互动发展，实施投资拉动、项目带动、创新驱动战略，为促进吉林省经济发展方式转变发挥了重要作用。

1. 完善两化融合的政策环境

吉林省信息化法制建设逐步完善，先后出台了《关于推进企业信息化改造和提升传统产业意见》《吉林省信息化促进条例》《吉林省工业产业跃升计划》《吉林省推进两化融合深度融合的实施意见》等文件，为促进两化融合提供了重要的政策支持。2012年以来，吉林省里每年拿出3000万元专项资金用于支持引导两化融合重点项目建设。2012年，工信部与吉林省政府签署《加快吉林工业和信息化发展战略合作协议》，对加快两化融合促进吉林老工业基地振兴发展作出部署。全面实施长吉图开发开放发展战略，吉林省里对长吉图地区两化融合重点项目建设作出专题安排，促进了重点区域两化融合深入发展。

2. 推动省级两化融合试验区建设

2012年以来，吉林省规划和认定了长春、吉林、通化、延边四个省级两化深度融合试验区。长春市两化融合试验区重点围绕长春汽车产业园区的整车企业和新规上零部件制造企业，推广产品研发设计与产品数据管理（PDM）、企业资源计划管理（ERP）、供应链管理（SCM）、质量控制与管理、柔性制造、敏捷制造等应用系统和先进制造技术。围绕吉林化工循环经济示范园区规上企业，推进企业建立工艺流程与化工行业自动控制系统、生产集中调度系统、安全监控系统和环境监控系统，提高协同管理和数字化控制水平。围绕通化市大型医药骨干企业，推广制药生产流程自动化控制、自动检测和在线质量分析监控系统；推广企业资源计划、产品数据管理和客户关系管理信息系统；促进电子商务在企业营销管理和药店连锁经营中的应用。通过信息化推进试验区产业转型升级，这两年已做了些基础性工作，下一步仍将是吉林省两化融合的重点领域和区域。

3. 实施重点企业两化融合示范工程

以汽车、石化、医药、食品等龙头企业为重点，吉林省每年滚动实施100个重点两化融合项目，推进一批两化融合重点试点示范项目，在企业产品设计、生产过程控制、节能减排和企业管理全过程加强信息技术应用，提高传统工业企业市场竞争力。目前全省重点企业信息技术应用普及率不断提高，计算机辅助设计（CAD）技术在95%规模以上企业中推广，生产过程控制技术在80%规模以上的化工、建材、冶金等流程型企业得到应用，有近60%规模以上企业或部分实施了企业资源计划系统（ERP）。一些重点企业信息化取得较好示范效应，长客集团建立的ERP系统实现了设计、生产和管理的协同运作，CAD达到国内领先水平；

一汽、吉化建立了产供销、人财物等综合信息管理系统；通钢、亚泰水泥等在生产过程自动化和物流信息化基础上，实现了物流、资金流、信息流的有机整合；吉林化纤、延边敖东等建立了集团化管理信息系统，实现了管控一体化、管理现代化和决策科学化。

4. 加快中小企业公共信息服务平台建设

目前，"商务领航"企业信息化平台已为万户企业提供应用服务；启明物流信息平台为13万余台物流车辆提供 GPS 导航服务；吉林省电子认证服务平台为10万余户企业提供网上纳税、工商年检等服务；吉林省工信厅与阿里巴巴集团合作推进中小企业电子商务，引导1214户企业利用电子商务平台开展产品营销及服务；吉林省汽车及零配件仿真设计平台、中小企业信用担保平台、电子信息产品检测平台等项目也取得阶段性进展。

二、两化融合发展水平分析

（一）综合分析

2011 年，吉林省两化融合发展水平评估的采样样本为 80 家规模以上大型企业，2012 年的采样样本增加了 120 家中小企业，由于吉林省的中小企业两化融合程度过低，严重拉低了吉林省的整体指数。2012 年，吉林省两化融合发展指数为 54.79，其中基础环境指数明显提高。基础环境方面，2011 年基础环境指数为 61.47，2012 年基础环境指数为 69.02，比 2011 年提高 7.55 个点。工业应用方面，2011 年工业应用指数为 56.68，2012 年工业应用指数为 47.85，比 2011 年下降 8.83 个点。应用效益方面，2011 年应用效益指数为 53.06，2012 年应用效益指数为 54.45，比 2011 年提高 1.39 个点。

表 9—1　2011—2012 年吉林省两化融合指数情况

指标	2011年指数	2012年指数	变化情况
基础环境	61.47	69.02	↑7.55
工业应用	56.68	47.85	↓8.83
应用效益	53.06	54.45	↑1.39
发展指数	56.97	54.79	↓2.18

数据来源：中国电子信息产业发展研究院。

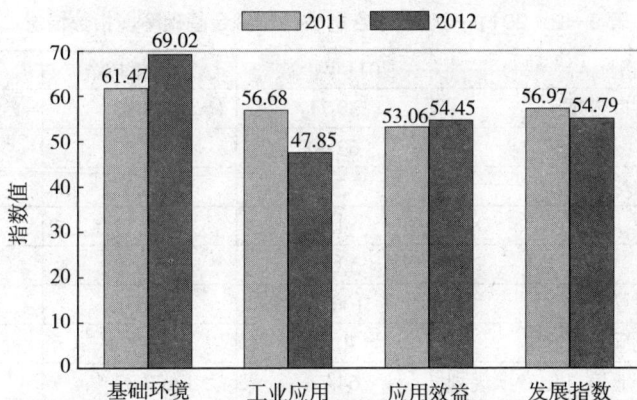

图 9—1　2011—2012年吉林省两化融合指数情况

数据来源：中国电子信息产业发展研究院。

（二）具体分析

1. 基础环境指数

吉林省两化融合基础环境建设良好。2012 年，吉林省基础环境指数为 69.02，其中中小企业信息化服务平台数、城（省）域网出口带宽、固定宽带普及率、移动电话普及率、互联网普及率比 2011 年明显提高，重点行业典型企业信息化专项规划有所下降。在信息基础设施建设方面，2012 年，吉林省城（省）域网出口带宽指数为 49.32，比 2011 年提高 9.61 个点；固定宽带普及率指数为 69.62，比 2011 年提高 7.22 个点；固定宽带端口平均速率为 53.23，比 2011 年下降 0.22 个点；移动电话普及率指数为 59.35，比 2011 年提高 4.63 个点。在互联网应用普及方面，2012 年，吉林省互联网普及率指数为 55.52，比 2011 年提高 3.49 个点。在两化融合政策环境建设方面，2012 年，吉林省设立了两化融合专项引导资金；中小企业信息化服务平台数指数为 137.74，比 2011 年提高 66.99 个点；重点行业典型企业信息化专项规划指数为 37.32，比 2011 年下降 27.45 个点。

表9—2　2011—2012年吉林省两化融合基础环境指数情况

指标	2011年指数	2012年指数	变化情况
城（省）域网出口带宽	39.71	49.32	↑9.61
固定宽带普及率	62.40	69.62	↑7.22
固定宽带端口平均速率	53.45	53.23	↓0.22
移动电话普及率	54.72	59.35	↑4.63
互联网普及率	52.03	55.52	↑3.49
两化融合专项引导资金	100.00	100.00	—
中小企业信息化服务平台数	70.75	137.74	↑66.99
重点行业典型企业信息化专项规划	64.77	37.32	↓27.45

数据来源：中国电子信息产业发展研究院。

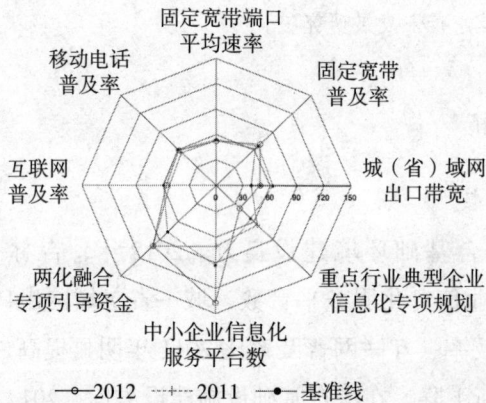

图9—2　2011—2012年吉林省两化融合基础环境指数情况

数据来源：中国电子信息产业发展研究院。

2. 工业应用指数

2012年，吉林省工业应用指数为47.85，其中重点行业典型企业装备数控化率比2011年有所提高，重点行业典型企业销售环节电子商务应用有所下降。2012年，吉林省重点行业典型企业ERP普及率指数为54.57，比2011年提高下降9.53个点。重点行业典型企业MES普及率指数为55.56，比2011年下降9.98个点。重点行业典型企业PLM普及率指数为43.52，与2011年下降16.56个点。重点行业典型企业SCM普及率指数为54.41，比2011年下降3.91个点。重点行业典型企业采购环节电子商务应用普及率指数为55.71，比2011年下降9.36个点。重点行业典型企业销售环节电子商务应用普及率指数为53.2，比2011年下降 26.14 个点。重点行业典型企业装备数控化率指数为 29.45，比 2011 年提高 1.21 个点。国家新型工业化产业示范基地两化融合发展水平指数为 40.65，比 2011 年提高 0.41 个点。

表 9—3　2011—2012 年吉林省两化融合工业应用指数情况

指标	2011年指数	2012年指数	变化情况
重点行业典型企业ERP普及率	64.10	54.57	↓9.53
重点行业典型企业MES普及率	65.54	55.56	↓9.98
重点行业典型企业PLM普及率	60.08	43.52	↓16.56
重点行业典型企业SCM普及率	58.32	54.41	↓3.91
重点行业典型企业采购环节电子商务应用	65.07	55.71	↓9.36
重点行业典型企业销售环节电子商务应用	79.34	53.20	↓26.14
重点行业典型企业装备数控化率	28.24	29.45	↑1.21
国家新型工业化产业示范基地两化融合发展水平	40.24	40.65	↑0.41

数据来源：中国电子信息产业发展研究院。

图 9—3　2011—2012年吉林省两化融合工业应用指数情况

数据来源：中国电子信息产业发展研究院。

3. 应用效益指数

2012 年，吉林省两化融合应用效益指数达到 54.45，其中软件业务收入、第二产业全员劳动生产率增长较快，工业成本费用利润率有所下降。在地区工业生产效益和水平方面，2012 年，工业增加值占 GDP 比重指数为 52.67，比 2011 年提高 0.13 个点；第二产业全员劳动生产率指数为 89.84，比 2011 年提高 7.55 个点；工业成本费用利润率指数为 40.88，比 2011 年下降 4.34 个点；单位工业增加值工业专利量指数为 38.66，比 2011 年下降 1.52 个点。在工业节能减排水平方面，单位地区生产总值能耗指数为 58.5，与 2011 年持平。在信息产业发展水平方面，电子信息制造业主营业务收入指数为 16.67，比 2011 年下降 0.27 个点；软件业务收入指数为 82.52，比 2011 年提高 9.42 个点。

表 9—4　2011—2012 年吉林省两化融合应用效益指数情况

指标	2011年指数	2012年指数	变化情况
工业增加值占GDP比重	52.54	52.67	↑0.13
第二产业全员劳动生产率	82.29	89.84	↑7.55
工业成本费用利润率	45.22	40.88	↓4.34
单位工业增加值工业专利量	40.18	38.66	↓1.52
单位地区生产总值能耗	58.50	58.50	—
电子信息制造业主营业务收入	16.94	16.67	↓0.27
软件业务收入	73.10	82.52	↑9.42

数据来源：中国电子信息产业发展研究院。

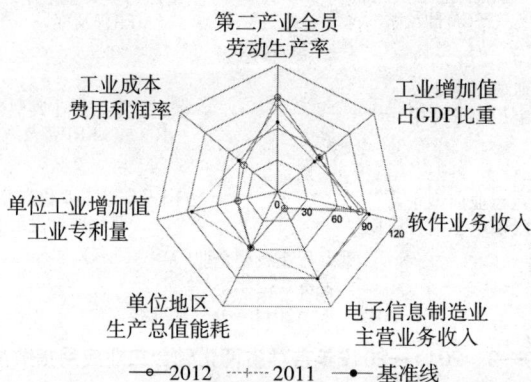

图9—4　2011—2012年吉林省两化融合应用效益指数情况

数据来源：中国电子信息产业发展研究院。

三、优劣势评价

吉林省两化融合发展的优势有：

一是独特的地域优势。东北第二条亚欧大陆桥东起珲春，经长春、乌兰浩特直抵阿尔山的东北第二条亚欧大陆桥，是真正意义上通疆连海的国际陆上大通道，并将逐步形成东北各省乃至整个东北亚各国之间资源互补、互利共赢的地缘关系新格局。长吉图开发开放先导区规划和辽宁沿海经济带等规划被纳入国家总体战略后，东北地区的开放程度将进一步提高，进而带动吉林省在更大范围、更广领域、更高层次上参与国际产业分工与合作，为两化融合发展带来难得的机遇。

二是中小企业互联网平台建设较好。为了帮扶中小企业，吉林省先后建立了吉林省中小企业技术创新服务平台、吉林省中小企业公共服务平台、吉林省中小企业汽车零部件公共服务平台、吉林省中小企业融资担保平台、吉林省中小企业网络信息平台、长春市中小企业综合服务平台等，为中小企业开展两化融合起到了很好的扶持作用。2012年，吉林省中小企业信息化服务平台指数为137.74，比全国平均水平（指数为93.56）高44.18个点，全国排名第八位，领先大部分省份。目前，"商务领航"企业信息化平台已为万户企业提供应用服务，启明物流信息平台为13万余台物流车辆提供GPS导航服务，省电子认证服务平台为10万余户企业提供网上纳税、工商年检等服务，吉林省工信厅与阿里巴巴集团合作推进中小企业电子商务，引导1214户企业利用电子商务平台开展产品营销及服务。

三是工业基础雄厚。吉林省是我国计划经济时期重要的老工业基地，曾被称作"共和国的装备部"，集中了一大批重点骨干企业及配套企业。装备制造业是吉林的传统优势产业，其成套装备产品研发、制造能力居国内领先水平。2012年，在地区工业生产效益和水平方面，吉林省工业增加值占GDP比重指数为52.67，比全国平均水平（指数为46.88）高5.79个点，全国排名第9位，处于上游水平；第二产业全员劳动生产率指数为89.84，比全国平均水平（指数为66.21）高23.63个点，排名第4位，全国领先。

同时，吉林省要进一步推进两化深度融合，推动产业转型升级，提高工业发展水平和质量，还必须着力解决以下劣势：

一是中小企业的两化融合水平过低。2011年，吉林省两化融合发展水平评估的采样样本为80家规模以上大型企业，2012年的采样样本增加了120家中小企业，由于吉林省的中小企业两化融合程度过低，严重拉低了吉林省的整体指数，导致 2012 年吉林省的两化融合发展指数（54.79）比 2011 年（56.97）降低了 2.18 个点。吉林省两化融合两极分化比较突出。实际上，吉林省龙头企业，比如长客集团、一汽集团、吉化集团、通钢集团、亚泰水泥、吉林化纤、延边敖东等，其两化融合水平非常高，在全国亦名列前茅。但是吉林省中小企业的两化融合水平却非常低，实力弱小，数量众多，其资金有限，信息化人才匮乏，两化融合意识薄弱，凭自身实力很难开展深入的信息技术应用，亟需政府扶持和引导，帮助其建立网络支撑下的业务和管理体系，提升软硬件和应用能力，迈入高效、灵活的发展轨道。

二是工业企业设备老旧。吉林省作为工业大省，却没有与之匹配的装备数控化水平，工业设备过于老化、陈旧。重点行业典型企业装备数控化率指数为 29.45，比全国平均水平（指数为 47.20）低 17.75 个点，全国排名第 29 位，较为落后。重点行业典型企业 PLM 普及率指数为 43.52，比全国平均水平（指数为 49.50）低 5.98 个点，在全国排名第 25 位，信息技术对工业支撑不足，与业务结合不紧密，关键业务系统间的集成应用、业务协同没有普遍开展。

四、相关建议

对吉林省两化融合提出以下建议：

一是推进两化深度融合试验区建设。围绕长吉图城市群的主导产业和产业园区，重点推进长春、吉林、延边、通化市等省级两化融合试验区建设，推动长春汽车产业园区、轨道客车产业园区、吉林化工示范园区、通化医药产业园区等重点企业信息化应用，在装备制造、绿色制造、安全生产、食品追溯、制造业数字化、服务化转型等方面，开展两化深度融合试点示范，培育一批信息技术集成应用、引领行业发展的骨干企业，加快精益制造、全生命周期管理、协同设计、供应链协同等管理模式创新发展，提高支柱优势产业信息技术应用水平，引领和带动区域产业发展。

二是建设重点行业信息技术公共平台。依托工业产业园区、特色园区、行业龙头企业，推动建设区域和行业计算机辅助设计、辅助制造、辅助工程、辅助工艺、产品数据管理(CAD/CAW/CAE/CAPP/PDM)和数字仿真等公共设计制造服务平台；引导大型企业建设面向行业和产业链的信息技术服务平台，推进行业专业化信息技术服务；大力发展汽车电子、光电子、轨道交通电子、医疗电子、电力电子等应用电子产品开发；推动电子商务、现代物流等生产性信息技术服务平台建设，培育面向工业制造的信息技术服务市场，促进制造业和服务业融合发展。

三是推广普及中小企业信息化应用。围绕发展中小企业和民营经济，针对中小企业创新能力弱、管理水平低、资金不足、市场开拓难等困难，建设中小企业公共信息服务平台，提供企业财务管理、供应链管理、生产管理、人力资源、分销零售、成本管理、决策支持等服务，开展中小企业信息化咨询、规划、培训和技术服务，增强企业产品创新、质量控制、节能减排、市场响应和拓展等方面的能力。加快中小企业电子商务应用，通过信息网络宣传推介吉林省中小企业，拓展中小企业产品市场与服务。

四是大力发展物联网产业与应用服务。充分发挥吉林省物联网产业发展基础，统筹规划，突出重点，推动培育新型 RFID、传感器、网络通信、云计算、云安全、高端集成等物联网产业加快发展。突出抓好物联网示范应用，重点推动一汽集团汽车物联网平台和车载信息终端开发应用，开展汽车诊断、车载导航、物流管理、智能交通等服务，实现规模化运营；推动食品行业物联网应用，建设食品安全监管平台，依托龙头企业开展食品物联网试点应用，逐步实现肉类、食用油、乳品、酒类、矿泉水等食品安全溯源应用。推进物联网在石化、矿山、物流、安全生产，以及城市医疗、交通、安防、环保等领域应用。

五是促进新型电子商务应用。促进电子商务与先进制造业、现代服务业、现代农业的融合发展，推动长吉地区汽车及零部件产品、石化产品、玉米等大宗农产品交易、特色产业产品交易等电子商务应用，支持龙头企业和第三方电子商务平台建设，发展集交易、电子认证、在线支付、物流配送于一体的全程电子商务服务，完善政策、监管、服务运行环境，培育一批交易规模人、实力强、影响面广的电子商务龙头企业，推进电子商务服务企业集聚发展，努力打造长吉地区成为东北电子商务中心城市。

第十章 黑龙江省两化融合发展水平分析

一、总体情况

（一）经济概况

2012年，黑龙江省实现地区生产总值（GDP）13691.6亿元，按可比价格计算比上年增长10.0%。其中，第一产业增加值2113.7亿元，同比增长6.5%；第二产业增加值6456.4亿元，同比增长10.2%；第三产业增加值5121.4亿元，同比增长10.7%。三次产业结构比重为15.4∶47.2∶37.4，第一、二、三产业对GDP增长的贡献率分别为7.8%、51.9%和40.3%。人均地区生产总值实现35711元，比上年增长9.9%。从行业分类看，批发和零售业同比增长11.0%，金融业同比增长20.7%，房地产业同比增长9.1%。2012年，黑龙江省工业企业实现增加值5659.3亿元，比上年增长10.4%，增加值占地区生产总值的41.3%，贡献率为47.1%。

（二）两化融合主要进展

黑龙江省委、省政府结合建设"八大经济区"、实施"十大工程"、全省工业项目建设三年攻坚战、"七位一体"弱县帮扶措施等重点工作，深入实施老工业基地振兴战略，大力推进两化融合深入发展，全省在经济发展方式转变、工业转型升级等方面取得了明显进展。

1. 加快信息网络基础设施建设，提升两化深度融合信息化支撑能力

黑龙江省以"建光网、提速度、促普及、扩应用、降资费、惠民生"为总体目标，以3G网络和光纤宽带网为重点，加快实施网络基础设施建设。城区（含县城）宽带覆盖率达98%以上，其中光纤覆盖楼宇约5万余栋，覆盖率达70%

以上，全省商用楼宇宽带覆盖率达100%，速率在2M以上的互联网宽带接入用户占97.3%，其中8M以上的用户占23.4%，4M以上固定接入宽带速率用户占71%，在全国居第八位。全省主要铁路客运站、机场、校园、大型商服均敷设了无线网络。

2. 大中型企业积极采取信息化手段进行生产管理，优化控制过程，两化融合的应用效果明显

黑龙江省大型装备制造业企业信息化建设已呈系统化和全面化发展态势，石化、机械、食品等行业企业信息化建设普及速度和应用水平大幅提高，大型企业的生产自动化水平逐步提高，重点项目工程顺利实施。涌现了大庆油田、龙煤集团、哈药集团、哈飞集团、哈电机集团等一批国家级企业信息化典型。目前哈电站集团、哈炼油等企业先后获国家级两化融合示范企业、国家首批两化融合促进节能减排试点示范企业；大庆油田通过建立勘探开发技术数据管理系统、油水井数据管理系统、数字盆地系统、知识系统、ERP系统等，将油田的主营业务与信息系统紧密结合，提升了油田勘探开发综合研究、生产运营的水平，改变了传统模式。飞鹤乳业将ERP、CRM、OA、产品可追溯系统、奶源信息系统进行整合，将所有核心业务通过网络进行数字化管理，提高信息处理的效率和准确性，解决企业产业链长、地域广带来的问题，推动企业的快速发展。

3. 两化融合工作围绕工业转型升级，推进信息技术在工业各领域的广泛应用以及生产各环节的综合集成，形成全行业覆盖、全流程渗透、全方位推进的格局

黑龙江省积极扶持重点行业在生产制造、研发设计等领域的两化融合，通过信息技术与产品设计、制造过程的融合，推进国有大中型制造业企业实现产品设计、生产过程信息化。目前齐重数控集团、齐齐哈尔二机床、中国一重等大型企业将信息技术应用于产品设计和制造过程，改变了企业传统的产品设计模式，形成数字化产品设计模式，生产自动化、信息网络化、过程模拟化、装置数字化、控制智能化。

4. 依靠信息技术与新型工业化相融合，开展产品创新和技术研发，提高企业的综合竞争能力

哈电集团每年投入4000余万元运用信息技术进行重点科研攻关和技术创新、新产品开发，取得了一大批具有国内领先国际先进的科研成果。建立了发电设备

网络化协同设计制造集成平台，实现与 GE、ABB、阿尔斯通、日立等国外企业协同设计，同时完成了国内协同和集团内的协同。[1]

二、两化融合发展水平分析

（一）综合分析

2012 年，黑龙江省两化融合发展指数为 64，其中基础环境指数明显提高。基础环境方面，2011 年基础环境指数为 63.28，2012 年基础环境指数为 70.81，比 2011 年提高 7.53 个点。工业应用方面，2011 年工业应用指数为 66.92，2012 年工业应用指数为 66.68，比 2011 年下降 0.24 个点。应用效益方面，2011 年应用效益指数为 50.14，2012 年应用效益指数为 51.85，比 2011 年提高 1.71 个点。

表 10—1　2011—2012 年黑龙江省两化融合发展指数情况

指标	2011年指数	2012年指数	变化情况
基础环境	63.28	70.81	↑7.53
工业应用	66.92	66.68	↓0.24
应用效益	50.14	51.85	↑1.71
发展指数	61.81	64.00	↑2.19

数据来源：中国电子信息产业发展研究院。

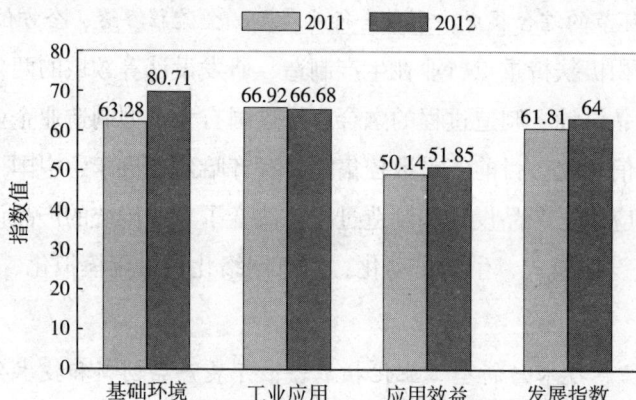

图 10—1　2011—2012年黑龙江省两化融合发展指数情况

数据来源：中国电子信息产业发展研究院。

---

[1] 中国经济和信息化：《黑龙江工信委刘爱丽：两化融合传统工业的助推器》，2012年8月。

（二）具体分析

1. 基础环境指数

黑龙江省两化融合基础环境建设良好。2012 年，黑龙江省基础环境指数为70.81，其中中小企业信息化服务平台数、固定宽带普及率、固定宽带端口平均速率、互联网普及率、移动电话普及率、重点行业典型企业信息化专项规划明显提高，城（省）域网出口带宽有所下降。在信息基础设施建设方面，2012 年，黑龙江省城（省）域网出口带宽指数为 58.15，比 2011 年下降 0.78 个点；固定宽带普及率指数为 62.4，比 2011 年提高 3.9 个点；固定宽带端口平均速率为 60.5，比 2011 年提高 1.95 个点；移动电话普及率指数为 52.86，比 2011 年提高 4.16 个点。在互联网应用普及方面，2012 年，黑龙江省互联网普及率指数为 51.5，比 2011年提高 3.48 个点。在两化融合政策环境建设方面，2012 年，黑龙江省设立了两化融合专项引导资金；中小企业信息化服务平台数指数为 132.19，比 2011 年提高 41.82 个点；重点行业典型企业信息化专项规划指数为 68.84，比 2011 年提高 3.18个点。

表 10—2　2011—2012 年黑龙江省两化融合基础环境指数情况

指标	2011年指数	2012年指数	变化情况
城（省）域网出口带宽	58.93	58.15	↓0.78
固定宽带普及率	58.50	62.40	↑3.90
固定宽带端口平均速率	58.55	60.50	↑1.95
移动电话普及率	48.70	52.86	↑4.16
互联网普及率	48.02	51.50	↑3.48
两化融合专项引导资金	100.00	100.00	—
中小企业信息化服务平台数	90.37	132.19	↑41.82
重点行业典型企业信息化专项规划	65.66	68.84	↑3.18

数据来源：中国电子信息产业发展研究院。

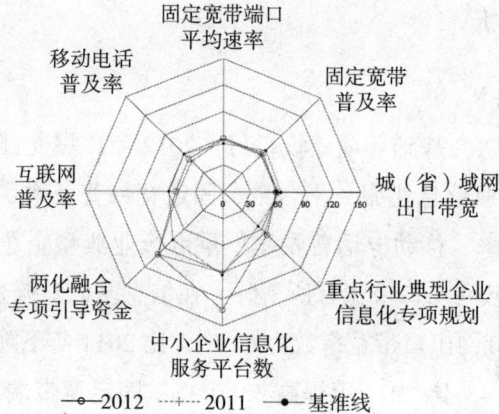

固定宽带端口平均速率

固定宽带普及率

移动电话普及率

互联网普及率

城（省）域网出口带宽

两化融合专项引导资金

重点行业典型企业信息化专项规划

中小企业信息化服务平台数

—○—2012 ┈┼┈2011 —●—基准线

图 10—2 2011—2012年黑龙江省两化融合基础环境指数情况

数据来源：中国电子信息产业发展研究院。

2. 工业应用指数

2012 年，黑龙江省工业应用指数为 66.68，其中重点行业典型企业 ERP 普及率、重点行业典型企业 SCM 普及率、重点行业典型企业采购环节电子商务应用、重点行业典型企业销售环节电子商务应用、国家新型工业化产业示范基地两化融合发展水平比 2011 年显著增长，重点行业典型企业装备数控化率有所下降。2012 年，黑龙江省重点行业典型企业 ERP 普及率指数为 68.37，比 2011 年提高 10.61 个点。重点行业典型企业 MES 普及率指数为 65.18，比 2011 年下降 9.66 个点。重点行业典型企业 PLM 普及率指数为 35.88，与 2011 年下降 11.67 个点。重点行业典型企业 SCM 普及率指数为 66.33，比 2011 年提高 5.21 个点。重点行业典型企业采购环节电子商务应用普及率指数为 93.14，比 2011 年提高 9.31 个点。重点行业典型企业销售环节电子商务应用普及率指数为 101.98，比 2011 年提高 12.01 个点。重点行业典型企业装备数控化率指数为 43.15，比 2011 年下降 25.78 个点。国家新型工业化产业示范基地两化融合发展水平指数为 63.81，比 2011 年提高 10.53 个点。

表 10—3 2011—2012 年黑龙江省两化融合工业应用指数情况

指标	2011年指数	2012年指数	变化情况
重点行业典型企业ERP普及率	57.76	68.37	↑10.61
重点行业典型企业MES普及率	74.84	65.18	↓9.66
重点行业典型企业PLM普及率	47.55	35.88	↓11.67
重点行业典型企业SCM普及率	61.12	66.33	↑5.21

（续表）

指标	2011年指数	2012年指数	变化情况
重点行业典型企业采购环节电子商务应用	83.83	93.14	↑9.31
重点行业典型企业销售环节电子商务应用	89.97	101.98	↑12.01
重点行业典型企业装备数控化率	68.93	43.15	↓25.78
国家新型工业化产业示范基地两化融合发展水平	53.28	63.81	↑10.53

数据来源：中国电子信息产业发展研究院。

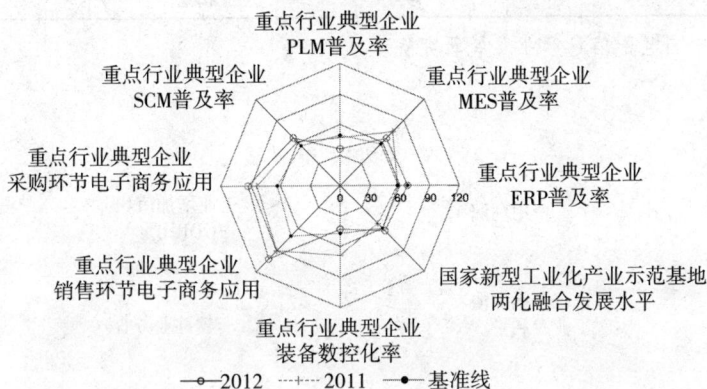

图10—3　2011—2012年黑龙江省两化融合工业应用指数情况

数据来源：中国电子信息产业发展研究院。

3. 应用效益指数

2012 年，黑龙江省两化融合应用效益指数达到 51.85，其中电子信息制造业主营业务收入、软件业务收入、第二产业全员劳动生产率、单位工业增加值工业专利量增长较快，工业成本费用利润率有所下降。在地区工业生产效益和水平方面，2012 年，工业增加值占 GDP 比重指数为 48.19，比 2011 年下降 2.77 个点；第二产业全员劳动生产率指数为 75.57，比 2011 年提高 7.32 个点；工业成本费用利润率指数为 64.89，比 2011 年下降 8.81 个点；单位工业增加值工业专利量指数为 56.28，比 2011 年提高 9.64 个点。在工业节能减排水平方面，单位地区生产总值能耗指数为 53.72，与 2011 年持平。在信息产业发展水平方面，电子信息制造业主营业务收入指数为 7.56，比 2011 年提高 2.3 个点；软件业务收入指数为 44.21，比 2011 年提高 4.78 个点。

表 10—4 2011—2012 年黑龙江省两化融合应用效益指数情况

指标	2011年指数	2012年指数	变化情况
工业增加值占GDP比重	50.96	48.19	↓2.77
第二产业全员劳动生产率	68.25	75.57	↑7.32
工业成本费用利润率	73.70	64.89	↓8.81
单位工业增加值工业专利量	46.64	56.28	↑9.64
单位地区生产总值能耗	53.72	53.72	—
电子信息制造业主营业务收入	5.26	7.56	↑2.30
软件业务收入	39.43	44.21	↑4.78

数据来源：中国电子信息产业发展研究院。

图 10—4 2011—2012年黑龙江省两化融合应用效益指数情况

数据来源：中国电子信息产业发展研究院。

三、优劣势评价

黑龙江省两化融合发展的优势有：

一是地理区位优势明显，有利于开展两化融合交流合作。黑龙江省地处东北亚腹地，与俄罗斯有近 3000 公里的边境线，与西伯利亚大铁路相接，有 25 个国家一类口岸，是连接欧亚国际的"大通道"，也是我国参与东北亚经济合作的重要枢纽。在世界经济结构调整和国际产业转移中，优越的区位优势，有利于吸引发达国家尤其是日本、韩国的资金和技术，加强与俄、日、韩等国在电子信息领域开展技术交流、产业合作和经贸往来，构筑对外开放的新格局。

二是工业产业门类齐全，具有较好的两化融合基础。随着工业化进程的逐步深入，黑龙江省逐渐形成了以装备、石化、能源、食品、医药、电子、冶金、建材、轻工等为主体、较为完整的产业体系，累计提供了约占全国 2/5 的原油、1/3 的电站成套设备、1/3 强的木材、1/10 的原煤。2012 年，黑龙江省工业企业实现增加值 5659.3 亿元，比 2011 年增长 10.4%，全年规模以上工业实现利税 2497.0 亿元，装备、石化、能源、食品四大主导产业实现产值 10429.8 亿元，比上年增长12.7%。第二产业全员劳动生产率指数为 75.57，比全国平均水平（指数为 66.21）高 9.36 个点，全国排名第 7 位，较为领先。

三是工业企业电子商务应用全国领先。2012 年，黑龙江省重点行业典型企业采购环节电子商务应用普及率指数为 93.14，高于全国平均水平（指数为63.05）30.09 个点，全国排名第 4 位，远远高于全国大部分省份。重点行业典型企业销售环节电子商务应用普及率指数为 101.98，高于全国平均水平（指数为69.61）32.37 个点，排名全国第 3 位。

四是经营管理环节的信息化应用程度高。2012 年，黑龙江省重点行业典型企业 ERP 普及率指数为 68.37，高于全国平均水平（指数为 58.13）10.24 个点，全国排名第 8 位，处于全国中上游。重点行业典型企业 SCM 普及率指数为66.33，高于全国平均水平（指数为 55.63）10.70 个点，排名全国第 6 位，处于全国中上游。

同时，黑龙江省两化融合也存在一些劣势：

一是与经营管理环节的信息化水平相比，生产制造环节的信息化程度不高。信息技术仍然集中在经营管理环节，没有向生产制造、过程控制等系统集成应用方向延伸。重点行业典型企业 PLM 普及率指数为 35.88，低于全国平均水平（指数为 49.50）13.62 个点，排名全国第 28 位。重点行业典型企业装备数控化率指数为 43.15，低于全国平均水平（指数为 47.20）13.62 个点，排名全国第 20 位。

二是互联网、移动电话普及率低。黑龙江省地处偏远，农业农村人口较多，贫穷落后地区较多。一些家庭受经济条件限制，买不起手机，负担不起网费，导致黑龙江省的互联网普及率偏低，移动电话普及率也较低，在全国排名分别为第21 位、第 22 位，处于中游水平。

四、相关建议

对黑龙江省两化融合提出以下建议：

一是加强信息基础设施建设。加快推进第三代移动通信网络建设，引导建设宽带无线城市，加强与城市规划的衔接，推进城市楼宇宽带标准化。扩大服务范围，加快农村、偏远地区宽带网络建设，全面提高宽带普及率和接入带宽，逐步形成惠及全省居民的信息网络。启动开展物联网建设布局，以广电应用为先导，在重点领域组织开展物联网应用示范，加强云计算设施建设。

二是提供合作共赢平台，发挥桥梁纽带作用。企业之间可以通过合作相互提升企业能力，当企业能力异质时，通过合作可以弥补各自能力上的不足。对于小企业来说，业务范围比较窄，只能在狭缝里求生存，要通过与其他企业合作，联合承接一些较大的业务，以扩大生存空间。企业变动较为频繁，相互之间并不了解，很少会自发地进行沟通交流，更淡不上合作。制造业生产资源交易服务体系作为第三方平台，汇集、掌握了大量相关企业的生产经营情况，并有一套严格的评价系统，增进了企业间的了解与信任度。平台通过与物流机构、信用机构、金融机构的合作，为企业提供更便利、更可靠的交易服务，在促进企业之间的合作起着非常重要的桥梁作用。

三是以信息化促进工业企业节能降耗。黑龙江东部煤电化基地要鼓励信息化企业开发数字能源解决方案，推动信息通信技术在重点用能行业和企业中的应用，提高能源管理水平，推动智能电网、智能建筑、智能交通等建设。推广绿色数据中心、绿色基站、绿色电源，统筹数据中心布局、服务器、空调等设备和管理软件应用，选用高密度、高性能、低功耗主设备，利用自然冷源等技术降低能源消耗。

四是发挥对俄边贸优势，加快发展电子商务。依托现有的中俄电子商务平台、农产品及绿色特色产品电子商务平台、旅游电子商务平台、物流配送电子商务平台，不断完善运营水平和商业模式。加强政府间沟通协调，完善两国银行结算、信用保险、通关等制度衔接，为电子商务平台在上述领域开设绿色通道，加快实现与电子口岸的数据对接。扶持本地电子商务平台做大做强，积极推进服务体系的发展。吸引全国大型电子商务企业入驻，推动电子商务运营水平提升与商业模式创新，实现电子商务市场的全面繁荣。大力发展电子支付与物流配送等电子商务相关产业环节，夯实电子商务产业基础，提升电子商务服务水平。

第十一章　上海市两化融合发展水平分析

一、总体情况

（一）经济概况

2012 年，上海市完成地区生产总值 20101.33 亿元，同比增长 7.5%。第一产业、第二产业和第三产业增加值分别为 127.8 亿元、7912.77 亿元和 12060.76 亿元，三次产业的比例为 1:39:60。全年实现工业增加值 7159.36 亿元，比上年增长 2.8%。全年电子信息产品制造业、汽车制造业、石油化工及精细化工制造业、精品钢材制造业、成套设备制造业和生物医药制造业等六个重点工业行业完成工业总产值 20970.49 亿元，比上年下降 0.3%，占全市规模以上工业总产值的比重为 66.5%。全年黑色金属冶炼和压延加工业，石油加工、炼焦和核燃料加工业，化学原料和化学制品制造业，电力、热力生产和供应业和非金属矿物制品业等五大高载能行业工业总产值 7883.5 亿元，比上年增长 0.6%。

（二）两化融合主要进展

2012 年，上海市以构建战略性新兴产业引领、先进制造业支撑、生产性服务业协同发展的现代工业体系为目标，聚焦重点产业、骨干企业、关键技术、重点项目和产业基地，探索完善推进两化融合的基本思路和实践路径，有力地促进了经济发展方式的转变和产业结构的优化升级，为建设全球高端智造中心奠定了良好基础。

1. 以大型企业信息化促进产业链联动发展

上海市依托骨干龙头企业信息化促进产业链上下游企业信息化水平提升，进而带动产业整体竞争力提高。在航空领域，中国商飞投资 1 亿元实施了全球协同研制平台建设，带动了协作单位和供应商等业务系统对接，形成了具有我国自主创新能力和完备配套保障能力的航空研制生产体系。在装备制造领域，上海电气下属的电站集团、三菱电梯等企业围绕风电装备、电梯等关键产品，着力推进产品生命周期管理系统（PLM）部署，打通了从研发设计到生产制造、销售管理等环节的信息通道，加快了企业从生产型制造向服务型制造的转变。在汽车领域，上汽集团围绕自主荣威品牌建设，开发建成国内首个集成且支持柔性生产的汽车制造执行系统，平均减少 45% 的制造周期，带动了自主品牌汽车产业链的发展。

2. 以产业园区信息化促进企业集聚发展提升

上海市以国家新型工业化产业示范基地和市级产业园区为重点，以优化信息基础设施，完善信息化管理、服务和运维系统为切入点，着力提升产业基地园区的综合功能，园区对企业的集聚带动作用得到进一步加强。重点突破园区信息化标准规范，编制了涵盖园区信息化基础设施规划、建设、服务、评估等内容的《数字化产业园区建设与管理标准》，作为企业联合标准在临港园区下属的洋山港等产业园区中进行了试点推广，目前该标准已纳入上海市地方标准的制定计划。园区信息化应用不断深化拓展，漕河泾新兴技术开发区在公共区域无线覆盖、IC卡一卡通的基础上，进一步启动建设了高清智能技防系统，实现对园区内所有人、车的动态监测，并与公安部门联网，提升了园区管理与安保水平；浦东软件园统一部署了园区内的集中式数据中心，并面向初创型中小企业提供一站式云服务平台，有效降低了企业信息化部署成本。

3. 以资源整合促进协同化推进机制建设

上海市最大程度调动全社会资源和积极性协同推进两化融合，构建了政府多部门协同、市区两级协作的推进机制，提高了政府政策资源的有效聚焦，区县两化融合实践取得成效，浦东、松江、宝山等五个区开展两化融合实践区建设，其中浦东新区成为全国电子商务综合创新实践区。上海市加强产学研用的结合，激发高校、科研机构、企业等各方的积极性，形成广泛深入的两化融合合作机制，依托复旦、上海交大等高校以及宝信软件等企业技术中心，建立了四个两化融合研究中心和十个重点实验室，江南数字化造船、上海氯碱节能减排、上海烟草供应链管理等一批产学研项目顺利实施。

二、两化融合发展水平分析

（一）综合分析

上海市两化融合水平一直处于全国先进水平，2012 年，上海市两化融合发展指数为 86.28，比 2011 年的 81.06 提高了 5 个多点。其中，基础环境建设进展最快，由 2011 年的 76.26 提升到 2012 年的 84.79，提高了 8.5 个点；工业应用指数为 75.86，比 2011 年提高近 3 个点；应用效应指数为 108.61，比 2011 年提高了 6.5 个点。这三项指标指数，不仅远远高于全国平均水平，而且基础环境和工业应用两项指标均排名全国第一。

表 11—1 2011—2012 年上海市两化融合指数情况

指标	2011年指数	2012年指数	变化情况
基础环境	76.26	84.79	↑8.53
工业应用	72.94	75.86	↑2.92
应用效益	102.09	108.61	↑6.52
发展指数	81.06	86.28	↑5.22

数据来源：中国电子信息产业发展研究院。

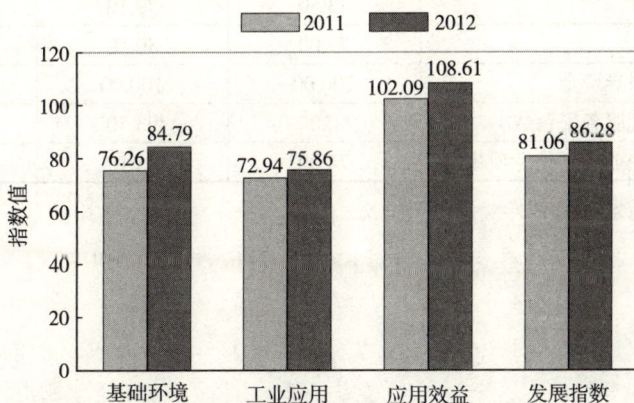

图 11—1 2011—2012年上海市两化融合指数情况

数据来源：中国电子信息产业发展研究院。

（二）具体分析

1. 基础环境指数

2012 年，上海市在基础环境各个方面都有所提升，尤其是更加注重加强面向中小企业的信息化公共服务平台建设。在信息基础设施建设和应用普及方面，上海市城（省）域网出口带宽指数为 113.10，比 2011 年的 111.90 增长了 1.2 个点；固定宽带普及率指数为 97.70，比 2011 年的 92.9 增长了 4.8 个点；固定宽带端口平均速率指数为 67.70，比 2011 年的 60.03 增长了 7.4 个点；移动电话普及率指数为 79.10，比 2011 年的 73.50 增长了 5.6 个点。在互联网应用普及方面，上海市互联网普及率指数为 80.50，比 2011 年的 79 增长了 1.5 个点。在两化融合政策环境建设方面，2012 年，上海市设立了两化融合专项引导资金，对于引导两化融合发展至关重要；中小企业信息化服务平台数量指数为 93.70，比 2011 年的 50 增长了 43.7 个点；重点行业典型企业信息化专项规划情况指数为 75.10，比 2011 年的 74 增长了 1.1 个点。

表 11—2　2011—2012 年上海市两化融合基础环境指数情况

指标	2011年指数	2012年指数	指数变化情况
城（省）域网出口带宽	111.90	113.10	↑1.20
固定宽带普及率	92.90	97.70	↑4.80
固定宽带端口平均速率	60.30	67.70	↑7.40
移动电话普及率	73.50	79.10	↑5.60
互联网普及率	79.00	80.50	↑1.50
两化融合专项引导资金	100.00	100.00	—
中小企业信息化服务平台数	50.00	93.70	↑43.70
重点行业典型企业信息化专项规划	74.00	75.10	↑1.10

数据来源：中国电子信息产业发展研究院。

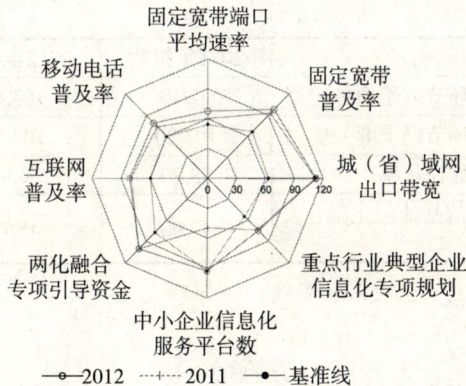

固定宽带端口
平均速率

固定宽带
普及率

移动电话
普及率

城（省）域网
出口带宽

互联网
普及率

重点行业典型企业
信息化专项规划

两化融合
专项引导资金

中小企业信息化
服务平台数

—●—2012　……●……2011　—●—基准线

图 11—2　2011—2012年上海市两化融合基础环境指数情况

数据来源：中国电子信息产业发展研究院。

2. 工业应用指数

2012 年，上海市主要是依托龙头骨干企业信息化促进产业链上下游企业信息化水平整体提升。具体来看，重点行业典型企业 ERP 普及率指数为 67.70，比 2011 年的 67.10 增长了 0.6 个点。重点行业典型企业 MES 普及率指数为 97.20，比 2011 年的 89.10 增长了 8.1 个点。重点行业典型企业 PLM 指数为 74.30，比 2011 年的 71.20 增长了 3.1 个点。重点行业典型企业 SCM 普及率指数为 63.30，比 2011 年的 62.40 增长了 0.9 个点。重点行业典型企业采购环节电子商务应用普及率指数为 103.40，比 2011 年的 97.40 增长了 6 个点。重点行业典型企业销售环节电子商务应用普及率指数为 107.50，比 2011 年的 103.20 增长了 4.3 个点。重点行业典型企业装备数控化率指数为 56.90，比 2011 年的 58.70 减少了 1.8 个点。国家新型工业化产业示范基地两化融合发展水平指数为 45.10，比 2011 年的 42 增长了 3.1 个点。

表 11—3　2011—2012 年上海市两化融合工业应用指数情况

指标	2011年指数	2012年指数	指数变化情况
重点行业典型企业ERP普及率	67.10	67.70	↑0.60
重点行业典型企业MES普及率	89.10	97.20	↑8.10
重点行业典型企业PLM普及率	71.20	74.30	↑3.10
重点行业典型企业SCM普及率	62.40	63.30	↑0.90

（续表）

指标	2011年指数	2012年指数	指数变化情况
重点行业典型企业采购环节电子商务应用	97.40	103.40	↑6.00
重点行业典型企业销售环节电子商务应用	103.20	107.50	↑4.30
重点行业典型企业装备数控化率	58.70	56.90	↓1.80
国家新型工业化产业示范基地两化融合发展水平	42.00	45.10	↑3.10

数据来源：中国电子信息产业发展研究院。

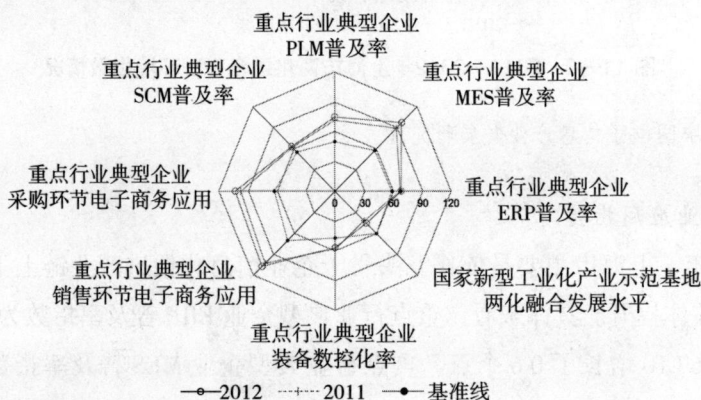

图 11—3 2011—2012年上海市两化融合工业应用指数情况

数据来源：中国电子信息产业发展研究院。

3. 应用效益指数

在地区工业生产效益和水平方面，2012 年，上海市工业增加值占 GDP 比重指数为 45，比 2011 年的 43 减少了 2 个点；第二产业全员劳动生产率指数为 85.30，比 2011 年的 75.40 增长了 9.9 个点；工业成本费用利润率指数为 41.80，比 2011 年的 43.3 减少了 1.5 个点；单位工业增加值工业专利量指数为 143.50，比 2011 年的 127.70 增长了 15.8 个点。受产业转移影响，2012 年上海市电子信息制造业主营业务收入指数为 204.70，比 2011 年的 204.90 减少了 0.2 个点；软件业务收入指数为 206.60，比 2011 年的 181.60 增长了 25 个点。

表 11—4 2011—2012 年上海市两化融合应用效益指数情况

指标	2011年指数	2012年指数	指数变化情况
工业增加值占GDP比重	45.00	43.00	↓ 2.00
第二产业全员劳动生产率	75.40	85.30	↑ 9.90
工业成本费用利润率	43.30	41.80	↓ 1.50
单位工业增加值工业专利量	127.70	143.50	↑ 15.80
单位地区生产总值能耗	75.70	75.70	—
电子信息制造业主营业务收入	204.90	204.70	↓ 0.20
软件业务收入	181.60	206.60	↑ 25.00

数据来源：中国电子信息产业发展研究院。

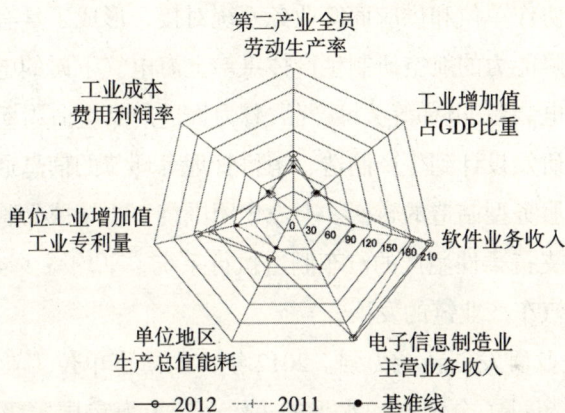

图 11—4 2011—2012年上海市两化融合应用效益指数情况

数据来源：中国电子信息产业发展研究院。

三、优劣势评价

2012 年，上海市两化融合发展继续保持全国领先，发展指数增长量也排在全国前列，进一步缩小了与江苏省之间的差距。结合评估指标分析和上海市两化融合主要进展，上海市两化融合的优势主要有：

一是网络基础设施依然全国领先。2012 年，上海市城域出口带宽为6192.15Gbps，全国平均水平只有 2927.22 Gbps；固定宽带端口平均速率为 7.3M，全国平均水平只有 5.29M；移动电话普及率每百人 128 部，平均每个人 1.28 部，而全国人均只有 0.85 部；互联网普及率为 68.4%，高于全国 42.7% 的平均水平。全国领先的信息基础设施，奠定了上海市两化融合的应用基础，降低了企业信息化成本，也为信息技术应用推广提供了市场。

二是工业企业普遍具备了向综合集成和产业链协同发展的能力。2012 年，上海市重点行业典型企业 ERP 普及率、MES 普及率、PLM 普及率、SCM 普及率、电子商务应用、装备数控化率等指标基本达到 50% 以上，全部高于全国平均水平 10 个百分点以上，其中重点行业典型企业 MES 普及率达到 62.5%，高于全国 30 多个百分点，重点行业典型企业 PLM 普及率达到 67.5%，高于全国近 30 个百分点。同时涌现了一批典型企业。如航空产业，中国商飞实施了全球协同研制平台建设，带动了协作单位和供应商等业务系统对接，形成了具有我国自主创新能力和完备配套保障能力的航空研制生产体系。上海电气下属的电站集团、三菱电梯等企业围绕风电装备、电梯等关键产品，着力推进产品生命周期管理系统（PLM）部署，打通了从研发设计到生产制造、销售管理等环节的信息通道，加快了企业从生产型制造向服务型制造的转变。上汽集团围绕自主荣威品牌建设，开发建成国内首个集成且支持柔性生产的汽车制造执行系统，平均减少 45% 的制造周期，带动了自主品牌汽车产业链的发展。

三是工业企业研发创新能力强。2012 年，上海市单位工业增加值工业专利量达到了 3.47，超过了全国平均水平的 1 倍多。上海市国家级创新型企业达到 15 家，国家级创新型试点企业 19 家，市级创新型企业达到 500 家。科技小巨人企业和小巨人培育企业共 878 家，高新技术企业 4312 家，技术先进型服务企业 281 家。全市年内认定和复审高新技术企业 1442 家。截至 2012 年年末，全市共认定高新技术成果转化项目 8545 项。其中，年内认定 714 项。在年内认定的高新技术成果转化项目中，电子信息、生物医药、新材料等重点领域项目占 87.7%；拥有自主知识产权的项目占 100%。全年经认定登记的各类技术交易合同 2.8 万件，比上年下降 4.4%；合同金额 588.52 亿元，增长 6.9%。

同时，上海市两化融合也还存在一些劣势：

一是两化融合未能较好地降低工业成本。工业成本费用利润率由 2011 年的 6.93% 降低到 2012 年的 6.61%，下降了 0.32 个百分点，甚至远低于全国平均水平 8.04%。一方面，受到劳动力成本、土地成本的上升和原材料价格上升的影响，工业成本增长较快。另一方面，也说明两化融合并没有很好地提高工业生产效率。

二是对中小企业信息化扶持与服务力度不够。中小企业由于规模小，实力弱，没有足够的人力和财力投资于信息化，常常成为拖累中小企业竞争力提升的重要方面。政府加大对中小企业信息化的扶持是大力提高一个地区两化融合水平的重要方面内容。2012年，上海市中小企业服务平台数32个，全国各省份平均有51个，远远低于全国平均水平，这说明上海市对中小企业信息化扶持力度不够。

三是产业园区两化融合重视不足。上海市一向重视促进产业集聚，形成了一批上规模的产业园区。产业园区如何加强配套协同、如何创新商业模式、如何利用电子商务形成世界性虚拟市场，信息化大有可为。事实上，当前世界主要产业园区均在努力构建行业性电子商务龙头，以加强产业根植性。但上海市目前针对这些产业园区两化融合的特色政策却比较少。2012年，以国家新型工业化产业示范基地为代表的两化融合发展水平落后全国近20个点，与较好的产业基础完全不匹配。一旦其他省市抢先发展某些行业电子商务或行业服务平台，可能产生吸附作用，进而影响到某些产业园区的可持续发展，这是值得上海市特别注意的。

四、相关建议

对上海市两化融合提出以下建议：

一是加强中小企业公共服务平台建设。引导服务商构建信息化服务平台，围绕中小微企业多样化、个性化需求，整合服务资源，完善平台功能，提高服务的专业性和有效性。鼓励电子商务服务商探索为中小微企业提供信用融资等服务。推动中小企业公共服务平台网络建设，发挥国家中小企业公共服务平台的示范作用，依托产业集群和工业园区，为中小微企业提供政策咨询、创业辅导、技术创新、人才培训、市场开拓等线上线下相结合的服务。

二是推动重点行业产业链协同发展。促进骨干企业内部信息共享和系统集成以及产业链上下游企业的业务协同，提升产业链整体竞争力。一要促进企业生产管理集成。在装备、汽车、飞机等离散制造行业中，深化研发设计、工艺流程、生产装备、过程控制、物料管理等环节信息技术的集成应用；在钢铁、石化、医药等连续制造行业，推广集成化的生产执行系统（I-MES）、分散控制系统（DCS）等信息技术的普及应用。二要促进各个环节的产业链协同。以提升汽车、航空、装备、造船等产业链协同能力为重点，推动跨企业的产品全生命周期管理、客户关系管理及供应链管理系统应用和深化。三要促进企业跨地域、国际化经营。支持企业建设跨部门、跨地域的集团一体化管控系统、集团级数据中心和商务智能系统；支持重点行业骨干企业跨国运营平台建设，建立全球协同的经营管理系统。

三是加快推进信息技术自主创新。抓住云计算、物联网、大数据和移动互联网产业发展契机，加快工业软件的研发和应用，重点发展大型行业软件，以及用于汽车电子、交通电子、智能终端等领域的核心嵌入式软件平台；推进操作系统、数据库、中间件等基础软件产品的研发及在工业领域的应用。推动集成电路和电子信息产业发展，重点开发面向行业的嵌入式芯片和系统，加大先行先试、首台首套应用的力度，支持芯片设计、制造企业、整机厂商和应用运营商联动发展。

第十二章　江苏省两化融合发展水平分析

一、总体情况

（一）经济概况

2012 年，江苏省完成地区生产总值 54058.2 亿元，比 2011 年增长 10.1%。其中，第一产业增加值 3418.3 亿元，同比增长 4.6%；第二产业增加值 27121.9 亿元，同比增长 11.0%；第三产业增加值 23518.0 亿元，同比增长 9.6%，三次产业的比例为 6:50:44。江苏省 2012 年全年规模以上工业增加值比上年增长 12.6%。规模以上工业企业实现主营业务收入 117774.3 亿元，比上年增长 11.0%；实现利润 6881.8 亿元，增长 5.8%。新能源、新材料、生物技术和新医药、节能环保、新一代信息技术和软件、物联网和云计算、高端装备制造、新能源汽车、智能电网和海洋工程等新兴产业全年销售收入达 40059.9 亿元，比上年增长 19.6%。

（二）两化融合主要进展

2012 年，江苏省按照全省"两个率先、六个注重、八项工程"部署，从基础提升、示范引领、模式创新、载体深化、理念提高等五个方面全面推进两化融合工作，以产业集群为载体逐步形成了龙头带动型、平台凝聚型和中介牵引型等两化融合推进模式，为加快实现创新驱动、转型发展提供重要手段。

1. 健全领导机制，引领两化深度融合

建立健全两化融合的领导机制，省政府将信息化指标列入江苏省基本实现现代化指标体系。调整补充省信息化领导小组，由省政府主要领导担任组长，全面加强各级政府对两化融合的领导力度，省经信委联合省委组织部连续几年开展了面向各市、县分管领导和经信委主要负责人的两化融合专题培训，并建立了主要领导亲自挂帅，分管领导具体负责，业务处室具体落实的两化融合工作推进机制，统筹协调全省两化融合工作。各省辖市分别成立了市政府分管领导牵头的两化融合领导小组和两化融合专家库。在推进中小企业两化融合方面，专门建立了全省中小企业信息化推进工程联席会议制度，组建了中小企业信息化联盟，设立了中小企业信息化推进工程咨询专家组。

2. 构建创新体系，推动企业向高端攀升

充分发挥江苏省信息产业的优势，重点强化信息化对技术创新、扩散、传播的支撑，加强产学研用结合，利用信息网络平台开展研究与开发合作，加快产业向高端攀升。创办 7 所示范性企业大学，在全国率先建成覆盖全省的"智慧江苏统一门户平台"，IPTV 用户达到 380 万户、居全国第一。实施企业两化融合"百千万"工程，组织各级主管部门"进百企"活动，促进信息技术集成应用和融合创新，开展企业信息化评价评估。全省累计认定两化融合示范、试点企业 1525 家。着力支持 287 家骨干企业通过两化融合进一步增强创新能力，攻克 100 项关键核心技术，建立以重点骨干企业信息化平台为基础的上下游企业之间的技术研发、生产制造、销售服务的一体化网络。参加全国两化融合成果展，获最佳展示奖。2012 年，全省企业研发费用占 GDP 的比重达 2.3%；全省信息技术领域累计发明专利申请量达 23611 件，占我省全部专利的 31%，申请总量和增幅均居全国前列。

3. 强化重点行业应用，增强产业核心竞争力

针对不同行业对信息技术的应用需求，江苏省强化重点行业推广应用，增强产业竞争力。以电子信息、装备制造和石油化工产业为重点，跟踪国际最先进信息技术，推进研发数字化、装备智能化、生产自动化，增强主导产业核心竞争力。2012 年，江苏省 3 大主导产业产值均已超万亿元，其中装备制造和电子信息产值分别超过 3 万亿元和 2 万亿元，位居全国第一、第二位。江苏省在对纺织、冶金、轻工、建材 4 大传统产业技术改造工作中，以两化融合为导向，排出一批示范效应好的重点技改项目，列入"百项千亿"重点技术改造工程，推动生产装备智能化、生产过程自动化和经营管理网络化，提高企业信息系统集成、能源资源

高效利用和安全生产水平。突出行业龙头企业、产业集群和重点产业链，择优认定两化融合示范试点企业。江苏省重点行业骨干企业装备自动化率达85%以上，计算机辅助设计普及率达90%，产品开发周期缩短2/3。

4. 加强示范试验区建设，带动开发区转型升级

江苏省按照工信部的总体要求，积极推动南京、江阴国家级两化融合试验区完成三年发展计划。把两化融合作为促进各类园区实现转型升级、"二次创业"的重要抓手，推动省级以上开发区成立了两化融合领导小组，制定两化融合实施行动纲要。已认定苏州工业园区等30个园区为省级两化融合示范区以及江阴开发区等26个开发区为两化融合试验区，认定苏州IP融合通信产业集群、宜兴环保产业集群、南通船舶产业集群为两化融合示范试验基地，认定省级两化融合示范基地30个。两化融合服务产业园建设经验被国家工信部推广。推动南京全国软件名城和两化融合试验区建设，无锡市、常州市、镇江市、泰州市、南京河西新城、苏州工业园区、盐城市城南新区、昆山市花桥经济技术开发区、昆山市张浦镇列为国家智慧城市建设试点。支持无锡国家传感网创新示范区建设，在智能交通物流、智能节能环保等六大领域实施64个示范项目。制定《江苏省政府信息化服务管理办法》，加强规范管理，政府信息化服务水平进一步提升。

5. 搭建公共信息技术服务平台，促进中小企业两化融合能力提升

江苏省有重点地推进面向全省的产业集群两化融合信息化应用平台建设，一批面向节能环保、船舶海工、纺织服装、工程机械、港口物流等产业集群和电子信息、光伏太阳能等产业链的信息服务平台，正广泛地为企业研发、营销及信息资源共享提供服务。行业性专业性电子商务平台在全国领先，促进跨境电子商务协同发展，构建一批中小企业服务平台，组建了由国内外50多名知名学者、专家组成的省级企业、产业集群两化融合专家咨询委员会，组建了物联网、光伏、轨道交通等十多个由国内一流院所、高校参与的产业联盟。实施了中小企业"百千万"电子商务应用促进计划，全省商务领航中小企业客户突破10多万户，移动信息化应用托管平台中小企业用户达6万多户。江苏绸都网、中国制造网等成为国家电子商务试点单位，苏州工业园区现代物流公共信息平台成为国家物流公共平台试点。江苏风云网络（SAAS）在线服务平台、常州市的物流平台、吴江的中国东方丝绸市场电子商务平台受到产业集群企业的广泛认可。

6. 着力强化政策引导，优化两化融合发展环境

为推动两化融合的政策法规建设，江苏省颁布实施了《江苏省信息化条例》、全省《"十二五"国民经济和社会发展信息化规划》，制发了两化融合示范区、产业集群示范基地、示范试验企业的认定指标体系和实施办法，加强对各市两化融合工作的考核，形成有规划、有团队、有制度、有项目、有培训、有考核的"六有"机制。精心组织中国（南京）国际软件产品和信息服务、苏州电子信息、无锡国际物联网三大博览会。全面部署企业两化深度融合"百千万"工程和万家"数字企业"创建活动。江苏省政府与工信部签署《关于共同推进江苏省信息化发展战略合作框架协议》，全面提高全省经济社会信息化战略规划和超前部署，助力江苏省率先发展、科学发展、和谐发展。江苏省与三大通信运营商签署合作协议书，加大投入，合力推进全省通信基础设施建设，努力提升全省信息化水平。加快推进物联网示范工程项目建设，分领域逐个制定应用示范总体方案，强化资源整合，落实配套政策，推进项目实施。联合有关部门制发了《关于加快推进中小企业信息化建设的意见》，引导社会力量建设产业集群两化融合服务体系，免费为产业集群企业提供两化融合方面咨询、培训、认证和产品应用体验服务，2012年，提供服务超过8万人次。制定了《关于加快推进全省两化融合服务产业园建设工作的指导意见》，计划实施"四个3"工程，力争通过3年时间，培育3家以上大型连锁式两化融合产业服务园，认定30家省级两化融合服务产业示范园，培育300家具有一定规模、抗风险能力强、拥有核心优势、保持行业领先的生产性信息服务重点骨干企业。

二、两化融合发展水平分析

（一）综合分析

2012年，江苏省两化融合发展指数为87.26，继续排在全国首位。基础环境指数为82.73，比2011年的74.55增长了8.18个点。工业应用指数为71.91，比2011年的68.71增长了3.2个点。应用效益指数为87.26，比2011年的82.35增长了4.91个点。在基础环境取得较大改善的前提下，江苏省工业应用得到持续深化，应用效益也有相应地提高。

表 12—1　2011—2012 年江苏省两化融合指数情况

指标	2011年指数	2012年指数	变化情况
基础环境	74.55	82.73	↑8.18
工业应用	68.71	71.91	↑3.2
应用效益	117.44	122.49	↑5.05
发展指数	82.35	87.26	↑4.91

数据来源：中国电子信息产业发展研究院。

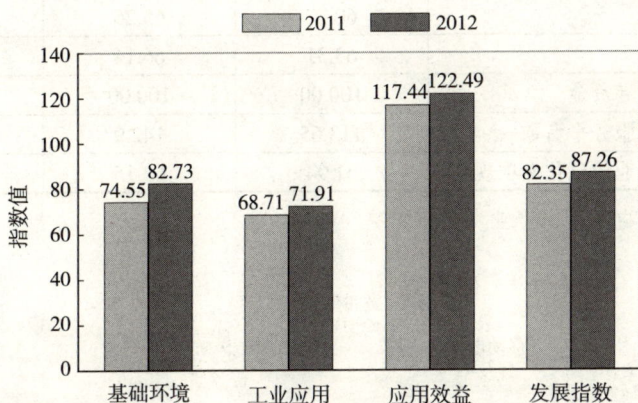

图 12—1　2011—2012年江苏省两化融合指数情况

数据来源：中国电子信息产业发展研究院。

（二）具体分析

1. 基础环境指数

在信息基础设施建设方面，2012 年，江苏省城（省）域网出口带宽指数为140.8，比 2011 年的 110.15 增长了 30.65 个点；固定宽带普及率指数为 82.19，比2011 年的 76.18 增长了 6.01 个点；固定宽带端口平均速率指数为 59.97，比 2011年的 56.47 增长了 3.5 个点；移动电话普及率指数为 65.26，比 2011 年的 60.77增长了 4.49 个点。在互联网应用普及方面，2012 年，江苏省互联网普及率指数为 66.14，比 2011 年的 63.31 增长了 2.83 个点。在两化融合政策环境建设方面，2012 年，江苏省设立了两化融合专项引导资金；中小企业信息化服务平台数量指数为 142.9，比 2011 年的 113.65 增长了 29.25 个点；重点行业典型企业信息化专项规划情况指数为 68.15，比 2011 年的 61.94 增长了 6.21 个点。可以看出，江苏省基础环境的各个方面都有所提升，其中在城（省）域网建设、中小企业信息化服务平台建设等方面的提升最大，使得基础环境成为三类指数中增幅最大的。

表12—2　2011—2012年江苏省两化融合基础环境指数情况

指标	2011年指数	2012年指数	指数变化情况
城（省）域网出口带宽	110.15	140.8	↑30.65
固定宽带普及率	76.18	82.19	↑6.01
固定宽带端口平均速率	56.47	59.97	↑3.5
移动电话普及率	60.77	65.26	↑4.49
互联网普及率	63.31	66.14	↑2.83
两化融合专项引导资金	100.00	100.00	——
中小企业信息化服务平台数	113.65	142.9	↑29.25
重点行业典型企业信息化专项规划	61.94	68.15	↑6.21

数据来源：中国电子信息产业发展研究院。

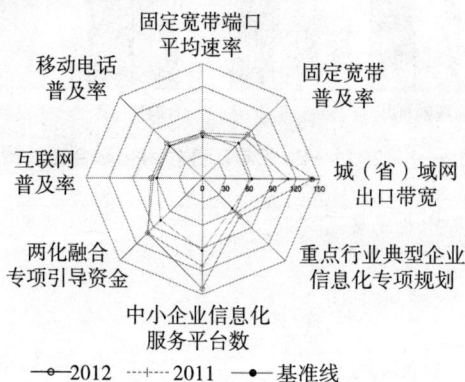

图12—2　2011—2012年江苏省两化融合基础环境指标指数情况

数据来源：中国电子信息产业发展研究院。

2. 工业应用指数

江苏省并未受到企业调查样本量增加的影响，工业应用中大部分指标的水平均有明显提升。具体来看，2012年，江苏省重点行业典型企业ERP普及率指数为69.65，比2011年的62.3增长了7.35个点。重点行业典型企业MES普及率指数为87.09，比2011年的77.9增长了9.19个点。重点行业典型企业PLM指数为57.04，比2011年的65.98减少了8.94个点。重点行业典型企业SCM普及率指数为 67.23，比 2011 年的 62.12 增长了 5.11 个点。重点行业典型企业采购环节电子商务应用普及率指数为 90.37，比 2011 年的 82.62 增长了 7.75 个点。重点行业典型企业销售环节电子商务应用普及率指数为 92.14，比 2011 年的 82.57 增长了 9.57 个点。重点行业典型企业装备数控化率指数为 57.46，比 2011 年的 64.75 减少了 7.29 个点。国家新型工业化产业示范基地两化融合发展水平指数为 58.91，比 2011 年的 54.48 增长了 4.43 个点。

表 12—3 2011—2012 年江苏省两化融合工业应用指数情况

指标	2011年指数	2012年指数	指数变化情况
重点行业典型企业ERP普及率	62.3	69.65	↑7.35
重点行业典型企业MES普及率	77.9	87.09	↑9.19
重点行业典型企业PLM普及率	65.98	57.04	↓8.94
重点行业典型企业SCM普及率	62.12	67.23	↑5.11
重点行业典型企业采购环节电子商务应用	82.62	90.37	↑7.75
重点行业典型企业销售环节电子商务应用	82.57	92.14	↑9.57
重点行业典型企业装备数控化率	64.75	57.46	↓7.29
国家新型工业化产业示范基地两化融合发展水平	54.48	58.91	↑4.43

数据来源：中国电子信息产业发展研究院。

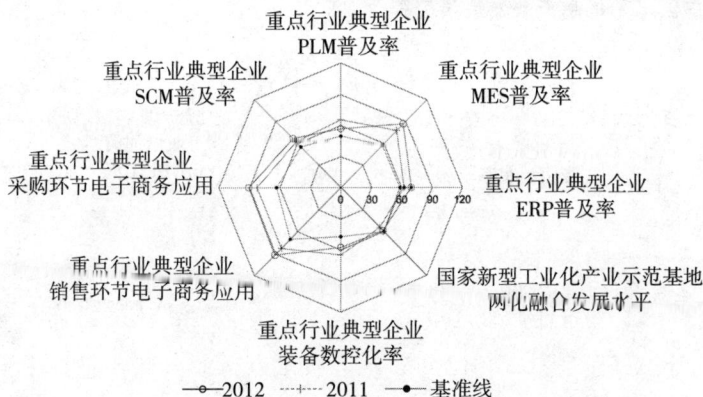

图 12—3 2011—2012年江苏省两化融合工业应用指标指数情况

数据来源：中国电子信息产业发展研究院。

3. 应用效益指数

2012 年，江苏省在地区工业生产效益和水平的提升尚不明显，工业增加值占 GDP 比重指数为 52.39，比 2011 年的 54.98 减少了 2 个点；第二产业全员生产率指数为 60.14，比 2011 年的 59.85 增长了 0.29 个点；工业成本费用利润率指数为 40.73，比 2011 年的 43.51 减少了 2.78 个点；单位工业增加值工业专利量指数为 141.85，比 2011 年的 134.72 增长了 7.13 个点。2012 年，江苏省的信息产业规模持续扩大，电子信息制造业主营业务收入排名指数为 293.32，排名全国第二，比 2011 年的 275.67 增长了 17.65 个点，进一步缩小了与广东省之间的差距；软件业务收入指数为 256.69，比 2011 年的 235.02 增长了 21.67 个点，已经超过广东，位列全国第一。

表 12—4　2011—2012 年江苏省两化融合应用效益指数情况

指标	2011年指数	2012年指数	指数变化情况
工业增加值占GDP比重	54.98	52.39	↓2.59
第二产业全员劳动生产率	59.85	60.14	↑0.29
工业成本费用利润率	43.51	40.73	↓2.78
单位工业增加值工业专利量	134.72	141.85	↑7.13
单位地区生产总值能耗	77.22	77.22	—
电子信息制造业主营业务收入	275.67	293.32	↑17.65
软件业务收入	235.02	256.69	↑21.67

数据来源：中国电子信息产业发展研究院。

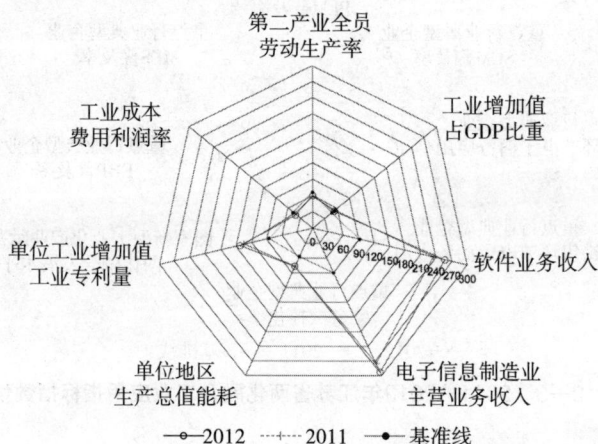

图 12—4　2011—2012年江苏省两化融合应用效益指数情况

数据来源：中国电子信息产业发展研究院。

三、优劣势评价

江苏省两化融合水平领先于全国其他省份，较好地经济基础为促进两化融合发挥了积极作用。具体来说，江苏省两化融合具有以下优势：

一是信息基础设施较为完善。江苏省省域网出口带宽达到 9852.54Gbps，是全国平均水平的三倍还多，其中互联网国际出口带宽到达 6665Gbps。固定宽带普及率 0.17 个 / 人，互联网宽带接入端口为 2892.4 万个，年净增 828.2 万个，同比增长 40.1%，光缆线路长度为 156.8 万公里，年净增 40.6 万公里，同比增长 35%；移动交换机容量分别为 9665.7 万户，年净增 129.8 万，年增长率为 1.4%。电信业业务规模稳步扩大，截至 2012 年年底，江苏省电话用户数和互联网宽带接入用户数分别为 9858.6 万户和 1351 万户，年增长率分别为 8.4% 和 11.6%，年末电话普及率达 125 部 / 百人，比上年末增加 10 部 / 百人，移动电话普及率为 94.6 部 / 百人，互联网普及率达到 50%。江苏省电信业务总量、收入、增加值以及电信用户总数和宽带用户数稳居全国第二。

二是电子信息产业规模巨大。2012 年，江苏省电子信息制造业主营业务收入达到 22897.4 亿元，占全国总收入的 1/4 强，位居全国第二位，已经和广东相差无几。软件业务收入 4305.59 亿元，跃居全国首位。软件、集成电路、平板显示、计算机及网络设备、现代通信、新型元器件等产业集群发展特色鲜明。软件、集成电路、平板显示、计算机及网络设备、现代通信、新型元器件等产业集群发展特色鲜明，沿沪宁线电子信息产业密集带规模不断扩大，国际化水平不断提高。全省基于信息技术的新兴产业占 GDP 比重达到 28.9%，智能化产品占全部产品销售收入的 15.4%。全省拥有 1 个国家级电子信息产业基地、4 个国家级电子信息产业园、12 个省级电子信息产业基地、15 个省级电子信息产业园，形成了沿沪宁线信息产业密集带，其业务收入占全省的比重超过 80%，国际化水平不断提高。[1]

三是工业各领域创新活跃。2012 年，单位工业增加值工业专利量达到了 3.38，是全国平均水平的 2 倍还多。2012 年，江苏省着力支持 287 家骨干企业通过两化融合进一步增强创新能力，攻克 100 项关键核心技术，建立以重点骨干企业信息化平台为基础的上下游企业之间的技术研发、生产制造、销售服务的一体化网

---

[1]　江苏省政府办公厅：《江苏省"十二五"国民经济和社会发展信息化规划》，2012年4月。

络。参加全国两化融合成果展，获最佳展示奖。全省企业研发费用占 GDP 的比重达 2.3%；全省信息技术领域累计发明专利申请量达 23611 件，占江苏省全部专利的 31%，申请总量和增幅均居全国前列。中船重工 702 所完成蛟龙号载人潜水器研制任务和海试成功，标志着我国系统地掌握了大深度载人潜水器设计、建造和试验技术，实现了从跟踪模仿向自主集成、自主创新的转变，跻身世界载人深潜先进国家行列。中远船务海工研发项目"深海高稳性圆筒型钻探储油平台的关键设计与制造技术"获 2011 年国家科技进步一等奖。东南大学"第四代通信宽带移动通信容量逼近传输技术及产业化应用"研究成果获 2011 年国家技术发明一等奖。

江苏省两化融合发展总体情况较好，但也存在一些劣势：

一是省内区域发展水平严重不平衡。江苏省工业主要集中在宁、苏、锡、常等苏南地区，该地区信息化水平高、信息服务业密集，政府也在该地区配置了较多的公共服务资源。而苏北地区工业基础较弱，信息服务业落后，政府支持力度也较弱。因此，形成了省内两化融合"数字鸿沟"。长期下去，将不利于区域经济协调发展。

二是两化融合的效益未能完全发挥。虽然江苏省两化融合水平已经连续两年位居全国首位，但是两化融合所带来的经济效益并没有完全显现。第二产业全员劳动生产率和工业成本费用利润率都比全国平均水平低 20% 左右。这就需要江苏省进一步调整两化融合发展战略，进一步提升两化融合的实际效果。

四、相关建议

对江苏省两化融合提出以下建议：

一是推动制造装备智能化。通过加快嵌入式系统芯片、可编程控制器等智能技术在工业产品的应用，提升工业产品质量。推进高档数控机床与基础制造装备、自动化成套生产线、轻型工业机器人以及自动化关键基础零部件、元器件及通用部件的发展。提升汽车、高附加值船舶等大型工业产品智能化水平，发展智能电梯、智能家居、数字会议桌面终端等新型智能产品。以智能电网、智能交通和工业控制等领域为重点，研发智能电表、智能化检测仪器、智能控制器等产品。

二是鼓励产业链协同创新。促进骨干企业内部信息共享和系统集成以及产业链上下游企业的业务协同，提升产业链整体竞争力。一要促进企业生产管理集成。在装备、汽车、飞机等离散制造行业中，深化研发设计、工艺流程、生产装备、过程控制、物料管理等环节信息技术的集成应用；在钢铁、石化、医药等连续制造行业，推广集成化的生产执行系统（I–MES）、分散控制系统（DCS）等信息技术的普及应用。二要促进各个环节的产业链协同。以提升汽车、航空、装备、造船等产业链协同能力为重点，推动跨企业的产品全生命周期管理、客户关系管理和供应链管理系统应用和深化。三要促进企业跨地域、国际化经营。支持企业建设跨部门、跨地域的集团一体化管控系统、集团级数据中心和商务智能系统；支持重点行业骨干企业跨国运营平台建设，建立全球协同的经营管理系统。

　　三是加强信息服务功能载体建设。加快培育一批企业规模大、抗风险能力强、拥有核心优势、保持产业领先的生产性信息服务龙头企业。结合江苏省产业特色和发展实际，聚焦重点领域，选择产业集群凝聚力较强、生产性信息服务企业发育良好的产业集聚区或产业开发区，建设两化融合服务产业示范园。坚持专业化、特色化、可复制的发展原则，加速两化融合产业服务园的载体扩张。鼓励骨干制造企业将信息化等非核心业务进行剥离重组，提供面向产业集群专业化信息服务。鼓励有条件的生产性制造企业向研发型、服务型企业转型。

第十三章　浙江省两化融合发展水平分析

一、总体情况

（一）经济概况

2012 年，浙江省完成地区生产总值 34606 亿元，比 2011 年增长 8.0%。其中，第一产业增加值 1670 亿元，第二产业增加值 17312 亿元，第三产业增加值 15624 亿元，同比分别增长 2.0%、7.3% 和 9.3%。三次产业增加值结构由上年的 4.9:51.2:43.9 调整为 4.8:50.0:45.2。全年规模以上工业增加值 10875 亿元，比上年增长 7.1%；规模以上工业销售产值 56903 亿元，同比增长 5.9%。制造业中，高新技术产业增加值 2626 亿元，同比增长 9.9%，占规模以上工业的比重为 24.1%，比上年提高 0.3 个百分点。

（二）两化融合主要进展

2012 年，浙江省以"两换"为抓手着力提高工业企业发展新质量，以"技术创新综合试点"为手段着力增强工业创新驱动发展新动力，通过试点示范加快推进重点行业和产业集群两化深度融合。

1. 企业、行业两化融合试点示范成效凸显

2012 年，浙江省在企业两化融合"135"行动计划的指导下，实施以"百企示范、千企试点、万企行动"为内涵的"百千万"工程，共确认两化融合示范企业 222 家，试点企业 1303 家。建立省、市、县（市）三级企业两化融合的试点（示范）

工作体系，各市建立了企业两化融合专家库，设立了由企业、科研院所、高校三方合作组成的两化融合技术研发中心。组织开展企业管理信息化示范试点。继续开展印染、造纸、化工、医药等传统行业两化深度融合专项行动。

2. 产业集群两化融合水平进一步提高

浙江省选择永嘉泵阀、平湖光机电、大唐袜业等5个产业集群作为第二批省级产业集群两化深度融合试验区，开展产业集群两化深度融合服务年活动，超过2000家企业参加活动。

3. 生产性服务业初具规模

浙江省在全国率先开展特色工业设计基地建设试点，把工业设计产业作为加快发展生产性服务业的突破口，全面推进11个地市和义乌市加快建设省级特色工业设计示范基地。截至2012年年底，12个省级特色工业设计示范基地都已开园，6个地市出台了发展总部经济的政策性意见，认定了首批16家工业企业为工业旅游示范基地。

4. 信息产业发展环境不断优化

浙江省大力推进杭州、宁波两市的三网融合试点。协调促成浙江省广电集团和省电信签订战略合作协议，完成了浙江省广电集成播控平台与浙江省电信IPTV传输系统的技术对接。目前，全省电信IPTV用户已超过250万户，有线电视宽带用户数超过130万，手机电视用户数超过400万。牵头编制"宽带浙江"建设规划，支持全省广电"一省一网"整合发展。目前，已基本完成"一省一网"整合工作，全省数字电视"整体转换"和"双向改造"率均突破90%，成为继广东、江苏之后用户数突破千万的省份之一。推动杭州TD-LTE扩大规模试验，在技术测试、网络覆盖、规模试验等方面均居全国领先地位。

二、两化融合发展水平分析

（一）综合分析

2012年，浙江省两化融合发展指数为78.69，仅次于江苏、上海、北京、广东，位列全国第五，比2011年增长了7.96，增长量排名全国第三，远超全国平均增速。基础环境指数为79.05，比2011年的74.25增长了4.8个点。工业应用指数为 68.27，比 2011 年的 57.84 增长了 10.43 个点。应用效益指数为 99.18，比 2011 年的 93 增长了 6.18 个点。

表 13—1 2011—2012 年浙江省两化融合指数情况

指标	2011年指数	2012年指数	变化情况
基础环境	74.25	79.05	↑4.8
工业应用	57.84	68.27	↑10.43
应用效益	93	99.18	↑6.18
发展指数	70.73	78.69	↑7.96

数据来源：中国电子信息产业发展研究院。

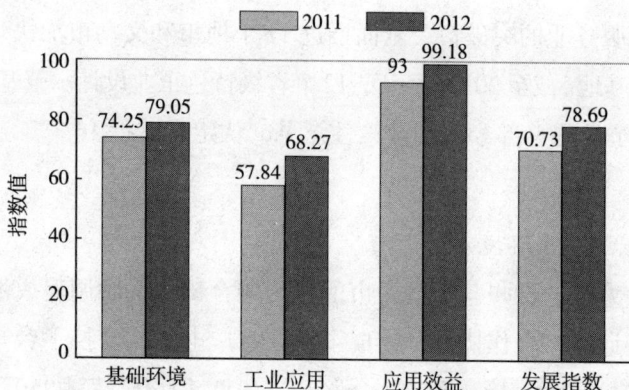

图 13—1 2011—2012年浙江省两化融合指数情况

数据来源：中国电子信息产业发展研究院。

（二）具体分析

1. 基础环境指数

2012 年，浙江省加大信息基础设施建设的投入力度，城（省）域网出口带宽指数为 141.91，比 2011 年的 110.76 增长了 31.15 个点；固定宽带普及率指数为 92.9，比 2011 年的 87.74 增长了 5.16 个点；固定宽带端口平均速率指数为 54.9，比 2011 年的 52.79 增长了 2.11 个点；移动电话普及率指数为 75.17，比 2011 年的 70.13 增长了 5.04 个点。在互联网应用普及方面，2012 年，浙江省互联网普及率指数为 73.54，比 2011 年的 71.24 增长了 2.3 个点。在两化融合政策环境建设方面，2012 年，浙江省继续设立两化融合专项引导资金，在吸引社会资本参与信息化建设中发挥了重要作用；中小企业信息化服务平台数量指数为77.22，比2011年的72.97增长了4.25个点；重点行业典型企业信息化专项规划情况指数为72.21，比2011年的66.34增长了5.87个点。

表13—2　2011—2012年浙江省两化融合基础环境指数情况

指标	2011年指数	2012年指数	指数变化情况
城（省）域网出口带宽	110.76	141.91	↑31.15
固定宽带普及率	87.74	92.9	↑5.16
固定宽带端口平均速率	52.79	54.9	↑2.11
移动电话普及率	70.13	75.17	↑5.04
互联网普及率	71.24	73.54	↑2.3
两化融合专项引导资金	100.00	100.00	—
中小企业信息化服务平台数	72.97	77.22	↑4.25
重点行业典型企业信息化专项规划	66.34	72.21	↑5.87

数据来源：中国电子信息产业发展研究院。

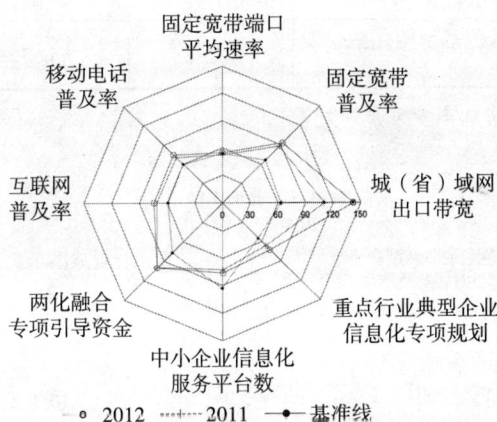

图13—2　2011—2012年浙江省两化融合基础环境指数情况

数据来源：中国电子信息产业发展研究院。

2. 工业应用指数

2012年，浙江省工业应用各项指数均呈现上升势头。其中，重点行业典型企业ERP普及率指数为75.83，比2011年的54.76增长了21.07个点。重点行业典型企业MES普及率指数为77.14，比2011年的52.82增长了24.32个点。重点行业典型企业PLM指数为54.2，比2011年的43.58增长了10.62个点。重点行业典型企业 SCM 普及率指数为 62.48，比 2011 年的 59.78 增长了 2.7 个点。重点行业典型企业采购环节电子商务应用普及率指数为 76.9，比 2011 年的 62.41 增长了 14.49 个点。重点行业典型企业销售环节电子商务应用普及率指数为 85.06，比 2011 年的 75.33 增长了 9.73 个点。重点行业典型企业装备数控化率指数为 52.03，比 2011 年的 51.57 增长了 0.46 个点。国家新型工业化产业示范基地两化融合发展水平指数为 65.67，比 2011 年的 62.67 增长了 3 个点。

表 13—3   2011—2012 年浙江省两化融合工业应用指数情况

指标	2011年指数	2012年指数	指数变化情况
重点行业典型企业ERP普及率	54.76	75.83	↑21.07
重点行业典型企业MES普及率	52.82	77.14	↑24.32
重点行业典型企业PLM普及率	43.58	54.2	↑10.62
重点行业典型企业SCM普及率	59.78	62.48	↑2.7
重点行业典型企业采购环节电子商务应用	62.41	76.9	↑14.49
重点行业典型企业销售环节电子商务应用	75.33	85.06	↑9.73
重点行业典型企业装备数控化率	51.57	52.03	↑0.46
国家新型工业化产业示范基地两化融合发展水平	62.67	65.67	↑3

数据来源：中国电子信息产业发展研究院。

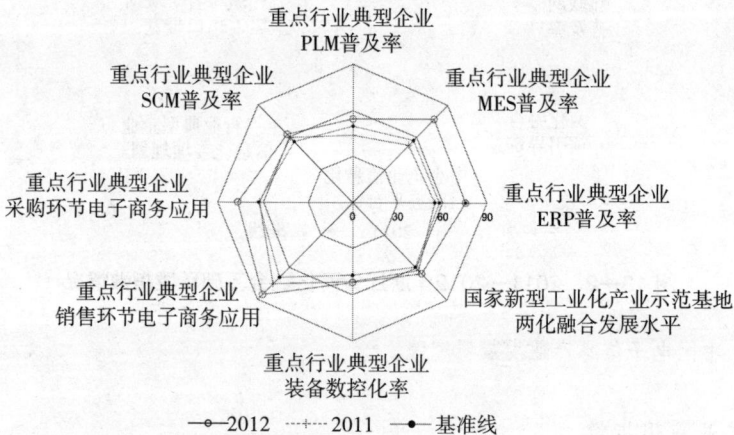

图 13—3   2011—2012年浙江省两化融合工业应用指标指数情况

数据来源：中国电子信息产业发展研究院。

3. 应用效益指数

在地区工业生产效益和水平方面，2012 年，浙江省工业增加值占 GDP 比重指数为 39.18，比 2011 年的 41.66 减少了 2.48 个点；第二产业全员劳动生产率指数为 47.46，比 2011 年的 42.68 增长了 4.78 个点；工业成本费用利润率指数为 36.83，比 2011 年的 40.25 减少了 3.42 个点；单位工业增加值工业专利量指数为 181.4，比 2011 年的 164.1 增长了 17.3 个点。在信息产业发展水平方面，2012 年，浙江省电子信息制造业主营业务收入指数为 161.67，比 2011 年的 158.84 增加了 2.83 个点；软件业务收入指数为 180.32，比 2011 年的 153.2 增长了 27.12 个点。

表 13—4　2011—2012 年浙江省两化融合应用效益指数情况

指标	2011年指数	2012年指数	指数变化情况
工业增加值占GDP比重	41.66	39.18	↓2.48
第二产业全员劳动生产率	42.68	47.46	↑4.78
工业成本费用利润率	40.25	36.83	↓3.42
单位工业增加值工业专利量	164.1	181.4	↑17.3
单位地区生产总值能耗	78.02	78.02	—
电子信息制造业主营业务收入	158.84	161.67	↑2.83
软件业务收入	153.2	180.32	↑27.12

数据来源：中国电子信息产业发展研究院。

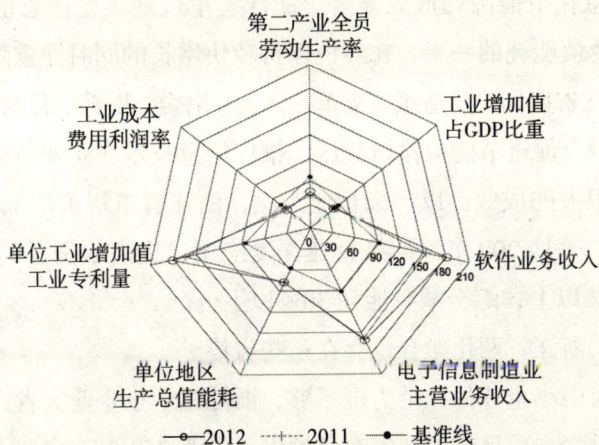

图 13—4　2011—2012年浙江省两化融合应用效益指数情况

数据来源：中国电子信息产业发展研究院。

三、优劣势评价

总体来看，浙江省两化融合水平处于全国前列，而且呈现较好发展态势，主要优势有以下几点：

一是信息基础设施比较发达。2012年，浙江省城（省）域网出口带宽达到10031.31Gbps，位居全国第二位，固定宽带普及率达到0.21个/人，位居全国第三位。2012年全年，浙江省电信业务总量808.8亿元。年末本地电话交换机容量2791万门，比上年减少195万门；移动电话交换机容量9685万户，比上年增加80万户。本地电话用户1882万户，比上年减少66万户，普及率34.2线/百人；移动电话用户6443万户，比上年增加687万户，普及率117.2部/百人。年末全省互联网用户数5887万户，其中（固定）互联网宽带接入用户1153万户。

二是产业园区两化融合推进措施有力。2012年，国家新型工业化产业示范基地两化融合发展水平为50.46，高于全国平均水平。浙江省在智慧园区建设上，与国内外知名信息化服务商合作，依据各园区的定位和发展现状，制定有效的整合方案、超前的建设理念和先进的技术手段，着力建设以云计算为特色、以高新技术为发展方向的智慧园区，推动当地园区的两化深度融合，并且将当地的园区打造成为未来智慧园区的标杆。

三是以信息化节能降耗成效显著。浙江省单位地区生产总值能耗仅为全国平均单位生产总值能耗的一半，在经济保持较快增长的同时注重降低对环境的污染。2011年浙江省以印染、造纸、皮革、化工、冶金、医药、建材等行业为重点，创建两化深度融合促进节能减排试验区，推广信息技术在企业节能减排改造中的应用，取得了很大的成效。以印染行业为例，浙江省组织推广12项实用信息技术在绍兴、萧山等地200多家印染企业深度应用，提高水资源利用率25%，减少污水排放30%以上，综合减少能耗30%以上。

与此同时，浙江省两化融合也存在一些劣势：

一是政府对中小企业的扶持力度不够，浙江是中小企业大省，是全国中小企业最发达的省份之一，目前浙江省有各类中小企业260多万家，占全省企业总数的99%、工业总量的84%、工业税收的81%、外贸出口的82%；工业企业从业人员的 93% 都来自中小企业。[1] 但是截至 2012 年年底，浙江省省级中小企业信息化服务平台数为 23 个，远远低于全国各省份平均的 51 个，很难满足省内中小企业信息化发展的各项需求，进一步提高面向中小企业的综合服务和专业服务能力已成为当务之急。

二是部分企业信息化推进手段不够。浙江省部分企业推进两化融合还存在装备化基础薄弱、流程管理缺位、企业管理与信息化脱节、企业关键能力不足等现象。在浙江省的经济结构中，国有大型企业集团也占有一定比重，这些企业是浙江推进"两化融合"的主战场，而部分国有企业利用信息化加强管理的意识薄弱，IT 治理结构不完善、IT 部门在企业战略的制定中话语权不足，利用信息技术进行创新的机制不健全且能力不强。这些都阻碍了浙江"两化融合"的整体发展。

四、相关建议

对浙江省两化融合提出以下建议：

一是加大两化融合技术和产品研发力度。充分利用浙江省高校和科研院所云集、教学和师资力量雄厚等优势，设立由企业、科研院所、高校三方合作组成的两化融合技术研发中心，针对行业特别是新兴产业的发展需要，确定关键技术研发项目，开展技术攻关，解决产业和技术升级问题，实现高新技术的产业化应用。促进企业加快信息技术应用的研发速度，使企业研发团队中拥有集成电路、网络、软件等信息技术专业人才，形成板块化研发团队，加快企业两化深度融合。进一步重视产业集群两化融合中的共性技术规范研究，加强信息化应用领域的基础性和关键性标准建设。

二是组织两化融合 IT 企业与工业企业对接。实施信息技术产用合作专项，在机械、石化、电力等重点行业针对企业需求开展信息技术应用试点示范，形成可推广的行业解决方案，支持工业企业采用安全可控的信息技术和产品。在重点消费领域，提升移动智能终端、高端家电、医疗器械、玩具等产品智能化水平，提高产品附加值。加强应用电子产品和系统研发和产业化，推动工业软件开发、标准化及行业应用。推进重点行业信息技术应用公共服务平台建设，引导行业协

---

[1]　《推进两化深度融合 加快中小企业转型升级》，《信息化建设》2011年第8期。

会、企业和研发机构共同组织产用合作联盟。

三是加快推进实施产业园智慧化建设。完善示范基地信息基础设施，提高宽带和高速无线网络的覆盖率。增强示范基地公共服务平台的信息化支撑能力，建设并完善一批面向产业集群的专业化信息化服务平台，鼓励建设示范基地管理综合服务平台。依托示范基地骨干企业，促进产业链上下游企业间、制造企业与生产性服务企业间信息共享和业务协作。

第十四章　安徽省两化融合发展水平分析

一、总体情况

（一）经济概况

2012 年，安徽省地区生产总值达到 17212.1 亿元，比 2011 年增长 12.1%。其中，第一产业增加值 2178.7 亿元，第二产业增加值 9404 亿元，第三产业增加值 5629.4 亿元，三次产业结构由上年的 13.2:54.3:32.5 调整为 12.7:54.6:32.7。全年规模以上工业增加值 7550.5 亿元，比 2011 年增长 16.2%，轻、重工业分别增长 17.5% 和 15.6%，轻重工业增加值比例由 2011 年的 30.8:69.2 变化为 31.4:68.6。全省九成以上工业行业增加值保持增长，其中计算机、通信和其他电子设备制造业、通用设备制造业、农副食品加工业增长均超过 20%。

（二）两化融合主要进展

2012 年，安徽省充分发挥两化融合在促进工业转型升级、企业创新发展上的重要作用，通过政策叠加、示范牵动和模式创新，把技术改造作为转型升级的重要抓手，把自主创新作为转型升级的持续动力，把培育新兴产业的规模化作为转型升级的制高点，在行业和企业层面取得了显著成效。

1. 开展企业示范，加快传统产业升级改造

安徽省围绕钢铁、煤炭、石化、建材、装备制造、电子信息等重点行业，组织开展企业层面的示范建设，连续三年共培育 205 家省级两化融合示范企业。铜

陵有色、海螺、安徽叉车、江淮汽车、奇瑞汽车、安徽华茂、淮北矿业等7家企业入围2012年国家级信息化与工业化深度融合示范企业。马钢和铜陵有色成为全国两化融合促进节能减排示范企业；雷鸣科化成为国家两化融合促进安全生产示范企业。示范企业中，煤炭行业如淮北矿业、国投新集信息化都保持在全国前列水平，信息化为行业发展提供了安全保障、提高了管理水平。马钢新区的能源控制管理中心，利用信息技术实现了能源设备的实时监控和能源调度、能源管理一体化。示范企业的培育和评定工作，充分调动了企业实施信息化的积极性和主动性，大力推进了信息技术在企业产品研发、生产经营、节能减排、创新发展、产业服务等方面的应用和融合。

2. 推动区域示范，加快产业升级步伐

为做好两化融合在区域层面上的示范工作，安徽省制订了《关于开展信息化与工业化融合示范区活动的指导意见》，选择一批基础条件好、有代表性的市、县和工业园区开展两化融合示范区建设。目前已在全省认定了19家省级两化融合示范区，分成市级、县级、工业园区不同层次。各个示范区根据本地区产业发展特点，找准两化融合切入点，制订示范区建设工作方案，出台政策、落实保障，以两化融合推进本地工业企业、产业加快升级步伐。其中，合肥市成为第二批国家级两化融合试验区。合肥市将汽车、家电、装备制造、平板显示等8个产业作为重点，从省级示范项目、市级示范项目和园区示范三个层面加以推进，工作取得显著成效。

3. 抓好示范项目，引导企业加快发展

推进两化融合，抓好项目建设，是引导企业主动开展信息化的一项有效措施。安徽省经信委以每年的导向计划项目为依据，建设两化融合重点项目库，进行跟踪调度。在每年的财政专项资金申报中，将两化融合项目作为一个专项，通过项目引导全省两化融合工作的开展。2012年，工信部首次开展了国家级两化融合资金项目的申报工作，安徽省经信委把省级示范企业的优秀项目推荐上去，最终有江汽、铜陵有色等4家企业的项目入选。

4. 搭建社会化服务平台，推进中小企业信息化

安徽省采用当前成熟的云计算服务模式，在广大中小企业实施信息化中积极引入社会化建设理念，推进"用得上、用得好、用得起"的信息化建设。安徽省

经信委分别与省电信、省移动、省联通联合，省市系统联动，在全省先后开展"万家数字企业"、"动力 100 无线企业"建设和"无线城市应用巡展"等活动，培训企业 1.85 万户，建成"数字企业"6897 家，参与"无线企业"建设的企业达 19973 户。通过这些活动，搭建了通信服务商、IT 服务企业和广大中小企业之间的桥梁，向中小企业提供产品购买、系统租赁、服务外包、功能定制等全方位、个性化的服务，解决了中小企业开展信息化缺资金、缺人才等困难，活动取得很好的效果。

5. 做好政策规划，优化发展环境

为指导全省信息化与两化融合科学有序推进，安徽省政府印发了《安徽省十二五信息化发展规划》，省经信委出台了《安徽省十二五信息化与工业化融合发展规划》，提出了信息化在传统产业升级、新兴产业发展、节能减排、服务业发展、技术创新等方面的主要任务和重点工程。

二、两化融合发展水平分析

（一）综合分析

2012 年，安徽省两化融合发展指数为 59.3，与河北、陕西、新疆等省份同处全国中等偏下水平。基础环境指数为 54.81，比 2011 年的 51.2 增长了 3.61 个点。工业应用指数为 57.31，比 2011 年的 66.68 减少了 9.37 个点。应用效益指数为 67.79，比 2011 年的 62.72 增长了 3.27 个点。

表 14—1　2011—2012 年安徽省两化融合指数情况

指标	2011年指数	2012年指数	变化情况
基础环境	51.20	54.81	↑3.61
工业应用	66.68	57.31	↓9.37
应用效益	65.72	67.79	↑2.07
发展指数	62.57	59.30	↓3.27

数据来源：中国电子信息产业发展研究院。

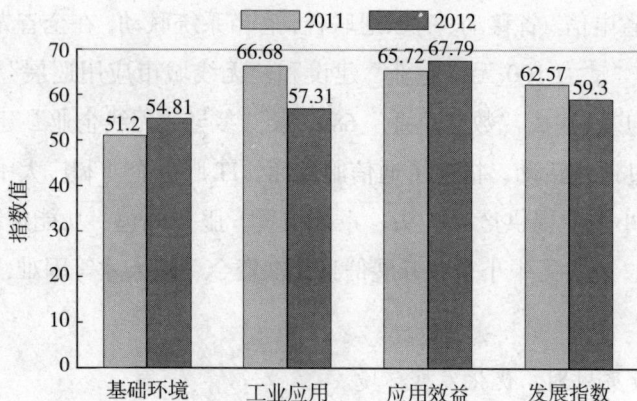

图 14—1　2011—2012年安徽省两化融合指数情况

数据来源：中国电子信息产业发展研究院。

（二）具体分析

1. 基础环境指数

在信息基础设施建设方面，2012年，安徽省城（省）域网出口带宽指数为76.01，比2011年的58.22增长了17.79个点；固定宽带普及率指数为50，比2011年的45.34增长了4.66个点；固定宽带端口平均速率指数为52.79，比2011年的52.2增长了0.59个点；移动电话普及率指数为47.84，比2011年的44.4增长了3.44个点。在互联网应用普及方面，2012年，安徽省互联网普及率指数为47.8，比2011年的42.35增长了5.45个点。在两化融合政策环境建设方面，2012年，安徽省设立了两化融合专项引导资金；中小企业信息化服务平台数量指数为40.37，比2011年的29.25增长了11.12个点；重点行业典型企业信息化专项规划情况指数为59.78，比2011年的65.66减少了5.88个点。

表 14—2　2011—2012年安徽省两化融合基础环境指数情况

指标	2011年指数	2012年指数	指数变化情况
城（省）域网出口带宽	58.22	76.01	↑17.79
固定宽带普及率	45.34	50.00	↑4.66
固定宽带端口平均速率	52.20	52.79	↑0.59
移动电话普及率	44.40	47.84	↑3.44
互联网普及率	42.35	47.80	↑5.45

（续表）

指标	2011年指数	2012年指数	指数变化情况
两化融合专项引导资金	100.00	100.00	—
中小企业信息化服务平台数	29.25	40.37	↑11.12
重点行业典型企业信息化专项规划	65.66	59.78	↓5.88

数据来源：中国电子信息产业发展研究院。

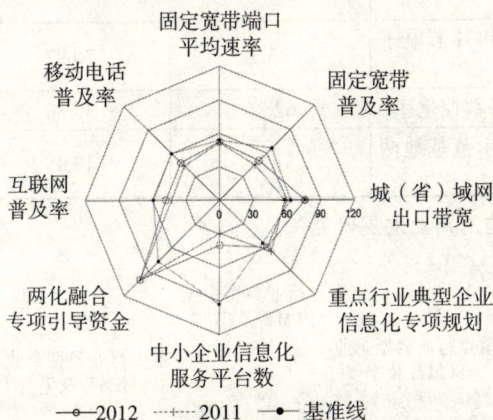

图14—2　2011—2012年安徽省两化融合基础环境指数情况

数据来源：中国电子信息产业发展研究院。

2. 工业应用指数

受到企业样本采集范围扩大的影响，2012年安徽省工业应用大部分指数出现了不同程度的下降。其中，重点行业典型企业ERP普及率指数为62.05，比2011年的63.34减少了1.29个点。重点行业典型企业MES普及率指数为63.32，比2011年的56.74增长了6.58个点。重点行业典型企业PLM指数为52.18，比2011年的67.05减少了14.87个点。重点行业典型企业SCM普及率指数为59.53，比2011年的65.13减少了5.6个点。重点行业典型企业采购环节电子商务应用普及率指数为69，比2011年的87.06减少了18.06个点。重点行业典型企业销售环节电子商务应用普及率指数为70.87，比2011年的83.7减少了12.83个点。重点行业典型企业装备数控化率指数为36.3，比2011年的62.36减少了26.06个点。国家新型工业化产业示范基地两化融合发展水平指数为49.95，比2011年的51.35减少了1.4个点。

表 14—3　2011—2012 年安徽省两化融合工业应用指数情况

指标	2011年指数	2012年指数	指数变化情况
重点行业典型企业ERP普及率	63.34	62.05	↓1.29
重点行业典型企业MES普及率	56.74	63.32	↑6.58
重点行业典型企业PLM普及率	67.05	52.18	↓14.87
重点行业典型企业SCM普及率	65.13	59.53	↓5.6
重点行业典型企业采购环节电子商务应用	87.06	69.00	↓18.06
重点行业典型企业销售环节电子商务应用	83.7	70.87	↓12.83
重点行业典型企业装备数控化率	62.36	36.30	↓26.06
国家新型工业化产业示范基地两化融合发展水平	51.35	49.95	↓1.4

数据来源：中国电子信息产业发展研究院。

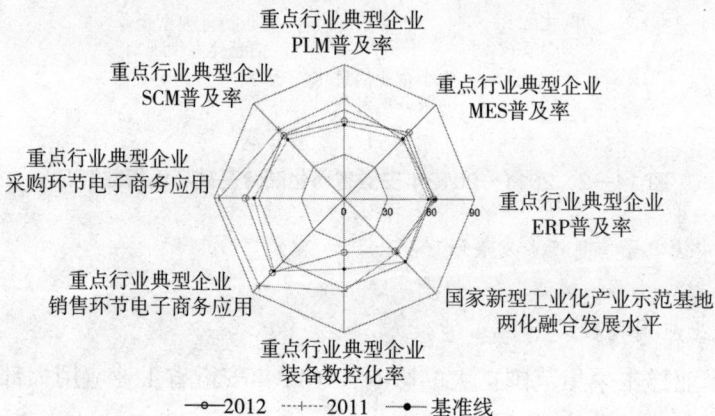

图 14—3　2011—2012年安徽省两化融合工业应用指数情况

数据来源：中国电子信息产业发展研究院。

3. 应用效益指数

在地区工业生产效益和水平方面，2012 年，安徽省工业增加值占 GDP 比重指数为 50.32，比 2011 年的 52.65 减少了 2.33 个点；第二产业全员劳动生产率指数为 44.56，比 2011 年的 43.51 增长了 1.05 个点；工业成本费用利润率指数为 43.03，比 2011 年的 43.83 减少了 0.8 个点；单位工业增加值工业专利量指数为 144.55，比 2011 年的 128.59 增长了 15.96 个点。在信息产业发展水平方面，2012 年，安徽省电子信息制造业主营业务收入指数为 91.3，比 2011 年的 94.1 减少了 2.8

个点；软件业务收入指数为 29.92，比 2011 年的 28.37 增长了 1.55 个点。

表 14—4　2011—2012 年安徽省两化融合应用效益指数情况

指标	2011年指数	2012年指数	指数变化情况
工业增加值占GDP比重	52.65	50.32	↓2.33
第二产业全员劳动生产率	43.51	44.56	↑1.05
工业成本费用利润率	43.83	43.03	↓0.8
单位工业增加值工业专利量	128.59	144.55	↑15.96
单位地区生产总值能耗	67.05	67.05	—
电子信息制造业主营业务收入	94.10	91.30	↓2.8
软件业务收入	28.37	29.92	↑1.55

数据来源：中国电子信息产业发展研究院。

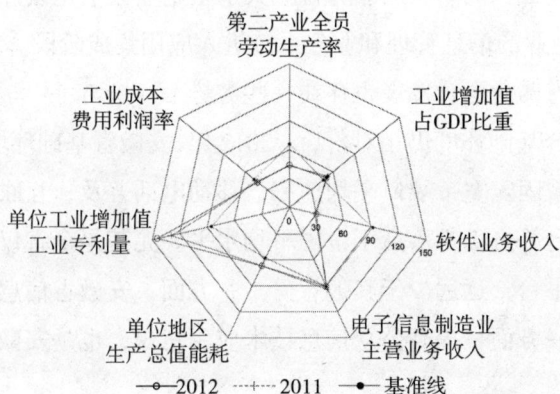

图 14—4　2011—2012 年安徽省两化融合应用效益指数情况

数据来源：中国电子信息产业发展研究院。

三、优劣势评价

安徽省 2012 年工业经济和信息化均呈快速发展态势，两化融合发展具有一定优势：

一是工业创新能力较强。2012 年，安徽省单位工业增加值工业专利量为 3.53 件 / 亿元，是全国平均的 2 倍多，位居全国第三位，甚至超过了上海、江苏和广东等经济强省。与全国大部分省份相比，安徽省科教资源较为丰富，现有中科院合肥物质科学研究院等国家和省属科研单位 158 个，中国科技大学等各类高校 97 所，国家大科学工程 4 个 [1]，是除北京以外国家大科学工程最密集的地区，省会合肥是全国唯一的国家科技创新型试点城市，合肥—芜湖自主创新综合试验区建设开始启动，这些都为安徽省工业企业科技创新提供了智力资源，使得安徽省工业创新异常活跃。2012 年，安徽省高新技术产业增长 16.5%，高新技术产品出口增长 9.5%。截至 2012 年年底，安徽有高新技术产业开发区 12 个，其中国家级 4 个。

二是工业应用普及保持良好态势。2012 年，安徽省以示范带动全省工业企业开展两化融合，支持一批重大项目建成投产。企业的 ERP、MES、PLM、SCM 和电子商务普及应用水平比较高，多个业务环节的信息化应用开始走向综合集成和产业链协同。江淮汽车、合力叉车、淮矿等企业的两化融合水平均在各自行业内领先。钢铁、化工、汽车、船舶等行业大中型企业数字化设计工具普及率超过 67%；大型骨干企业的信息管理和业务系统进入应用集成阶段。

同时，安徽省两化融合发展也存在一些劣势：

一是两化融合基础环境仍相对落后。2012 年，安徽省基础环境指数水平较低，在固定宽带普及、固定宽带端口平均速率、移动电话普及、互联网普及和中小企业信息化服务平台等方面都落后于全国平均水平。尤其是全省仅有 9 家省级中小企业信息化服务平台，远远少于其他省份。一方面，安徽省信息基础设施建设水平亟待增强，另一方面，提高公众信息技术应用意识，也是安徽省两化融合未来发展重点方向。

二是软件业发展相对弱小。安徽省软件业一直未能取得较快发展，2012 年，安徽省软件业务收入为 64.88 亿元，不到全国平均水平的 10%，更远远落后于江苏、上海、浙江等周边省份。安徽省软件业自主创新能力较弱，产品结构不合理，常处于价值链低端的产品利润空间萎缩，支持技术创新和产业发展的政策措施还不完善。具体表现：第一，产业整体规模偏小，对经济结构调整升级和信息化建设的拉动力不足；第二，软件企业创新能力有待提高，软件产品数量单一，名牌产品少，承接国家重大软件项目的竞争能力不强；第三，软件企业技术基础薄弱，缺乏核心技术支持和产品技术发展的长远规划；第四，支持产业公共技术开发、风险投融资、市场开拓等公共服务体系尚不健全，人才结构性矛盾日益突出。

---

[1] 安徽日报：《积极参与泛长三角区域发展分工与合作——安徽省委书记王金山答〈学习时报〉记者问》，2008年7月9日。

四、相关建议

对安徽省两化融合提出以下建议：

一是促进信息技术在传统工业领域的渗透。以汽车、钢铁、纺织、石化、冶金、煤炭、装备制造等安徽省重点传统行业为重点，加快产品研发、生产、营销、管理等重点环节的信息技术改造，提升企业的核心竞争力。推进产品开发、设计与创新的信息化，深化信息技术在汽车、船舶、家电等产品上的渗透融合，提高产品信息技术含量和附加值。提高汽车、冶金、化工、纺织、轻工等行业在生产装备与过程控制的信息化和自动化应用水平，实现与企业资源计划系统对接。推广综合集成制造、敏捷制造、柔性制造、精密制造等先进制造技术，推进现代装备制造业发展。

二是发展和提升软件产业。重点发展具有自主知识产权和核心技术的软件产品，推进各领域软件技术与产品的产业化。提高嵌入式软件研发水平和能力。加强软件技术公共服务平台建设，协调企业、高校、科研院所和其他社会资源，合力打造软件产业综合服务平台、公共技术服务平台、人才培养和交流平台，促进各种形式的技术合作和创新联盟建设。

三是促进信息技术在服务业中的应用，培育壮大现代服务业。充分利用安徽省电子商务发达优势，推进电子商务与现代物流、电子商务与专业市场、电子商务与港口服务的集成发展、互动发展，不断创新电子商务服务模式和服务内容，完善电子商务产业链和发展环境。鼓励产业集群龙头骨干企业建立行业电子商务平台，完善供应链、客户和渠道管理，实现产业链企业间订单、设计、生产、管理、销售等商务活动全程电子化和网络化。

三是加大中小企业信息化公共服务平台建设，创新中小企业信息化服务模式。通过外包、服务购买、政府补贴等方式，鼓励信息技术服务企业为中小企业提供信息化服务。着力以效果为导向，以中小企业需求为牵引，培育一批面向中小企业提供信息化共性服务的平台，拓宽中小企业信息化服务渠道，鼓励中小企业利用本地和全国中小企业信息化服务资源。

第十五章　福建省两化融合发展水平分析

一、总体情况

（一）经济概况

2012 年，福建省地区生产总值为 19701.78 亿元，比上年增长 11.4%。其中，第一产业增加值 1776.47 亿元，同比增长 4.2%；第二产业增加值 10288.59 亿元，同比增长 14.6%；第三产业增加值 7636.72 亿元，同比增长 8.5%。人均地区生产总值 52763 元，比上年增长 10.5%。三次产业比例为 9.0：52.2：38.8。全年全部工业实现增加值 8644.19 亿元，比上年增长 14.2%，其中规模以上工业增加值 7856.29 亿元，同比增长 15.2%。工业产品销售率 97.77%，比上年回落 0.30 个百分点。规模以上工业的 38 个行业大类中有 27 个增加值增速在两位数。高技术产业实现增加值 737.63 亿元，比上年增长 17.2%。

（二）两化融合主要进展

2012 年，福建省以闽台合作为契机，重点推进工业领域信息技术产用结合，以工程为抓手推动中小企业信息化服务平台建设，建立完善闽台两化融合合作机制，为进一步推动两化融合向深层次发展奠定基础。

1. 加大信息技术研发和推广应用

2012 年，福建省在共性关键信息技术领域加大研发与应用推广力度，支持工业设计、工业软件和自动化集成企业积极开拓市场，鼓励软件企业与产业园区、基地开展多层次的合作，推进软件技术与工业企业融合。2012年，福建省共投入1亿元以上专项资金，促进国产工业软件企业为省内企业两化深度融合提供综合集成软件与技术服务。同时，福建省通过试点项目支持传统产业企业加大信息技术应用，以两化融合促进技术改造和技术创新，以技术改造带动转型升级。

2. 建设公共平台服务企业需求

福建省继续实施"288"工程（2个综合性信息化公共服务平台、8个行业性信息化公共服务平台、8个专业性信息化公共服务平台），主要通过少量财政资金引导和市场化运作，有力促进了信息技术在中小微企业的广泛应用。截至2012年年底，"288"工程总投入22.5亿元，总产出超过100亿元。2012年，福建省还启动了"万家智慧企业"和"万家中小企业人才管理信息化提升"两个"万家工程"。为适应新技术的发展和应用，福建省大力推进"企业云服务"平台建设，支持福建省企业家联合会推出"企业家园"网络平台、闽东电机行业云服务平台等，较好地解决了行业创新能力不足、资源共享和业务协调能力不足等问题。截至2012年年底，福建省认定首批45个省级中小企业公共服务示范平台，其中8个平台被工业和信息化部认定为国家级示范平台。

3. 推动闽台两化融合对接合作

福建以在全国有较大优势的纺织行业信息化为重点，通过"台湾软件协会"和"台北电脑公会"等牵头，组织其会员单位开展闽台两化融合对接合作的"先行先试"。成立两岸第一家两化融合应用合资企业，引进台湾企业信息化的先进技术和模式。建立多层次的闽台信息服务业交流平台和"闽台物联网合作联盟"等常态化交流合作机制，在纺织、医疗、流通、物流、服装、旅游、汽车、节能减排、智能交通等九个行业开展初步合作，为两岸合作推进两化深度融合进行了有益的尝试。

二、两化融合发展水平分析

（一）综合分析

2012年，福建省两化融合发展指数为74.72，继续位居全国前列。基础环境指数为83.09，比2011年的77.83增长了5.26个点。工业应用指数为63.92，比

2011 年的 63.7 增长了 0.22 个点。应用效益指数为 87.93，比 2011 年的 83.59 增长了 4.34 个点。

表 15—1　2011—2012 年福建省两化融合指数情况

指标	2011年指数	2012年指数	变化情况
基础环境	77.83	83.09	↑5.26
工业应用	63.70	63.92	↑0.22
应用效益	83.59	87.93	↑4.34
发展指数	72.20	74.72	↑2.52

数据来源：中国电子信息产业发展研究院。

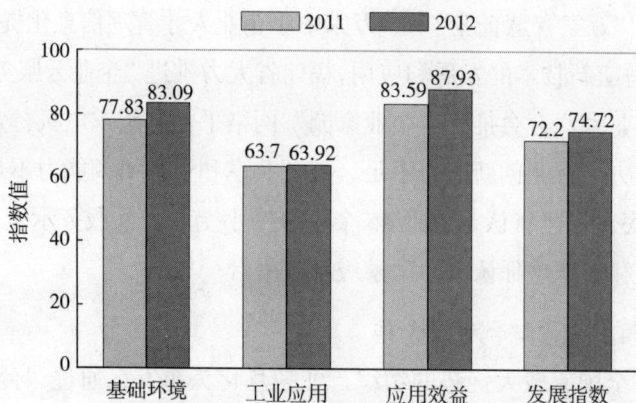

图 15—1　2011—2012年福建省两化融合指数情况

数据来源：中国电子信息产业发展研究院。

（二）具体分析

1. 基础环境指数

在信息基础设施建设方面，2012 年，福建省城（省）域网出口带宽指数为 76.19，比 2011 年的 70.08 增长了 6.11 个点；固定宽带普及率指数为 90.37，比 2011 年的 79.25 增长了 11.12 个点；固定宽带端口平均速率指数为 60.5，比 2011 年的 54.9 增长了 5.6 个点；移动电话普及率指数为 71.48，比 2011 年的 65.98 增长了 5.5 个点。在互联网应用普及方面，2012 年，福建省互联网普及率指数为 75.32，比 2011 年的 71.96 增长了 3.36 个点。在两化融合政策环境建设方面，

2012 年，福建省设立了两化融合专项引导资金；中小企业信息化服务平台数量指数为 125.13，比 2011 年的 113.65 增长了 11.48 个点；重点行业典型企业信息化专项规划情况指数为 78.37，比 2011 年的 82.11 减少了 3.74 个点。

表 15—2　2011—2012 年福建省两化融合基础环境指数情况

指标	2011年指数	2012年指数	指数变化情况
城（省）域网出口带宽	70.08	76.19	↑6.11
固定宽带普及率	79.25	90.37	↑11.12
固定宽带端口平均速率	54.90	60.50	↑5.6
移动电话普及率	65.98	71.48	↑5.5
互联网普及率	71.96	75.32	↑3.36
两化融合专项引导资金	100.00	100.00	—
中小企业信息化服务平台数	113.65	125.13	↑11.48
重点行业典型企业信息化专项规划	82.11	78.37	↓3.74

数据来源：中国电子信息产业发展研究院。

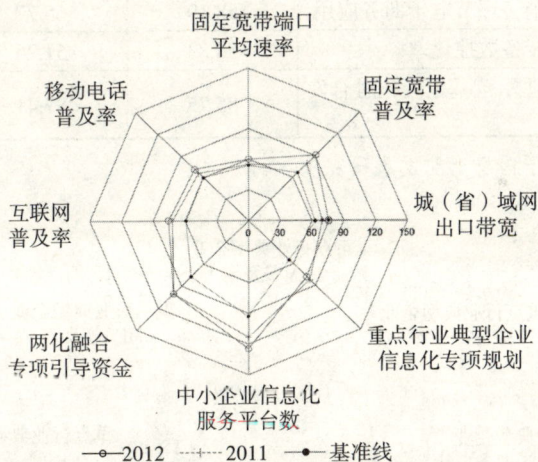

图 15—2　2011—2012 年福建省两化融合基础环境指数情况

数据来源：中国电子信息产业发展研究院。

2. 工业应用指数

2012 年，福建省重点行业典型企业 ERP 普及率指数为 75.06，比 2011 年的 68.51 增长了 6.55 个点。重点行业典型企业 MES 普及率指数为 46.72，比 2011 年的 50.9 减少了 4.18 个点。重点行业典型企业 PLM 指数为 55.1，比 2011 年的

68.93 减少了 13.83 个点。重点行业典型企业 SCM 普及率指数为 70.39，比 2011 年的 64.48 增长了 5.91 个点。重点行业典型企业采购环节电子商务应用普及率指数为 57.86，比 2011 年的 53.47 增长了 4.39 个点。重点行业典型企业销售环节电子商务应用普及率指数为 65.77，比 2011 年的 58.19 增长了 7.58 个点。重点行业典型企业装备数控化率指数为 51.26，比 2011 年的 56.83 减少了 5.57 个点。国家新型工业化产业示范基地两化融合发展水平指数为 87.41，比 2011 年的 85.75 增长了 1.66 个点。

表 15—3 2011—2012 年福建省两化融合工业应用指数情况

指标	2011年指数	2012年指数	指数变化情况
重点行业典型企业ERP普及率	68.51	75.06	↑6.55
重点行业典型企业MES普及率	50.90	46.72	↓4.18
重点行业典型企业PLM普及率	68.93	55.10	↓13.83
重点行业典型企业SCM普及率	64.48	70.39	↑5.91
重点行业典型企业采购环节电子商务应用	53.47	57.86	↑4.39
重点行业典型企业销售环节电子商务应用	58.19	65.77	↑7.58
重点行业典型企业装备数控化率	56.83	51.26	↓5.57
国家新型工业化产业示范基地两化融合发展水平	85.75	87.41	↑1.66

数据来源：中国电子信息产业发展研究院。

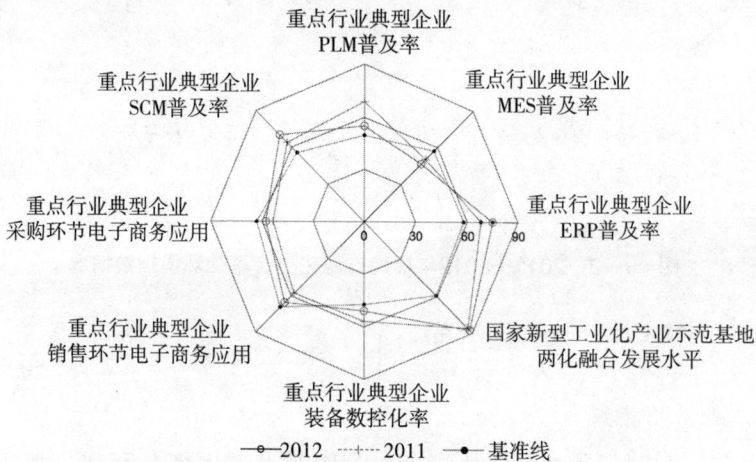

图 15—3 2011—2012年福建省两化融合工业应用指数情况

数据来源：中国电子信息产业发展研究院。

3. 应用效益指数

在地区工业生产效益和水平方面，2012 年，福建省工业增加值占 GDP 比重指数为 50.33，比 2011 年的 50.97 减少了 0.64 个点；第二产业全员劳动生产率指数为 59.23，比 2011 年的 50.37 增长了 8.86 个点；工业成本费用利润率指数为 45.49，比 2011 年的 50 减少了 4.51 个点；单位工业增加值工业专利量指数为 101.94，比 2011 年的 93.12 增长了 8.82 个点。在信息产业发展水平方面，2012 年，福建省电子信息制造业主营业务收入指数为 154.54，比 2011 年的 152.32 增加了 2.22 个点；软件业务收入指数为 161.39，比 2011 年的 144.11 增长了 17.28 个点。

表 15—4　2011—2012 年福建省两化融合应用效益指数及排名情况

指标	2011年指数	2012年指数	指数变化情况
工业增加值占GDP比重	50.97	50.33	↓0.64
第二产业全员劳动生产率	50.37	59.23	↑8.86
工业成本费用利润率	50.00	45.49	↓4.51
单位工业增加值工业专利量	93.12	101.94	↑8.82
单位地区生产总值能耗	74.19	74.19	—
电子信息制造业主营业务收入	152.32	154.54	↑2.22
软件业务收入	144.11	161.39	↑17.28

数据来源：中国电子信息产业发展研究院。

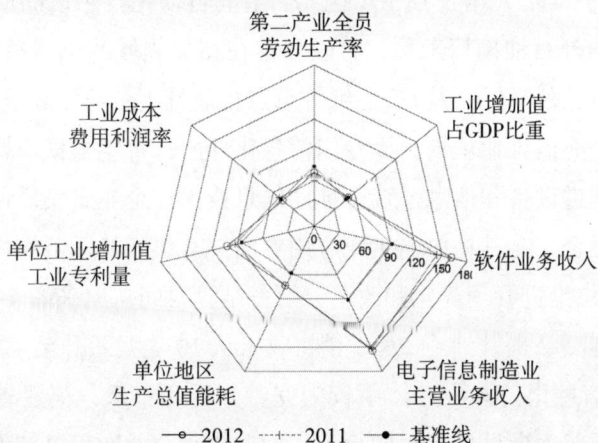

图 15—4　2011—2012年福建省两化融合应用效益指数情况

数据来源：中国电子信息产业发展研究院。

三、优劣势评价

福建省两化融合水平一直位居全国前列，具有一定的发展优势：

一是两化融合发展基础雄厚。根据评估数据显示，在基础环境类各项指标中，福建省都高于全国平均水平。尤其是固定宽带普及率和重点行业典型企业信息化专项规划制定率都高于全国平均水平的一半以上。全省电信业完成主营业务收入422.67亿元，同比增长10.1%。年末全省电话用户总数达到5066万户，本年净增498万户，固定电话用户1017万户，净增2万户；移动电话用户4049万户，同比净增496万户，其中3G电话用户840万户，同比净增391万户。全省互联网用户为3461万户，同比净增589万户。全省固定电话交换机容量1626万门，同比减少7.0%；移动电话交换机容量7703万户，同比增长7.3%。互联网宽带接入端口1110万个，同比增长22.4%。互联网普及率为61.3%。

二是重点行业信息技术应用突破较大。福大自动化自主创新全球领先的"跨平台"技术IAP系统（安全可靠自动化控制平台）应用于华能电厂，稳定无事故运行时间至今已超过10年，其设备含服务造价（1050万元人民币）仅为同期日本三菱重工报价（高达1400万美元，还不含服务费）的10%；厦门雅迅"掌务通"系统在银鹭集团应用后，月人均销售提升49%，实施仅1年就帮助银鹭集团年销售额从上财年的54亿元增长到101亿元。上润自动化传感产品成功运用于神舟系列飞船和国内外石油勘探工程，打破日本在相关领域的全球垄断地位。此外，福建省装备制造、服装纺织、制鞋、造纸等重点行业骨干企业比较重视信息化建设，分期分步出台企业信息化规划，设专门信息化部门，每年根据需要划拨信息化投入，不断引入先进设备和信息系统，推动信息技术在企业研发设计、生产、管理等环节的渗透融合，尤其在协同集成应用方面具有很好的示范作用。比如恒安集团2002年全方位推进管理优化和改革，财务结算时间从原来的5天缩短为1天，利润增长率从54.5%提升到61.2%，销售收入从10亿元跃升至170亿元。

三是企业信息化公共服务体系较为完善。近几年来，福建省围绕全省产业集聚特点，建成了面向区域、面向行业、面向中小企业的信息技术公共服务平台五十多个，如鞋服信息资源服务平台、信息家电产品创新设计平台、纺织机械控制器嵌入式平台、数码印花信息服务平台、五金行业信息服务平台等，为广大中小企业提供各类公共信息服务与技术支持，起到了很好的效果。

与此同时，福建省两化融合推进过程中也还有一些不足之处：

一是自主创新产品市场应用推广难度很大。如现有招投标制度普遍规定"需具有成功案例"，即要有"首台（套）"业绩，可"创新"往往意味没有先例。虽然不少企业自主研发的信息技术产品已具备与国际一流企业竞争的实力，但现行招投标制度往往导致创新产品丧失最基本的入围资格，严重制约自主创新的应用发展。如福大自动化（全国软件百强第16位）自主创新的IAP系统在实际应用中效果明显，在全国"两化融合成果展"上得到多位中央政治局领导和工信部以及行业专家的充分肯定，可该产品近年因没有"相应行业案例"始终无法在大项目中得到应用。

二是两化深度融合的机制体制不畅。两化深度融合意味着融合的全方位和高质量，其核心是信息化支撑，这需要有强有力的"一把手"机制来推动。但目前福建省加快推进两化深度融合的发展举措与建设先进制造业基地和现代服务业、实现跨越发展与促进产业结构调整升级的战略还不匹配，缺乏高层面的两化深度融合组织保证，工业化和信息化"两张皮"现象明显，实施过程力度不足。另外，福建省重产业、轻信息化的现象比较突出，更强调产业规模扩大带来的GDP直接增长贡献，忽视信息化应用带来生产效能提升、生产方式变革等更为明显的间接效用。

四、相关建议

对福建省两化融合提出以下建议：

一是完善闽台两化深度融合交流合作机制。拓宽海峡两岸两化深度融合的合作领域，充分利用台湾信息化应用上的先行优势和行业积累，着力推进工业设计、现代物流、电子商务、科技咨询等生产性服务业"两化深度融合"对接，深化与台湾电子信息、石化、机械装备以及新能源汽车、工业设计、数控机床等领域的产业自动化与电子化合作。不断加强两岸合作的对接深度，围绕重点行业搭建对接平台，加大两岸CIO的交流力度，支持台湾同业公会、相关企业与内地合作建立技术中心、研究中心、产业联盟等，引进台湾企业信息化的先进技术和模式，提升两化深度融合的服务能力。

二是鼓励优势企业信息化部门分立提供普适服务。引导并扶持信息化程度比较高的大中型企业将优势软件和信息服务部门剥离出来，成立专业信息化服务公司为全行业、全社会提供普适服务，进一步提高信息技术的社会化、专业化、规模化、市场化水平，实现价值链从制造环节向研发、交易、集成和服务等环节延伸和拓展；支持骨干企业在系统集成、提供解决方案等方面开展增值服务，推进工业制造向工业智造、服务型制造转变。

三是引进和培养两化融合人才。出台两化融合人才需求目录。深入实施人才引进战略，联合台湾人才服务机构，开展各类人才培训和交流工作。鼓励省内高等院校面向市场需求，加强相关学科与专业建设。培育各产业的高层次两化融合专业人才，逐步培养推动两化融合的经营管理、系统规划、设计及系统整合等两化融合应用推动型人才。推动省内高校两化融合相关专业建立实习生派遣制度，加快培养、引进具有实战经验的专业信息技术人才和具有信息技术知识的复合型管理人才，开展企业信息主管（CIO）制度建设试点工作，加快培育信息化领军人才队伍。

四是加快基于新一代信息技术的公共服务平台建设。推进面向中小企业的研发设计平台建设，提供工业设计、虚拟仿真、样品分析、检验检测等软件支持和在线服务。提高网络环境下的企业间协作配套能力和产业链专业化协作水平，鼓励中小企业参与以龙头企业为核心的产业链协作。推广面向中小企业的信用管理、电子支付、物流配送、身份认证等关键环节的集成化电子商务服务。建立并完善一批面向产业集群的技术推广、管理咨询、融资担保、人才培训、市场拓展等功能的嵌入式服务平台。鼓励开展适合中小企业特点的网络基础设施租赁服务，积极发展设备租赁、数据托管、流程外包等服务。

第十六章　江西省两化融合发展水平分析

一、总体情况

（一）经济概况

2012 年，江西省地区生产总值达到 12948.5 亿元，比上年增长 11.0%。第一产业增加值为 1520.2 亿元，第二产业增加值为 6967.5 亿元，第三产业增加值为 4460.8 亿元，三次产业比为 11.7∶53.8∶34.5。全年全部工业完成增加值 5854.6 亿元，比上年增长 13.4%，占生产总值比重为 45.2%。其中，规模以上工业增加值 4885.2 亿元，同比增长 14.7%。十大战略性新兴产业实现增加值 1932.4 亿元，同比增长 15.3%，高于全省平均增速 0.6 个百分点，拉动工业增长 4.7 个百分点。全年六大高耗能行业实现工业增加值 2003.0 亿元，同比增长 12.7%，低于全省平均增速 2.0 个百分点。

（二）两化融合主要进展

2012 年，两化融合在促进江西省工业发展转型、经济发展方式转变方面发挥了重大作用，信息技术在工业各领域的广泛应用、渗透与融合，有效带动了企业生产管理模式的革新，极大提升了企业技术创新和发展能力。

1. 两化融合试点示范效应显现

江西省入选国家"制造业信息化工程示范省"，南飞公司、江铃集团、昌河飞机公司等成为国家级制造业信息化重点试点企业，企业生产经营管理发生了明显的甚至是根本性的变化，企业的经济社会效益、整体素质、特别是适应市场环境变化的反应能力有了大幅度提升，形成了新的竞争力。江西省开展"信息化与工业化深度融合个十百千万工程"，以典型示范、项目推进、平台搭建、水平评估等为抓手，从区域、行业、企业多个层面推进两化融合。两化融合促成了工业各行业内部、行业上下游之间的协作，提高了整个产业链的运行效率，形成了产业整体竞争力。

2. 两化融合发展环境不断完善

"两化融合"促进了区域的信息化发展，推动了区域的基础设施建设和一系列"智慧"工程建设，如"智慧鄱阳湖"、"智慧城市"等，提升了公共服务能力，完善了创新发展环境。

二、两化融合发展水平分析

（一）综合分析

2012 年，江西省两化融合发展指数为 65.47，位于全国中上游水平。基础环境指数为 58.04，比 2011 年的 48.08 增长了 9.96 个点。工业应用指数为 73.3，比 2011 年的 48.39 增长了 24.91 个点。应用效益指数为 57.24，比 2011 年的 53.13 增长了 4.11 个点。

表 16—1　2011—2012 年江西省两化融合指数情况

指标	2011年指数	2012年指数	变化情况
基础环境	48.08	58.04	↑9.96
工业应用	48.39	73.30	↑24.91
应用效益	53.13	57.24	↑4.11
发展指数	49.50	65.47	↑15.97

数据来源：中国电子信息产业发展研究院。

图16—1　2011—2012年江西省两化融合指数情况

数据来源：中国电子信息产业发展研究院。

（二）具体分析

1. 基础环境指数

在信息基础设施建设方面，2012年，江西省城（省）域网出口带宽指数为58.37，比2011年的53.85增长了4.52个点；固定宽带普及率指数为50，比2011年的45.34增长了4.66个点；固定宽带端口平均速率指数为53.96，比2011年的51.6增长了2.36个点；移动电话普及率指数为46.02，比2011年的42.75增长了3.27个点。在互联网应用普及方面，2012年，江西省互联网普及率指数为44.6，比2011年的39.65增长了4.95个点。在两化融合政策环境建设方面，2012年，江西省依旧没有设立两化融合专项引导资金；中小企业信息化服务平台数量指数为147.71，比2011年的90.37增长了57.34个点；重点行业典型企业信息化专项规划情况指数为57.09，比2011年的53.21增长了3.88个点。

表16—2　2011—2012年江西省两化融合基础环境指数情况

指标	2011年指数	2012年指数	指数变化情况
城（省）域网出口带宽	53.85	58.37	↑4.52
固定宽带普及率	45.34	50.00	↑4.66
固定宽带端口平均速率	51.60	53.96	↑2.36
移动电话普及率	42.75	46.02	↑3.27
互联网普及率	39.65	44.60	↑4.95

（续表）

指标	2011年指数	2012年指数	指数变化情况
两化融合专项引导资金	0	0	—
中小企业信息化服务平台数	90.37	147.71	↑57.34
重点行业典型企业信息化专项规划	53.21	57.09	↑3.88

数据来源：中国电子信息产业发展研究院。

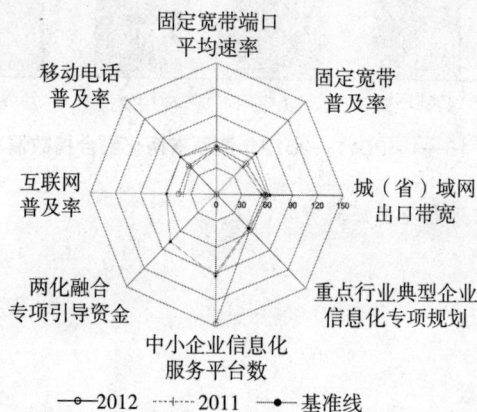

图16—2　2011—2012年江西省两化融合基础环境指数情况

数据来源：中国电子信息产业发展研究院。

2. 工业应用指数

2012年，江西省重点行业典型企业 ERP 普及率指数为 68.76，比 2011 年的 48.03 增长了 20.73 个点。重点行业典型企业 MES 普及率指数为 79.5，比 2011 年的 68.77 增长了 10.73 个点。重点行业典型企业 PLM 指数为 54.43，比 2011 年的 42.4 增长了 12.03 个点。重点行业典型企业 SCM 普及率指数为 63.47，比 2011 年的 44.16 增长了 19.31 个点。重点行业典型企业采购环节电子商务应用普及率指数为 96.92，比 2011 年的 58.33 增长了 38.59 个点。重点行业典型企业销售环节电子商务应用普及率指数为 106.95，比 2011 年的 44.72 增长了 62.23 个点。重点行业典型企业装备数控化率指数为 83.86，比 2011 年的 40.14 增长了 43.72 个点。国家新型工业化产业示范基地两化融合发展水平指数为 36.85，比 2011 年的 42.87 减少了 6.02 个点。

表 16—3　2011—2012 年江西省两化融合工业应用指数情况

指标	2011年指数	2012年指数	指数变化情况
重点行业典型企业ERP普及率	48.03	68.76	↑20.73
重点行业典型企业MES普及率	68.77	79.50	↑10.73
重点行业典型企业PLM普及率	42.40	54.43	↑12.03
重点行业典型企业SCM普及率	44.16	63.47	↑19.31
重点行业典型企业采购环节电子商务应用	58.33	96.92	↑38.59
重点行业典型企业销售环节电子商务应用	44.72	106.95	↑62.23
重点行业典型企业装备数控化率	40.14	83.86	↑43.72
国家新型工业化产业示范基地两化融合发展水平	42.87	36.85	↓6.02

数据来源：中国电子信息产业发展研究院。

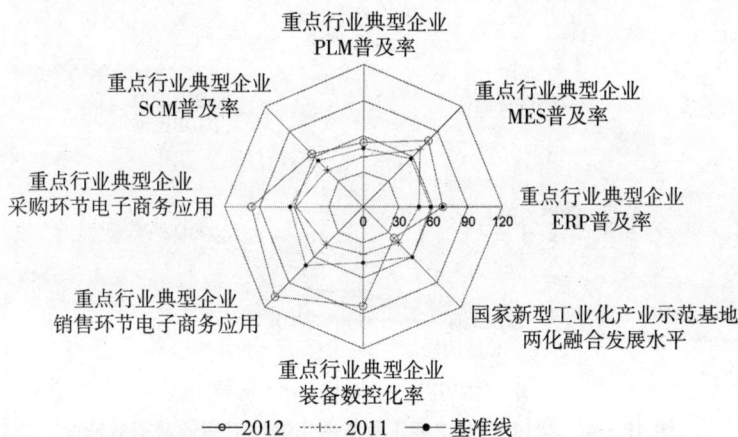

图 16—3　2011—2012年江西省两化融合工业应用指数情况

数据来源：中国电子信息产业发展研究院。

3. 应用效益指数

在地区工业生产效益和水平方面，2012 年，江西省工业增加值占 GDP 比重指数为 51.42，比 2011 年的 54.01 减少了 2.59 个点；第二产业全员劳动生产率指数为 51.44，比 2011 年的 45.01 增长了 6.43 个点；工业成本费用利润率指数为 44.99，比 2011 年的 44.34 增长了 0.65 个点；单位工业增加值工业专利量指数为 47.33，比 2011 年的 40.93 增长了 6.4 个点。在信息产业发展水平方面，2012 年，江西省电子信息制造业主营业务收入指数为119.21，比2011年的99.33增加了19.88个点；软件业务收入指数为24.07，比2011年的24.24减少了0.17个点。

表16—4　2011—2012年江西省两化融合应用效益指数情况

指标	2011年指数	2012年指数	指数变化情况
工业增加值占GDP比重	54.01	51.42	↓2.59
第二产业全员劳动生产率	45.01	51.44	↑6.43
工业成本费用利润率	44.34	44.99	↑0.65
单位工业增加值工业专利量	40.93	47.33	↑6.4
单位地区生产总值能耗	73.47	73.47	—
电子信息制造业主营业务收入	99.33	119.21	↑19.88
软件业务收入	24.24	24.07	↓0.17

数据来源：中国电子信息产业发展研究院。

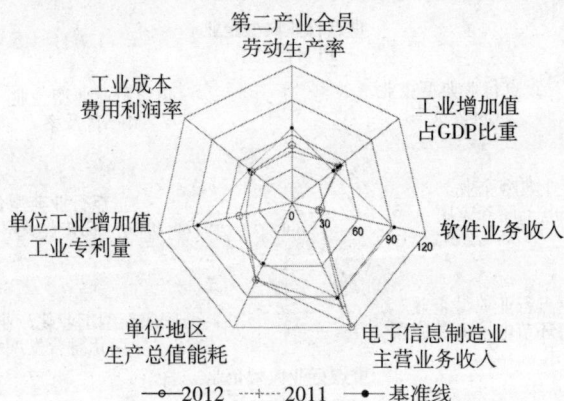

图16—4　2011—2012年江西省两化融合应用效益指数情况

数据来源：中国电子信息产业发展研究院。

三、优劣势评价

2012年，江西省两化融合发展水平提升领先于全国其他地区，发展中存在着突出优势：

一是工业应用取得较大进展。江西省工业应用指数提升较快，除国家新型工业化产业示范基地两化融合发展水平之外，其他各类工业应用指数都得到大幅度提升，全部高于全国平均水平。信息技术在工业各领域的广泛应用、渗透与融合，有效带动了企业生产管理模式的革新，极大提升了企业技术创新和发展能力。工业企业生产经营管理发生了明显的甚至是根本性的变化，企业的经济社会效益、整体素质、特别是适应市场环境变化的反应能力有了大幅度提升，形成了新的竞争力。

二是绿色发展水平全国领先。江西省坚持生态立省，抓住产业结构升级的重点，带动产业结构优化升级，把生态优势转化为经济优势。为此，江西省提出了构筑"龙头昂起、两翼齐飞、苏区振兴、绿色崛起"的区域发展格局，进一步明确了"绿色崛起"的发展目标。围绕绿色发展目标，江西省积极推进鄱阳湖生态经济区建设，高度重视战略性新兴产业的发展，推动新能源、新材料、航空制造、绿色照明、铜精深加工、钨和稀土精深加工等具有比较优势的战略性新兴产业加快发展。同时，江西省注重利用信息技术推动生态经济区的发展和节能减排工作，工业绿色发展水平较高，单位地区生产总值能耗为每万元 0.65 吨标准煤，全国排名第 7，远远高于全国每万元 1.04 吨标准煤的平均水平。

同时，江西省也存在明显的劣势：

一是两化融合的发展基础相当薄弱。2012 年，江西省省域网出口带宽 2032Gbps，低于全国 2927 Gbps 的平均水平。固定宽带普及率为 0.08 个 / 人，低于全国 0.13 个 / 人的平均水平。固定宽带端口平均速率为 5.22Mbps，低于全国 5.29Mbps 的平均水平。移动电话普及率为 57.4 部 / 百人，低于全国 85.9 部 / 百人的平均水平。互联网普及率为 28.5%，低于全国 42.7% 的平均水平。2012 年，江西省电子信息制造业主营业务收入分别为 1685 亿元，远远低于全国 2730 亿元的平均水平。软件业务收入为 50 亿元，远远低于全国 808 亿元的平均水平。电子信息产业发展的落后影响了两化融合的发展。

二是尚未设立两化融合专项引导资金。江西省经济发展水平较低，2012 地区生产总值在全国的排名第 19 位。财政资金相对比较少，对企业信息化扶持力度不够，缺乏引导两化融合的硬手段。截至 2012 年年底，江西省均未设置两化融合引导资金，是全国没有设立两化融合引导资金的 6 个省份之一，也是唯一一个没有设立两化融合引导资金的中东部省份。

四、相关建议

对江西省两化融合提出以下建议：

一是建立两化融合社会广泛参与机制。积极引导行业协会、中介组织、高校科研院所、电信运营商、互联网企业、软件企业、电子信息制造企业和金融投资商等广泛参与企业、行业和区域的两化融合项目，充分发挥各方面积极性，为推进两化融合提供智慧、技术、人才、资金、培训、公共服务平台等方面的支撑，解决企业在推进自身"两化融合"中遇到的问题，形成全社会共同推进"两化融合"发展的良性发展态势，实现互利共赢。

二是着力提高综合集成和产业链协同水平。在重点行业推进研产供销、经营管理与生产控制、业务与财务全流程的无缝衔接和综合集成，推进统一集成的管理信息平台建设，实现产品开发、生产制造、经营管理等过程的信息共享和业务协同。以汽车、钢铁、纺织、石化、冶金、煤炭、装备制造等重点传统行业为重点，加快产品研发、生产、营销、管理等重点环节的信息技术改造，提升企业的核心竞争力。推进产品开发、设计与创新的信息化，深化信息技术在汽车、船舶、家电等产品上的渗透融合，提高产品信息技术含量和附加值。提高汽车、冶金、化工、纺织、轻工等行业在生产装备与过程控制的信息化和自动化应用水平，实现与企业资源计划系统对接。推广综合集成制造、敏捷制造、柔性制造、精密制造等先进制造技术，推进现代装备制造业发展。

三是进一步支持企业信息化建设。推进企业管理信息化，在企业生产、经营、管理、决策等各层次推广应用企业资源计划、产品数据管理、客户关系管理、决策支持等信息系统，强化设计、采购、生产、销售、库存等环节以及人员、资金、物资、信息、客户资源的管理，促进企业流程再造，提高管理水平和参与国际市场竞争的能力。加快推进中小企业信息化，积极引导电信服务商、软件企业等社会力量参与中小企业信息化建设，为中小企业提供投资小、见效快的信息化服务。按照行业开展中小企业信息化试点工作，形成示范在行业内推广。按照政府引导、社会参与原则，加快建设面向中小企业的信息化公共服务平台，为中小企业提供信息查询、企业管理、人员培训、创业指导、协调联络等服务，加快中小企业发展。

第十七章　山东省两化融合发展水平分析

一、总体情况

（一）经济概况

2012 年，全年实现生产总值 50013.2 亿元，比上年增长 9.8%。第一产业增加值 4281.7 亿元，第二产业增加值 25735.7 亿元，第三产业增加值 19995.8 亿元，三次产业比例为 8.6:51.4:40.0。全部工业增加值 22789.3 亿元，比上年增长 11.1%。其中，规模以上工业增加值增长 11.4%。多数工业行业实现增长。规模以上工业 41 个大类行业中有 39 个行业增加值比上年实现增长，占 95.1%。

（二）两化融合主要进展

2012 年，山东省在全国率先建成两化融合评测中心，积极开展两化融合助企行动，重点实施了两化融合示范工程和"四个一百"示范工程，推动两化融合步伐进一步加快。

1. 量质并重，加快"宽带山东"建设

2012 年 6 月 1 日，山东省质监局、省住建厅等联合制定的《住宅小区光纤到户通信配套设施设计规范》和《验收规范》两项地方标准正式实施。省政府办公厅转发了《关于加快推进山东省光纤到户建设的意见》，明确要求：自 2012 年 7 月起，尚未办理施工许可证的新建住宅小区、商住楼等，应全部达到光纤到户要求。从 2012 年下半年开始，青岛、济南、东营等市地已经根据意见要求和相关标准进行光纤到户建设和验收工作。

2. 发挥优势，创新研发，大力普及信息化应用

山东省针对制造业、交通物流等重点领域，多次组织调研、召开专题会议，指导企业加大研发、推广力度，推动物联网技术的应用、发展。一是成立行业信息化应用研发团队，充分挖掘应用需求，整合产业链上下游资源，开发推广了移动办公、物联网、电子商务三大类解决方案，为各行业客户提供贴身、高效的信息化服务。二是开展中小企业信息化管理培训和体验。发挥自身优势，全面开展"百千万"中小企业信息化管理培训和体验活动，助力培育中小企业信息化示范点、示范区。先后为全省 20 多万家中小企业提供了一揽子信息化解决方案，产品覆盖 1000 余万人。各地通信企业与中小企业主管部门签订合作协议，共同推进中小企业信息化工作。

二、两化融合发展水平分析

（一）综合分析

2012 年，山东省两化融合发展指数为 76.68，仅次于江苏、上海、北京、广东、浙江，位列全国第六。基础环境指数为 74.73，比 2011 年的 70.4 增长了 4.33 个点。工业应用指数为 68.86，比 2011 年的 71.03 减少了 2.17 个点。应用效益指数为 94.29，比 2011 年的 91.37 增长了 2.92 个点。

表 17—1 2011—2012 年山东省两化融合指数情况

指标	2011年指数	2012年指数	变化情况
基础环境	70.40	74.73	↑4.33
工业应用	71.03	68.86	↓2.17
应用效益	91.37	94.29	↑2.92
发展指数	75.96	76.68	↑0.72

数据来源：中国电子信息产业发展研究院。

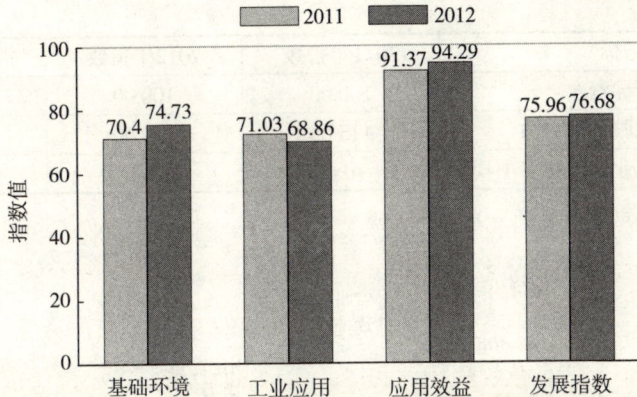

图 17—1　2011—2012年山东省两化融合指数情况

数据来源：中国电子信息产业发展研究院。

（二）具体分析

1. 基础环境指数

在信息基础设施建设方面，2012 年，山东省城（省）域网出口带宽指数为 56.74，比 2011 年的 79.46 减少了 22.72 个点；固定宽带普及率指数为 72.97，比 2011 年的 66.1 增长了 6.87 个点；固定宽带端口平均速率指数为 56.4，比 2011 年的 55.9 增长了 0.5 个点；移动电话普及率指数为 57.71，比 2011 年的 55.35 增长了 2.36 个点。在互联网应用普及方面，2012 年，山东省互联网普及率指数为 57.01，比 2011 年的 54.72 增长了 2.29 个点。在两化融合政策环境建设方面，2012 年，山东省设立了两化融合专项引导资金；中小企业信息化服务平台数量指数为 150，比 2011 年的 113.65 增长了 36.35 个点；重点行业典型企业信息化专项规划情况指数为 61.74，比 2011 年的 70.42 减少了 8.68 个点。

表 17—2　2011—2012 年山东省两化融合基础环境指数情况

指标	2011年指数	2012年指数	指数变化情况
城（省）域网出口带宽	79.46	56.74	↓22.72
固定宽带普及率	66.10	72.97	↑6.87
固定宽带端口平均速率	55.90	56.40	↑0.5
移动电话普及率	55.35	57.71	↑2.36
互联网普及率	54.72	57.01	↑2.29

（续表）

指标	2011年指数	2012年指数	指数变化情况
两化融合专项引导资金	100.00	100.00	—
中小企业信息化服务平台数	113.65	150.00	↑36.35
重点行业典型企业信息化专项规划	70.42	61.74	↓8.68

数据来源：中国电子信息产业发展研究院。

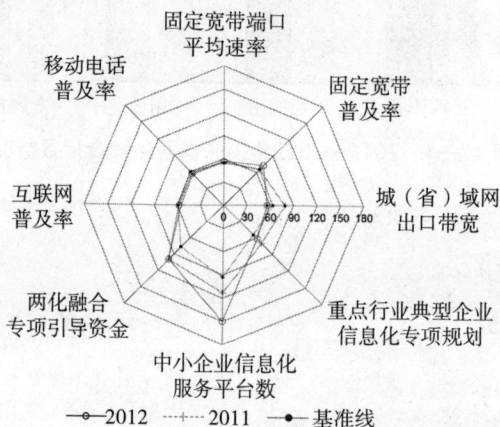

图17—2　2011—2012年山东省两化融合基础环境指数情况

数据来源：中国电子信息产业发展研究院。

2. 工业应用指数

2012 年，山东省重点行业典型企业 ERP 普及率指数为 64.04，比 2011 年的 57.76 增长了 6.28 个点。重点行业典型企业 MES 普及率指数为 58.84，比 2011 年的 62.96 减少了 4.12 个点。重点行业典型企业 PLM 指数为 56.58，比 2011 年的 77.92 减少了 21.34 个点。重点行业典型企业 SCM 普及率指数为 61.25，比 2011 年的 66.27 减少了 5.02 个点。重点行业典型企业采购环节电子商务应用普及率指数为 76.93，比 2011 年的 70.42 增长了 6.51 个点。重点行业典型企业销售环节电子商务应用普及率指数为 75.62，比 2011 年的 69.39 增长了 6.23 个点。重点行业典型企业装备数控化率指数为 54.58，比 2011 年的 63.4 减少了 8.82 个点。国家新型工业化产业示范基地两化融合发展水平指数为 100.17，比 2011 年的 97.05 增长了 3.12 个点。

表 17—3　2011—2012 年山东省两化融合工业应用指数情况

指标	2011年指数	2012年指数	指数变化情况
重点行业典型企业ERP普及率	57.76	64.04	↑6.28
重点行业典型企业MES普及率	62.96	58.84	↓4.12
重点行业典型企业PLM普及率	77.92	56.58	↓21.34
重点行业典型企业SCM普及率	66.27	61.25	↓5.02
重点行业典型企业采购环节电子商务应用	70.42	76.93	↑6.51
重点行业典型企业销售环节电子商务应用	69.39	75.62	↑6.23
重点行业典型企业装备数控化率	63.40	54.58	↓8.82
国家新型工业化产业示范基地两化融合发展水平	97.05	100.17	↑3.12

数据来源：中国电子信息产业发展研究院。

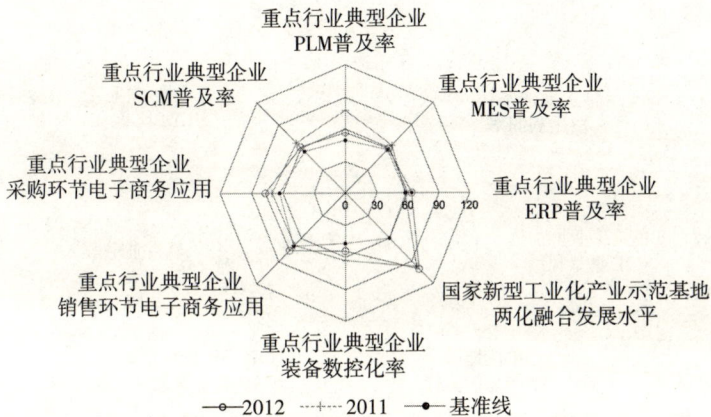

图 17- 3　2011—2012年山东省两化融合工业应用指数情况

数据来源：中国电子信息产业发展研究院。

3. 应用效益指数

在地区工业生产效益和水平方面，2012 年，山东省工业增加值占 GDP 比重指数为 51.71，比 2011 年的 58.53 减少了 6.82 个点；第二产业全员劳动生产率指数为 64.13，比 2011 年的 60.97 增长了 3.16 个点；工业成本费用利润率指数为 45.22，比 2011 年的 46.85 减少了 1.63 个点；单位工业增加值工业专利量指数为 95.61，比 2011 年的 80.12 增长了 15.49 个点。在信息产业发展水平方面，2012 年，山东省电子信息制造业主营业务收入指数为188.09,比2011年的193.9减少了5.81个点；软件业务收入指数为194.22，比2011年的177.65增长了16.57个点。

表 17—4　2011—2012 年山东省两化融合应用效益指数情况

指标	2011年指数	2012年指数	指数变化情况
工业增加值占GDP比重	58.53	51.71	↓6.82
第二产业全员劳动生产率	60.97	64.13	↑3.16
工业成本费用利润率	46.85	45.22	↓1.63
单位工业增加值工业专利量	80.12	95.61	↑15.49
单位地区生产总值能耗	61.24	61.24	—
电子信息制造业主营业务收入	193.90	188.09	↓5.81
软件业务收入	177.65	194.22	↑16.57

数据来源：中国电子信息产业发展研究院。

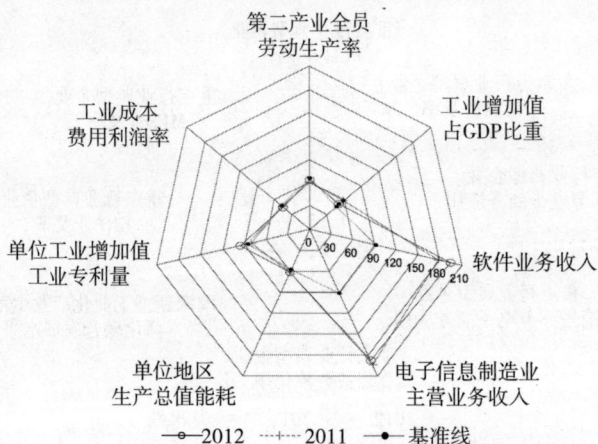

图 17—4　2011—2012年山东省两化融合应用效益指数情况

数据来源：中国电子信息产业发展研究院。

三、优劣势评价

目前，山东省两化融合发展依然位居全国前列，重点行业企业信息化建设水平较高，有许多已经开始走向集成化应用阶段，工业实力雄厚。总体来看，山东省两化融合发展优势在于：

　　一是电子信息产业发展势头依然强劲。2012 年，山东省电子信息制造业主营业务收入和软件业务收入分别达到 5018 和 1738 亿元，都远远超过了全国的平均水平。尤其是软件产业发展迅速，收入同比增速超过了 20%，是全国平均水平的 2 倍以上。数字家电、新型电子原材料与传感器、高效能服务器、新一代网络产品、高端行业软件已逐步成为产业的主流产品，山东省信息产业大省强省地位进一步巩固，核心竞争力大幅提高。

　　二是试点示范带动工业应用整体水平提升。2012 年，山东省工业应用的各项指数基本都在全国平均水平，其中试点地区和领域发挥了很好的示范作用。各个省级试验区以重大项目为载体，利用国家和省级信息产业、物联网等专项资金8000 万元，支持冶金、煤炭、医药、电力、汽车等 14 个重点行业的两化融合项目 200 多项。其中，列入国家 2011 年物联网专项资金项目 8 项、获得支持资金1800 万元，列入国家两化融合促进安全生产项目 8 项，列入国家两化融合促进节能减排重点项目 16 项。80 个项目列入省工业转方式调结构 1000 个重点技术改造项目，78 个项目被认定为省两化融合"四个一百"培育工程。省级财政投入专项资金 3630 万元，支持信息技术推广应用项目 80 个，项目总投资 25.8 亿元。各试验区申请项目和扶持资金量占全省比例超过 70%。部分市也安排了一定资金用于两化融合项目的配套或扶持。

　　三是智能工业得到初步发展。2012 年，山东省不断加大转方式调结构力度，注重用信息技术改造提升传统产业，诸多领域尝试发展智能工业，助力工业转型升级，经济发展质量得到显著提升。山东能源集团"智慧矿山"系统集成应用各类技术，实现了井下应急调度指挥"一呼百应"，实现全天候、无缝隙地安全监测监控管理，为矿山的安全提供了可靠的科学保障，为煤炭企业构筑了严密的安全网。青岛红领集团自主研发的信息化商务平台，实现了高端男装大批量定制，目前，量身定制业务已占企业总销售收入的 70%，而人力成本降低 100 倍，生产效率提高了 50 倍。

　　同时，山东省两化融合也存在一些劣势：

　　一是两化融合的实施效果不好。2012 年，山东省第二产业全员劳动生产率、工业成本费用利润率和单位工业增加值工业专利量等工业效益指标，均落后于全国平均水平。其中，第二产业全员劳动生产率 138472 元 / 人 / 年，低于全国平均水平的近 10%。工业成本费用利润率为 7.34，低于全国平均水平的近 9%。单位工业增加值工业专利量 1.52 件 / 亿元，也落后于全国平均水平。这都一定程度表明两化融合并没有很好地提升全省的工业发展质量。

二是信息基础设施建设步伐和普及推广相对缓慢。2012 年，山东省省域网出口带宽、移动电话普及率和互联网普及率都低于全国平均水平，固定宽带普及率也是刚刚达到全国平均水平，这与山东省较强的经济基础和较快的经济发展速度完全不适应，也未能很好地支撑两化融合的快速健康发展。

四、相关建议

对山东省两化融合提出以下建议：

一是积极推进信息基础设施建设和应用普及。加快城市通信网络"光进铜退"进程，打造一张基于 IP 技术，语音、数据、视频融合，覆盖全省的高速信息化承载网络，大幅提高全省宽带接入速率。加快建设第三代移动通信网、下一代互联网、新一代宽带无线通信网，加快广播电视网络改造，着力建设有线、地面、卫星相结合的数字广播电视网络。加强信息基础设施集约化建设和规范化管理，做好新城区网络基础设施的配套建设。加强农村地区信息基础设施建设，扩大信息网络的覆盖面。大力开展信息化普及培训，提高信息技术应用意识，适应信息技术演进和信息社会发展需要，面向社会加强专业性教育培训，增强民众信息素质。

二是加快推进智能工业发展战略。重点发展工业机器人、高端数控机床、工业控制芯片、核心工业软件等智能装备和智能产品，推动生产过程智能化，加快传统制造向服务制造转型升级。在装备制造、汽车、纺织、电子信息等行业推动计算机辅助设计向计算机辅助工程、虚拟仿真、数字模型发展，实现研发设计的持续改进、及时响应和全流程创新；推动研发设计、工艺流程、生产装备、过程控制、物料管理等环节信息技术集成应用，实现精准制造、高端制造、敏捷制造。在食品、药品等行业推动生产过程状态监测、质量控制、快速检测系统建设，实现产品质量和安全的全生命周期管理。

三是优化完善两化深度融合技术创新体系。重点建立产业技术创新联盟，推动国家级企业技术中心、工程（技术）研究中心、重点实验室、工程实验室等研发平台建设，构筑区域性自主创新体系，加快传统产业由资源依赖型向创新驱动型转型升级。在新能源汽车、生物、新能源、新材料等行业推动信息化关键技术研发和先导示范应用，实现信息化对战略性新兴产业技术创新、业务创新、管理创新的引领和支撑。

第十八章　河南省两化融合发展水平分析

一、总体情况

（一）经济概况

2011 年，河南省实现地区生产总值 29810.14 亿元，比上年增长 10.1%。第一产业增加值 3772.31 亿元，第二产业增加值 17020.20 亿元，第三产业增加值 9017.63 亿元，三次产业结构比例为 12.7 : 57.1 : 30.2。全年全省全部工业增加值 15357.36 亿元，比上年增长 11.8%。规模以上工业增加值增长 14.6%。汽车、电子信息、装备制造、食品、轻工、建材等六大高成长性产业比上年增长 18.3%，对全省规模以上工业增长的贡献率为 67.2%。化工、有色、钢铁、纺织等四大传统优势产业增长 14.8%，对全省规模以上工业增长的贡献率为 30.9%。高技术产业增长 60.6%。煤炭开采和洗选业、化学原料及化学制品制造业、非金属矿物制品业、黑色金属冶炼及压延加工业、有色金属冶炼及压延加工业、电力热力的生产和供应业等六大高耗能行业增长 8.4%，比规模以上工业增长速度低 6.2 个百分点。

（二）两化融合主要进展

2012 年，河南省通过完善发展环境，从区域、行业、企业等三个方面深入推进两化融合工作，积极开展郑州市国家级两化融合试验区建设，以优化产业结构为目标，积极承接东南沿海转移的电子信息制造业。

1. 两化融合发展环境不断优化

近些年来,河南省相继出台了《河南省国民经济和社会信息化发展"十二五"规划》《关于加快推进两化融合的指导意见》等一系列文件,企业应用信息化的内生动力明显提高。河南省实施了无线城市、智慧城市、光网城市、中原数据基地等一批重点工程,截至 2012 年年底,全省通信光缆线路长度 73.3 万公里,3G 网络实现乡镇以上全覆盖,光纤覆盖 100% 的产业集聚区。设立了省信息化发展专项,累计支持两化融合项目 80 多个,拉动企业投入近 30 亿元。

2. 信息技术应用逐步深入

河南省实施了两化融合示范工程,郑州市以国家级两化融合试验区建设为契机,引导企业投入 15.6 亿元,新增经济效益超过 75.2 亿元。25 个省级两化融合试验区综合信息服务体系进一步完善。培育了装备制造、食品、有色等 14 个重点行业的 100 家省级两化融合示范企业,带动 80% 的规模以上企业建立了门户网站,30% 建立了 OA 办公系统并开展电子商务,50% 实施了 ERP、CRM、PDM 或 SCM。河南双汇实业集团等 6 家企业入选 2012 年国家级两化深度融合示范企业。

3. 信息技术产业快速发展

2012 年,河南省规模以上电子信息制造业实现销售产值 2009 亿元,同比增长 115.2%;软件业主营业务收入达到 157.4 亿元,同比增长 20.9%。郑州市被确定为国家电子商务示范城市和跨境贸易电子商务服务试点,全省电子商务企业数量居全国第 9 位;物联网企业超过 300 家,RFID、通信模块、传感器等领域全国领先。

二、两化融合发展水平分析

（一）综合分析

2012 年,河南省两化融合发展指数为 63.03,与广西、四川等省份处于全国中游水平。基础环境指数为 64.87,比 2011 年的 61.68 增长了 3.19 个点。工业应用指数为 61.11,比 2011 年的 64.83 减少了 3.72 个点。应用效益指数为 65.04,比 2011 年的 59.61 增长了 5.43 个点。

表 18—1　2011—2012 年河南省两化融合指数情况

指标	2011年指数	2012年指数	变化情况
基础环境	61.68	64.87	↑3.19
工业应用	64.83	61.11	↓3.72
应用效益	59.61	65.04	↑5.43
发展指数	62.74	63.03	↑0.29

数据来源：中国电子信息产业发展研究院。

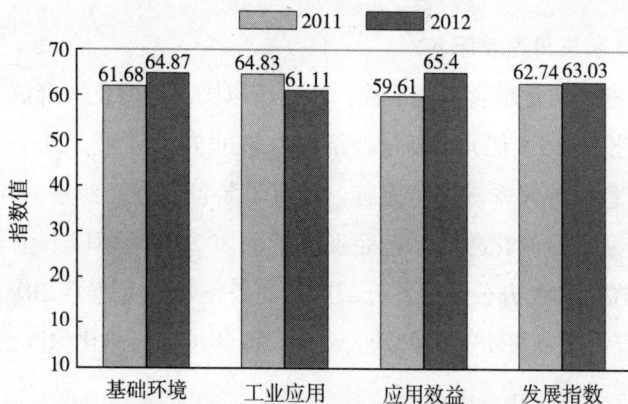

图 18—1　2011—2012年河南省两化融合指数情况

数据来源：中国电子信息产业发展研究院。

（二）具体分析

1. 基础环境指数

在信息基础设施建设方面，2012 年，河南省城（省）域网出口带宽指数为 51.49，比 2011 年的 77.61 减少了 26.12 个点；固定宽带普及率指数为 58.5，比 2011 年的 50 增长了 8.5 个点；固定宽带端口平均速率指数为 55.05，比 2011 年的 53.16 增长了 1.89 个点；移动电话普及率指数为 48.47，比 2011 年的 43.86 增长了 4.61 个点。在互联网应用普及方面，2012 年，河南省互联网普及率指数为 46.79，比 2011 年的 43.43 增长了 3.36 个点。在两化融合政策环境建设方面，2012 年，河南省设立了两化融合专项引导资金；中小企业信息化服务平台数量指数为 136.85，比 2011 年的 95.34 增长了 41.51 个点；重点行业典型企业信息化专项规划情况指数为 41.53，比 2011 年的 72.21 增长了 30.68 个点。

表18—2　2011—2012年河南省两化融合基础环境指数情况

指标	2011年指数	2012年指数	指数变化情况
城（省）域网出口带宽	77.61	51.49	↓26.12
固定宽带普及率	50.00	58.50	↑8.5
固定宽带端口平均速率	53.16	55.05	↑1.89
移动电话普及率	43.86	48.47	↑4.61
互联网普及率	43.43	46.79	↑3.36
两化融合专项引导资金	100.00	100.00	—
中小企业信息化服务平台数	95.34	136.85	↑41.51
重点行业典型企业信息化专项规划	72.21	41.53	↓30.68

数据来源：中国电子信息产业发展研究院。

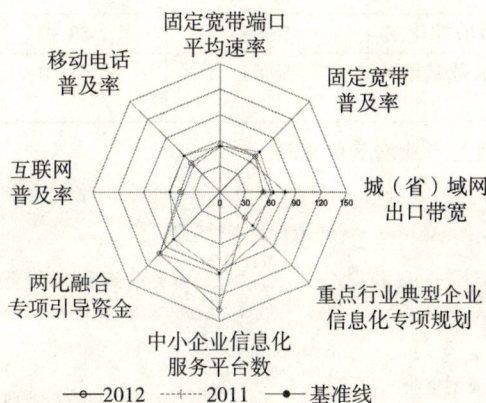

图18—2　2011—2012年河南省两化融合基础环境指数情况

数据来源：中国电子信息产业发展研究院。

2. 工业应用指数

2012年，河南省重点行业典型企业ERP普及率指数为55.88，比2011年的64.1减少了8.22个点。重点行业典型企业MES普及率指数为59.5，比2011年的62.15减少了2.65个点。重点行业典型企业PLM指数为52.14，比2011年的67.43减少了15.29个点。重点行业典型企业SCM普及率指数为53.27，比2011年的60.01减少了6.74个点。重点行业典型企业采购环节电子商务应用普及率指数为75.43，比2011年的73.17增长了2.26个点。重点行业典型企业销售环节电子商务应用普及率指数为79.43，比2011年的78.88增长了0.55个点。重点行业典型企业装备数控化率指数为53.39，比2011年的56.65减少了3.26个点。国家新型工业化产业示范基地两化融合发展水平指数为 61.1，比 2011 年的 58.64 增长了 2.46 个点。

表 18—3　2011—2012 年河南省两化融合工业应用指数情况

指标	2011年指数	2012年指数	指数变化情况
重点行业典型企业ERP普及率	64.10	55.88	↓8.22
重点行业典型企业MES普及率	62.15	59.50	↓2.65
重点行业典型企业PLM普及率	67.43	52.14	↓15.29
重点行业典型企业SCM普及率	60.01	53.27	↓6.74
重点行业典型企业采购环节电子商务应用	73.17	75.43	↑2.26
重点行业典型企业销售环节电子商务应用	78.88	79.43	↑0.55
重点行业典型企业装备数控化率	56.65	53.39	↓3.26
国家新型工业化产业示范基地两化融合发展水平	58.64	61.10	↑2.46

数据来源：中国电子信息产业发展研究院。

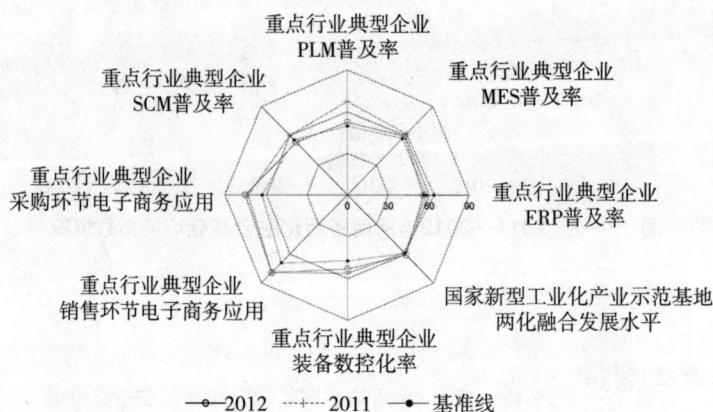

图 18—3　2011—2012年河南省两化融合工业应用指数情况

数据来源：中国电子信息产业发展研究院。

3. 应用效益指数

在地区工业生产效益和水平方面，2012 年，河南省工业增加值占 GDP 比重指数为 56.65，比 2011 年的 57.41 减少了 0.76 个点；第二产业全员劳动生产率指数为 49.41，比 2011 年的 45.74 增长了 3.67 个点；工业成本费用利润率指数为

49.57，比 2011 年的 54.4 减少了 4.83 个点；单位工业增加值工业专利量指数为 65.31，比 2011 年的 59.8 增长了 5.51 个点。在信息产业发展水平方面，2012 年，河南省电子信息制造业主营业务收入指数为 129.62，比 2011 年的 96.94 增加了 32.68 个点；软件业务收入指数为 58.39，比 2011 年的 50.6 增长了 7.79 个点。

表 18—4 2011—2012 年河南省两化融合应用效益指数情况

指标	2011年指数	2012年指数	指数变化情况
工业增加值占GDP比重	57.41	56.65	↓ 0.76
第二产业全员劳动生产率	45.74	49.41	↑ 3.67
工业成本费用利润率	54.40	49.57	↓ 4.83
单位工业增加值工业专利量	59.80	65.31	↑ 5.51
单位地区生产总值能耗	59.38	59.38	—
电子信息制造业主营业务收入	96.94	129.62	↑ 32.68
软件业务收入	50.60	58.39	↑ 7.79

数据来源：中国电子信息产业发展研究院。

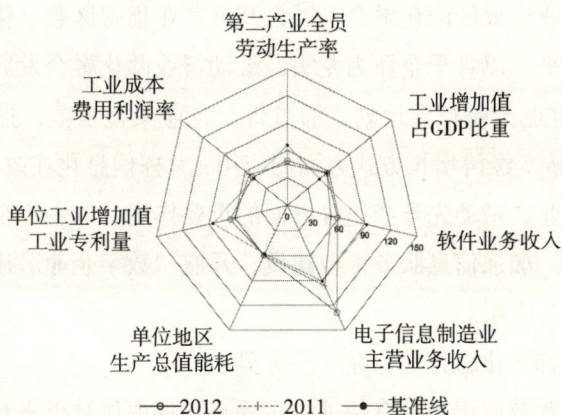

图 18—4 2011—2012年河南省两化融合应用效益指数情况

数据来源：中国电子信息产业发展研究院。

三、优劣势评价

河南省是经济大省、人口大省、新兴工业大省，目前正处于工业化的中期阶段，既拥有独特的优势，也有亟待提高的方面。其优势如下：

一是两化融合政策环境更加完善。河南省成立了省、市、县三级信息化工作机构，形成了工业和信息化主管部门统筹协调、各职能部门分工配合的两化融合推进机制。先后制定了《河南省信息化条例》、《关于加快推进信息化与工业化深度融合的指导意见》等。省政府每年还专门制定《河南省信息化建设专项方案》，设立省级信息化发展专项资金，资金规模每年 5000 万元，重点支持共性技术开发、公共服务平台建设、试点示范项目。

二是中小企业综合信息服务初具规模。2012 年，河南省省级中小企业信息化服务平台数增至 68 家，远超全国平均水平的 51 家。中国中小企业河南网建成市、县分站 167 家，为全省近 40 万家中小企业提供一站式服务。组织开展了中小企业"数字企业"建设活动，累计建成"数字企业"近 5000 家，培训人员 30000多人次。

三是两化融合点线面推进体系基本完善。以试验区为载体，推动产业集聚区两化融合。以提升 185 家产业集聚区信息化水平为重点，开展省级两化融合试验区建设，引导产业集聚区两化融合发展，开展产业集聚区数字化建设，提升产业集聚基础设施水平。以骨干企业为龙头，带动行业两化融合发展。围绕化工、装备制造等 14 个重点产业行动计划，通过骨干企业典型示范，推动信息技术在提升行业竞争力、转变经济增长方式方面的应用，发挥信息化在改造传统优势产业、提升高成长性产业、带动先导产业等方面的重要作用。以中小企业为重点，推动企业信息化建设。加强信息服务平台建设，开展"数字企业"建设活动，推进中小企业信息化普及应用。

同时，河南省两化融合也存在一些劣势：

一是互联网普及应用水平有待进一步提高。从评估结果来看，移动电话普及率、互联网普及率、固定宽带普及率等指数增长幅度较为缓慢，而且全部落后于全国平均水平。这是由于河南是一个人口大省和农业大省，人均指标不占优势，互联网在农村普及应用难度较大，同时也说明河南省互联网普及应用还有很大的提升空间。

二是电子信息制造业发展滞后。2012 年，电子信息制造业主营业务收入2009 亿元，远远落后于全国 2730 亿元的平均水平，软件业务收入 157 亿元，不到全国 808 亿元的平均水平的 1/5。河南经济总量排名全国第五，但是工业结构以劳动密集型和初加工产品为主，产业层次较低、资源依赖度高，而涉及信息技术、集成电路、通信网络等高端科技产业相对较弱。河南省转型升级压力依然很大，推进两化融合的任务更加艰巨。

四、相关建议

对河南省两化融合提出以下建议：

一是持续推进"宽带中原"建设。大力推进"数字河南"、"智慧中原"、"无线城市"和"光网城市"等重大工程，实施宽带普及提速工程，改造提升全省宽带基础设施建设和普及应用程度。加快光纤宽带接入网建设和普及延伸，实现光纤到楼到户，提升全省宽带家庭普及率和光纤接入能力，构建覆盖全省的高速光纤宽带网。加快移动通信网络升级工程建设，扩大网络覆盖范围，推动无线宽带网络平滑升级，建成覆盖全省的3G网络，形成"中原无线城市群"。加大农村通信网络建设力度，构建覆盖全省城乡、安全可靠的宽带化、数字化、综合化现代通信网络。

二是推动产业集聚区两化深度融合。实施数字化产业集聚区发展战略，完善产业集聚区信息基础设施，优化公共信息服务环境，建设一批网络协同制造、生产服务外包、异地监控、技术交流和应用培训等方面的公共服务平台，实现要素资源集中配置，降低区内企业交易成本，带动产业集群发展。

三是积极培育新一代信息技术等战略性新兴产业。推动新一代移动通信网、物联网、云计算等的应用示范，支持物联网在基础设施、交通运输、工业控制等领域的试点应用，带动研发、设计、制造、软件、系统集成等相关产业创新发展，促进信息服务等新兴业态发展，形成基于基础设施、应用平台和智能终端的价值链生态体系。大力支持河南通信产业园、洛阳信息通信产业园、洛阳云计算和互联网数据中心等产业园建设，促进信息通信产业集群式、规模化发展。

四是加快发展电子商务。加快郑州市国家跨境贸易电子商务服务试点和国家电子商务示范城市建设，打造以郑州航空港经济综合实验区为核心的电子商务全球物流供应链服务体系。重点培育一批本土区域性、行业性电子商务服务平台，鼓励有条件的大型企业电子商务平台向行业电子商务平台转化。加快工业企业在采购和销售环节的电子商务应用，实现与供应商、采购商无缝对接。加快铁路、公路、航空等物流信息系统建设，构建跨行业综合物流信息平台。

第十九章 湖北省两化融合发展水平分析

一、总体情况

（一）经济概况

2012年，湖北省完成地区生产总值22250.16亿元，按可比价格计算，比上年增长11.3%，连续9年保持两位数增长。其中，第一产业完成增加值2848.77亿元，同比增长4.7%；第二产业完成增加值11190.45亿元，同比增长13.2%；第三产业完成增加值8210.94亿元，同比增长10.8%。三次产业结构由2011年的13.1∶50.1∶36.8调整为12.8∶50.3∶36.9。在第三产业中交通运输仓储和邮政业、批发和零售业、住宿和餐饮业、金融业、房地产业、营利性服务业及非营利性服务业增加值同比分别增长9.5%、8.7%、7.2%、26.1%、5.0%、14.3%和7.7%。工业生产保持稳定增长。2012年年末，全省规模以上工业企业数达到11230家，比上年净增1312家，增长13.2%。完成工业增加值9552.35亿元，按可比价格计算，比上年增长14.6%。工业产品结构改善，高新技术制造业增长较快，全年完成增加值2702.10亿元，比上年增长19.0%，占规模以上工业增加值的比重达28.3%。工业产销衔接较好，经济效益继续提高。全年全省工业完成销售产值31012.94亿元，比上年增长18.2%，其中，钢铁、汽车、石化、电力、食品、电子信息、纺织、装备制造、建材等重点行业实现销售产值超千亿元。[1]

---

[1] 湖北省统计局：《2012年湖北省国民经济和社会发展统计公报》，2013年2月。

（二）两化融合主要进展

湖北省信息化与工业化融合不断发展，初步形成了覆盖全省的信息化公共服务体系，全省电子商务支撑环境不断改善，现代信息技术不断与产品研发设计相融合、与生产过程相融合、与创新营销体系相融合，促进了企业核心竞争力的提升。信息化对湖北省经济发展的贡献显著增强，经济发展模式已经开始从传统的要素驱动向创新驱动转变，从传统制造向先进制造转变，从单纯制造向制造加服务转变。2012年，湖北省提出建设富强湖北、创新湖北、法治湖北、文明湖北、幸福湖北的宏伟目标，给两化融合带来新的机遇。

1. 两化融合环境进一步优化

《湖北省信息化条例》的颁布实施，从信息化发展规划与建设、信息产业发展、信息技术推广应用、信息资源开发利用、信息安全保障等方面指导和规范了全省信息化的发展。省级工业和信息化机构改革圆满完成，市县改革进展顺利，各级信息化管理体制和工作机制正在逐步健全。网络与信息安全保障能力增强，信息化人才队伍逐步壮大，全社会对信息化作用和地位的认识不断深化。

2. 开展两化融合试点示范工程

湖北省召开两化融合工作现场会，组织两化融合试点交流会，加强工作推动，突出抓重点、抓应用、抓示范，实施200家企业两化融合试点示范工程和中小企业信息化应用推广工程，开展中小企业信息化应用"百千万"活动，着力在深化上下工夫，努力在企业、行业、区域三个层面，在研发、生产、营销三个重点环节，推进信息技术的应用从由单项业务向多业务综合集成转变，从企业信息应用向业务流程优化再造转变，从单一企业应用向产业链上下游协同应用转变。促进产业融合发展，推动信息产业由单纯电子制造向制造业、软件业、信息服务业综合发展转变，由主要依靠重大项目向重大项目、重点企业、自主创新中小企业多点支撑转变。12家企业评为国家级信息化和工业化深度融合示范企业。

3. 培育发展战略性新兴产业

一是推进技术进步和产学研合作。引导创新要素向企业聚集，推进企业创新能力建设，推动以企业为主体的创新体系建设。推动各级技术中心、工程中心和重点实验室建设。加强授牌共性技术研究中心跟踪考核和管理。推进以企业为主体、市场为导向、产学研相结合的技术创新体系建设。推动建立技术创新战略联盟。加强合作平台建设，开展对接活动。成功承办了第八届产学研合作项目洽谈会，洽谈会规格进一步提升，合作与交易成果丰硕，品牌影响进一步扩大。会上签订正式合同项目 333 个，项目总投资 169 亿元，技术交易额 8.2 亿元。二是培育发展战略性新兴产业。湖北省选择最具基础的产业为突破口，加强工作组织协调，加大对优势企业的支持力度，壮大优势产业规模。服务重大项目、重点企业、自主创新中小企业建设和发展，引导集成电路、计算机及数字视听设备、通信网络终端及设备、软件及信息服务业等产业加快发展。积极申报国家科技重大专项课题、科技成果转化项目和物联网发展专项，获资金资助和中央财政投入共 2 亿元，支持了重大技术研究和信息技术、节能环保、生物医药、高端装备制造、新材料、物联网产业的发展；推动实施了高档数控机床和基础装备制造、核高基和新一代宽带无线移动通讯、新药创制等一批国家重大科技专项。三是加强质量品牌建设。推动落实企业质量主体责任，推广先进质量管理方法，促进了新品种开发、品牌创建和服务改善。在食品行业推进诚信体系建设，促进提高食品安全水平。四是推进产业基地建设。湖北省进入全国新型工业化示范基地 7 家，另有新公示的 2 家。制定方案，全面推进省级示范基地创建工作，共有 13 个基地进入首批省级示范基地名单。五是推进"中三角"产业一体化。湖北省精心谋划，组织召开"中三角"产业一体化论坛，与江西、湖南经信部门签订三省产业一体化战略合作协议，积极推进三省相关产业合作发展。

4. 淘汰落后产能和推进节能减排

（1）淘汰落后产能。一是全面履行牵头部门职责。真正按照"严格、严肃、严厉"的要求高位推进，加强组织协调和督导，研究制定工作方案，分解落实目标任务和责任，严格检查督办，定期对工作进展情况进行通报，形成倒逼机制。二是综合运用经济、法律、技术和必要的行政手段形成工作合力，对重点难点突出做好工作，重视协调好多方利益矛盾，淘汰落后工作平稳有力有序。涉及 11 个行业的 63 家企业（生产线）落后产能全部淘汰。三是协调落实政策。在相关市、州的共同努力下，圆满完成了全年目标任务。

（2）推进工业节能减排。一是突出重点行业和重点企业，加强了对电力、钢铁、有色、石化、建材等重点耗能行业和年耗标煤 3000 吨以上重点耗能企业的工作督导。二是组织开展能耗对标活动，开展能效限额管理；推进节能技术改造，淘汰了一批能耗水平高、污染物排放量大的工艺和技术。积极争取国家能源管理中心清洁生产示范项目，湖北金洋、湖北双环等13家企业获得中央财政专项资金支持。三是实行电力生产绿色调度，发电计划向清洁能源和能耗转换效率高的火电机组进行倾斜；对高耗能行业淘汰类、限制类企业进行甄别，执行了差别电价政策。四是推行清洁生产和综合利用。大力发展循环经济，推行资源节约与综合利用，推进再制造产业发展。

二、两化融合发展水平分析

（一）综合分析

2012年，湖北省两化融合发展指数为69.30，比2011年上升2.29个点，比2011年提升一个名次，在全国处于中等偏上水平。基础环境方面，2012年湖北省基础环境指数为67.23，比2011年的63.1上升4个点多，在全国排名中比2011年下降了2个名次，列第14位。工业应用方面，2012年湖北省工业应用指数为71.34，比2011年提高0.1个点，在全国排位为第5位，比2011年下降了3个名次。应用效益方面，2012年湖北省应用效益指数为67.30，比2011年上升了4.83个点，在全国排名15位，与2011年持平。

表19—1　2011—2012年湖北省两化融合指数情况

指标	2011年指数	2012年指数	变化情况
基础环境	63.10	67.23	↑4.13
工业应用	71.24	71.34	↑0.10
应用效益	62.47	67.30	↑4.83
发展指数	67.01	69.30	↑2.29

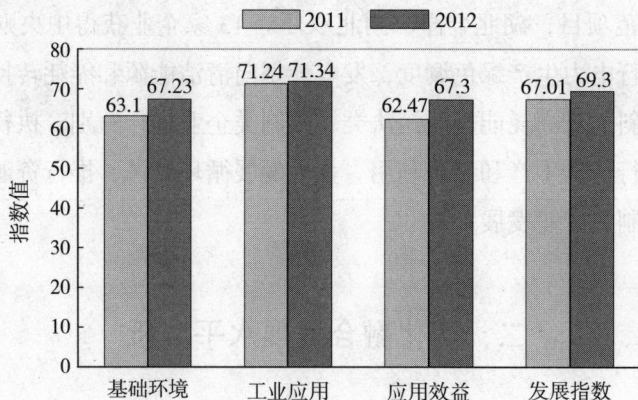

图 19—1　2011—2012年湖北省两化融合指数情况

数据来源：中国电子信息产业发展研究院。

（二）具体分析

1. 基础环境指数

2012 年，湖北省两化融合基础环境指数为 67.23，与 2011 年的 63.1 相比，上升 4.1 个点，发展情况较为平稳。2012 年，湖北省城（省）域网出口带宽指数为 95.16，比 2011 年的 83.37 上升 11.8 个点，进步明显；固定宽带普及率指数为 66.1，比 2011 年提高 7.6 个点；固定宽带端口平均速率为 55.41，比 2011 年提高 2.7 个点；移动电话普及率指数为 57.86，比 2011 年上升 5.27 个点。在互联网应用普及方面，2012 年，湖北省互联网普及率指数 57.01，比 2011 年上升 2.9 个点。在两化融合政策环境建设方面，2012 年，湖北省设立了两化融合专项引导资金，中小企业信息化服务平台数量指数为 75.13，与 2011 年水平相比上升 6.67 个点；重点行业典型企业信息化专项规划指数为 71.57，比 2011 年有 0.8 个点的略微下降。

表 19—2　2011—2012 年湖北省两化融合基础环境指数情况

指标	2011年指数	2012年指数	变化情况
城（省）域网出口带宽	83.37	95.16	↑11.79
固定宽带普及率	58.5	66.1	↑7.6
固定宽带端口平均速率	52.72	55.41	↑2.69
移动电话普及率	52.59	57.86	↑5.27
互联网普及率	54.11	57.01	↑2.9

（续表）

指标	2011年指数	2012年指数	变化情况
两化融合专项引导资金	100	100	——
中小企业信息化服务平台数	68.46	75.13	↑6.67
重点行业典型企业信息化专项规划	72.37	71.57	↓0.8

数据来源：中国电子信息产业发展研究院。

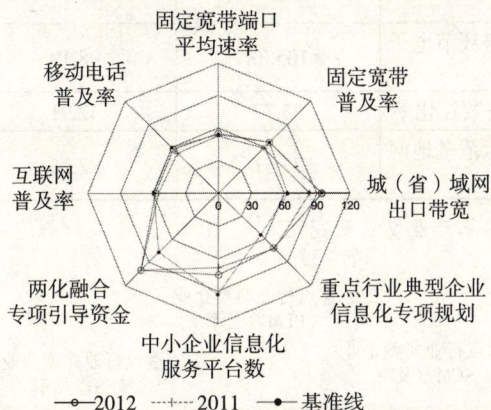

图 19—2　2011—2012年湖北省两化融合基础环境指数情况

数据来源：中国电子信息产业发展研究院。

2. 工业应用指数

2012 年，湖北省工业应用指数为 71.34，与 2011 年水平基本保持不变，在全国排第 5 位，比 2011 年下降了 3 个名次。重点行业典型企业 ERP 普及率指数为 66.49，比 2011 年下降了 2 个点。重点行业典型企业 MES 普及率指数为 72.48，比 2011 年上升 2 个点多。重点行业典型企业 PLM 普及率指数为 54.2，比 2011 年下降了 2.68 个点。重点行业典型企业 SCM 普及率指数 67.93，比 2011 年提升 0.88 个点。重点行业典型企业采购环节电子商务应用普及率指数 100.83，比 2011 年上升了 2 个点多。重点行业典型企业销售环节电子商务应用普及率指数为 98.19，比 2011 年下降了 7.7 个点，降幅较大。重点行业典型企业装备数控化率指数为 32.91，比 2011 年下降 2.86 个点。国家新型工业化产业示范基地两化融合发展水平指数为 82.26，与 2011 年相比，上升 9.75 个点，上升幅度较大。

表19—3　2011—2012年湖北省两化融合工业应用指数情况

指标	2011年指数	2012年指数	变化情况
重点行业典型企业ERP普及率	68.51	66.49	↓2.02
重点行业典型企业MES普及率	70.34	72.48	↑2.14
重点行业典型企业PLM普及率	56.88	54.2	↓2.68
重点行业典型企业SCM普及率	67.05	67.93	↑0.88
重点行业典型企业采购环节电子商务应用	98.71	100.83	↑2.12
重点行业典型企业销售环节电子商务应用	105.88	98.19	↓7.69
重点行业典型企业装备数控化率	35.77	32.91	↓2.86
国家新型工业化产业示范基地两化融合发展水平	72.51	82.26	↑9.75

数据来源：中国电子信息产业发展研究院。

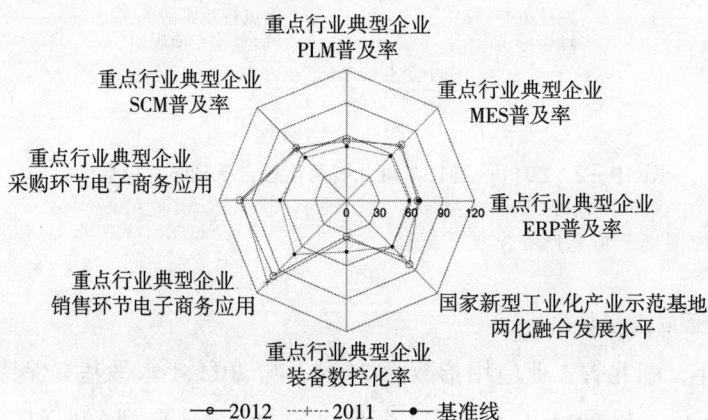

图19—3　2011—2012年湖北省两化融合工业应用指数情况

数据来源：中国电子信息产业发展研究院。

3. 应用效益指数

2012年，湖北省两化融合应用效益指数为67.3，比2011年上升了4.8个点，在全国排名15位，与2011年持平。在地区工业生产效益和水平方面，2012年，工业增加值占GDP比重指数为49.54，比2011年有0.65个点的略微下降；第二产业全员劳动生产率指数为58.95，比2011年有15.33的大幅提高；工业成本费用利润率指数为41.75，比2011年有3个点多的下降；单位工业增加值工业专利量指数为 88.28，比 2011 年上升 6.88 个点。在工业节能减排水平方面，单位地区生产总值能耗指数为 58.94，与 2011 年保持水平。在信息产业发展水平方面，电子信息制造业主营业务收入指数为 101.27，比 2011 年提升 1 个点左右；软件业务收入指数为 82.57，与 2011 年水平相比有大幅提升，上涨了 14.76 个点。

表 19—4　2011—2012 年湖北省两化融合应用效益指数情况

指标	2011年指数	2012年指数	变化情况
工业增加值占GDP比重	50.19	49.54	↓0.65
第二产业全员劳动生产率	43.62	58.95	↑15.33
工业成本费用利润率	44.94	41.75	↓3.19
单位工业增加值工业专利量	81.4	88.28	↑6.88
单位地区生产总值能耗	58.94	58.94	——
电子信息制造业主营业务收入	100.28	101.27	↑0.99
软件业务收入	67.81	82.57	↑14.76

数据来源：中国电子信息产业发展研究院。

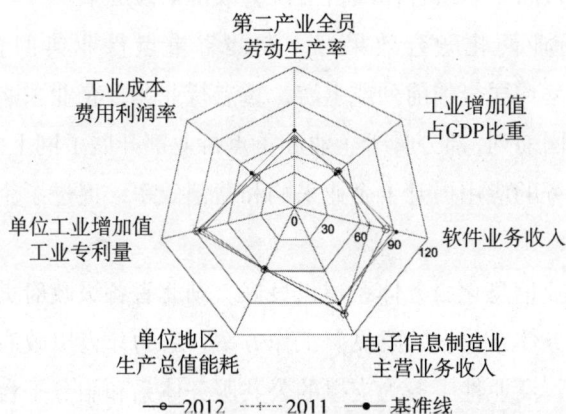

图 19—4　2011—2012年湖北省两化融合应用效益指数情况

数据来源：中国电子信息产业发展研究院。

三、优劣势评价

湖北省紧紧围绕"工业兴省"战略，加快推进新型工业化，积极探索两化融合的有效途径和方式。湖北省拥有较为丰富的科技、人才资源和良好的工业基础，重点行业融合效益明显；另一方面，湖北省中小企业数量众多，信息化发展水平不均衡。概括来说，湖北省两化融合发展具备以下优势：

一是具备良好的工业基础。近年来，湖北省实施"工业兴省"战略，工业发展速度明显加快，总量规模不断壮大，经济效益稳步提高，竞争实力不断增强，新型工业化加快推进。营业收入过千亿元的产业达到11个，过百亿元的企业增加到23家，食品工业、石化产业营业收入双双突破4000亿元，生产总值过千亿元的城市增加到8个。

二是科技教育发达，人才资源丰富。湖北省有高校121所，在校大学生140多万人；各类科研开发机构1500多家，研究开发人员132万人，两院院士（61人）、入选国家"千人计划"和"外专千人计划"人数居全国前列。全省国家级开发区11家，高新技术企业1570家。在2012年度国家科学技术奖励大会上，湖北省共有35项成果获奖，居全国第4位。全省企业研发中心增至288个，共性技术研发推广中心53个。湖北省积极对接国家重大专项，促进产学研合作和重大科技成果转化，第八届产学研合作项目洽谈会取得丰硕成果。

三是重点行业两化融合效果好。湖北省重点行业典型企业ERP、MES、PLM、SCM普及率均居全国前列或上游，重点行业典型企业采购或销售环节电子商务应用均居全国前列，部分骨干企业和重点行业都开展了网上采购和营销活动，工业企业电子商务的应用提升了企业采购和营销效率，促进了企业采购模式和营销模式创新。

四是中小企业信息化服务体系建设良好。湖北省各级政府贯彻省政府《关于加快中小企业服务体系建设的意见》工作方案，着力建设以政府服务为引导、公益性服务为基础、商业性服务为支撑的公共服务体系和服务平台。编制了《湖北省中小企业公共服务平台网络建设方案》，加快建设省级平台，成立了湖北省中小企业服务联盟，推动构建全省上下贯通的中小企业服务平台。通过大力实施中小企业信息化提升工程，逐步建成了武汉、襄阳、宜昌等一批横向覆盖重点区域、纵向覆盖优势主导产业的综合服务平台。荆门"中国农谷"农产品交易平台和随州专用汽车集群资源协同平台正加快建设，武汉市中小企业服务中心等3家服务中心成为"国家中小企业公共服务示范平台"，以省会城市和地级市为中心建设的各类信息化平台的服务功能、服务范围在不断扩展，有力地提升了中小企业两化融合的水平。

与此同时，湖北省两化融合发展仍存在一些亟待解决的问题，主要表现在：

信息化与工业化融合的广度和深度有待进一步拓展和延伸，协同集成有待进一步强化；政务信息资源开发利用效率有待进一步提高，电子政务体系和服务能力有待进一步完善和提升；信息化对工业领域的带动作用有待进一步加强；支撑信息化建设的基础设施保障、产业保障和安全保障有待进一步强化；信息化管理机制体制尚不完善，重建设、轻管理等现象较为严重，信息化管理水平和服务质量有待提高；两化融合发展环境有待改善，深度融合目标仍任重道远。

四、相关建议

对湖北省两化融合提出以下建议：

一是推进信息技术在优势支柱产业的深度应用。加快应用信息技术提升壮大优势支柱产业，重点支持汽车、石化、钢铁、装备制造、电子信息、食品、纺织等产业广泛应用信息技术、产品和装备。重点支持 200 户产值过 10 亿元的骨干企业推进两化深度融合，推动骨干企业全方位应用信息技术，向综合集成和产业链协同应用转变，树立产业示范标杆，带动产业转型升级。

二是推进信息化在重点领域和区域深度应用。首先，完善中小企业信息化发展环境。重点加强中小企业信息化公共服务平台建设，推进 IT 企业与中小企业供需配对，为中小企业提供适合自身发展需要的信息化解决方案，组织专家为中小企业提供信息化规划咨询，促进"专精特优"中小企业发展。其次，以信息化推动绿色发展。发展面向高污染行业的绿色生产信息技术应用，加强对高耗能高污染行业的能源资源消耗和污染排放联网的实时监控，提高能效监测和节能管理信息化水平。围绕危险作业场所的安全风险评估、多层防护、人机隔离、远程遥控、监测报警、灾害预警、应急响应和处置等方面，深化信息技术的集成应用，建立安全生产新模式。其二，建设"两化融合"试验区。选择一批产业集群度较高、工业基础较好、经济辐射能力较强的县（市）和工业园区作为试点县（市）和试点园区，形成一套"两化融合"试点示范体系，并逐步推广覆盖全省。

三是大力推动信息产业跨越式发展。推进武汉国家光电子产业基地和武汉国家光电子器件产业园建设，促进产业链向上游关键技术、材料及核心器件延伸，向城域网和接入网设备等产业链下游领域拓展，构建完整的光通信产业链。进一步增强武汉市的集聚发展实力和辐射带动作用，推动武汉市创建中国软件名城。积极引进企业总部、研发中心、软件与服务外包以及增值服务企业。加快发展工业行业软件，围绕工业企业研发设计、过程控制、经营管理、市场营销和技术改造等关键环节，聚焦钢铁、汽车、石化、纺织、食品等重点传统优势产业，突破智能化数字设计技术、虚拟制造技术、生产过程集散系统控制技术等关键技术，形成一批高质量的行业应用解决方案。

第二十章　湖南省两化融合发展水平分析

一、总体情况

（一）经济概况

2012 年，湖南省地区生产总值 22154.2 亿元，比上年增长 11.3%。其中，第一产业增加值 3004.2 亿元，同比增长 3%；第二产业增加值 10506.4 亿元，同比增长 12.8%；第三产业增加值 8643.6 亿元，同比增长 12.2%。按常住人口计算，人均地区生产总值 33480 元，同比增长 10.7%。湖南省三次产业结构为 13.6 : 47.4 : 39。工业增加值占地区生产总值的比重为 41.3%，与上年持平；高新技术产业增加值占地区生产总值的比重为 15%，比上年提高 0.3 个百分点。第一、二、三次产业对经济增长的贡献率分别为 3.6%、54% 和 42.4%。其中，工业增加值对经济增长的贡献率为 49.6%；生产性服务业增加值对经济增长的贡献率为 19.1%。非公有制经济增加值 12791.2 亿元，同比增长 13%，占地区生产总值的比重为 57.7%。

（二）两化融合主要进展

湖南省重点围绕资源节约型和环境友好型社会建设，推动长株潭城市群成为国家级两化融合试验区，逐步建立起区域两化融合发展的新模式，推动工业行业两化融合向更深层次拓展。

1. 开展两化融合企业试点示范，信息化应用水平明显提升

三一重工实现了研发制造数字化、商务服务自动化、财务业务一体化，中联

重科打造了"数字化研发制造协同创新平台"，长高集团、加加集团建设了企业资源管理信息系统 ERP，实现了设计、生产、销售等环节全过程管理。福田汽车长沙汽车厂通过协同办公网络化、设计研发数字化，实现了汽车制造零库存，新增综合经济效益 5000 多万元。中航工业南方公司通过信息技术的深度应用，由电脑优化自动排出生产流程，大大地提高了业务和管理的效率，全面提高了企业的工作效率与效益，增强了企业的核心竞争力。湘电集团从产品虚拟设计、概念设计、产品样机及工程设计和产品工艺设计全过程实现数字化与协同设计，平安电气将物联网技术和信息技术应用在"矿井智能局部通风系统"、"在线监测系统"等新产品中，大大提高了新产品的技术含量和附加值。

2. 企业从生产型制造向服务型制造转型，涌现出新型制造模式和业态

三一集团、中联重科、远大空调等制造业围绕增强产品功能发展在线维护服务、融资租赁业务，提高服务型制造能力。湖南华曙高科的 3D 打印技术在全国的 3D 打印领域处于领先地位。20 家示范试点企业，80% 以上攻克了关键的技术难题，新产品的开发效率和质量大幅提升。全市工业企业申报专利 8443 项，同比增长 39%；企业获得授权专利 6441 项，同比增长 90.4%。[1]

3. 通过大力推动两化融合，节能减排、绿色生产效果显著

通过大力推动两化融合，湖南省利用信息技术改造节能效果显著。2012 年，湖南省单位 GDP 能耗为 0.83 吨标准煤 / 万元，比上年下降 6.87%，单位规模工业增加值能耗为 0.78 吨标准煤 / 万元，比上年下降 16.56%。[2]2012 年，长沙和株洲市规模工业万元增加值能耗分别下降 16.78%、17.69%。长沙市通过创建"两型园区"、"两型企业"，降低了工业园区和企业资源消耗，减少了废物排放。2012 年，在万元工业增加值用水量 64 立方米的基础上，各工业园区和企业努力开展热电、食品饮料、新材料等高耗水行业的节水工作。天宁热电、百威英博、蓝思科技等重点企业已完成节水技术改造项目，形成年节水能力 700 万立方米。株洲市以"两化融合"促进节能减排为突破口，加强相关信息技术研发和应用，推动株冶集团、中盐株化等污染大户企业进行信息化改造，逐步向循环经济、绿色经济过渡。2012 年万元 GDP 能耗下降 4.28%，主要污染物排放总量下降 3%。

---

[1] 湖南省经信委：《湖南：两化融合助经济提速》，2013年5月。
[2] 资料来源：《湖南统计年鉴2013》。

二、两化融合发展水平分析

（一）综合分析

2012年，湖南省两化融合发展指数为68.96，其中基础环境指数明显提高。基础环境方面，2011年基础环境指数为59.27，2012年基础环境指数为64.20，比2011年提高4.93个点。工业应用方面，2011年工业应用指数为65.45，2012年工业应用指数为71.22，比2011年提高5.77个点。应用效益方面，2011年应用效益指数为64.39，2012年应用效益指数为69.21，比2011年提高4.82个点。

表20—1　2011—2012年湖南省两化融合指数情况

指标	2011年指数	2012年指数	变化情况
基础环境	59.27	64.20	↑4.93
工业应用	65.45	71.22	↑5.77
应用效益	64.39	69.21	↑4.82
发展指数	63.64	68.96	↑5.32

数据来源：中国电子信息产业发展研究院。

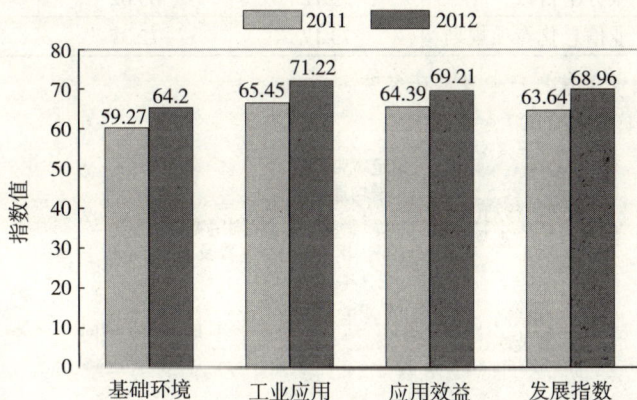

图20—1　2011—2012年湖南省两化融合指数情况

数据来源：中国电子信息产业发展研究院。

（二）具体分析

1. 基础环境指数

湖南省两化融合基础环境建设良好。2012年，湖南省基础环境指数为64.20，基础环境的各项指标都有所上升。在信息基础设施建设方面，2012年，湖南省城（省）域网出口带宽指数为 71.56，比 2011 年提高 4.12 个点；固定宽带普及率指数为 54.37，比 2011 年提高 9.03 个点；固定宽带端口平均速率为 53.67，比 2011 年提高 5.07 个点；移动电话普及率指数为 50.17，比 2011 年提高 4.33 个点。在互联网应用普及方面，2012 年，湖南省互联网普及率指数为 50，比 2011 年提高 4.24 个点。在两化融合政策环境建设方面，2012 年，湖南省设立了两化融合专项引导资金；中小企业信息化服务平台数指数为 93.72，比 2011 年提高 8.7 个点；重点行业典型企业信息化专项规划指数为 73.17，比 2011 年提高 0.8 个点。

表 20—2　2011—2012 年湖南省两化融合基础环境指数情况

指标	2012年指数	2011年指数	变化情况
城（省）域网出口带宽	71.56	67.44	↑4.12
固定宽带普及率	54.37	45.34	↑9.03
固定宽带端口平均速率	53.67	48.60	↑5.07
移动电话普及率	50.17	45.84	↑4.33
互联网普及率	50.00	45.76	↑4.24
两化融合专项引导资金	有	有	—
中小企业信息化服务平台数	93.72	85.02	↑8.70
重点行业典型企业信息化专项规划	73.17	72.37	↑0.80

数据来源：中国电子信息产业发展研究院。

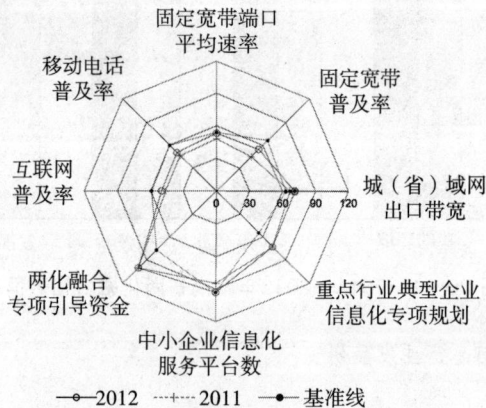

图 20—2　2011—2012年湖南省两化融合基础环境指数情况

数据来源：中国电子信息产业发展研究院。

2. 工业应用指数

2012 年，湖南省工业应用指数为 71.22，其中重点行业典型企业 MES 普及率、重点行业典型企业采购环节电子商务应用、重点行业典型企业销售环节电子商务应用、国家新型工业化产业示范基地两化融合发展水平比 2011 年显著增长，重点行业典型企业 PLM 普及率、重点行业典型企业 SCM 普及率有所下降。2012 年，湖南省重点行业典型企业 ERP 普及率指数为 70.21，比 2011 年提高 0.99 个点。重点行业典型企业 MES 普及率指数为 71.26，比 2011 年提高 7.4 个点。重点行业典型企业 PLM 普及率指数为 59.03，比 2011 年下降 4.12 个点。重点行业典型企业 SCM 普及率指数为 67.93，比 2011 年下降 1.61 个点。重点行业典型企业采购环节电子商务应用普及率指数为 90.76，比 2011 年提高 12.06 个点。重点行业典型企业销售环节电子商务应用普及率指数为 97.48，比 2011 年提高 13.7 个点。重点行业典型企业装备数控化率指数为 51.44，比 2011 年提高 5.33 个点。国家新型工业化产业示范基地两化融合发展水平指数为 65.81，比 2011 年提高 11.5 个点。

表 20—3　2011—2012 年湖南省两化融合工业应用指数情况

指标	2012年指数	2011年指数	变化情况
重点行业典型企业ERP普及率	70.21	69.22	↑0.99
重点行业典型企业MES普及率	71.26	63.86	↑7.40
重点行业典型企业PLM普及率	59.03	63.15	↓4.12
重点行业典型企业SCM普及率	67.93	69.54	↓1.61
重点行业典型企业采购环节电子商务应用	90.76	78.70	↑12.06
重点行业典型企业销售环节电子商务应用	97.48	83.78	↑13.70
重点行业典型企业装备数控化率	51.44	46.11	↑5.33
国家新型工业化产业示范基地两化融合发展水平	65.81	54.31	↑11.50

数据来源：中国电子信息产业发展研究院。

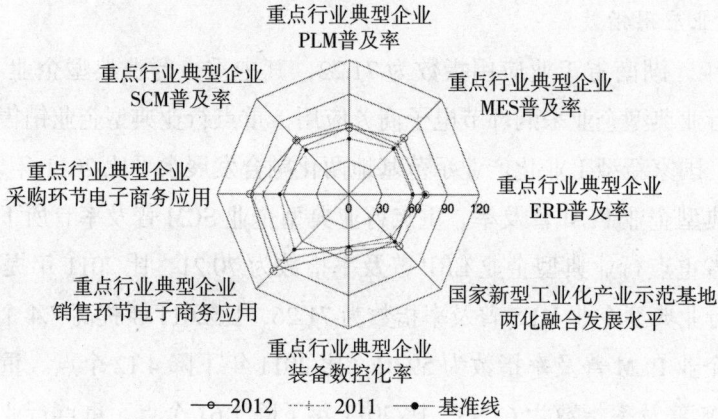

图20—3 2011—2012年湖南省两化融合工业应用指数情况

数据来源：中国电子信息产业发展研究院。

3. 应用效益指数

2012年，湖南省两化融合应用效益指数达到69.21，其中电子信息制造业主营业务收入、单位工业增加值工业专利量、第二产业全员劳动生产率增长较快，工业成本费用利润率有所下降。在地区工业生产效益和水平方面，2012年，工业增加值占GDP比重指数为48.13，比2011年提高0.07个点；第二产业全员劳动生产率指数为58.48，比2011年提高7.24个点；工业成本费用利润率指数为44.3，比2011年下降3.75个点；单位工业增加值工业专利量指数为103.83，比2011年提高6.16个点。在工业节能减排水平方面，单位地区生产总值能耗指数为59.83，与2011年持平。在信息产业发展水平方面，电子信息制造业主营业务收入指数为102.62，比2011年提高23.92个点；软件业务收入指数为74.61，比2011年提高3.27个点。

表20—4 2011—2012年湖南省两化融合应用效益指数情况

指标	2012年指数	2011年指数	变化情况
工业增加值占GDP比重	48.13	48.06	↑0.07
第二产业全员劳动生产率	58.48	51.24	↑7.24
工业成本费用利润率	44.30	48.05	↓3.75
单位工业增加值工业专利量	103.83	97.67	↑6.16
单位地区生产总值能耗	59.83	59.83	—
电子信息制造业主营业务收入	102.62	78.70	↑23.92
软件业务收入	74.61	71.34	↑3.27

数据来源：中国电子信息产业发展研究院。

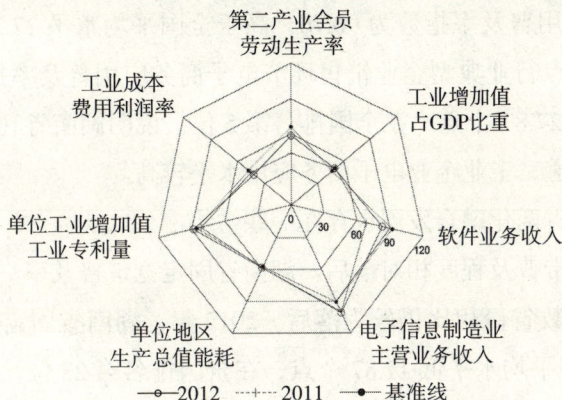

图 20—4　2011—2012年湖南省两化融合应用效益指数情况

数据来源：中国电子信息产业发展研究院。

三、优劣势评价

湖南省两化融合发展的优势有：

一是国家级两化融合试验区，对湖南省两化融合产生了较强的带动效应。湖南省的"长株潭"城市群国家级两化融合试验区，已经成为湖南省新型工业化先导区和新型城镇化示范区，产业集聚效应明显。围绕提升工程机械、轨道交通、汽车及零部件三大产业集群的信息化水平，长沙市全面推进了面向高污染行业的绿色生产信息技术应用，株洲市着重推动了耗能设备控制系统信息化改造，湘潭市着重提升了先进装备、新能源、电子信息、钢材及深加工、汽车及零部件、食品等领域的产品智能化水平，为湖南省两化深度融合起到了有效示范作用。

二是重点行业典型企业信息化应用水平高。2012年，湖南省重点行业典型企业 ERP 普及率指数为 70.21，高于全国平均水平 12.08 个点，在全国排名第 4 位。重点行业典型企业 MES 普及率指数为 71.26，高于全国平均水平 13.93 个点，在全国排名第 8 位。重点行业典型企业 PLM 普及率指数为 59.03，高于全国平均水平 9.53 个点，在全国排名第 4 位。重点行业典型企业 SCM 普及率指数为 67.93，高于全国平均水平 12.30 个点，在全国排名第 4 位。

三是工业企业电子商务应用较好。2012年，湖南省重点行业典型企业采购环节电子商务应用普及率指数为90.76，高于全国平均水平27.71个点，在全国排名第5位。重点行业典型企业销售环节电子商务应用普及率指数为97.48，高于全国平均水平27.87个点，在全国排名第5位。说明湖南省利用电子商务拓宽了销售和采购渠道，工业企业电子商务应用水平较高。

同时，湖南省两化融合发展也存在一些劣势：

一是固定宽带普及程度相对落后。湖南省固定宽带普及率、固定宽带端口平均速率与全国多数省份相比仍较为落后。2012年，湖南省固定宽带普及率指数为54.37，比全国平均水平低11.87个点，在全国排名第23位。固定宽带端口平均速率为53.67，比全国平均水平低0.62个点，在全国排名第20位。移动电话普及率指数为50.17，比全国平均水平低10.28个点，在全国排名第26位。互联网普及率指数为50，比全国平均水平低8.69个点，在全国排名第24位。

二是工业企业的盈利能力低。湖南省装备制造业产业规模小，产业链高端缺位，导致工业成本利润率偏低。2012年，湖南省工业成本费用利润率指数为44.3，比全国平均水平低3.08个点，在全国排名第17位。第二产业全员劳动生产率指数为58.48，比全国平均水平低7.73个点，在全国排名第20位。

四、相关建议

对湖南省两化融合提出以下建议：

一是加快建设新一代信息基础设施。以光纤宽带和无线宽带通信为重点，积极发展新一代互联网、广播电视网、移动通信网络建设，开展新一代移动通信网络试点，努力构建统一高效的泛在网络。推进城乡宽带网络发展，实施城市光纤进楼入户，农村光纤到行政村，加快推进"自然村通电话"、"行政村通宽带"和"广播电视村村通"工程。大力推进无线城市建设，提升无线网络的覆盖面和传输效率，推动泛在信息网络连接的扩展和延伸。

二是推进信息技术与传统产业的融合。全面提升装备制造、钢铁有色、石油化工、建材、轻工等工业领域的信息化应用水平，推进企业信息化水平评价体系建设。深化研发设计、工艺流程、生产装备、过程控制及物料管理各环节信息技术应用和全面渗透，推动生产装备与生产过程数字化、智能化、网络化改造。推进企业管理信息系统的无缝衔接及综合集成，切实提高企业生产效率、产品质量和管理水平，实现研发设计、业务流程和商业模式创新发展，促进制造业服务化转型。

三是推进信息技术与战略性新兴产业的融合。围绕新一代信息技术的发展与应用，加快技术创新和产业化步伐。推动物联网技术在重点领域的应用试点示范，加强云计算服务平台建设。加大自主创新力度，推动产学研结合，加强行业整合，培育龙头企业，推动电子信息产品制造业向高端、高质、高效发展转变，提升电子信息产品智能化水平。大力推进集成电路设计、工业软件、嵌入式软件和各类应用软件的研发和应用。

四是推进信息技术与现代服务业的融合。加快推进现代物流行业信息化建设，发展物流信息服务业，全面提升物流配送的能级和水平，降低物流成本。推动信息技术在金融、邮政、旅游、休闲娱乐等服务业中的普遍应用与融合创新。深化移动电子商务在工业和生产性服务业领域的应用。建设面向中小企业的研发设计平台，加快研发和推广适合中小企业特点的集成化信息系统和服务。

第二十一章　广东省两化融合发展水平分析

一、总体情况

（一）经济概况

2012 年，广东省实现生产总值（GDP）57067.92 亿元，比上年增长 8.2%。其中，第一产业增加值 2848.91 亿元，同比增长 3.9%，对 GDP 增长的贡献率为 2.2%；第二产业增加值 27825.30 亿元，同比增长 7.6%，对 GDP 增长的贡献率为 47.1%；第三产业增加值 26393.71 亿元，同比增长 9.2%，对 GDP 增长的贡献率为 50.7%。三次产业结构为 5.0:48.8:46.2。在现代产业中，先进制造业增加值 10529.64 亿元，同比增长 8.3%；现代服务业增加值 15036.65 亿元，同比增长 9.5%。在第三产业中，批发和零售业增长 9.4%，住宿和餐饮业增长 7.0%，金融业增长 10.9%，房地产业增长 7.0%。民营经济增加值 29319.97 亿元，同比增长 9.1%。2012 年，广东人均 GDP 达到 54095 元，按平均汇率折算为 8570 美元。

（二）两化融合主要进展

2012 年，广东省加快推进利用信息化技术改造传统产业、培育先进制造业、提升装备制造业，推动一大批重点信息化工程项目启动建设，两化融合步伐明显加快。

1. 推进信息化技术普及应用，助力中小企业实现跨越发展

（1）加快推进 6860 工程。建设 6 个两化深度融合试点示范区：广州、佛山、顺德区、东莞、中山、惠州。建设 8 个重点行业信息技术公共服务平台：为中小

企业提供产品协同设计制造、生产任务异地监控和技术交流等信息化支持服务。确立 60 个两化深度融合示范企业项目。装备制造、安全生产、绿色制造（节能减排＋清洁制造）、牵手工程、制造业数字化、制造业服务化转型等六个类别各 10 有个示范项目。[1]

（2）加快推进传统制造业改造升级。2012 年，全省机电行业 90% 以上实现二维计算机辅助设计，模具行业 80% 以上实现了计算机辅助制造一体化。100% 大型企业和超过 60% 的中小企业建立了管理信息系统。"十一五"期间，通过信息化技术辅助清洁生产、节能减排，实现单位 GDP 能耗和工业增加值能耗分别累计下降 16.42% 和 29.4%。培育了海天调味品、广州数控、揭阳巨轮等多家国家级两化融合示范企业。

（3）加快推进信息技术集成创新。广东省实施"装备制造数字化工程"，推进以数控机床、光机电一体化产品为代表的现代装备制造业发展。支持信息技术和传统产业技术相结合的集成创新，通过扶植美的集团有限公司的智慧家电与物联网应用产业化等项目建设，推动了广东省信息技术与工业产品的融合。

（4）推进节能降耗和清洁生产信息技术应用。推进钢铁、石化、有色、建材等重点行业节能减排信息技术改造，加强对钢铁、有色金属、建材、电力、石油化工、建筑等重点行业的污染排放自动监控及能源消耗利用的实时监测和控制，提高生产精确度和资源利用率。"十一五"期间，广东省通过信息化技术辅助清洁生产、节能减排，单位 GDP 能耗和工业增加值能耗分别累计下降 16.42% 和 29.4%，减少能源消耗 4372 万吨标准煤。

（5）加大政策扶持和引导。采取适当财政补助或奖励政策，引导中小企业应用信息技术。广东省财政厅下达 2012 年省中小企业发展专项资金助力中小企业自主创新和转型升级项目计划，支持中小企业通过信息化手段提高生产工艺水平和创新能力。积极为两化融合企业项目争取财政资金扶持，全年共推荐 27 家企业申报国家两化深度融合示范项目，为广州数控等企业争取到国家两化融合专项扶持资金 460 万元。

2. 推动信息化平台加快建设，为两化融合提供载体

（1）积极搭建工业设计平台。支持广东工业设计城向工信部、省政府申报部省共建基地，争取国家和省的政策资金扶持。2012 年 11 月成功举办了第六届"省

---

[1]　袁国清：《广东省两化融合工作成效与展望》，2013年5月。

"长杯"工业设计大赛和全国大学生工业设计大赛的广东赛区联赛，12月成功举办第六届广东省工业设计活动周。广东工业设计城已对珠三角乃至广东省产业和城市发展产生积极的带动效应。

（2）鼓励和支持面向中小企业的公共信息服务平台建设。广东省经济和信息化委员会制定《关于广东省食品工业企业诚信信息公共服务平台信息采集工作方案》及《广东省食品工业企业诚信信息公共服务平台网站管理办法》，开展广东省中小企业公共服务示范平台认定工作，支持广东省一批协同制造服务平台建设。推荐6家企业申报国家中小企业公共（技术）服务示范平台。

（3）加快信息化示范园区建设。按照"两化融合上水平"和"产业园区上档次"的要求，广东省出台了《广东省信息化园区建设评估标准》，建立了两化融合评估考核制度，加快推进标准体系和信息化园区建设。2012年，广东省认定了佛山广东金融高新技术区等11个园区为首批广东省信息化园区无线园区。开展了信息化园区分级认定工作，评选出24个信息化金、银、铜牌示范园区。

（4）深入实施"两化融合牵手工程"。促进制造业和现代信息服务业双提升，广东省在顺德、清远、汕头、阳江等地共举办6场对接活动。组织两化融合创新中心、用友集团、广新集团等30多家大型企业发起广东省CIO联盟，旨在聚合CIO力量，助推广东两化深度融合。在珠江三角洲各市逐步建立两化融合创新分中心，逐步完善中小企业两化融合服务体系。

（5）突出抓好顺德国家级智能制造试点建设。利用顺德国家级装备工业两化深度融合暨智能制造试点的平台，重点发展智能制造，加快实施智能产品、智能生产、智能物流、智能产业、智能商务、智能服务六大智能工程，积极探索智能制造促进工业转型升级的区域特色模式。

3. 推动信息化技术向服务业延伸，为两业融合提供技术支撑

（1）推进专利信息服务。努力提高专利信息公益性服务能力和水平，开通广东省知识产权公共信息综合服务平台。加强企业专利信息分析预警、产业专利信息利用、知识产权战略研究，促进知识产权运用发展，全面提升全省两化融合知识产权创造能力和保护水平。

（2）建设专业性较强的电子商务平台。加快生产性服务业的发展，推动智能商业应用，建立了广货网上行官方网站，并认定了一批照明、化工等行业的广货网上行活动市场主体。组织环球市场、唯品会等电子商务企业在商务部工作会议

上进行典型经验介绍。与阿里巴巴、亚马逊、国美商城、京东商城、苏宁易购等国内五大电子商务平台代表签署战略合作框架协议。[1]

二、两化融合发展水平分析

（一）综合分析

2012 年，广东省两化融合发展指数为 80.50，其中基础环境指数明显提高。基础环境方面，2011 年基础环境指数为 72.18，2012 年基础环境指数为 83.64，比 2011 年提高 11.46 个点。工业应用方面，2011 年工业应用指数为 50.77，2012 年工业应用指数为 57.73，比 2011 年提高 6.96 个点。应用效益方面，2011 年应用效益指数为 121.66，2012 年应用效益指数为 122.91，比 2011 年提高 1.25 个点。

表 21—1 2011—2012 年广东省两化融合指数情况

指标	2011年指数	2012年指数	变化情况
基础环境	72.18	83.64	↑11.46
工业应用	50.77	57.73	↑6.96
应用效益	121.66	122.91	↑1.25
发展指数	73.84	80.5	↑6.66

数据来源：中国电子信息产业发展研究院。

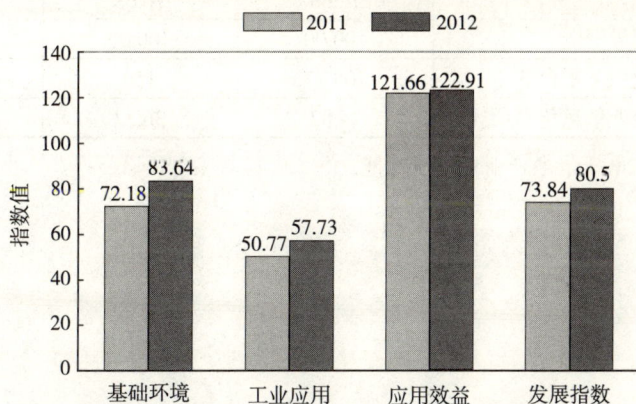

图 21—1 2011—2012年广东省两化融合指数情况

数据来源：中国电子信息产业发展研究院。

[1] 袁国清：《广东省两化融合工作成效与展望》，2013年5月。

（二）具体分析

1. 基础环境指数

广东省两化融合基础环境建设良好。2012 年，广东省基础环境指数为
83.64，其中中小企业信息化服务平台数明显提高，许多重点行业典型企业编制
了信息化专项规划。在信息基础设施建设方面，2012 年，广东省城（省）域网
出口带宽指数为 148.7，比 2011 年提高 6.35 个点；固定宽带普及率指数为 85.02，
比 2011 年提高 5.77 个点；固定宽带端口平均速率为 58.68，比 2011 年提高 6.63
个点；移动电话普及率指数为 75.45，比 2011 年提高 6.3 个点。在互联网应用普
及方面，2012 年，广东省互联网普及率指数为 76.68，比 2011 年提高 2.05 个点。
在两化融合政策环境建设方面，2012 年，广东省设立了两化融合专项引导资金；
中小企业信息化服务平台数指数为 150，比 2011 年提高 44.23 个点；重点行业典
型企业信息化专项规划指数为 36.32，比 2011 年提高 21.5 个点。

表 21—2　2011—2012 年广东省两化融合基础环境指数情况

指标	2011年指数	2012年指数	变化情况
城（省）域网出口带宽	142.35	148.7	↑6.35
固定宽带普及率	79.25	85.02	↑5.77
固定宽带端口平均速率	52.05	58.68	↑6.63
移动电话普及率	69.15	75.45	↑6.30
互联网普及率	74.63	76.68	↑2.05
两化融合专项引导资金	100.00	100.00	—
中小企业信息化服务平台数	105.77	150	↑44.23
重点行业典型企业信息化专项规划	14.82	36.32	↑21.50

数据来源：中国电子信息产业发展研究院。

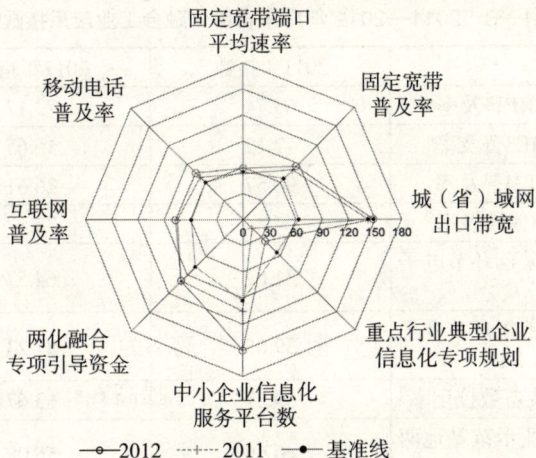

图 21—2　2011—2012年广东省两化融合基础环境指数情况

数据来源：中国电子信息产业发展研究院。

2．工业应用指数

2012 年，广东省工业应用指数为 57.73，其中重点行业典型企业销售环节电子商务应用、重点行业典型企业采购环节电子商务应用比 2011 年显著增长，重点行业典型企业 PLM 普及率有所下降。2012 年，广东省重点行业典型企业 ERP 普及率指数为 73.17，比 2011 年提高 9.43 个点。重点行业典型企业 MES 普及率指数为 16.65，比 2011 年下降 0.47 个点。重点行业典型企业 PLM 普及率指数为 26.61，与 2011 年下降 63.96 个点。重点行业典型企业 SCM 普及率指数为 73.17，比 2011 年提高 8.73 个点。重点行业典型企业采购环节电子商务应用普及率指数为 64.57，比 2011 年提高 32.9 个点。重点行业典型企业销售环节电子商务应用普及率指数为 87.23，比 2011 年提高 48.18 个点。重点行业典型企业装备数控化率指数为 63.67，比 2011 年提高 4.4 个点。国家新型工业化产业示范基地两化融合发展水平指数为 56.08，比 2011 年提高 15.52 个点。

表21—3　2011—2012年广东省两化融合工业应用指数情况

指标	2011年指数	2012年指数	变化情况
重点行业典型企业ERP普及率	63.74	73.17	↑9.43
重点行业典型企业MES普及率	17.12	16.65	↓0.47
重点行业典型企业PLM普及率	90.57	26.61	↓63.96
重点行业典型企业SCM普及率	64.44	73.17	↑8.73
重点行业典型企业采购环节电子商务应用	31.67	64.57	↑32.9
重点行业典型企业销售环节电子商务应用	39.05	87.23	↑48.18
重点行业典型企业装备数控化率	59.27	63.67	↑4.40
国家新型工业化产业示范基地两化融合发展水平	40.56	56.08	↑15.52

数据来源：中国电子信息产业发展研究院。

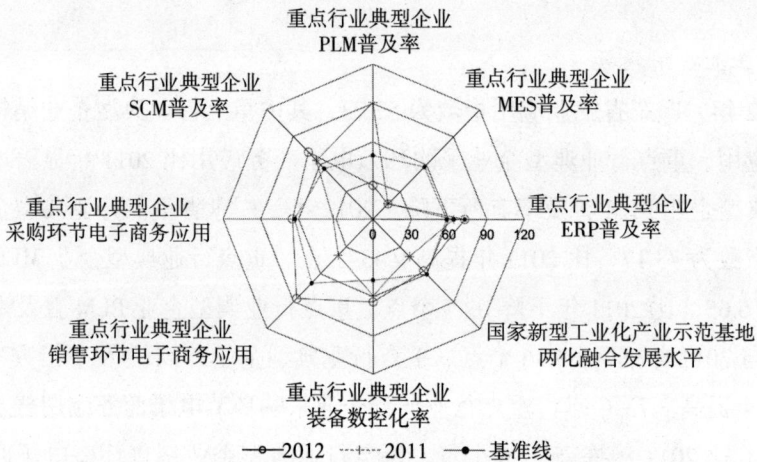

图21—3　2011—2012年广东省两化融合工业应用指数情况

数据来源：中国电子信息产业发展研究院。

3. 应用效益指数

2012年，广东省两化融合应用效益指数达到122.91，其中单位工业增加值、工业专利量增长较快，第二产业全员劳动生产率、工业成本费用利润率有所下降。在地区工业生产效益和水平方面，2012年，工业增加值占GDP比重指数为51.62，比2011年下降0.71个点；第二产业全员劳动生产率指数为63.14，比

2011年下降9.6个点；工业成本费用利润率指数为39.46，比2011年下降2.48个点；单位工业增加值工业专利量指数为141.48，比2011年提高7.58个点。在工业节能减排水平方面，单位地区生产总值能耗指数为80.52，与2011年持平。在信息产业发展水平方面，电子信息制造业主营业务收入指数为294.08，比2011年提高1.19个点；软件业务收入指数为255.36，比2011年提高16.15个点。

表21—4　2011—2012年广东省两化融合应用效益指数情况

指标	2011年指数	2012年指数	变化情况
工业增加值占GDP比重	52.33	51.62	↓0.71
第二产业全员劳动生产率	72.74	63.14	↓9.60
工业成本费用利润率	41.94	39.46	↓2.48
单位工业增加值工业专利量	133.90	141.48	↑7.58
单位地区生产总值能耗	80.52	80.52	—
电子信息制造业主营业务收入	292.89	294.08	↑1.19
软件业务收入	239.21	255.36	↑16.15

数据来源：中国电子信息产业发展研究院。

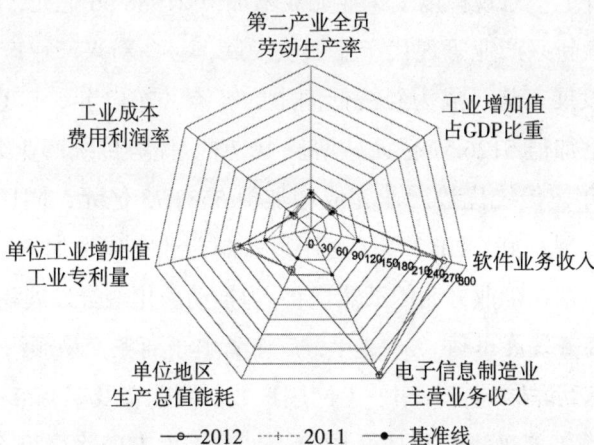

图21—4　2011—2012年广东省两化融合应用效益指数情况

数据来源：中国电子信息产业发展研究院。

三、优劣势评价

广东省两化融合具有如下一些优势：

一是信息基础设施建设良好，为两化融合提供了保障。2012 年，广东省光缆线路长度达 1054583 公里，互联网宽带接入端口达 2701.6 万个。固定电话用户数为 3135.8 万户，比 2011 年减少 11.3 万户。移动电话用户 12468.0 万户，比 2011 年增加 1675.2 万户，移动电话普及率达 118.7 部 / 百人。互联网宽带接入用户达 1903.6 万户，比 2011 年增加 259.7 万户。城（省）域网出口带宽全国第一，固定宽带端口平均速率全国第五。

二是工业基础雄厚扎实。广东省是领先全国的工业大省之一，是全球重要的制造业基地。广东省委、省政府陆续出台了关于工业产业结构调整、提高工业产业竞争力等措施，全省工业产业结构逐步合理化。电子信息、电器机械及专用设备、石油化工三大新兴支柱产业保持强劲发展态势，纺织服装、食品饮料、建筑材料三大传统支柱产业稳步发展，造纸、医药、汽车三大潜力产业发展迅猛，结构趋于优化。2012 年，广东规模以上工业完成增加值 21988.06 亿元，同比增长 8.4%。高技术、战略性新兴产业等现代产业加快发展，一些新兴产业产品投产或扩产，表现出良好的发展态势，成为经济低潮中的亮点。2012 年，广东规模以上高技术制造业完成增加值 5126.51 亿元，增长 10.7%。优势传统产业继续保持稳定增长态势。2012 年，传统优势产业完成增加值 5582.73 亿元，同比增长 9.7%。基础设备制造业发展良好。2012 年，通用设备制造业完成增加值 588.78 亿元，同比增长 9.8%。广东在工业方面的天然优势，为推动两化融合发展积攒了优势力量。

三是电子商务发展迅猛。2012 年，广东省电子商务交易额约 1.5 万亿元，居全国首位。广东互联网的普及率、上网用户数、网购普及率、市场交易规模、电子商务市场份额等多项指标均居全国第一，95% 以上的大中型企业都已"上网触电"、全面开展了电子商务交易管理。一方面，广东省电子商务涌现出唯品会、走秀网、梦芭莎、易积、AP-EC(农产品交易网)等一批全国知名的 B2B 和 B2C 电商平台。另一方面，以制造业为基础，在广州、深圳、佛山、东莞形成了一批电子商务集聚区，每个集聚区既发力于电子商务平台的建设，传统制造企业的"电商化"，同时还涌现出一批专攻电子商务的"制造商"。其中，深圳和广州已成为国家发改委的电子商务试点城市。以佛山顺德为例，根据京东、淘宝等平台的初步统计，目前顺德从事 B2C 和 C2C 交易的网商约 2400 家，主要销售产品为家电、家具、鞋、服装、玩具、电子产品等。其中既包括了美的、格兰仕、万和等进攻线上销售的传统制造企业，还包括了贝尔莱德、小熊电器这类年轻的制造企业，以电子商务为发展主旋律，重组供应链环节，成为网民力捧的"电商品牌"。另外，顺德还拥有超过 10 个电商交易平台，例如欧浦钢网、乐百购家具网等。[1]

与此同时，广东省两化融合也存在一些劣势，体现在：

一是两化融合发展不平衡。广东省各地区各城市间两化融合发展不平衡现象比较突出。珠江三角洲工业发达，信息化水平也高，不少指标在全国都居于领先位置。而粤东、粤西和粤北地区则工业经济落后，信息基础设施比较薄弱，企业信息化水平很低。

二是信息产业自主创新能力不强。科技研发投入不足，引进技术的消化吸收水平不高，电子信息产业核心技术匮乏问题仍然突出，关键零部件、重要材料和专用设备基本依赖进口。大部分企业规模偏小，研发能力相对薄弱，仍然停留在加工和组装阶段，导致产品利润率偏低。2012 年，广东省重点行业典型企业 MES 普及率、重点行业典型企业 PLM 普及率全国排名靠后，工业成本费用利润率为 6.13%，比全国平均工业成本费用利润率 8.04% 低 1.91 个百分点。

四、相关建议

对广东省两化融合提出以下建议：

一是推进与两化融合相适应的基础设施建设。加快光纤宽带网络建设和改造，推进光纤到楼入户建设、骨干网升级改造及网络服务质量改善，加强泛在化的新型信息通信网络建设，全面提升宽带接入能力。以广东省"珠三角无线宽带城市群"建设为契机，有步骤地统筹推进第三代移动通信（3G）、无线局域网（WLAN）、新一代移动通信（LTE）等无线宽带网络建设。

二是推进智能制造发展。深化信息技术在制造业的应用，突出发展智能装备和智能产品，推动生产过程智能化，加快传统制造向"现代智造"的转型升级。重点突破工业控制芯片、核心工业软件、数控装备和工业机器人核心技术，研制

---

[1]　《广东制造业优势引领电商 主导零售新格局》，《南方都市报》2013年03月12日。

高端数控产品、工业机器人、数控精密注塑机、自动化生产线、流程工业成套装备等智能装备，发展汽车电子、船舶电子、智能家电等智能化工业产品，提高产品信息技术含量和附加值。以提升产业链协同能力为重点，推进工业生产过程信息共享、系统整合、智能控制和协同制造，提高精准制造、柔性制造、敏捷制造能力。建设一批工业设计和产品开发公共技术服务网络平台，推进一批行业信息系统集成及示范应用。

三是提升自主创新能力。强化企业技术创新能力建设，引导企业加大研究开发的投入力度，促进创新要素向企业集聚。支持企业建设国家工程（研究）中心、工程实验室、重点实验室、企业技术中心等创新平台。实施创新型中小企业成长扶持计划，建设中小企业公共（技术）服务示范平台和创新成果产业化示范基地，培育和壮大一批具有创新活力的中小企业。以广州和深圳两个国家创新型城市为依托，不断完善有利于产业创新的软硬件环境，吸引和承接跨国公司研发中心新一轮转移。集中资源建设和完善一批检验检测和认证服务平台。积极争取国家新兴产业领域重大科技基础设施和创新平台在广东布局。

四是深化国际合作和粤港澳台合作交流。支持企业实施走出去战略，与国外先进企业建立合作伙伴关系，鼓励有条件的企业通过境外注册商标、境外收购等方式，到出口目标市场设立研发机构、生产基地，在国外申请专利，开展国际并购，培育具有国际竞争力的跨国公司。充分发挥香港连接国际市场的桥头堡作用，帮助广东企业走出去拓展国际市场，吸引国际资本、技术和人才向广东转移。加强与粤港两地企业联合开展战略性新兴产业关键共性技术攻关，联合设立研发机构，加强粤港澳知识产权服务业合作。

第二十二章　广西壮族自治区两化融合发展水平分析

一、总体情况

（一）经济概况

2012 年广西壮族自治区（以下简称"广西"）生产总值（GDP）13031.04 亿元，比上年增长 11.3%。其中，第一产业增加值 2172.37 亿元，同比增长 5.6%；第二产业增加值 6333.09 亿元，同比增长 14.4%；第三产业增加值 4525.58 亿元，同比增长 9.5%。第一、二、三产业增加值占地区生产总值的比重分别为 16.7%、48.6% 和 34.7%，对经济增长的贡献率分别为 8.1%、62.5% 和 29.4%。按常住人口计算，人均地区生产总值 27943 元。全年规模以上工业中，农副食品加工业增加值比上年增长 18.5%；通用设备制造业增长 7.2%；专用设备制造业下降 0.4%；电气机械及器材制造业增长 17.4%；汽车制造业增长 13.8%；非金属矿物制品业增长 17.9%；化学原料及化学制品制造业增长 23.4%；有色金属冶炼及压延加工业增长 20.5%；黑色金属冶炼及压延加工业增长 19.4%；电力、热力生产和供应业增长 7.2%；石油加工、炼焦及核燃料加工业增长 32.1%。

（二）两化融合主要进展

2012 年，广西两化融合进程提速，信息化建设步伐加快，两化融合取得重大进展，面向东盟的区域性信息交流中心加快形成。

1. 加强政策引导

广西相继出台了《广西壮族自治区人民政府关于加快信息化与工业化融合的意见》《广西壮族自治区加快信息化与工业化融合推进方案》（2010 年—2012 年）、

《广西工业和信息化发展"十二五"规划》、《广西国际区域性信息交流中心建设"十二五"规划》等指导性文件,在全国率先编制出台《广西两化融合评估体系》《广西两化融合工作指南》等。为了把这项工作落到实处,广西汇编了《第一批两化融合推荐技术、产品与解决方案——电子信息节能降耗技术、产品与应用方案推荐目录》,从政策和技术产品应用方面引导推进两化融合工作。

2. 加快建设面向东盟的区域性信息交流中心

中国—东盟区域性信息交流中心是中国联通第四个国际通信业务出入口,是我国面向东盟国家的重要国际通信枢纽。在南宁设置区域性国际通信业务出入口,是积极落实《广西北部湾经济区发展规划》和《关于进一步促进广西经济社会发展的若干意见》,服务中国—东盟自由贸易区的规划与建设,深入推进中国联通与广西区人民政府共同签署的《战略合作框架协议》的重要措施。2012年,已建设广西东兴、凭祥两个国家正式批准的边境国际通信信道出入口局,并分别开通了从广西到达越南的3个2.5G SDH系统和6个10G SDH系统的光传输资源,实现了和越南主要电信运营公司的大容量互联,提升了广西与东盟国家的国际通信能力。

3. 两化融合的工业应用水平进一步提高

柳州市、桂林市获批为国家级两化融合试验区,并顺利推进。广西4家企业获批为国家级两化深度融合示范企业。计算机辅助设计、辅助制造、辅助工程等技术在工业企业的应用率明显提升,柳工、上汽通用五菱、中铝广西分公司、玉柴等重点企业CAD技术应用达100%,中小企业达80%以上,产品开发周期缩短1/3以上。电子商务应用成效明显,广西糖网电子化交易量突破1亿吨,广西移动公司的"甜蜜通"项目在全国移动电子商务领域具有示范意义。

4. 点线面结合推进两化融合试点

广西从区域、行业、企业三个层面抓好两化融合试点:区域方面,指导推进柳州市和桂林市成为自治区两化融合试点城市、国家级两化融合试验区,试点先行,带动区内其他城市加快推进两化融合。行业方面,以汽车制造、工程机械、制糖、食品等行业为重点,开展行业两化融合共性研究,建立行业信息服务平台,实现行业信息资源共享。企业方面,大力推进信息技术在产品内涵、研发设计、生产过程控制、物流与供应链管理、企业管理决策、节能减排等各个环节的应用。

2011—2012 年，开展创建企业信息化应用示范"千百工程"，共创建信息化示范企业 105 家，创建信息化应用企业 1090 家，从区域、行业和企业三个层面，立体推进两化融合。

二、两化融合发展水平分析

（一）综合分析

2012 年，广西两化融合发展指数为 63.91，其中工业应用指数明显提高。基础环境方面，2011 年基础环境指数为 52.28，2012 年基础环境指数为 57.8，比 2011 年提高 5.52 个点。工业应用方面，2011 年工业应用指数为 64.94，2012 年工业应用指数为 73.76，比 2011 年提高 8.82 个点。应用效益方面，2011 年应用效益指数为 43.4，2012 年应用效益指数为 50.33，比 2011 年提高 6.93 个点。

表 22—1   2011—2012 年广西两化融合指数情况

指标	2011年指数	2012年指数	变化情况
基础环境	52.28	57.80	↑5.52
工业应用	64.94	73.76	↑8.82
应用效益	43.40	50.33	↑6.93
发展指数	56.39	63.91	↑7.52

数据来源：中国电子信息产业发展研究院。

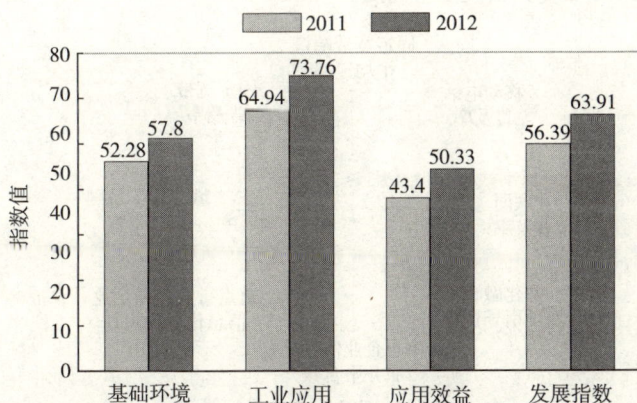

图 22—1   2011—2012年广西两化融合指数情况

数据来源：中国电子信息产业发展研究院。

（二）具体分析

1. 基础环境指数

广西两化融合基础环境建设良好。2012 年，广西基础环境指数为 57.8，基础环境各项指标都有所提高。在信息基础设施建设方面，2012 年，广西城（省）域网出口带宽指数为 57.73，比 2011 年提高 2.62 个点；固定宽带普及率指数为 62.4，比 2011 年提高 8.03 个点；固定宽带端口平均速率为 50.99，比 2011 年提高 6.75 个点；移动电话普及率指数为 48.76，比 2011 年提高 4.24 个点。在互联网应用普及方面，2012 年，广西互联网普及率指数为 50.97，比 2011 年提高 5.32 个点。在两化融合政策环境建设方面，2012 年，广西设立了两化融合专项引导资金；中小企业信息化服务平台数指数为 36.85，比 2011 年提高 7.6 个点；重点行业典型企业信息化专项规划指数为 74.74，比 2011 年提高 5.08 个点。

表 22—2　2011—2012 年广西两化融合基础环境指数情况

指标	2011年指数	2012年指数	变化情况
城（省）域网出口带宽	55.11	57.73	↑2.62
固定宽带普及率	54.37	62.4	↑8.03
固定宽带端口平均速率	44.24	50.99	↑6.75
移动电话普及率	44.52	48.76	↑4.24
互联网普及率	45.65	50.97	↑5.32
两化融合专项引导资金	100.00	100.00	—
中小企业信息化服务平台数	29.25	36.85	↑7.6
重点行业典型企业信息化专项规划	69.66	74.74	↑5.08

数据来源：中国电子信息产业发展研究院。

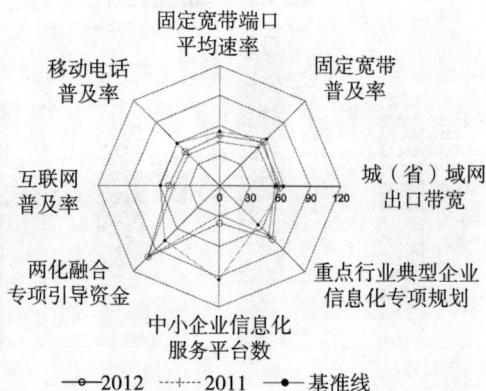

图 22—2　2011—2012年广西两化融合基础环境指数情况

数据来源：中国电子信息产业发展研究院。

2. 工业应用指数

2012 年，广西工业应用指数为 73.76，工业应用各项指标都比 2011 年有所提高。2012 年，广西重点行业典型企业 ERP 普及率指数为 66.13，比 2011 年提高 11.62 个点。重点行业典型企业 MES 普及率指数为 86.45，比 2011 年提高 7.97 个点。重点行业典型企业 PLM 普及率指数为 75.53，比 2011 年提高 9.09 个点。重点行业典型企业 SCM 普及率指数为 62，比 2011 年提高 3.62 个点。重点行业典型企业采购环节电子商务应用普及率指数为 75.36，比 2011 年提高 15.08 个点。重点行业典型企业销售环节电子商务应用普及率指数为 92.11，比 2011 年提高 11.77 个点。重点行业典型企业装备数控化率指数为 67.46，比 2011 年提高 8.03 个点。国家新型工业化产业示范基地两化融合发展水平指数为 67.16，比 2011 年提高 4.27 个点。

表 22—3　2011—2012 年广西两化融合工业应用指数情况

指标	2011年指数	2012年指数	变化情况
重点行业典型企业ERP普及率	54.51	66.13	↑11.62
重点行业典型企业MES普及率	78.48	86.45	↑7.97
重点行业典型企业PLM普及率	66.44	75.53	↑9.09
重点行业典型企业SCM普及率	58.38	62.00	↑3.62
重点行业典型企业采购环节电子商务应用	60.28	75.36	↑15.08
重点行业典型企业销售环节电子商务应用	80.34	92.11	↑11.77
重点行业典型企业装备数控化率	59.43	67.46	↑8.03
国家新型工业化产业示范基地两化融合发展水平	62.89	67.16	↑4.27

数据来源：中国电子信息产业发展研究院。

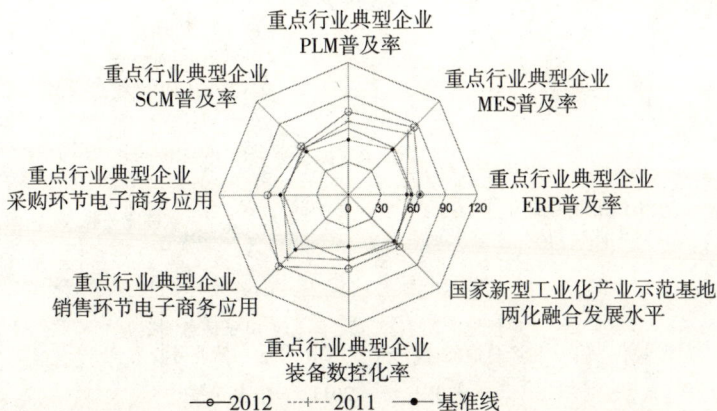

图 22—3　2011—2012年广西两化融合工业应用指数情况

数据来源：中国电子信息产业发展研究院。

3. 应用效益指数

2012 年，广西两化融合应用效益指数达到 50.33，其中第二产业全员劳动生产率、单位工业增加值工业专利量、电子信息制造业主营业务收入、软件业务收入增长较快，工业成本费用利润率有所下降。在地区工业生产效益和水平方面，2012 年，工业增加值占 GDP 比重指数为 48.05，比 2011 年下降 0.67 个点；第二产业全员劳动生产率指数为 50.98，比 2011 年提高 12.42 个点；工业成本费用利润率指数为 41.94，比 2011 年下降 5.04 个点；单位工业增加值工业专利量指数为 50.65，比 2011 年提高 9.72 个点。在工业节能减排水平方面，单位地区生产总值能耗指数为 64.27，与 2011 年持平。在信息产业发展水平方面，电子信息制造业主营业务收入指数为 66.86，比 2011 年提高 24.3 个点；软件业务收入指数为 32.78，比 2011 年提高 11.57 个点。

表 22—4 2011—2012 年广西两化融合应用效益指数情况

指标	2011年指数	2012年指数	变化情况
工业增加值占GDP比重	48.72	48.05	↓ 0.67
第二产业全员劳动生产率	38.56	50.98	↑ 12.42
工业成本费用利润率	46.98	41.94	↓ 5.04
单位工业增加值工业专利量	40.93	50.65	↑ 9.72
单位地区生产总值能耗	64.27	64.27	—
电子信息制造业主营业务收入	42.56	66.86	↑ 24.30
软件业务收入	21.21	32.78	↑ 11.57

数据来源：中国电子信息产业发展研究院。

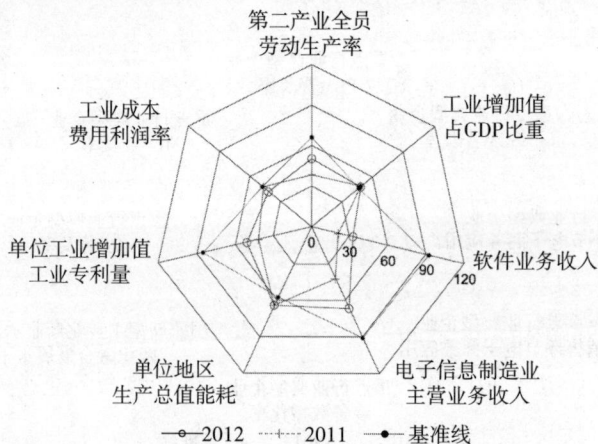

图 22—4 2011—2012年广西两化融合应用效益指数情况

数据来源：中国电子信息产业发展研究院。

三、优劣势评价

广西壮族自治区两化融合发展的优势有：

一是独特的地域优势。广西地处华南经济圈、西南经济圈和东盟经济圈的结合部，是我国西部大开发地区唯一的沿海区域，也是我国与东盟国家既有海上通道、又有陆地接壤的区域，区位优势明显，战略地位突出。广西北部湾经济区是服务"三南"（西南、华南和中南）、沟通东中西、面向东南亚的连接多区域的重要通道，其交流合作桥梁的地位日益突出，目前中国—东盟开放合作的物流基地、商贸基地、加工制造基地和信息交流中心（即三基地一中心）正在逐步落地，成为带动、支撑西部大开发的战略高地和开放度高、辐射力强、经济繁荣、社会和谐、生态良好的重要国际区域经济合作区，为广西两化融合发展带来难得的机遇。

二是信息技术在工业行业应用程度高。2012 年，广西重点行业典型企业PLM 普及率全国排名第 1 位，重点行业典型企业 MES 普及率全国排名第 3 位，重点行业典型企业装备数控化率全国排名第 3 位，遥遥领先于我国大部分地区。柳工、上汽通用五菱、中铝广西分公司、玉柴等重点企业 CAD 技术应用达100%，中小企业达 80% 以上，产品开发周期缩短 1/3 以上。重点行业典型企业制造执行系统 MES、企业资源计划 ERP、产品生命周期管理 PLM、供应链管理系统 SCM、装备数控化率分别达到 43.2%、55.2%、56.7%、70.1% 和 56.8%。[1]桂林市建设技术创新公共服务平台和培育技术服务中介组织，重点支持中小企业转型升级，86% 的企业建立了管理信息化系统，53% 的企业开展了产品智能化提升。

三是快速发展的电子商务和物流业为两化融合提供了支撑和保障。广西企业在采购环节电子商务应用普及率指数为 75.36，比全国平均水平高 12.31 个点。重点行业典型企业销售环节电子商务应用普及率指数为 92.11，比全国平均水平高 22.50 个点。桂林市以混合动力汽车为代表的新能源及新能源汽车产业，以光通讯设备为代表的新一代通信产业和以旅游电子商务为代表的信息服务业等新兴产业发展迅速，该市八大战略新兴产业产值 3 年内实现翻番，2012 年达到 440亿元。柳州市工业物流 2012 年收入突破 15 亿元，生产性服务业产值达 637 亿元。

同时，广西壮族自治区两化融合也存在一些劣势：

一是信息基础设施水平不高，尚不能有力支撑两化融合。尽管广西信息基础

---

[1]　《两化融合成功推动广西工业迈入工业化中期阶段》，《广西日报》2013年8月。

设施已经有了较大提升，但与发达省份相比，固定宽带端口平均速度、移动电话普及率、互联网普及率仍然较低。同时，随着新型工业化进程的加快推进，必将对信息基础设施的支撑能力带来巨大考验，广西的信息基础设施改造升级还有待加大力度，互联网普及应用范围尚待进一步拓展。

二是工业企业仍处于产业链低端，自主创新能力差，利润率低。广西工业企业总体规模小，在技术产品结构上还处于低端，无法与产业链的高端靠拢和对接，缺乏外向型、跨地区、多功能、实力雄厚的龙头企业，企业多数不掌握核心技术，市场竞争优势不显著。2012 年，单位工业增加值工业专利量指数全国排名 25 位，第二产业全员劳动生产率排名 27 位，工业成本费用利润率排名 19 位，较为落后。

四、相关建议

对广西壮族自治区两化融合提出以下建议：

一是统筹发展新一代网络，加快传统网络升级改造。加快传统网络升级改造步伐，加强光纤宽带网络建设。推动以 FTTH 和 FTTB 光接入技术为基础，以高性能路由集群、IPv6 等关键技术为导向，以 IP 全业务支撑系统为依托，构建"百兆进户、千兆进楼、T 级出口"的网络能力，建设以 IP 化、扁平化、宽带化、融合化为核心特征的可管可控的绿色高性能光网络。加快光进铜退的网络改造，推进光纤到村。推进城市和重点地区通信基础设施建设。提升 3G 网络覆盖，实现 3G 网络覆盖到乡镇及部分行政村。

二是实施两化深度融合标杆企业示范带动工程。在机械、汽车、食品、有色金属等行业，培育一批千亿元产业龙头企业成为两化融合集成应用的标杆企业，带动行业和上下游企业实现供应链信息集成和共享、协同计划和 B2B 电子商务。打造全产业链两化深度融合示范工程，在制糖、铝加工、机械制造等工业基础和两化融合应用基础较好的行业，根据行业不同特点，联合有关龙头企业、行业协会、行业信息化服务商等机构，研究、制定、实施行业全产业链两化深度融合路线图。

三是提高自主创新能力。着眼于增强园区企业技术创新能力，加快建立以企业为主体，产学研结合的技术创新体系，重点建立以企业技术中心、工程技术研究中心为主要形式的企业技术创新体系，以产学研联合为纽带的科技成果转化体系，以区域技术中心为主要载体的技术支持体系，以中小企业为主要对象的技术创新中介服务体系，提升园区整体技术水平，在较短时期内形成经济发展的新增长点。

四是推进中小企业电子商务应用。推动广西中小企业开展电子商务，实现电子商务平台与企业内部信息系统的集成，鼓励企业网上营销，设立广西企业产品展示营销专区，提升广西特色产品的品牌价值，扩大覆盖面，推动壮小扶微，培育一批企业应用电子商务典型示范。同时，推进面向生产资料、生活消费品的现代物流、配送、零售等电子商务应用体系建设，为电子商务发展提供支撑。

第二十三章　海南省两化融合发展水平分析

一、总体情况

（一）经济概况

2012年，海南省地区生产总值（GDP）2855.26亿元，按可比价格计算，比上年增长9.1%。人均地区生产总值32374元，按当年年平均汇率折算为5147美元，继2011年超3000美元、2012年超4000美元后，再上5000美元台阶。第一产业增加值711.47亿元，同比增长6.3%；第二产业增加值803.67亿元，同比增长10.9%；第三产业增加值1340.12亿元，同比增长9.4%。三次产业结构为24.9:28.2:46.9。工业生产保持增长，全年工业完成增加值521.15亿元，比上年增长8.8%。其中，规模以上工业增加值482.05亿元，同比增长8.9%。轻工业增加值106.17亿元，同比增长14.5%；重工业增加值375.88亿元，同比增长7.5%。

（二）两化融合主要进展

海南省积极与工信部合作，共同推进工业和信息化发展，并利用区位和资源优势，发展高新技术产业和新兴工业，努力提升现代服务业，不断推进两化融合发展。

1. 与工信部合作，共同推进工业和信息化发展

海南省政府与工业和信息化部于2012年8月27日上午在海口签署《共同推进海南省工业和信息化发展战略合作框架协议》，工信部将在新型工业、节能减排、

中小企业、信息化等 8 个重点领域，从政策、资金以及项目投资等方面给予海南省大力支持，共同推动海南省工业和信息化发展。

2. 以政策、资金等优惠措施，积极促进两化融合

海南省对战略性新型产业和高新技术产业，给予五年内的有关税收返回 30%—50% 的奖励。以中国电信海南公司为主体，在全省推进"腾飞计划"。通过对企业的基础通信和应用软件进行有机集成，带动企业信息化水平的稳步提升，建设 1000 家"数字企业"，实现全省信息化与工业化融合的阶段性目标。

3. 利用信息化技术改造传统工业，促进骨干企业对生产资源配置、生产调控、营销服务等过程实现信息化控制

中石化海南炼化公司、海汽集团、先声制药等大中型企业运用 ERP 实现综合监控、企业资源管理、网络营销等集成应用。海航集团运用信息技术构筑企业运营管理模式、旅游电子商务应用服务系统将省内骨干旅游企业全部入网、中小企业信息服务平台和企业信息化应用，促进了电子商务发展，提升了企业管理水平和市场竞争力。其中海航集团在全国企业信息化 500 强评比中，连续四年获得第 24 名的佳绩。

4. 开展第二批省级中小企业公共服务示范平台认定工作，促进中小微型企业健康稳步发展

海南省对省内为中小微型企业提供信息咨询、融资担保、创业辅导、管理咨询、人员培训、技术支持、研发检测、市场开拓、法律维权等公共服务的综合性服务平台和专业服务平台，组织开展了第二批省级中小企业公共服务示范平台认定工作，对所辖区内示范平台的服务质量、服务收费情况以及服务满意度等定期检查，引导服务机构不断提高服务能力和组织带动社会服务资源的能力，为中小微型企业主动开展公益性服务，促进中小微型企业健康稳步发展。

二、两化融合发展水平分析

（一）综合分析

2011 年，海南省两化融合发展水平评估的采样样本为 80 家规模以上大型企业，2012 年的采样样本增加了 120 家中小企业，由于海南省的中小企业两化融

合程度过低，严重拉低了海南省的整体指数。2012 年，海南省两化融合发展指数为 46.07，其中应用效益指数明显提高。基础环境方面，2011 年基础环境指数为 57.29，2012 年基础环境指数为 59.84，比 2011 年提高 2.55 个点。工业应用方面，2011 年工业应用指数为 46.05，2012 年工业应用指数为 38.56，比 2011 年下降 7.49 个点。应用效益方面，2011 年应用效益指数为 42.81，2012 年应用效益指数为 47.34，比 2011 年提高 4.53 个点。

表 23—1　2011—2012 年海南省两化融合指数情况

指标	2011年指数	2012年指数	变化情况
基础环境	57.29	59.84	↑ 2.55
工业应用	46.05	38.56	↓ 7.49
应用效益	42.81	47.34	↑ 4.53
发展指数	48.05	46.07	↓ 1.98

数据来源：中国电子信息产业发展研究院。

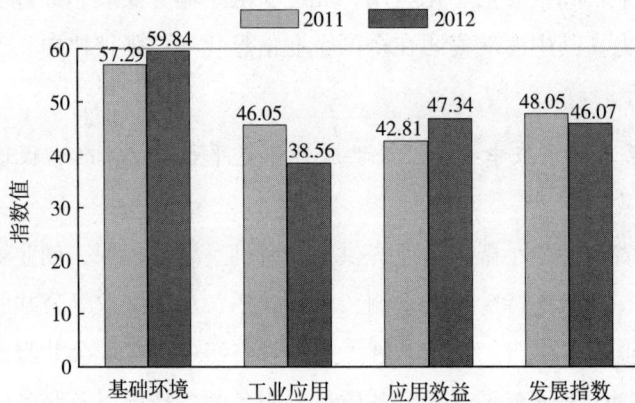

图 23—1　2011—2012年海南省两化融合指数情况

数据来源：中国电子信息产业发展研究院。

（二）具体分析

1. 基础环境指数

海南省两化融合基础环境建设良好。2012 年，海南省基础环境指数为 59.84，其中固定宽带普及率、移动电话普及率、互联网普及率、中小企业信息化服务平台数明显提高，重点行业典型企业信息化专项规划有所下降。在信息基础设施建设方面，2012年，海南省城（省）域网出口带宽指数为10.09，比2011年提高2.31个点；固定宽带普及率指数为62.4，比2011年提高8.03个点；固定宽带端口平均速率为51.75，比2011年提高1.44个点；移动电话普及率指数为62.44，比2011年提高5.49个点。在互联网应用普及方面，2012年，海南省互联网普及率指数为60.47，比2011年提高4.65个点。在两化融合政策环境建设方面，2012年，海南省没有设立两化融合专项引导资金；中小企业信息化服务平台数指数为140.37，比2011年提高3.52个点；重点行业典型企业信息化专项规划指数为38.82，比2011年下降9.2个点。

表23—2　2011—2012年海南省两化融合基础环境指数情况

指标	2011年指数	2012年指数	变化情况
城（省）域网出口带宽	7.78	10.09	↑2.31
固定宽带普及率	54.37	62.40	↑8.03
固定宽带端口平均速率	50.31	51.75	↑1.44
移动电话普及率	56.95	62.44	↑5.49
互联网普及率	55.82	60.47	↑4.65
两化融合专项引导资金	100.00	100.00	—
中小企业信息化服务平台数	136.85	140.37	↑3.52
重点行业典型企业信息化专项规划	48.02	38.82	↓9.20

数据来源：中国电子信息产业发展研究院。

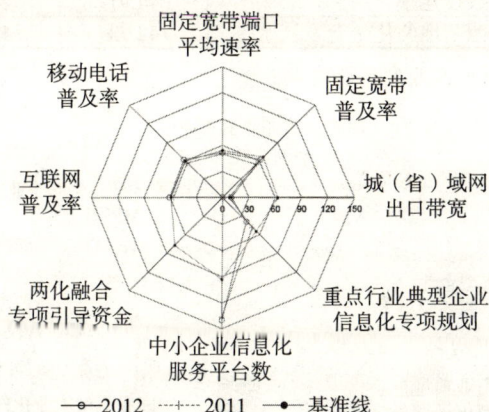

图23—2　2011—2012年海南省两化融合基础环境指数情况

数据来源：中国电子信息产业发展研究院。

2. 工业应用指数

2012年,海南省工业应用指数为38.56,其中重点行业典型企业装备数控化率、重点行业典型企业 MES 普及率、重点行业典型企业采购环节电子商务应用、重点行业典型企业 PLM 普及率有所下降。2012 年,海南省重点行业典型企业 ERP 普及率指数为41.68,比 2011 年降低 0.64 个点。重点行业典型企业 MES 普及率指数为37,比 2011 年下降 16.9 个点。重点行业典型企业 PLM 普及率指数为27.82,与 2011 年下降 8.32 个点。重点行业典型企业 SCM 普及率指数为41.77,比 2011 年提高 1.94 个点。重点行业典型企业采购环节电子商务应用普及率指数为44.83,比 2011 年下降 10.15 个点。重点行业典型企业销售环节电子商务应用普及率指数为54.3,比 2011 年提高 0.21 个点。重点行业典型企业装备数控化率指数为20.42,比 2011 年下降 24.49 个点。国家新型工业化产业示范基地两化融合发展水平指数为42.93,与 2011 年持平。

表 23—3 2011—2012 年海南省两化融合工业应用指数情况

指标	2011年指数	2012年指数	变化情况
重点行业典型企业ERP普及率	42.32	41.68	↓0.64
重点行业典型企业MES普及率	53.90	37.00	↓16.90
重点行业典型企业PLM普及率	36.14	27.82	↓8.32
重点行业典型企业SCM普及率	39.83	41.77	↑1.94
重点行业典型企业采购环节电子商务应用	54.98	44.83	↓10.15
重点行业典型企业销售环节电子商务应用	54.09	54.30	↑0.21
重点行业典型企业装备数控化率	44.91	20.42	↓24.49
国家新型工业化产业示范基地两化融合发展水平	42.93	42.93	—

数据来源：中国电子信息产业发展研究院。

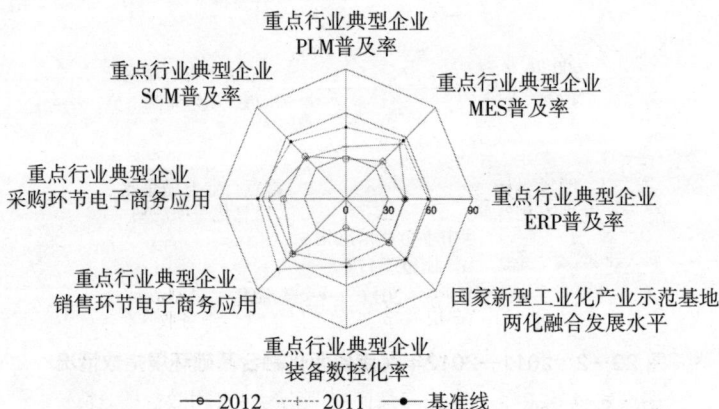

图 23—3 2011—2012年海南省两化融合工业应用指数情况

数据来源：中国电子信息产业发展研究院。

3．应用效益指数

2012年,海南省两化融合应用效益指数达到47.34,其中工业成本费用利润率、单位工业增加值工业专利量显著提高，第二产业全员劳动生产率有所下降。在地区工业生产效益和水平方面，2012年，工业增加值占GDP比重指数为25.28，比2011年下降0.75个点；第二产业全员劳动生产率指数为66.71，比2011年下降42.39个点；工业成本费用利润率指数为51.86，比2011年提高41.73个点；单位工业增加值工业专利量指数为83.49，比2011年提高18.18个点。在工业节能减排水平方面，单位地区生产总值能耗指数为70.75，与2011年持平。在信息产业发展水平方面,电子信息制造业主营业务收入指数为10.68,比2011年提高8.79个点；软件业务收入指数为9.96，比2011年提高6.63个点。

表 23—4　2011—2012 年海南省两化融合应用效益指标情况

指标	2011年指数	2012年指数	变化情况
工业增加值占GDP比重	26.03	25.28	↓0.75
第二产业全员劳动生产率	109.10	66.71	↓42.39
工业成本费用利润率	10.13	51.86	↑41.73
单位工业增加值工业专利量	65.31	83.49	↑18.18
单位地区生产总值能耗	70.75	70.75	—
电子信息制造业主营业务收入	1.89	10.68	↑8.79
软件业务收入	3.33	9.96	↑6.63

数据来源：中国电子信息产业发展研究院。

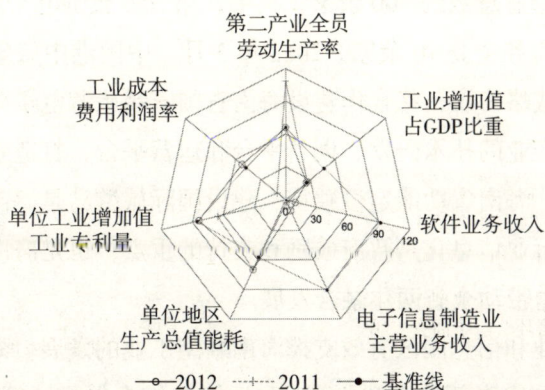

图 23—4　2011—2012年海南省两化融合应用效益指数情况

数据来源：中国电子信息产业发展研究院。

三、优劣势评价

海南省两化融合发展的优势有：

一是具有地域优势。海南地处我国最南端，是泛珠江三角洲经济圈和东盟自由贸易区经济圈的交汇点，位于北部湾经济圈重点发展区域。面向东南亚和南海，地处国际主航道中心位置，是全国承接国际航道咽喉马六甲海峡最近的物流中转区。所辖岛屿和海域毗邻港、澳、珠三角地区和东南亚，海空交通运输便捷，临北部湾地区聚集海南最重要的港口群（洋浦港、海口港、八所港等），良好的区位和港口条件，可辐射整个华南、华东地区以及东南亚地区，有利于充分利用国内外两个市场、两种资源，有利于发展出口型工业。东部产业加快向中西部转移有利于海南工业发展，因为与中西部其他省区相比，海南省气候优越、风光秀丽、自然资源丰富，且靠近广东等东部发达地区，发展潜力大。

二是中小企业信息化服务发展水平较高。海南省中小企业信息化平台指数为140.37，远远高于全国平均水平（93.56），全国排名第7位。海南省以政府政策支持为引导，以大力推广前沿信息技术应用为重点，整合多方资源，为中小微型企业提供信息咨询、融资担保、创业辅导、管理咨询、人员培训、技术支持、研发检测、市场开拓、法律维权等公共服务，帮助企业走上科学化、网络化和智能化的运营轨道。

三是旅游电子商务发展势头良好。据海南省电子商务协会初步统计，2012年，海南省电子商务企业总数约400余家，其中，第三方旅游电子商务企业共有280多家，农业电子商务企业70余家。2012年3月，中国港中旅集团旗下的芒果网与天涯社区达成战略协议，将合作建设海南省国家级旅游电子商务产业基地，建设旅游电子商务产业的技术研发、创新平台和运营平台，打造中国领先的旅游电子商务研发基地。海南省功能定位独特，建设国际旅游岛是海南未来发展的总体方向，因此旅游行业信息化是政府鼓励和支持的重点，也是海南省独具特色的优势产业，必将有力带动全省两化融合发展。

四是重大工业和信息园区有效支撑海南新型工业的发展。海南省拥有洋浦经济开发区、海口国家高新技术产业开发区、海口综合保税区等4个国家级园区，有老城经济开发区、东方工业园区、海口桂林洋经济开发区、临高金牌港经济开发区4个省级园区，还有6个市县级园区，总共14个工业和信息园区，依托海南本地资源优势、产业基础，紧紧围绕着油气化工、浆纸及纸制品、汽车和装备制造、矿产资源加工、新材料和新能源、制药、电子信息、食品和热带农产品加工等八大支柱产业发展新型工业，按照低碳、绿色和创新发展要求，建成了一批支撑海南长远发展的重大工业项目，有效地支撑了海南新型工业的发展，GDP 占全省 18.3%。

五是优势资源为产业提供了发展空间。海南省具有优势矿产资源和独特的气候资源。现已探明列入资源储量统计的矿产有 57 种，其中，列入国家统计 1 级的有铁、钛、石灰石、石英砂、石油和天然气，且富矿比例大（品位高）、开采条件好。海南光热充足，雨量充沛，拥有丰富、独特的热带林木、果蔬、热带作物和水产品等农产品资源，林木生长快，轮伐期较短。海南优势资源为油气化工、浆纸及纸制品、矿产资源加工、新材料和新能源、制药、食品和热带农产品加工等新型工业发展提供了广阔空间。

同时，海南省两化融合也存在一些劣势：

一是中小企业的两化融合水平过低。2011 年，海南省两化融合发展水平评估的采样样本为 80 家规模以上大型企业，2012 年的采样样本增加了 120 家中小企业，由于海南省的中小企业两化融合程度过低，严重拉低了海南省的整体指数，导致 2012 年海南省的两化融合发展指数（46.07）比 2011 年（48.05）降低了 1.98 个点。海南省中小企业的两化融合水平过低，实力较弱，数量较多，信息化人才匮乏，凭自身实力很难开展深入的信息技术应用，亟需政府扶持和引导，帮助其建立网络支撑下的业务和管理体系，提升软硬件和应用能力，迈入高效、灵活的发展轨道。

二是信息技术应用程度不高。重点行业典型企业 ERP 普及率、重点行业典型企业 MES 普及率、重点行业典型企业 PLM 普及率、重点行业典型企业 SCM 普及率、重点行业典型企业采购环节电子商务应用、重点行业典型企业销售环节电子商务应用、重点行业典型企业装备数控化率指数低于全国平均水平（58.13、57.33、49.50、55.63、63.05、69.61、47.20），在全国排名中较为落后。说明海南省的工业企业发展水平不高，信息化水平低，生产管理、产品销售等水平低下，竞争力不强，亟待通过信息技术和手段提高生产管理水平，提高产品销售渠道，提高社会竞争力。

四、相关建议

对海南省两化融合提出以下建议：

一是加快宽带、泛在的信息基础设施建设。大力发展有线和无线宽带信息网络，实现高速宽带网络覆盖全岛，推进城镇地区光纤到楼入户，加快光纤网络向行政村延伸，推进宽带网络向政府、公共服务机构、重要景点景区覆盖。积极发展下一代互联网、下一代广播电视网、新一代移动通信技术，加快网络升级换代，支持 TD-SCDMA 技术在海南应用与研发，扩大 3G 网络覆盖范围，推进 LTE 商业应用；立足海洋大省，着力建设有线、无线和卫星传输相结合的覆盖海南所辖海域的通信网络，提升南海领域的应急管理水平和信息服务能力。

二是用信息技术改造提升传统产业。充分发挥信息技术对工业发展的倍增作用，支持信息技术企业与传统工业企业开展多层次合作，加快信息技术在重点产业和企业的推广应用，促进信息化与工业化深度融合。以研发设计、流程控制、企业管理、市场营销等环节为突破口，推行生产过程智能化、制造装备数控化，推广企业管理信息化，不断拓宽企业信息化应用领域，推进信息技术与传统产业相结合。

三是加快培育和发展生物医药、电子信息、新能源、汽车和装备制造等高新技术产业。发挥海口高新区比较优势，形成以生物、新能源、高端装备和新材料为主导产业的高技术产业核心区，提高海口高新区的辐射带动能力。加快建设海南生态软件园、三亚创意产业园、灵狮海南国际创意港、海口信息产业孵化基地、海南清水湾国际信息产业园、陵水低碳科技园等新兴园区和特色产业基地。结合海南省实际和产业基础，组织开展生物医药创新发展、生物新兴产业促进、信息智能岛、新兴信息服务业发展、关键新材料产业化、循环经济、特色优势产业链和产业集聚区建设、高端装备制造、产业创新能力建设等领域的建设，实现跨越发展。

四是加快推进中小企业信息化。围绕产业结构优化升级和经济发展方式转变，加快推进中小企业信息化，增强中小企业发展活力，提高中小企业发展质量。积极推进产品设计研发信息化、生产装备数字化、生产过程智能化和经营管理网络化。推动产品创新、工艺流程与设备创新，加强产品生命周期管理、企业资源管理、供应链管理和客户关系管理，增强企业竞争能力。建立完善中小企业信息化服务体系，发展和完善面向产业集群的信息化综合服务平台，积极推进中小企业上网，逐步提高中小企业信息化普及率，加快提升中小企业综合实力与竞争力。

第二十四章　重庆市两化融合发展水平分析

一、总体情况

（一）经济概况

2012年，重庆市全年地区生产总值11459.00亿元，比上年增长13.6%。其中，第一产业增加值940.01亿元，同比增长5.3%；第二产业增加值6172.33亿元，同比增长15.6%；第三产业增加值4346.66亿元，同比增长12.0%。三次产业结构比为8.2:53.9:37.9。目前重庆市已形成以汽车摩托车、电子信息、装备制造、材料工业、石油天然气化工、轻纺劳动密集型产业和能源工业等"6+1"重点产业为主导的产业体系。全年工业增加值5181.01亿元，比上年增长15.9%，占全市地区生产总值的45.2%。规模以上工业总产值13104.02亿元，比上年增长18.0%。在规模以上工业中，多业支撑格局基本形成，汽车摩托车制造业总产值3540.28亿元，同比增长11.3%，占工业总产值的27.0%；电子信息产品制造业总产值2193.74亿元，同比增长60.4%，占工业总产值的16.7%；材料制造业总产值1966.69亿元，同比增长5.0%，占工业总产值的15.0%；装备制造业总产值1248.43亿元，同比增长14.4%，占工业总产值的9.5%；化医产品制造业总产值1055.64亿元，同比增长12.2%。[1]

（二）两化融合主要进展

近年来，重庆市紧紧围绕工业建设战略目标，建立健全信息化与工业化融合产业发展平台和技术创新体系，优化资源配置、培育新兴产业，加快工业主导行

---

[1]　重庆市统计局：《2012年重庆市国民经济和社会发展统计公报》，2013年3月。

业信息化、生产性服务业信息化，有效推进了两化融合工作的全面开展，取得了明显的成效。一方面实现了传统产业发展速度、质量的更快更好和由大到强；另一方面，通过信息技术的应用推广和信息服务业务与传统产业的分离，使得生产性服务行业得到迅速的发展，新兴产业获得更为广阔的市场机会和市场空间。2012年，重庆市启动了宽带普及提速工程，成功举办了2012中国（重庆）国际云计算博览会，为两化深度融合创造了更好的环境。

1. 信息基础设施快速升级改造

重庆市宽带普及提速工程正式启动。市政府颁布了《关于推进全市宽带普及提速工程的实施意见》，全面实施"光进铜退"工程，提升通信基础设施能力，加快农村宽带网络建设。重庆市获批国家三网融合第二批试点城市。编制完成了《重庆市"十二五"期间三网融合发展规划》，启动了IPTV、手机电视省级集成播控平台建设工作，电信运营商和广电集团联合推出了一系列三网融合业务。同时，积极推进信息基础设施建设，推动网络融合，建设综合基础信息平台，加强共建共享电信基础设施的运维管理，为推进三网融合试点工作奠定了坚实的基础。

2. 两化融合试验区建设继续推进

重庆市国家级两化融合试验区建设通过验收并得到国家工信部高度评价。建立了物流信息化重点实验室和物联网重点实验室，成立了全国首个首席信息官（CIO）协会和物联网产业联盟，建立了一批两化融合服务示范中心和培训基地。

3. 企业信息化水平显著提升

在产业链两化融合示范工程方面，依托重庆市汽车龙头企业长安汽车公司，建立了汽车产业链两化融合示范工程，形成了整车企业和供应商、经销商、合作伙伴、客户等的综合业务协同，实现了"五国九地"的研发设计协同化。在典型企业融合示范工程方面，围绕重庆市支柱产业，建设了一批典型企业两化融合示范工程。在企业装备层两化融合的推进过程中，重庆市率先提出的多功能生产过程信息化系统（eMES），已在30多家制造企业得到了成功实施和应用。在利用信息技术促进节能减排方面，通过在六大传统高耗能行业实施了一批信息技术促进节能减排项目，取得了显著成效。矿业产值能耗降幅最大，较2007年下降50%。

4. 两化融合评价体系形成

重庆市创新性研究制定了两化融合指数，初步形成了以"融合指数"为核心的评价体系。为重庆市两化融合推进提供了工作依据、目标指向、控制手段和考核指标，引导了重庆市两化融合的系统开展和深入实施。

二、两化融合发展水平分析

（一）综合分析

2012年，重庆市两化融合发展指数为65.46，比2011年的63.14提高2.32个点，在全国排名13位，较2011年下降了一个名次。2012年基础环境指数为71.42，比2011年的55.70提高15.72个点，进步幅度较大，在全国的名次也由去年的19位上升至10位。2012年工业应用指数为57.87，比2011年的62.22下降4.35个点，全国排名为14位，比去年降低了两个名次。2012年应用效益指数为74.68，比2011年的72.39增长2.29个点，在全国排名为11位，与去年持平。

表24—1　2011—2012年重庆市两化融合指数情况

指标	2011年指数	2012年指数	变化情况
基础环境	55.70	71.42	↑15.72
工业应用	62.22	57.87	↓4.35
应用效益	72.39	74.68	↑2.29
发展指数	63.14	65.46	↑2.32

数据来源：中国电子信息产业发展研究院。

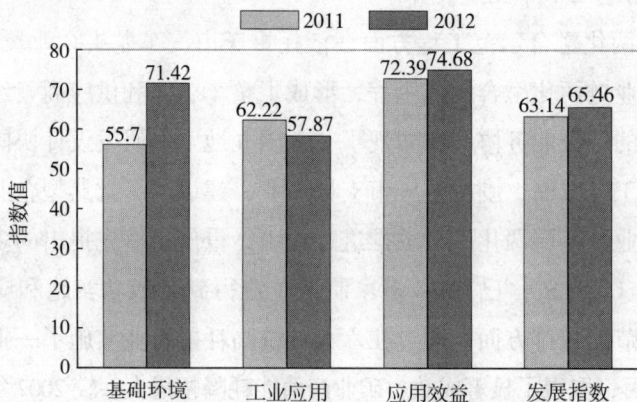

图24—1　2011—2012年重庆市两化融合指数情况

数据来源：中国电子信息产业发展研究院。

（二）具体分析

1. 基础环境指数

重庆市两化融合基础环境建设在 2012 年有较大进展。2012 年，重庆市城（省）域网出口带宽指数为 22.42，比 2011 年的 21.84 提高 0.58 个点；固定宽带普及率指数为 69.62，比 2011 年的 58.5 提高 11 个点多；固定宽带端口平均速率指数为 49.46，比 2011 年提高了 4 个点多；移动电话普及率指数为 53.66，比 2011 年提高 4.73 点。互联网普及率逐步提高，2012 年互联网普及率指数为 57.79，比 2011 年的 53.9 提高近 4 个点。重庆市重视两化融合政策环境建设，设立了两化融合专项引导资金。同时，重庆市重视对中小企业提供信息化公共服务，2012 年中小企业信息化服务平台数指数为 150，比 2011 年提高了 106.3 个点，进步幅度很大。重点行业典型企业信息化专项规划指数为 63.64，比 2011 年的 71.01 下降了 7.37 个点。

表 24—2　2011—2012 年重庆市两化融合基础环境指数情况

指标	2011年指数	2012年指数	变化情况
城（省）域网出口带宽	21.84	22.42	↑0.58
固定宽带普及率	58.5	69.62	↑11.12
固定宽带端口平均速率	45.31	49.46	↑4.15
移动电话普及率	48.93	53.66	↑4.73
互联网普及率	53.9	57.79	↑3.89
两化融合专项引导资金	100	100	——
中小企业信息化服务平台数	43.72	150	↑106.28
重点行业典型企业信息化专项规划	71.01	63.64	↓7.37

数据来源：中国电子信息产业发展研究院。

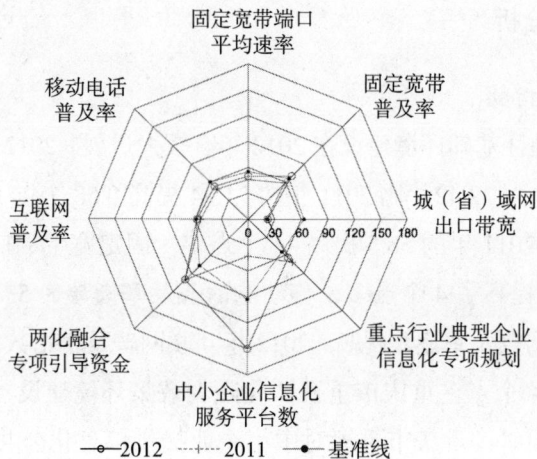

图 24—2　2011—2012年重庆市两化融合基础环境指数情况

数据来源：中国电子信息产业发展研究院。

2. 工业应用指数

2012 年，重庆市两化融合工业应用指数为 57.87，比 2011 年的 62.22 下降 4.35 个点，全国排名为 14 位，比 2011 年降低了两个名次。2012 年重点行业典型企业 ERP 普及率指数为 68.92，比 2011 年的 64.32 提高 4.6 个点。重点行业典型企业 MES 普及率指数为 67.06，比 2011 年提高 16.62 个点，提升幅度较大。重点行业典型企业 PLM 普及率指数为 45.2，比 2011 年下降了 12 个点多，下降幅度较大。重点行业典型企业 SCM 普及率指数为 60.71，比 2011 年下降近 4 个点。重点行业典型企业采购环节电子商务应用普及率指数为 69.59，比 2011 年下降了约 1 个点。重点行业典型企业销售环节电子商务应用普及率指数为 85.4，比 2011 年的 78.75 提高 6.65 点。重点行业典型企业装备数控化率指数为 14.56，比 2011 年的 62.3 下降了 47.7 个点。2012 年国家新型工业化产业示范基地两化融合发展水平指数为 58.58，比 2011 年提高了 7.5 个点。

表 24—3　2011—2012 年重庆市两化融合工业应用指数情况

指标	2011年指数	2012年指数	变化情况
重点行业典型企业ERP普及率	64.32	68.92	↑4.6
重点行业典型企业MES普及率	50.44	67.06	↑16.62
重点行业典型企业PLM普及率	57.47	45.2	↓12.27
重点行业典型企业SCM普及率	64.6	60.71	↓3.89

（续表）

指标	2011年指数	2012年指数	变化情况
重点行业典型企业采购环节电子商务应用	70.67	69.59	↓1.08
重点行业典型企业销售环节电子商务应用	78.75	85.4	↑6.65
重点行业典型企业装备数控化率	62.3	14.56	↓47.74
国家新型工业化产业示范基地两化融合发展水平	51.09	58.58	↑7.49

数据来源：中国电子信息产业发展研究院。

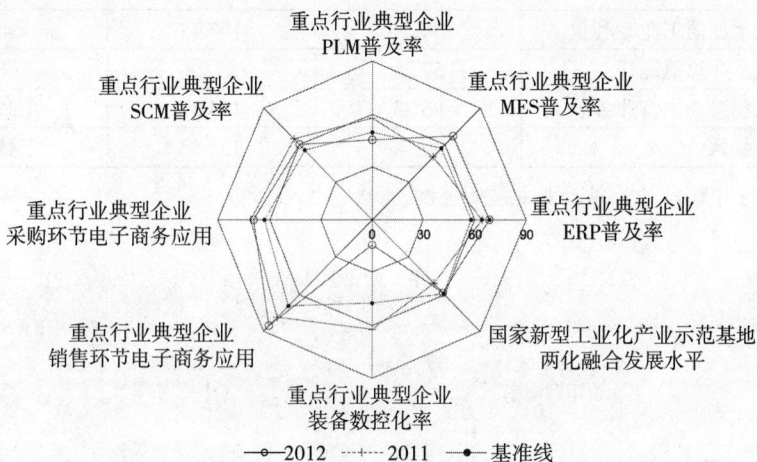

图24—3　2011—2012年重庆市两化融合工业应用指数情况

数据来源：中国电子信息产业发展研究院。

3. 应用效益指数

重庆市两化融合应用效益在全国处于中等偏上水平。2012年，重庆市两化融合应用效益指数为74.68，比2011年的72.39增长2.3个点。在地区工业生产效益和水平方面，工业增加值占GDP比重有略微下降，2012年工业增加值占GDP比重指数为51.58，比2011年下降1.16点；第二产业全员劳动生产率出现大幅下降，2012年第二产业全员劳动生产率指数为53.16，比2011年的90.9下降37.74个点；工业成本费用利润率有所降低，2012年工业成本费用利润率指数为34.9，比2011年的38.91下降4个点；单位工业增加值工业专利量有一定增加，单位工业增加值工业专利量指数为107.47，比2011年的102.58提高4.9个点。

在工业节能减排水平方面，2012年单位地区生产总值能耗指数为57.22，与2011年持平。信息产业继续保持快速发展，2012年电子信息制造业主营业务收入指数为114.31，比2011年的86.33提高28个点左右；软件业务收入指数为121.33，比2011年的79.54提高41.79个点。

表24—4 2011—2012年重庆市两化融合应用效益指数情况

指标	2011年指数	2012年指数	变化情况
工业增加值占GDP比重	52.74	51.58	↓1.16
第二产业全员劳动生产率	90.9	53.16	↓37.74
工业成本费用利润率	38.91	34.9	↓4.01
单位工业增加值工业专利量	102.58	107.47	↑4.89
单位地区生产总值能耗	57.22	57.22	——
电子信息制造业主营业务收入	86.33	114.31	↑27.98
软件业务收入	79.54	121.33	↑41.79

数据来源：中国电子信息产业发展研究院。

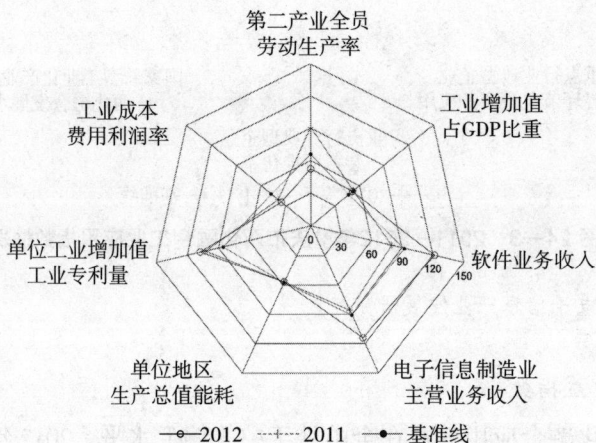

图24—4 2011—2012年重庆市两化融合应用效益指数情况

数据来源：中国电子信息产业发展研究院。

三、优劣势评价

总体来看，重庆市两化融合发展具有如下优势：

一是两化融合服务体系较为完善。重庆市在推进两化融合实践中摸索了一套独特的工作方法，建立了具有自身特点的两化融合评价指标体系，形成了包括战略层面、基础层面、应用层面和效益层面等 4 个层面 15 个二级指标和 51 个三级指标的两化融合评价指标体系，为两化融合推进提供了工作依据、目标指向、控制手段和考核指标。重庆市生产性服务业也发展较快，重庆工业设计研究所、重庆工业设计 CAD 云服务平台、国家级汽车产品设计创新平台加快建设，长安汽车设计体验中心建成投用。

二是工业化发展水平较高，带动能力凸显。经过多年努力，重庆已基本形成以汽车摩托车、电子信息、装备制造、材料工业、石油天然气化工、轻纺劳动密集型产业和能源工业"6+1"重点产业为主导的产业体系。工业经济实现跨越发展、结构优化取得重大突破、工业发展平台提档升级、工业发展后劲明显增强、节能降耗任务超额完成等成就；形成了民营经济快速发展、外向型经济高速发展、县域经济整体推进、大型企业和重点产品"领军"作用突出等特点。

三是物联网、云计算等新一代信息技术产业初具规模。云计算方面，自 2011 年 1 月重庆市政府首次提出云端计划 2 年来，云端智能重庆建设取得初步进展，全市已形成一个数据中心和七大应用区的格局。重庆电信、移动、联通正在重庆两江新区水土高新技术产业园建设西部数据中心。重庆市积极推进"国际离岸云计算试验区"和"国际电子商务结算中心"建设，6000 个机柜的太平洋电信数据中心竣工投运；成功举办 2012 中国（重庆）国际云计算博览会。物联网方面，重庆成为"国家新型工业化电子信息物联网产业示范基地"，成立了重庆市物联网产业发展联盟，目前联盟会员单位 200 余家。已建成中国移动物联网全国运营管理平台、远程医疗物联网全国平台、车联网平台、社会公共安全视频信息管理平台、中冶赛迪冶金行业远程监控与设备管理平台等一批物联网运营平台，总计用户达 5000 万，从事物联网研发、制造、运营的单位达 200 多家，形成了物联网产业链的雏形。

同时，重庆市两化融合也存在一些劣势：

一是企业信息系统的集成度和协同性不强。由于大多数企业的两化融合缺乏整体规划，先后实施的各种应用系统缺乏有效的关联，各系统之间的信息难以集成和共享，形成了大量的信息孤岛。因此，两化深度融合亟需加强企业信息系统的集成度和协同性。

二是信息化公共服务平台的运营机制不完善。各地均先后建立面向广大企业特别是量大面广的中小企业提供公共的、专业化的服务。但目前信息化公共服务平台在运行模式和商务模式方面均需要进一步完善，以促进信息化公共服务平台的持续经营和快速壮大。

三是信息化与企业自主创新、生产制造、产业链协作等核心业务环节融合程度不高，产品自主创新能力低、生产过程管理水平落后、产业链协作效能低等已成为制约工业由大变强的重要因素。进一步推进这三方面的发展和整体竞争能力的提升，已成为推进两化深度融合重要的着力点和突破口。

四是人才匮乏。信息化专业人才培养暂不能满足当前和未来产业发展的需要，产业发展的后备人才亟待培养与储备。受地域和收入水平的制约，不仅难以吸引外地人才，重庆本地人才也流向东部沿海地区，导致两化融合人才奇缺。

四、相关建议

对重庆市两化融合提出以下建议：

一是推进典型企业两化融合综合集成应用。针对信息化基础较好、示范作用强的企业，重点推进信息技术在产品研发、经营管理和生产制造等关键环节的运用，实现企业从设计、管理到制造全过程信息集成运行。深入应用设计信息化系统，建立以 PDM 为核心的产品开发和工程设计支持平台。深入应用管理信息化系统，建立以 ERP 为核心的经营管理集成化支持平台。深入应用以制造执行系统为核心的车间制造过程信息化系统，提高企业生产管理水平和制造能力。促进企业两化融合综合集成应用。以信息技术与产品研发、经营管理和生产制造等全面深度融合为重点，推进典型企业两化融合综合集成应用，提高企业设计、制造和管理能力。

二是加大资金投入。设立两化融合专项资金，采取投资补助、贷款贴息及奖励等多种手段，重点支持两化融合重点工程项目。加大扶持力度，在技术改造、自主创新、中小企业发展等专项资金和关键领域重点突破资金的安排上，支持两化融合项目。企业充分发挥主体作用，把两化融合纳入总体发展规划和年度工作计划，扎实有效推进。

三是加强人才保障。加大信息技术研发人才、管理人才和复合型成熟人才的培养和引进。鼓励高等院校和职业院校面向市场需求，调整学科和专业设置。加强与国家有关部门、知名培训认证机构合作，建立完善两化融合人才培训和认证体系，鼓励高等院校、行业协会、中介机构和企业合作开展两化融合培训。

四是加强信息化服务平台建设。结合重庆市工业企业信息化发展需求及特点，整合现有资源，建设重庆市工业云创新服务平台，为重庆市量大面广的工业企业提供工业创意、工业设计、移动决策、精益生产、产品检测、电子商务、工业物流、产品追溯等云创新服务，有力促进重庆工业企业两化深度融合发展，显著提升工业企业研发创新能力、精益管控能力和综合竞争能力。

第二十五章　四川省两化融合发展水平分析

一、总体情况

（一）经济概况

2012 年，四川省全年实现地区生产总值 (GDP)23849.8 亿元，按可比价格计算，比上年增长 12.6%。其中，第一产业增加值 3297.2 亿元，同比增长 4.5%；第二产业增加值 12587.8 亿元，同比增长 15.4%；第三产业增加值 7964.8 亿元，同比增长 11.2%。三次产业对经济增长的贡献率分别为 4.7%、64.9% 和 30.4%。人均地区生产总值 29579 元，同比增长 12.3%。三次产业结构由上年的 14.2：52.4：33.4 调整为 13.8：52.8：33.4。工业经济增长较快。全年实现全部工业增加值 10800.5 亿元，比上年增长 15.6%，对经济增长的贡献率为 56.9%。规模以上工业中，重工业增加值增长 16.0%，轻工业增加值增长 16.4%，重轻工业的比为 66.8：33.2。"7+3"产业增加值占规模以上工业的 79.0%，增长 13.3%。其中，电子信息产业增加值增长 32.9%；装备制造产业增长 12.7%；能源电力产业增长 9.2%；油气化工产业增长 14.7%；钒钛钢铁产业增长 10.1%；饮料食品产业增长 16.8%；现代中药产业增长 18.0%。规模以上工业 41 个行业大类中有 40 个行业增加值增长。其中，计算机、通信和其他电子设备制造业增长 40.9%，汽车制造业增长 29.0%，黑色金属矿采选业增长 28.9%，开采辅助活动增长 27.0%，酒、饮料和精制茶制造业增长 22.6%，纺织业增长 21.4%，有色金属矿采选业增长 19.1%，化学纤维制造业增长 18.2%，家具制造业增长 18.0%，石油加工、炼焦和核燃料加工业增长 17.1%，金属制品业增长 16.4%。

（二）两化融合主要进展

四川省采取政府引导、企业主导、社会支持的形式，在政策环境、机制创新、组织领导等方面加大工作力度，两化融合成效明显。

1. 两化融合政策服务体系进一步完善

四川省先后发布了《创建四川省新型工业化产业示范基地管理暂行办法》《关于推动全省中小企业公共服务平台网络建设工作的指导意见》等推进两化深度融合促进现代产业体系建设的政策和意见，设立了两化融合专项资金 6000 万元，重点支持两化融合建设工程的开展。

2. 信息基础设施继续升级

四川省大力加强基础设施建设，深入推进宽带普及提速，保障网络与信息安全，基本建成西部通信枢纽，网络规模、用户规模居西部第一。截至 2012 年年底，四川省新增光纤到户覆盖家庭 232 万户，新增 3G 基站 8537 个，新增无线局域网公共运营接入点 2.19 万个，新增使用 4M 及以上宽带接入产品的用户 190 万户，新增固定宽带接入互联网家庭 100 万户，新增光纤入户家庭 72 万户，均超额完成年初目标。同时，新兴网络经济蓬勃发展，信息服务应用创新不断涌现，移动互联网服务和电子商务等成为近年来发展最快、影响最广的领域。

3. 重点行业、企业信息化水平显著提升

四川省实施行业两化融合工程，在重大钢铁、钒钛钢铁、能源电力等重点产业和战略新兴产业内部推广和深化信息技术应用，重点行业 ERP 普及率大幅上升。长虹电器、泸州老窖等 7 家企业被评为 2012 年国家级信息化和工业化深度融合示范企业，对两化融合发展起到了积极的示范带头作用。

4. 中小企业两化融合取得进展

四川省实施了"中小企业信息化推进工程"，推进重点市、州小企业创业基地信息化试点，鼓励信息技术企业开发和搭建行业应用平台，为中小企业信息化提供软硬件工具、项目外包、工业设计等服务；将攀枝花、自贡等区域设为试点地区，探索中小企业信息化发展模式，在区域信息化资源共享、各县区中小企业分网建设、信息化人才培训等方面成效显著。2011 年，启动了"百万中小企

业信息化体验计划"，截至 2012 年年底，共开展"信息化推进工程活动"43 场，覆盖全省 21 个市州的 8000 家企业；建立了以"中国中小企业四川网"为龙头、各县市分网协同运作的网站集群，带动 3 万多中小企业上网；积极建设中小企业信息服务平台，截至 2013 年 5 月，四川省中小企业公共服务示范平台已达 50 个。2012 年，四川省经信委还与用友软件股份有限公司签订了战略合作协议，将加速推进企业信息化和园区信息化建设。

二、两化融合发展水平分析

（一）综合分析

2012 年，四川省两化融合发展指数为 62.85，比 2011 年提升了 5.66 个点，在全国的排名保持不变，仍为 17 位。基础环境方面，2012 年基础环境指数为 64.54，2011 年为 52.78，2012 年指数增加 11.76 个点，进步较大，全国排名也从 2011 年的 20 位上升到 16 位；工业应用方面，2012 年工业应用指数为 51.61，2011 年为 50.68，2012 年指数增加 0.93 个点，全国排名从 2011 年的 22 位上升到 20 位；应用效益方面，2012 年应用效益指数为 83.62，2011 年为 74.63，2012 年指数增加近 9 个点，增幅较大，全国排名为第 9 位，比 2011 年上升一个名次。

表 25—1 2011—2012 年四川省两化融合指数情况

指标	2011年指数	2012年指数	变化情况
基础环境	52.78	64.54	↑11.76
工业应用	50.68	51.61	↑0.93
应用效益	74.63	83.62	↑8.99
发展指数	57.19	62.85	↑5.66

数据来源：中国电子信息产业发展研究院。

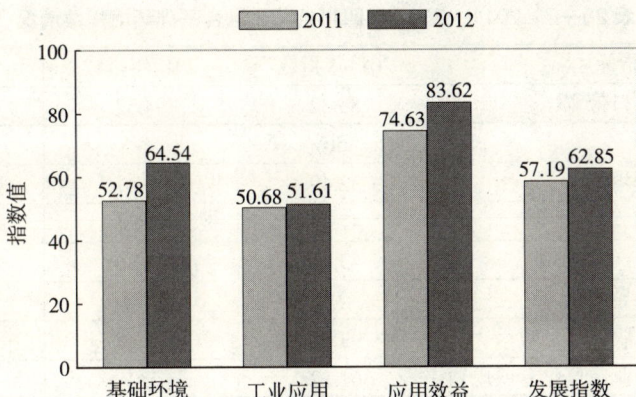

图 25—1 2011—2012年四川省两化融合指数情况

数据来源：中国电子信息产业发展研究院。

（二）具体分析

1. 基础环境指数

2012 年，四川省继续大力推进信息基础设施建设，开展两化融合试点示范，完善相关政策措施，两化融合基础环境比 2011 年有较大改善。在信息基础设施建设方面，2012 年，四川省城（省）域网出口带宽指数为 94.32，比 2011 年提高 9 个点；固定宽带普及率指数为 58.5，比 2011 年提高 8.5 个点；固定宽带端口平均速率指数为 56.47，比 2011 年提高近 4 个点；移动电话普及率指数为 52.21，比 2011 年提高 4.7 个点。在互联网应用普及方面，2012 年，四川省互联网普及率指数为 48.36，比 2011 年提高 4.7 个点。在两化融合政策环境建设方面，四川省在 2012 年设立了两化融合专项引导资金；中小企业信息化服务平台数量指数为 98.48，比 2011 年提高 6.4 个点；重点行业典型企业信息化专项规划指数为 53.9，比 2011 年下降 7.22 个点。从评估结果来看，基础环境方面的大部分指标都有一定程度的提高，基础环境水平在全国的排名也上升了 4 个位次，这得益于四川省大力建设"智慧城市，光网四川"的成效。

表25—2 2011—2012年四川省两化融合基础环境指数情况

指标	2011年指数	2012年指数	变化情况
城（省）域网出口带宽	85.32	94.32	↑9
固定宽带普及率	50	58.5	↑8.5
固定宽带端口平均速率	52.49	56.47	↑3.98
移动电话普及率	47.49	52.21	↑4.72
互联网普及率	43.66	48.36	↑4.7
两化融合专项引导资金	0	100	——
中小企业信息化服务平台数	92.07	98.48	↑6.41
重点行业典型企业信息化专项规划	61.12	53.9	↓7.22

数据来源：中国电子信息产业发展研究院。

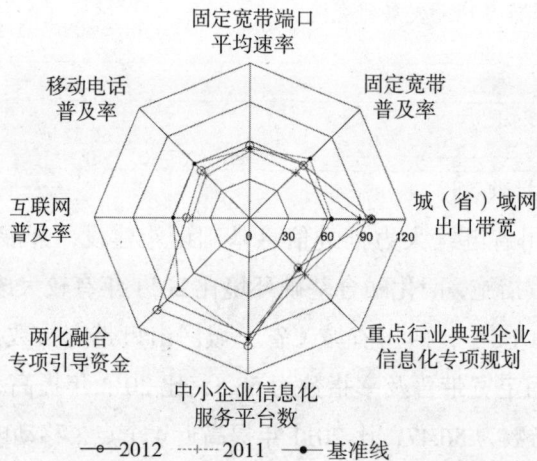

图25—2 2011—2012年四川省两化融合基础环境指数情况

数据来源：中国电子信息产业发展研究院。

2. 工业应用指数

2012年，四川省两化融合工业应用指数为51.61，比2011年增加0.93个点，全国排名从2011年的22位上升到20位。2012年，四川省重点行业典型企业ERP普及率指数为53.05，比2011年提高0.43个点；重点行业典型企业MES普及率指数为46.36，比2011年提高6.4个点；重点行业典型企业PLM普及率指数为40.36，比2011下降了14.3个点，降幅较大；重点行业典型企业SCM普及率指数为53.27，比2011年下降2个点多；重点行业典型企业采购环节电子商务应用普及率指数为55.53，比2011年提高2.06个点；重点行业典型企业销售环节电子商务应用普及率指数为 64.09，与 2011 年持平；重点行业典型企业装备数控化率指数为 33.32，比 2011 年提高 3.27 个点；国家新型工业化产业示范基地两化融合发展水平指数为 67.31，比 2011 年提高 9.84 个点。

表 25—3　2011—2012 年四川省两化融合工业应用指数情况

指标	2011年指数	2012年指数	变化情况
重点行业典型企业ERP普及率	52.62	53.05	↑0.43
重点行业典型企业MES普及率	39.97	46.36	↑6.39
重点行业典型企业PLM普及率	54.66	40.36	↓14.3
重点行业典型企业SCM普及率	55.4	53.27	↓2.13
重点行业典型企业采购环节电子商务应用	53.47	55.53	↑2.06
重点行业典型企业销售环节电子商务应用	64.09	64.09	——
重点行业典型企业装备数控化率	30.05	33.32	↑3.27
国家新型工业化产业示范基地两化融合发展水平	57.47	67.31	↑9.84

数据来源：中国电子信息产业发展研究院。

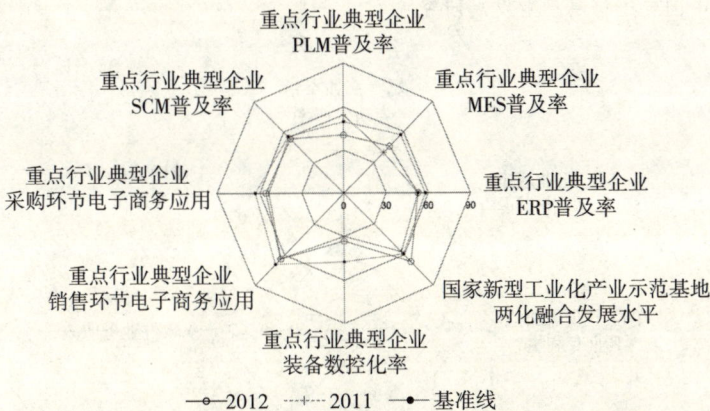

图 25—3　2011—2012年四川省两化融合工业应用指数情况

数据来源：中国电子信息产业发展研究院。

3. 应用效益指数

2012 年，四川省两化融合应用效益指数为 83.62，比 2011 年提高近 9 个点，增幅较大，全国排名为第 9 位，比 2011 年上升一个名次。2012 年四川省工业提高值占 GDP 比重指数为 51.45，比 2011 年提高 0.09 个点；第二产业全员劳动生产率指数为53.58，比2011年提高5个点多；工业成本费用利润率指数48.48，比2011年提高0.57个点；单位工业增加值工业专利量指数85.12，比2011年大幅提高了30.67个点。在工业节能减排水平方面，单位地区生产总值能耗指数为55.22，与2011年持平。在信息产业发展水平方面，电子信息制造业主营业务收入指数为148.06，比2011年提高11.2个点；软件业务收入指数为175.4，比2011年提高15.24个点。这两项指数增加幅度较大，说明2012年四川省电子信息产业有较大发展。

表25—4　2011—2012年四川省两化融合应用效益指数情况

指标	2011年指数	2012年指数	变化情况
工业增加值占GDP比重	51.36	51.45	↑0.09
第二产业全员劳动生产率	48.52	53.58	↑5.06
工业成本费用利润率	47.91	48.48	↑0.57
单位工业增加值工业专利量	54.45	85.12	↑30.67
单位地区生产总值能耗	55.22	55.22	——
电子信息制造业主营业务收入	136.85	148.06	↑11.21
软件业务收入	160.16	175.4	↑15.24

数据来源：中国电子信息产业发展研究院。

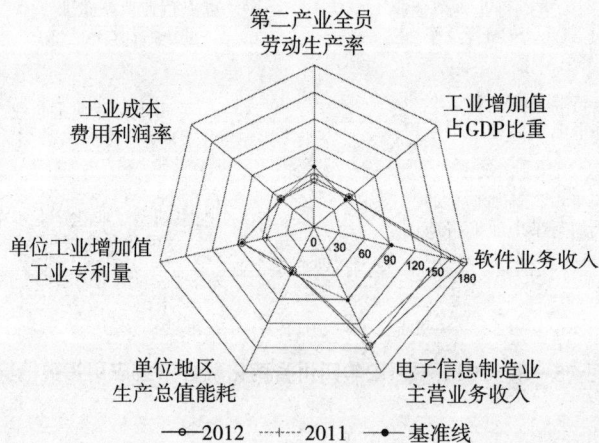

图25—4　2011—2012年四川省两化融合应用效益指数情况

数据来源：中国电子信息产业发展研究院。

三、优劣势评价

四川省两化融合发展具备以下优势：

一是具有较好的工业基础。近年来，四川省大力实施"工业强省"主导战略，全省工业发展取得巨大成就。工业规模总量迈上万亿新台阶，全年实现全部工业增加值10800.5亿元，比上年增长15.6%，对经济增长的贡献率为56.9%，全年规模以上工业增加值增长16.1%。全省"7+3"产业工业增加值占规模以上工业增加值的比重达到79%，战略性新兴产业占工业总产值的比重达到11.8%。工业体系日趋完善，已形成电子信息、机械、冶金、化工、医药、食品饮料和军工等优势产业；在区域布局上，成德绵高科技产业带已经形成，成都、德阳是全国重要的机械工业基地，攀西是国家重要的钢铁化学工业基地，自贡、泸州是全国重要的化学、工程机械工业基地，宜宾、攀枝花是未来的水电工业基地。四川省工业发展形成的良好基础为两化融合提供了广阔的市场空间。

二是电子信息产业发展迅速。近年来，四川省引进了英特尔、联想、戴尔、德州仪器、富士康、仁宝、纬创等全球知名电子信息产业品牌商和制造商，并吸引了全球140余家上下游企业，改变了"缺芯少脑没面子"的局面，电子信息产业初步形成了从原材料生产到研发设计、封装测试、整机生产等为一体的闭环产业链，在零部件生产企业中，四川本省企业占到一半。四川省拥有一批特色产业园区，包括国家软件产业基地、国家数字视听产业园区、国家电子元器件产业园区等国家级园区，以及集成电路产业园、国家级信息安全产业园、新型平板显示产业园、信息化与重大装备制造业融合示范园等省级园区。如成都高新区有国家软件产业基地、国家软件出口基地等12个国家级基地授牌，已聚集软件企业850余家，从业人员逾10万人，全球软件20强有13家落户，诺基亚、爱立信、西门子、阿尔卡特，以及国内两大通讯龙头企业华为、中兴的研发中心均已落户四川。培育了卫士通、迈普等一批本土软件企业，引进了IBM、SAP、赛门铁克、法国育碧、台湾昱泉、印度威普罗等一批国内外知名企业，是中国最大的信息安全产品研发生产基地、第三大游戏产品研发运营中心和中西部新一代通信技术企业聚集度最高、产业活力最强的区域。截至2012年年底，已建成投入使用的软件产业载体超过100万平米，软件及服务外包产业销售收入超过600亿元。以成都高新区为主要聚集区，成都成功创建成为全国第三个、中西部首个"中国软件名城"。

三是具有较好的科技和人才资源优势。科技和人才资源是两化深度融合的驱动力，四川既是科技大省又是人才大省。2012年末，全省地方企事业单位有专业技术人员110.4万人，其中，事业单位专业技术人员99.8万人，企业单位专业技术人员10.7万人。全省拥有中国科学院院士27人、中国工程院院士35人。全省地方政府财政科技拨款59.4亿元，比上年增长29.8%。全省有40项重大成果获国家科技奖，其中国家科技进步特等奖3项、一等奖6项、二等奖26项，国家自然科学二等奖1项，国家技术发明二等奖4项。专利申请量大幅增长。全社会共申请专利66312件，比上年增长33.3%，授权专利42220件，同比增长48.4%。2012年新建四川省重点实验室6家、省级工程技术研究中心10个。至2012年年底，全省共有国家重点实验室12个、省重点实验室（含省部共建）80个；有国家级工程技术研究中心14个、省工程技术研究中心122个。四川省正加强国家技术创新工程试点省建设，建设一批国家级和省级关键、共性技术创新平台，加强工程（技术）研究中心、企业技术中心建设，完善多层次产业创新支撑体系，开展成都国家创新型城市试点，建设绵阳科技城；实施"天府科技英才计划"、海外高层次人才引进"百人计划"和高技能人才振兴计划等。这些措施将进一步促进四川科技和人才优势转化成推进两化深度融合的动力，成为四川走新型工业化道路的助推器。

同时，四川省两化融合也还存在一些劣势：

一是信息网络普及率相对较低。尽管近年来四川省大力推动网络基础设施建设，使移动电话、互联网络普及率都有了较大幅度提高。但2012年的评估结果显示，四川省固定宽带普及率、移动电话普及率和互联网普及率指标在全国处于下游水平。其主要原因是四川省是一个超过8000万人口的人口大省，尽管互联网普及数量增长较快，但普及率仍然落后全国多数地区。

二是信息化集成应用和电子商务水平不高。四川省中小企业始终保持平稳较快发展态势，截至2012年11月底，四川省有高达90%以上的中小企业具有接入互联网的能力，有77.27%的企业建立了企业门户网站，但仍有6.68%的企业尚无门户网站建设计划。网站主要用于发布信息，其次是开展电子商务。只有21.12%的中小企业实施了电子商务，27.81%的企业应用了ERP。尽管全省企业信息化单项技术应用已基本普及，但只有少数企业进入企业信息化集成应用的高级阶段，园区信息化建设基本处于起步阶段。出现这些现象的原因主要是由于中小企业对信息化的作用、效果认识不足，对政府支持信息化建设的政策措施的了解仍不够，不少中小企业信息化建设比较盲目，缺乏顶层设计和规划。

四、相关建议

对四川省两化融合提出以下建议：

一是加快构建下一代信息基础设施。加快光纤宽带网络建设，建设"光网四川"，着力推进成都天府新区等城市新建区域的光纤入户工程建设，积极推进已建区域加快实施光进铜退工程，同步提升骨干传输和交换能力。加快无线宽带网络建设，建设"无线四川"，统筹 3G、WLAN、LTE 等无线宽带网络协调发展。加快下一代互联网发展，加快推进 IPv6 网络规模化商用，逐步实现网络体系架构、关键技术、安全保障、业务应用等领域重大突破。

二是促进传统工业信息化建设。面向工业生产和商贸流通等重点行业和企业，打造网络化公共信息服务平台，发展集成化行业信息化解决方案，促进现代信息通信技术与传统工业技术、生产流程、经营管理流程和企业组织模式的融合，将移动元素融合到企业的 OA 系统、ERP 系统、进销存系统等多个关键环节中，并提供 ICT 综合信息化服务外包的业务模式，提高企业生产效率，实现精细化管理，提升企业的竞争力。重点推进省级重点企业电子商务向网上交易、物流配送、信用支付集成应用方向发展，推动制造业企业以电子商务带动产业链上下游企业协同发展。

三是以信息化推动产业聚集发展。推进数字化产业园区建设，推进信息技术在园区基础设施规划、建设、管理和使用中的应用，提高要素利用率。以成都、绵阳、自贡、乐山等四个国家高新技术产业开发区和成都、广安、德阳、遂宁、广元等五个国家级经济技术开发区为重点，建设具有信息资讯、技术研发、成果转化、产品检测、商务服务、产业链协同、园区管理等功能的园区公共服务管理平台，吸引和衍生关联企业加速聚集，同步推进省级经济技术开发区和工业集中发展区的园区公共服务管理平台建设。

第二十六章　贵州省两化融合发展水平分析

一、总体情况

（一）经济概况

2012 年，贵州省生产总值 6802.20 亿元，比上年增长 13.6%。其中，第一产业增加值 890.02 亿元，同比增长 8.5%；第二产业增加值 2655.39 亿元，同比增长 16.8%；第三产业增加值 3256.79 亿元，同比增长 12.1%。产业结构继续调整。第一产业、第二产业和第三产业增加值占生产总值的比重分别为 13.1%、39.0% 和 47.9%。与上年比，第二产业比重提高 0.5 个百分点。第三产业中金融业发展较快，金融业增加值 358.15 亿元，比上年增长 13.9%，占生产总值的比重比上年提高 0.1 个百分点。工业经济平稳较快增长。全省全年规模以上工业增加值 2055.46 亿元，比上年增长 16.2%。其中，轻工业增加值 773.04 亿元，同比增长 17.6%；重工业增加值 1282.42 亿元，同比增长 15.5%。轻工业增加值占规模以上工业增加值的比重为 37.6%，比上年提高 4.9 个百分点。

（二）两化融合主要进展

贵州省两化融合以工业产业园区为载体，以工业云平台为切入点，利用云计算等新一代信息技术推动工业产业创新能力的提升和发展，加快传统制造业的改造升级和产业结构的优化调整，发挥后发优势，推动工业企业信息化深入发展。

1. 工业产业加速向园区集聚发展

贵州省以工业园区建设为切入点，通过对园区内的资源实施集约配置，实现园区企业集聚，形成产业集群。贵州省先后建立了 3 个国家级的开发区和 12 个省级开发区（主要是工业园），加强对国家（贵阳）片式元件产业园、贵阳软件园和数字内容产业园等信息产业园区的建设。通过引进国有、集体、民营和三资等多种所有制经济实现园区健康发展，实施"三线"调迁政策，产业集中效应初步显现。2012 年，贵州省产业园区完成工业增加值 385 亿元，占全省工业增加值的 19.7%。落实大企业战略，精心培育有发展潜力的小巨人企业，丰富了产品门类，让电子元器件、通讯终端设备、智能家电等得到发展。

2. 云计算助推贵州新型工业化进程

2012 年，中国电信与贵州省人民政府签署了《推进贵州省"智慧城市"建设战略合作框架协议》，中国电信将投资 40 亿元，在贵安新区规划建设云计算贵州信息园，这将是中国电信南方主要的云计算数据中心、云计算研发应用示范基地。依托电信运营商、IT 企业云计算中心和大型企业数据中心，贵州省着力构建"贵州工业云"，先行在贵州省基础条件较好的国防工业和装备制造、白酒行业开展工业云创新试点，其中，"贵州航空工业云"项目获得了工信部支持，成为全国十个"工业云"示范项目之一。

3. 加强对两化融合的规划引导

2012 年初，国务院发布《国务院关于进一步促进贵州经济社会又好又快发展的若干意见》（国发〔2012〕2 号），从国家层面全面系统支持贵州发展，明确提出支持贵州培育发展电子及新一代信息技术等战略性新兴产业，支持发展新一代移动通信技术相关产业，开发一批具有比较优势的产品，形成新的经济增长点。2012 年 11 月 19 日，贵州省委、省政府印发了《中共贵州省委、省人民政府关于加快信息产业跨越发展的意见》（黔党发〔2012〕27 号），提出按照"黔中引领、两极带动、协同发展"的原则，构建以贵安新区为核心，贵阳市、遵义市为两极，多地协同发展的"一区、两极、七基地"产业格局，充分发挥贵州省电子信息制造业优势，延伸产业链，拓宽产业幅，完善产业配套，抢抓新一代信息技术发展先机。

二、两化融合发展水平分析

（一）综合分析

2012 年，贵州省两化融合发展总指数为 45.86。基础环境方面，2011 年基础环境指数为 49.59，2012 年基础环境指数为 50.91，比 2011 年提高 1.32 个点。工业应用方面，2011 年工业应用指数为 35.77，2012 年工业应用指数为 42.51，比 2011 年提高 6.74 个点。应用效益方面，2011 年应用效益指数为 46.09，2012 年应用效益指数为 47.49，比 2011 年提高 1.4 个点。

表 26—1 2011—2012 年贵州省两化融合指数情况

指标	2011年指数	2012年指数	变化情况
基础环境	49.59	50.91	↑1.32
工业应用	35.77	42.51	↑6.74
应用效益	46.09	47.49	↑1.40
发展指数	41.80	45.86	↑4.06

数据来源：中国电子信息产业发展研究院。

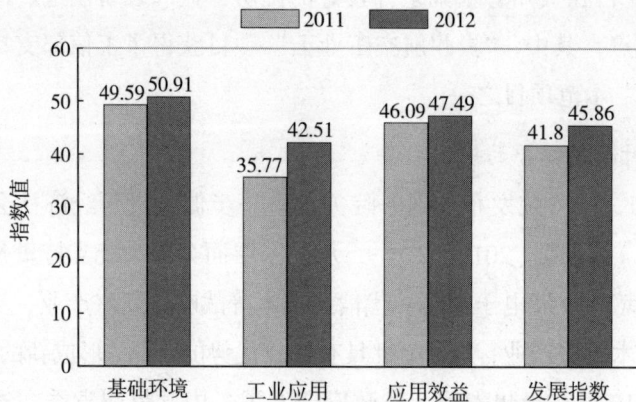

图 26—1 2011—2012年贵州省两化融合指数情况

数据来源：中国电子信息产业发展研究院。

（二）具体分析

1. 基础环境指数

贵州省两化融合基础环境建设良好。2012 年，贵州省基础环境指数为 50.91，其中中小企业信息化服务平台数、移动电话普及率、互联网普及率、固定宽带普及率有所提高，重点行业典型企业信息化专项规划的数量有所下降。在信息基础设施建设方面，2012 年，贵州省城（省）域网出口带宽指数值为 29.29，比 2011 年提高 0.57 个点；固定宽带普及率指数为 45.34，比 2011 年提高 4.97 个点；固定宽带端口平均速率为 46.7，比 2011 年下降 3.15 个点；移动电话普及率指数为 51.44，比 2011 年提高 4.59 个点。在互联网应用普及方面，2012 年，贵州省互联网普及率指数为 44.72，比 2011 年提高 5.32 个点。在两化融合政策环境建设方面，2012 年，贵州省设立了两化融合专项引导资金；中小企业信息化服务平台数指数为 55.77，比 2011 年提高 8.84 个点；重点行业典型企业信息化专项规划指数为 41.11，比 2011 年降低 13.68 个点。

表 26—2　2011—2012 年贵州省两化融合基础环境指数情况

指标	2011年指数	2012年指数	变化情况
城（省）域网出口带宽	28.72	29.29	↑0.57
固定宽带普及率	40.37	45.34	↑4.97
固定宽带端口平均速率	49.85	46.70	↓3.15
移动电话普及率	46.85	51.44	↑4.59
互联网普及率	39.40	44.72	↑5.32
两化融合专项引导资金	100.00	100.00	—
中小企业信息化服务平台数	46.93	55.77	↑8.84
重点行业典型企业信息化专项规划	54.79	41.11	↓13.68

数据来源：中国电子信息产业发展研究院。

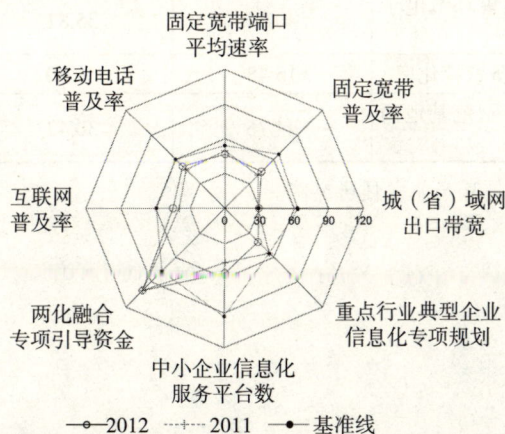

图 26—2　2011—2012 年贵州省两化融合基础环境指数情况

数据来源：中国电子信息产业发展研究院。

2. 工业应用指数

2012 年，贵州省工业应用指数为 42.51，其中重点行业典型企业 MES 普及率、重点行业典型企业 PLM 普及率、重点行业典型企业装备数控化率比 2011 年显著增长，国家新型工业化产业示范基地两化融合发展水平有所下降。2012 年，贵州省重点行业典型企业 ERP 普及率指数为 44.4，比 2011 年提高 1.67 个点。重点行业典型企业 MES 普及率指数为 44.65，比 2011 年提高 20.71 个点。重点行业典型企业 PLM 普及率指数为 49.16，比 2011 年提高 9.86 个点。重点行业典型企业 SCM 普及率指数为 43.83，比 2011 年提高 1.83 个点。重点行业典型企业采购环节电子商务应用普及率指数为 35.6，比 2011 年下降 3.67 个点。重点行业典型企业销售环节电子商务应用普及率指数为 35.81，比 2011 年下降 4.73 个点。重点行业典型企业装备数控化率指数为 56，比 2011 年提高 40.52 个点。国家新型工业化产业示范基地两化融合发展水平指数为 30.42，比 2011 年下降 14.34 个点。

表 26—3　2011—2012 年贵州省两化融合工业应用指数情况

指标	2011年指数	2012年指数	变化情况
重点行业典型企业ERP普及率	42.73	44.40	↑1.67
重点行业典型企业MES普及率	23.94	44.65	↑20.71
重点行业典型企业PLM普及率	39.30	49.16	↑9.86
重点行业典型企业SCM普及率	42.00	43.83	↑1.83
重点行业典型企业采购环节电子商务应用	39.27	35.60	↓3.67
重点行业典型企业销售环节电子商务应用	40.54	35.81	↓4.73
重点行业典型企业装备数控化率	15.48	56.00	↑40.52
国家新型工业化产业示范基地两化融合发展水平	44.76	30.42	↓14.34

数据来源：中国电子信息产业发展研究院。

图 26—3　2011—2012年贵州省两化融合工业应用指数情况

数据来源：中国电子信息产业发展研究院。

3. 应用效益指数

2012年,贵州省两化融合应用效益指数达到47.49,其中工业成本费用利润率、单位工业增加值工业专利量、软件业务收入增长较快,第二产业全员劳动生产率、电子信息制造业主营业务收入有所下降。在地区工业生产效益和水平方面,2012年, 工业增加值占 GDP 比重指数为 37.85, 比 2011 年提高 1.25 个点；第二产业全员劳动生产率指数为 48.93, 比 2011 年下降 5.8 个点；工业成本费用利润率指数为 63.51, 比 2011 年提高 7.12 个点；单位工业增加值工业专利量指数为 89.8,比 2011 年提高 4.68 个点。在工业节能减排水平方面,单位地区生产总值能耗指数为 37.1, 与 2011 年持平。在信息产业发展水平方面,电子信息制造业主营业务收入指数为 10.13, 比 2011 年下降 1.94 个点；软件业务收入指数为 28.37, 比2011 年提高 3.95 个点。

表 26—4　2011—2012 年贵州省两化融合应用效益指数情况

指标	2011年指数	2012年指数	变化情况
工业增加值占GDP比重	36.60	37.85	↑1.25
第二产业全员劳动生产率	54.73	48.93	↓5.80
工业成本费用利润率	56.39	63.51	↑7.12
单位工业增加值工业专利量	85.12	89.80	↑4.68
单位地区生产总值能耗	37.10	37.10	—
电子信息制造业主营业务收入	12.07	10.13	↓1.94
软件业务收入	24.42	28.37	↑3.95

数据来源：中国电子信息产业发展研究院。

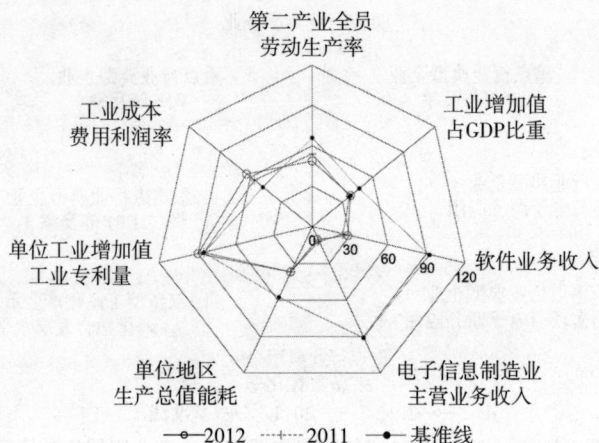

图26—4　2011—2012年贵州省两化融合应用效果指数情况

数据来源：中国电子信息产业发展研究院。

三、优劣势评价

贵州省两化融合发展具有如下优势：

一是工业园区成为贵州工业经济的主导力量。截至 2012 年 10 月底，贵州省工业园区规模以上工业总产值累计达 2745.3 亿元，占全省规模以上工业总产值的 48%，同比增长 71%。累计实现工业增加值 691.7 亿元，占全省工业增加值的 38%，同比增长 87%。贵阳市小河—孟关装备制造业生态工业园区、贵阳麦架—沙文高新技术产业园、仁怀名酒工业园区、福泉市磷化工基地等四个园区被认定为国家新型工业化示范基地；开阳县工业园区、遵义市汇川机电制造工业园区等 16 个园区被认定为省新型工业化示范基地；贵阳国家经济技术开发区小孟工业园区、遵义市仁怀—习水名酒工业园区等 20 个园区被列为"511"示范园区。园区工业经济不断壮大，构筑了良好的招商引资平台，有力地带动了上下游企业的发展，提高了工业产业集中度。

二是规模以上企业的生产装备信息技术应用水平较高。2012 年，贵州省重点行业典型企业装备数控化率排名全国第九，高于全国平均水平 8.79 个点。说明在工业应用方面，贵州省重点行业规模以上工业企业生产装备信息技术应用水平较高。重点行业典型企业 PLM 普及率排名全国第十七，接近全国平均水平，说明应用 PLM 基本落实企业产品研发管理制度的企业比例处于全国中游，并不落后。

三是企业创新和盈利能力较强。2012 年贵州省单位工业增加值工业专利量排名全国第十二，高于全国平均水平 4.68 个点。说明在应用效益方面，贵州省工矿企业专利申请受理数量较高，当地工业企业创新能力较强。2012 年，贵州省工业成本费用利润率排名全国第六，高于全国平均水平 16.13 个点。说明在应用效益方面，贵州省规模以上工业企业盈利能力较强。

但与全国相比，贵州省两化融合还存在一些劣势：

一是工业经济底子薄，信息化投入少。贵州在地缘上具有"不沿边、不沿海、不沿江"的特点，交通、水利、信息等基础设施建设相对滞后，产业融合发展配套条件较差。贵州欠开发、欠发达的基本省情在产业领域表现为工业经济和信息产业规模小、底子薄、速度慢、效益差。各地区、各部门对促进信息化与工业化融合的投入明显不足，基本建设力度不够，技术改造覆盖面过窄，政府投资引导作用有限，社会投资和招商引资进展缓慢，新项目少、技术储备少、具有产业引领作用和带动作用的大项目更少。

二是采购销售环节的信息化应用薄弱。2012 年，贵州省重点行业典型企业采购环节电子商务应用水平为 35.6 个点，比全国平均水平（指数为 63.05）低27.45 个点，在全国排名 29 位，贵州重点行业典型企业销售环节电子商务应用水平为 35.81 个点，比全国平均水平（指数为 69.61）低 33.8 个点，在全国排名 30 位，处于全国下游，说明贵州工业企业电子商务应用水平较低，销售和采购渠道非常少，亟需扩宽销售和采购渠道。

四、相关建议

对贵州省两化融合提出以下建议：

一是以生态文明理念引领工业发展。转变资源开发利用方式，完善清洁生产、安全生产机制，通过发展循环经济提高整体效益，重点推进节能减排，坚决淘汰落后产能，加强环境污染综合治理，把各类企业都办成"环保工厂"，推动形成节约能源资源、保护生态环境的产业结构、增长方式和消费模式。建立资源节约型、环境友好型的特色优势工业。充分利用贵州新型工业化的优势资源，按照新型工业化的要求，把握发展机遇，明确发展导向，提高准入标准，以保护资源和环境为必备条件，尽快建立和完善信息化网络，加快做强做大。

二是运用信息技术改造提升传统产业。贵州的传统产业主要是能源、原材料、装备制造业、消费品工业等。在两化融合中，要充分运用信息技术，了解市场行情，把握市场需求，加强新技术的研发和应用，开展自主创新，改造提升传统产业，提高产品的信息技术含量，增加产品附加值。重点在电力、煤炭、化工、装备制造等行业推广计算机辅助设计，创新生产技术，优化生产模式。同时，加快企业物流网建设，改善企业生产、管理、经营过程，增加企业经济效益。

三是利用信息技术发展劳动密集型产业。贵州农村剩余劳动力多、人均耕地面积少、劳动力素质和城镇化水平低，而资金和技术等要素相对短缺，这既是贵州的弱势，也是贵州的比较优势。利用信息技术发展劳动密集型产业，实施农村信息化工程，提高农村信息化水平，促进农村经济发展，带动农民增收致富，促进农村经济发展，进而推动城镇化发展，推进劳动密集型向资本和技术密集型升级。

四是推进中小企业电子商务应用。推动贵州中小企业开展电子商务，实现电子商务平台与企业内部信息系统的集成，鼓励企业网上营销，设立贵州企业产品展示营销专区，提升特色产品的品牌价值，扩大覆盖面，推动壮小扶微，培育一批企业应用电子商务典型示范。同时，推进面向生产资料、生活消费品的现代物流、配送、零售等电子商务应用体系建设，为电子商务发展提供支撑。

第二十七章 云南省两化融合发展水平分析

一、总体情况

（一）经济概况

2012 年，云南省完成地区生产总值 10309.8 亿元，比上年增长 13.0%，高于全国 5.2 个百分点。其中，第一产业增加值 1654.6 亿元，比上年增长 6.7%；第二产业增加值 4419.1 亿元，比上年增长 16.2%；第三产业增加值 4236.14 亿元，比上年增长 11.4%。三次产业结构为 16.0:42.9:41.1。2012 年，云南省全年完成工业增加值 3450.72 亿元，比上年增长 15.1%；规模以上工业完成增加值 3084.96 亿元，比上年增长 15.6%，高于全国 5.6 个百分点。全年规模以上工业中，轻工业增加值 1353.79 亿元，比上年增长 17.1%，总体保持平稳运行；重工业增加值 1731.17 亿元，比上年增长 14.4%；烟草制品业完成增加值 976.25 亿元，比上年增长 13.2%；电力生产和供应业完成增加值 332.49 亿元，比上年增长 10.1%。六大高耗能行业完成增加值 1303.17 亿元，比上年增长 12.0%。其中，化学原料及化学制品制造业增长 9.6%，非金属矿物制品业增长 17.1%，电力热力的生产和供应业增长 10.1%，黑色金属冶炼及压延加工业增长 5.6%，有色金属冶炼及压延加工业增长 19.7%，石油加工炼焦及核燃料加工业下降。3.7%[1] 2012 年，云南省烟草、冶金、化工、机械、能源、生物制药、旅游等产业的大多数企业已围绕生产、管理、销售等开展信息化建设，在提高生产效率、实现管理集成、利用信息技术促

---

[1] 云南省统计局：《云南省2012年国民经济和社会发展统计公报》，2013年4月。

进传统产业整合等方面初见成效，两化融合发展较快。

（二）两化融合主要进展

2012 年，云南省结合发展实际，以建设面向东南亚、南亚开放的桥头堡，转变发展方式，加快结构调整，改善工业发展环境，培育壮大工业产业为主要发展方向，以完成"工业 3 年倍增"和"3 个 10 千亿工程"任务为主要目标，加快推进通信互联互通、信息沟通交流平台、"宽带云南"工程 3 个重点项目建设，大力推进两化融合"三个一"建设及企业信息技术推广应用工作，进行了两化融合评估体系建设，开展了两化融合培训工作，云南省两化融合工作取得显著进展。

1. 完善两化融合支撑体系，开展分类试点评估工作

云南省编制了《云南省两化融合工程技术中心认定管理办法》、《云南省两化融合促进中心认定管理办法》，为发挥工程技术中心在两化融合中的创新引领与示范作用，促进工业企业特别是中小企业两化融合，为企业提供信息咨询、评估、信息技术推广和人才培训等服务奠定了基础。同时，云南省进行了两化融合评估体系建设，并对部分园区、行业、企业的两化融合进行了试评估和自评估，在此基础上，编制了具有云南特色的《云南省区域两化融合试点评估指标体系》及《试点评估报告》，试点评估工作得到了工业和信息化部评估试点工作组的肯定。

2. 加快重点领域技术改造，推动工业调结构转方式

2012 年，云南省通过加快重点行业领域对信息技术的运用，有力推动了传统工业生产结构的转变升级。如昆明市选择重点领域和重点工程，推进物联网在化工、农产品加工、花卉等产业领域的应用。其中，石林锦苑康乃馨有限公司运用现代化的计算机信息技术，通过对通风、温度、湿度、水分、肥分、介质 pH 值、介质 EC 值等指标数据采集和智能化的远程控制技术，实现自动化操作或远端现场的智能化管理和监控，缩短了生长周期，实现高效、高质、全天候的工厂化生产，节约水资源 30%，产品产量提升 50%，产品优质率达 90% 以上，每亩增加康乃馨产量 540 万枝，增加玫瑰产量 280 万枝。

3. 加快信息化服务平台建设，提高政府服务水平

云南省加大信息化服务平台建设力度，为中小企业信息化发展提供了良好的发展环境。昆明市在中小企业信息化服务平台建设方面成效尤为突出，完成了中

小企业网建设工程、中小企业科技信用服务平台以及社会信用体系信息化系统企业系统一期等项目建设；经开区建设了科技创新园中小企业咨询服务平台，推进园区服务的网络化；高新区整合了多语种电子商务、融资服务、技术创新、人力资源、SNS 服务等多平台，加快了企业综合服务平台的建设。另外，昆明市正在建设经济园区信息管理系统、工业经济综合业务管理信息系统和工信委工业能耗监测与管理系统，并结合园区实体化管理模式推广完成了建设市政务服务三级联动信息化平台项目，开展网上审批及综合业务电子监察系统建设工作，以期为企业提供更好的信息化服务。

二、两化融合发展水平分析

（一）综合分析

　　2012 年，云南省两化融合发展指数为 41.03，比 2011 年下滑 1.8 个点。基础环境方面，2012 年云南省基础环境指数为 39.79，比 2011 年提升 3.5 个点。工业应用方面，2012 年云南省工业应用指数为 41.33，比 2011 年降低接近 6 个点。应用效益方面，2012 年云南省应用效益指数为 41.69，比 2011 年提升 1.23 个点。在 2012 年两化融合发展水平评估工作中，由于调查样本增加了中小企业且云南省中小企业发展水平普遍偏低，云南省工业应用指数下滑幅度较大，两化融合发展指数有所降低，排名略有下降，但基础环境指数与应用效益指数均呈现不同程度的增长，两化融合基础环境不断改善，应用效益不断提升。

表 27—1　2011—2012 年云南省两化融合指数情况

指标	2011年指数	2012年指数	变化情况
基础环境	36.26	39.79	↑3.53
工业应用	47.31	41.33	↓5.98
应用效益	40.16	41.69	↑1.23
发展指数	42.83	41.03	↓1.80

数据来源：中国电子信息产业发展研究院。

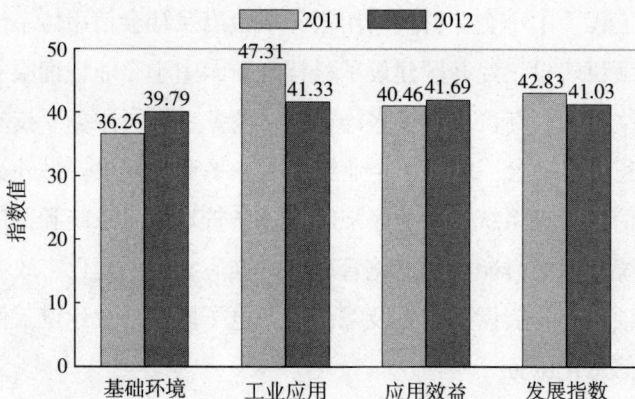

图 27—1 2011—2012年云南省两化融合指数情况

数据来源：中国电子信息产业发展研究院。

（二）具体分析

1. 基础环境指数

2012 年，云南省加快推进通信互联互通、信息沟通交流平台、"宽带云南"工程 3 个重点项目建设，着力在加快国际信息大通道建设上下功夫，两化融合基础环境不断改善。2012 年，云南省两化融合基础环境指数为 39.79，比 2011 年提升 3.53 个点，虽与全国平均值 64.87 相比仍具有一定差距，但基础环境各项指数较 2011 年都呈现不同幅度的增长。具体来看，2012 年云南省城（省）域网出口带宽指数为 50.45，比 2011 年提升 6.16 个点；固定宽带普及率指数为 50，比 2011 年提升 9.63 个点；固定宽带端口平均速率指数为 55.9，比 2011 年提升 2.52 个点；移动电话普及率指数为 49.04，比 2011 年提升 3.67 个点。在互联网普及应用方面，2012 年云南省互联网普及率指数为 44.6，比 2011 年提升 4.45 个点。在两化融合政策环境建设方面，2012 年和 2011 年云南省均没有设立两化融合专项引导资金；中小企业信息化服务平台数指数没有变化，依旧为 11.12；重点行业典型企业信息化专项规划指数为 37.59，比 2011 年略微提升 0.31 个点。

表 27—2 2011—2012 年云南省两化融合基础环境指数情况

指标	2011年指数	2012年指数	变化情况
城（省）域网出口带宽	44.29	50.45	↑6.16
固定宽带普及率	40.37	50.00	↑9.63
固定宽带端口平均速率	53.38	55.90	↑2.52
移动电话普及率	45.37	49.04	↑3.67
互联网普及率	40.15	44.60	↑4.45
两化融合专项引导资金	0.00	0.00	—
中小企业信息化服务平台数	11.12	11.12	—
重点行业典型企业信息化专项规划	37.28	37.59	↑0.31

数据来源：中国电子信息产业发展研究院。

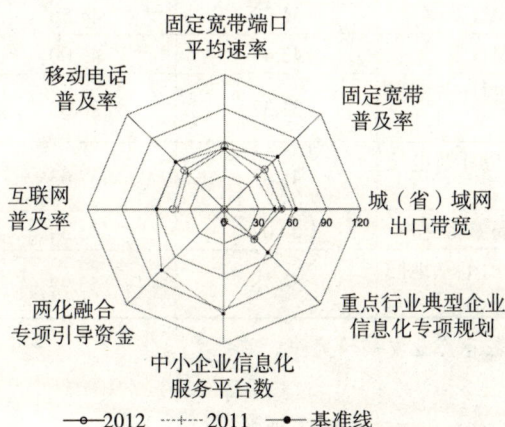

图 27—2 2011—2012年云南省两化融合基础环境指数情况

数据来源：中国电子信息产业发展研究院。

2. 工业应用指数

2012 年，云南省两化融合工业应用指数为 41.33，受样本量增加及省内中小企业发展水平普遍偏低的影响，指数比 2011 年下滑接近 6 个点。其中，重点行业典型企业 PLM 普及率、电子商务的应用及重点行业典型企业装备数控化率指数均下滑超过 7 个点，表明云南省中小企业在信息化建设方面仍具有较大提升空间。具体来看，2012 年云南省重点行业典型企业 ERP 普及率指数为 44.97，比 2011 年略微下滑 1.48 个点；重点行业典型企业 MES 普及率指数为 35.79，比 2011 年提升 5.12 个点；重点行业典型企业 PLM 普及率指数为 44.56，比 2011 年下滑 7.37 个点；重点行业典型企业 SCM 普及率指数为 45，比 2011 年提升 1.53 个点；重点行业典型企业采购环节电子商务应用普及率指数为 23，比 2011 年下滑 8.37 个点；重点行业典型企业销售环节电子商务应用普及率指数为 37.63，比 2011 年下滑 8.2 个点；重点行业典型企业装备数控化率指数为 43.34，比 2011 年下滑 23.73 个点；国家新型工业化产业示范基地两化融合发展水平指数为 53.92，比 2011 年下滑 2.86 个点。

表 27—3　2011—2012 年云南省两化融合工业应用指数情况

指标	2011年指数	2012年指数	变化情况
重点行业典型企业ERP普及率	46.45	44.97	↓1.48
重点行业典型企业MES普及率	30.67	35.79	↑5.12
重点行业典型企业PLM普及率	51.93	44.56	↓7.37
重点行业典型企业SCM普及率	43.47	45.00	↑1.53
重点行业典型企业采购环节电子商务应用	31.37	23.00	↓8.37
重点行业典型企业销售环节电子商务应用	45.83	37.63	↓8.20
重点行业典型企业装备数控化率	67.07	43.34	↓23.73
国家新型工业化产业示范基地两化融合发展水平	56.78	53.92	↓2.86

数据来源：中国电子信息产业发展研究院。

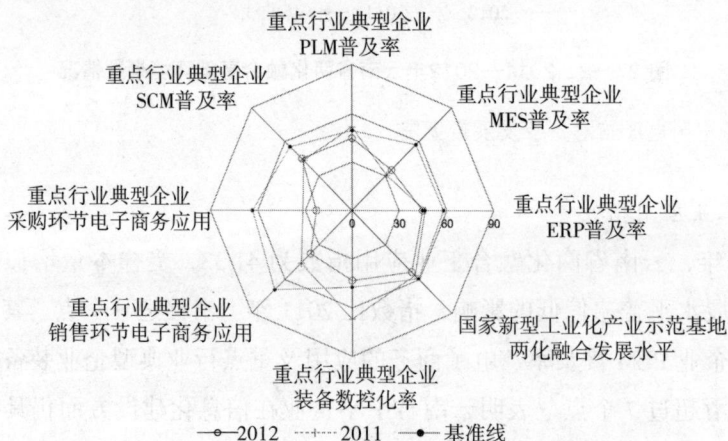

图 27—3　2011—2012年云南省两化融合工业应用指数情况

数据来源：中国电子信息产业发展研究院。

3. 应用效益指数

2012 年，云南省两化融合应用效益指数为 41.69，比 2011 年增加 1.23 个点，但与全国平均值 68.27 相比仍具有较大差距，表明云南省两化融合工作在应用效益方面仍有待加强。具体来看，2012 年云南省工业增加值占 GDP 比重指数为 41.18，比 2011 年下滑 2.9 个点；第二产业全员劳动生产率指数为 56.22，比 2011 年提升 7.29 个点；工业成本费用利润率指数为 44.48，比 2011 年下滑 8.7 个点；单位工业增加值工业专利量指数为 59.22，比 2011 年提升 9.88 个点；单位地区生产总值能耗指数为 49.69；电子信息制造业主营业务收入指数为 5.14，比 2011 年提升 1.16 个点；软件业务收入指数为 24.42，比 2011 年提升 1.66 个点。

表 27—4　2011—2012 年云南省两化融合应用效益指数情况

指标	2011年指数	2012年指数	变化情况
工业增加值占GDP比重	44.08	41.18	↓2.90
第二产业全员劳动生产率	48.93	56.22	↑7.29
工业成本费用利润率	53.18	44.48	↓8.70
单位工业增加值工业专利量	49.34	59.22	↑9.88
单位地区生产总值能耗	49.69	49.69	—
电子信息制造业主营业务收入	3.98	5.14	↑1.16
软件业务收入	22.76	24.42	↑1.66

数据来源：中国电子信息产业发展研究院。

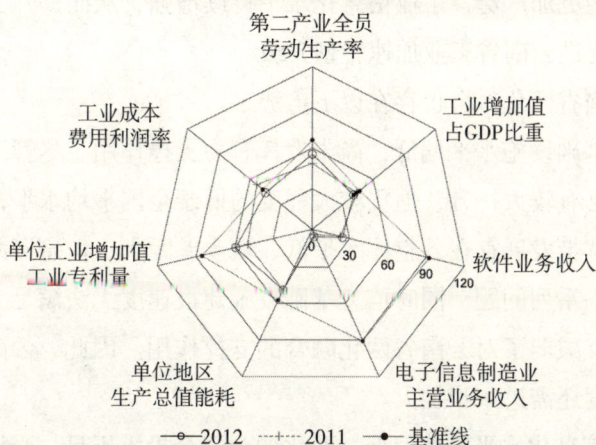

图 27—4　2011—2012年云南省两化融合应用效益指数情况

数据来源：中国电子信息产业发展研究院。

三、优劣势评价

当前，云南省正在积极推进两化深度融合，促进工业实现跨越式发展。在此过程中，云南省既拥有一定的发展优势，但也存在阻碍两化融合快速发展的劣势。具体优势如下：

一是信息基础设施建设步伐不断加快。2012年，云南省宽带发展围绕"政企合力、统筹部署、创新应用、普惠民生"的原则，充分发挥政府的推动作用和电信运营企业的主导作用，结合宽带基础设施状况和实际需求，综合利用各类配套支持政策，共同推进适应云南省经济社会发展需要的宽带基础设施建设。截至2012年年底，云南省网民数达1321万人。其中，有线数字电视用户总数433万户；全省固定及移动电话用户总数达到3420.07万户，电话用户普及率达到每百人74.4部；移动电话用户达2895.78万户，其中3G移动电话用户达571.79万；固定宽带接入用户375.52万户，移动互联网用户2027.06万户。[1]

二是信息技术创新及应用成效突出。2012年，随着创新型云南行动计划的深入实施，云南省工业企业科技活动稳步发展，以企业为主体的科技创新能力进一步增强。2012年，规模以上工业企业R&D经费内部支出38.4亿元，R&D人员19116人，专利申请2404件，企业输出技术1061项，买入技术915项，[2]技术交易市场输出占8成。随着云南省工业企业自主创新能力不断提高，工业企业对信息技术的应用更加广泛，工业信息化水平持续增强，从而提升了云南省两化融合发展水平，促进云南省工业加速转型升级。

同时，云南省两化融合也存在以下劣势：

一是信息基础设施水平偏低，尚未发挥有力支撑作用。尽管云南省两化融合基础环境水平已有较大提升，但仍较大程度的低于全国平均水平，与发达省份相差甚远。云南宽带发展存在着整体水平低、城乡差距大、信息资源存量小、信息应用能力弱等一系列问题，同时信息基础设施建设速度无法满足工业快速转型升级发展的需要，减弱了对云南省两化融合的支撑作用。因此，云南省信息基础设施改造升级力度还需进一步加大。

二是工业信息化水平整体偏低，两化融合资金投入不足。受样本量及中小企

---

[1] 云南省统计局：《云南省2012年国民经济和社会发展统计公报》，2013年4月。
[2] 云南省科技厅：《2012年云南省科技统计公报》，2013年8月。

业信息化水平影响，云南省工业应用水平整体呈现下滑趋势，其中重点行业典型企业装备数控化率指数较 2011 年大幅下降 23.7 个点，整体低于全国平均水平 16 个点，说明云南省工业信息化水平整体偏低，中小企业信息化水平较弱。当前，云南省尚未设立两化融合专项资金，中小企业信息化服务平台数大幅低于全国平均水平，因此云南省两化融合投入资金保障作用不足，对中小企业信息化的扶持力度有待进一步加强。

三是电子信息制造业发展落后，两化融合推动力不足。虽然 2012 年云南省电子信息制造业主营业务收入与软件业务收入指数均有小幅上升，但远远低于全国平均水平 91.49 与 91.91，云南省电子信息制造业发展较为落后。这是由于云南电子信息产业规模较小，具有一定格局的电子信息产业链尚未形成，企业的信息技术和软件研发能力不足，尚不能为两化融合提供产业和技术支持。

四、相关建议

对云南省两化融合提出以下建议：

一是加快信息基础设施和公共信息服务平台建设速度。加快国际通信枢纽、区域信息汇集中心、宽带云南和彩云工程等重大项目建设。拓展国际通信网、互联网通道，提高访问速度和质量，提升本地通信网、互联网交换中心的交换能力和综合服务能力。推动"桥头堡服务云"、"滇中城市经济圈云"、"电子政务云"、"产业服务云"和"民生服务云"等云平台建设。利用云南省地理区位电力和配套条件优势，有目标地建立云存储云服务产业园区，实现对西南地区及全国的辐射作用，开拓国际云服务市场，促进面向东南亚、南亚的信息服务外包业务向高端发展。

二是推进重点产业信息化改造工程。以云南产业调整和振兴规划为指导，以滇中经济圈为重点，围绕烟草、钢铁、化工、有色、建材、电力、煤炭、机械加工、装备制造、食品、药品等重点行业，加快主要耗能设备和工艺设备的智能化改造，推广普及生产过程控制和制造执行系统，推动生产过程的实时监测、故障诊断、质量控制和调度优化；开展节能预警电子监控和资源集约利用，促进绿色发展。

三是大力扶植电子信息产业集聚式发展。提高电子信息产业的信息技术和软件研发能力，加快应用于工业领域的数字控制技术、嵌入式系统、智能化传感设备的科技攻关，逐步形成具有一定格局的电子信息产业链。同时，推动无线通信、RFID技术及物联网系统集成应用，发展数字、多媒体的内容服务产业，大力培育面向东南亚、南亚的软件和信息服务业，为两化融合提供产业和技术支持。

四是推进服务于"两亚"的电子商务普及应用。以面向南亚、东南亚B2B电子商务为重点，推进电子商务应用普及。支持大企业自营的电子商务平台发展，支持专业化行业电子商务平台建设；推进支付物流信用认证以及投诉服务法律援助等公共服务环境建设；推进企业注册登记信息网上查询管理系统等适应电子商务发展的政府信息服务项目建设。另外，着力推动面向"两亚"服务西南及全国的电子通关联检联审报关系统建设，大幅提升跨境、跨区域物流的整体效能。

第二十八章　西藏自治区两化融合发展水平分析

一、总体情况

（一）经济概况

2012年,西藏自治区实现地区生产总值701.03亿元,比上年增长11.8%。其中,第一产业增加值80.41亿元，比上年增长3.4%；第二产业增加值241.65亿元,比上年增长14.4%；第三产业增加值378.98亿元，比上年增长12.0%。三次产业比重为11.5∶34.5∶54.0。2012年全部工业实现增加值55.11亿元，比上年增长14.7%。规模以上工业企业实现增加值42.83亿元，比上年增长15.1%。其中，轻工业实现增加值11.32亿元，比上年增长9.1%；重工业实现增加值31.51亿元，比上年增长17.3%。[1]2012年，西藏自治区努力转变经济发展方式，促进速度和结构质量效益相统一，在建筑、新型建材、藏医药、高原特色食品、信息、能源、民族手工业等产业领域得到快速发展。[2]

（二）两化融合主要进展

西藏自治区积极推动信息化与工业化深度融合,努力加快信息基础设施建设,在工业产品的计算机辅助设计、生产过程自动化控制、民爆行业及矿业生产安全监控等领域取得了一批示范性应用成果，电子政务、电子商务、旅游信息化、卫

[1]　西藏自治区统计局：《西藏自治区2012年国民经济和社会发展统计公报》，2013年4月。
[2]　西藏日报：《2013年西藏自治区人民政府工作报告》，2013年2月。

生信息化等一批重点信息化项目也相继启动，两化融合取得较大进展。

1. 信息化管理体制基本确立，信息化发展环境初步形成

2009 年底，西藏自治区组建了工业和信息化厅，7 地市相继成立工业和信息化局，明确了西藏各级工信部门为信息化推进与信息网络安全的行业主管部门。由西藏自治区主要领导同志担任组长的全区信息化领导小组及其办公室设在区工信厅，西藏信息化行政管理体制得到进一步理顺，为信息化与工业化融合提供了有力支撑。自治区政府发布了《西藏自治区"十二五"时期信息化规划》和《西藏自治区 2006—2020 年信息化发展规划》，将企业信息化、两化融合纳入重点工程，信息化发展迈入规划引领的新时期。

2. 实施"宽带西藏"工程，为两化融合提供助力

西藏自治区加快城市光纤宽带网络发展，推进光纤到户工程，继续加大城市老旧小区光纤网络成片改造力度，进一步提升城市宽带接入能力和城域网传输交换能力；进一步深化城市 3G 和 WLAN 网络覆盖，在拉萨市积极开展 TD-LTE 试验。努力增强网络性能，改善用户上网体验，加大骨干网网间互联带宽扩容力度，优化网间互联架构，统筹做好宽带接入网与城域网结构优化工作的匹配衔接，及时安排 IP 城域网、本地传输网、IDC 出口带宽扩容和调整等工作。另外，西藏自治区不断推广应用创新示范，促进宽带应用水平提升，大力推广教育、健康医疗、交通旅游、食品溯源、安全生产等领域宽带应用的普及。

3. 生产性服务业信息化水平不断提升，为两化融合发展提供有力保障

西藏自治区生产性服务业信息化水平不断提升，物流、金融信息化水平的快速提升为电子商务提供了良好的发展环境，也为西藏自治区两化融合发展提供了有力的保障作用。西藏物流信息化开始起步，交通应急通信工程及公路监控、运政管理等业务系统投入应用，那曲物流中心信息服务平台显著提高了物流效率，"西藏物流网"、"中国物通网西藏分站"、"网上物流西藏分站"等第三方物流信息服务平台发挥显著作用。金融信息化成效突出，银行、证券、保险行业信息化建设基本实现与国内先进水平同步发展，网络银行、电子支付、网上证券等业务极大地方便了企业的生产活动。

二、两化融合发展水平分析

（一）综合分析

2012 年，西藏自治区两化融合发展指数为 34.19，比 2011 年提升 5.17 个点。基础环境方面，2012 年西藏自治区基础环境指数为 33.5，比 2011 年提升 6.55 个点。工业应用方面，2012 年西藏自治区工业应用指数为 34.75，比 2011 年提升 7.6 个点。应用效益方面，2012 年西藏自治区应用效益指数为 33.75，比 2011 年略微下降 1.09 个点。

表 28—1　2011—2012 年西藏自治区两化融合指数情况

指标	2011年指数	2012年指数	变化情况
基础环境	26.95	33.50	↑6.55
工业应用	27.15	34.75	↑7.60
应用效益	34.84	33.75	↓1.09
发展指数	29.02	34.19	↑5.17

数据来源：中国电子信息产业发展研究院。

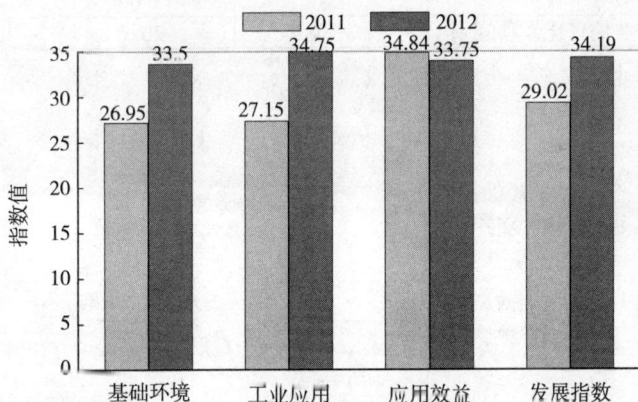

图 28—1　2011—2012年西藏自治区两化融合指数情况

数据来源：中国电子信息产业发展研究院。

（二）具体分析

1. 基础环境指数

西藏自治区两化融合基础环境建设水平在国内较为落后，但建设速度较快。2012 年，自治区两化融合基础环境指数为 33.5，比 2011 年提升 6.55 个点。具体来看，西藏自治区城（省）域网出口带宽指数为 3.26，比 2011 年略微下滑 0.31 个点；固定宽带普及率指数为 40.37，比 2011 年大幅提升 11.12 个点；固定宽带端口平均速率指数为 45.56，比 2011 年大幅提升 27.31 个点；移动电话普及率指数为 57.15，比 2011 年提升 6.65 个点。在互联网应用普及方面，2012 年西藏自治区互联网普及率指数为 50，比 2011 年提升了 3.78 个点。在两化融合政策环境建设方面，2012 年西藏自治区没有设立两化融合专项引导资金，尚未建立中小企业信息化服务平台；重点行业典型企业信息化专项规划指数为 20.61，比 2011 年下滑 10.47 个点。

表 28—2 2011—2012 年西藏自治区两化融合基础环境指数情况

指标	2011年指数	2012年指数	变化情况
城（省）域网出口带宽	3.57	3.26	↓ 0.31
固定宽带普及率	29.25	40.37	↑ 11.12
固定宽带端口平均速率	18.25	45.56	↑ 27.31
移动电话普及率	50.50	57.15	↑ 6.65
互联网普及率	46.22	50.00	↑ 3.78
两化融合专项引导资金	0.00	0.00	—
中小企业信息化服务平台数	0.00	0.00	—
重点行业典型企业信息化专项规划	31.08	20.61	↓ 10.47

数据来源：中国电子信息产业发展研究院。

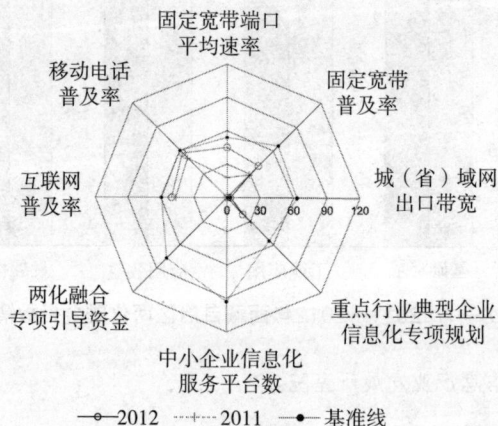

图 28—2 2011—2012年西藏自治区两化融合基础环境指数情况

数据来源：中国电子信息产业发展研究院。

2. 工业应用指数

2012 年，西藏自治区两化融合工业应用水平有所提升，工业应用指数为

34.75，比 2011 年提升 7.6 个点。具体来看，重点行业典型企业 ERP 普及率指数为 47.42，比 2011 年提升 7.52 个点；重点行业典型企业 MES 普及率指数为 34.86，比 2011 年提升 5.32 个点；重点行业典型企业 PLM 普及率指数为 34.18，比 2011 年下滑 5.81 个点；重点行业典型企业 SCM 普及率指数为 42.72，比 2011 年提升 0.72 个点；重点行业典型企业采购环节电子商务应用普及率指数为 17.05，比 2011 年下滑 25.9 个点；重点行业典型企业销售环节电子商务应用普及率指数为 21.51，比 2011 年下滑 4.01 个点；重点行业典型企业装备数控化率指数为 35.81，比 2011 年大幅提升 30.35 个点；国家新型工业化产业示范基地两化融合发展水平指数为 42.93，实现了从无到有的重大变化。

表 28—3　2011—2012 年西藏自治区两化融合工业应用指数情况

指标	2011年指数	2012年指数	变化情况
重点行业典型企业ERP普及率	39.90	47.42	↑7.52
重点行业典型企业MES普及率	29.54	34.86	↑5.32
重点行业典型企业PLM普及率	39.99	34.18	↓5.81
重点行业典型企业SCM普及率	42.00	42.72	↑0.72
重点行业典型企业采购环节电子商务应用	42.95	17.05	↓25.90
重点行业典型企业销售环节电子商务应用	25.52	21.51	↓4.01
重点行业典型企业装备数控化率	5.46	35.81	↑30.35
国家新型工业化产业示范基地两化融合发展水平	0	42.93	↑42.93

数据来源：中国电子信息产业发展研究院。

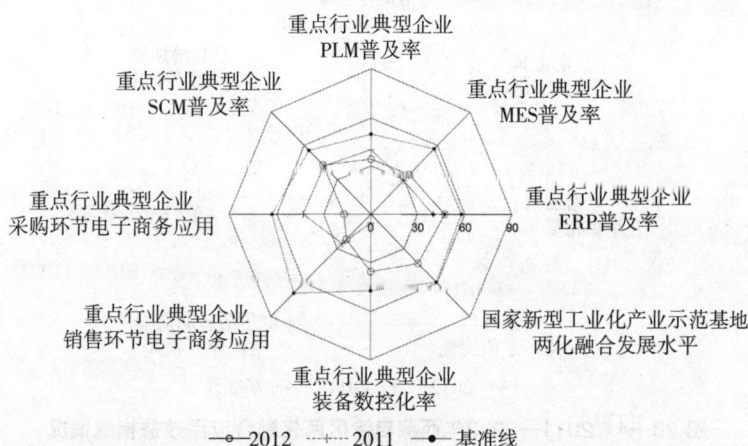

图 28—3　2011—2012年西藏自治区两化融合工业应用指数情况

数据来源：中国电子信息产业发展研究院。

3. 应用效益指数

2012 年，西藏自治区两化融合应用效益指数达到 33.75，比 2011 年略微下降 1.09 个点。在地区工业生产效益和水平方面，工业增加值占 GDP 比重指数为 11.99，比 2011 年下滑 0.31 个点；第二产业全员劳动生产率指数为 59，比 2011 年提升近 11 个点；工业成本费用利润率指数为 71.38，比 2011 年下滑 11.84 个点；单位工业增加值工业专利量指数为 33.9，比 2011 年下滑 5.52 个点；单位地区生产总值能耗指数为 46.24。在信息产业发展水平方面，西藏自治区还没有起步，电子信息制造业主营业务收入指数为 0，软件业务收入指数为 0。

表 28—4　2011—2012 年西藏自治区两化融合应用效益指数情况

指标	2011年指数	2012年指数	变化情况
工业增加值占GDP比重	12.30	11.99	↓0.31
第二产业全员劳动生产率	48.16	59.00	↑10.84
工业成本费用利润率	83.22	71.38	↓11.84
单位工业增加值工业专利量	39.42	33.90	↓5.52
单位地区生产总值能耗	46.24	46.24	—
电子信息制造业主营业务收入	0	0	—
软件业务收入	0	0	—

数据来源：中国电子信息产业发展研究院。

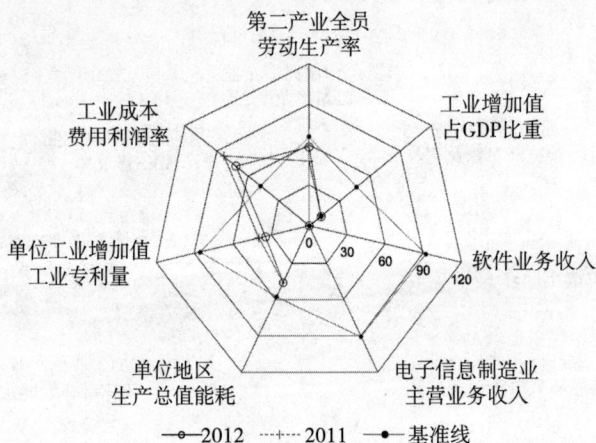

图 28—4　2011—2012年西藏自治区两化融合应用效益指数情况

数据来源：中国电子信息产业发展研究院。

三、优劣势评价

近几年来，西藏自治区两化融合发展水平不断提升，其特有的发展优势逐渐显现。具体来看，西藏自治区两化融合发展具有以下发展优势：

一是信息基础设施建设及应用水平大幅提高，后发优势进一步凸显。根据分析可知，在基础环境方面，2012 年西藏自治区固定宽带普及率、固定宽带端口平均速率提升较快，指数提升幅度分别为 11.12 与 27.31 个点，移动电话与互联网普及率也呈较快上升趋势，说明西藏自治区信息基础设施建设及应用水平大幅提高，力争迅速赶超全国平均水平。西藏自治区信息基础设施发展之快得益于西藏地区的后发优势，在从无到有的发展过程中，其充分吸收成功经验，在高起点上加大信息基础设施建设，不断增强对两化融合的支撑力度。西藏自治区继 2010 年实现"村村通电话"目标后，2012 年又实现了"乡乡通宽带"目标。截至目前，西藏已有 665 个乡镇通光缆，乡镇通光缆率达到 97.5%；2326 个行政村具备宽带接入能力，行政村通宽带率达到 44.2%；全区局用交换机容量达到 133.8 万门，其中接入网设备容量 94.1 万门；移动电话交换机容量 354 万户；光缆线路长度 6.31 万公里，其中长途光缆线路长度 3.01 万公里；3G 网络已经覆盖全区 7 地市城区、74 个县城城区、631 个乡镇、重要景点以及拉萨至那曲段铁路沿线。[1]

二是特色产业信息技术深入应用，国家级工业园区迅速发展。根据分析可知，国家新型工业化产业示范基地两化融合发展水平指数实现零的突破，并一跃 43 点向全国平均水平大步迈进，这得益于藏区特色产业信息技术的深入应用，使国家级工业园区迅速发展，进而带动西藏自治区特色产业迅速发展壮大。拉萨经济技术开发区是西藏自治区唯一的国家级开发区，其依托西藏资源优势，以资源开发和农畜产品深加工为重点，大力发展高附加值的农畜产品的深加工与精加工，以及藏药研发、加工、生产制造，目前已形成以高原绿色食品业、藏药业、矿产业、民族手工业、民族土特产加工业等为主导的特色产业群。2012 年，拉萨经济技术开发区实现工业增加值 3.91 亿元，较 2011 年增加 2.11 亿元，西藏天地绿色饮品发展有限公司、西藏娃哈哈食品有限公司、西藏自治区藏药厂等企业加大科技投入和科技创新力度，利用多种信息技术手段，加快传统产业技术改造，促

---

[1]　西藏自治区通信管理局：《西藏自治区两化深度融合专题研究报告》，2013年4月。

进特色产业的优化升级，将丰富的资源优势转化为产业优势，提升了西藏自治区特色产业发展水平。

三是工业企业信息化具有政策环境优势，企业生产经营能力全面提升。根据分析可知，西藏自治区整体工业应用水平较 2011 年显著提升 7.6 个点，工业企业信息化步伐不断加快。近年来，中央各部委和内地援藏地区大力支持西藏自治区建设，国家也出台各项政策对工业企业信息化项目予以支持，西藏自治区工业企业信息技术应用速度加快。目前，藏区 50% 以上的企业拥有自己的门户网站，部分企业成功运用电子商务系统开展网上业务。分布式控制系统（DCS）广泛应用于电厂、水泥企业，优化了设备运行参数，简化了控制程序；计算机辅助设计（CAD）和计算机辅助制造（CAM）开始应用于藏毯生产，计算机数字控制机床（CNC）等系统在计算机辅助产品设计、制造方面得到广泛应用。财务管理系统和办公自动化系统在辅助企业管理方面得到应用；企业资源计划系统（ERP）已在部分企业产生效益，成为企业管理和文化的一部分。部分重点企业生产自动化达到较高水平，一些工业企业信息系统建设逐步向应用集成阶段迈进。

尽管以上优势不断拉动着西藏自治区两化融合水平的提升，但西藏地区两化融合发展仍受到以下劣势的影响：

一是信息化发展基础薄弱。从整体评估结果来看，西藏自治区两化融合发展水平仍处于起步阶段，信息基础设施与工业企业发展基础薄弱既是优势也是劣势，从当前来说对西藏自治区两化融合的阻滞作用更为明显，信息技术在国民经济和社会发展各领域的应用还不够广泛和深入，自主创新能力严重不足，两化融合发展水平的提升还未带动电子信息产业的快速发展，本地化软件与信息技术服务能力不能满足企业信息化发展的需要，藏区两化融合发展水平有待进一步提升。

二是两化融合支撑环境不尽完善。2012 年，西藏还未设立两化融合专项引导资金与中小企业信息化服务平台，加之信息化建设体制机制的不健全与人才的缺失，西藏自治区两化融合支撑环境还不尽完善。一方面，西藏自治区信息化建设统筹协调推进的局面尚未有效形成，信息化资金投入渠道尚不统一，条块分割、分散建设现象较为突出，后期运维经费渠道不畅。另一方面，专业技术和管理人才普遍缺乏，信息化人力资源供求结构性矛盾突出，信息技术和管理专家普遍缺乏，难以有效支撑西藏自治区两化融合快速发展。

四、相关建议

对西藏自治区两化融合提出以下建议：

一是加大政策扶持与资金支持力度。研究制定符合西藏自治区特点的政策措施，并做好相关配套政策的制定工作；加快制定一系列扶持企业发展的优惠政策，支持信息产业发展、企业技术创新和信息化建设，为西藏自治区营造良好的两化融合外部环境。积极争取设立自治区两化融合专项引导资金，重点支持两化融合建设；切实将两化融合作为企业技术改造的重要内容，积极利用自治区产业发展和企业改革专项资金、中小企业发展专项资金加大对两化融合的支持力度。

二是进一步加快信息化基础设施建设。继续推进通信村村通工程、宽带通信工程、移动网络覆盖工程等，完善通信网络基础设施，全面提高保障和服务能力；加快进出藏一级干线光缆建设，增加出藏光缆路由通道，提高与区外通信的通信容量、容灾能力和安全可靠性；加强统筹协调，有效整合信息资源，打通部门间、系统间及行业间网络信息平台，加大各类通信基础设施整合力度，促进各类管线集约化建设，推动信息资源共享，提高资源利用率。

三是继续提高工业企业信息技术应用水平。推进信息技术在传统产业中的应用，狠抓信息技术改造传统产业项目的实施和投产，引导资金投向高新技术产业化和传统产业高技术化项目。在自治区重要骨干工业企业中推广实施计算机辅助设计（CAD）、计算机辅助制造（CAM）、计算机辅助工艺计划（CAPP）和计算机辅助工程（CAE）应用。另外，尽快构建中小企业综合信息服务平台，推动西藏自治区中小企业信息化快速发展。

第二十九章 陕西省两化融合发展水平分析

一、总体情况

（一）经济概况

2012 年，陕西省实现地区生产总值 14451.18 亿元，比上年增长 12.9%。其中，第一产业增加值 1370.16 亿元，比上年增长 6%；第二产业增加值 8075.42 亿元，比上年增长 14.9%；第三产业增加值 5005.6 亿元，比上年增长 11.5%；三次产业比重为 9.5:55.9:34.6。2012 年，陕西省实现工业增加值 6847.41 亿元，比上年增长 15.7%。其中，规模以上工业增加值为 6641.54 亿元，比上年增长 16.6%。规模以上工业中，重工业增加值 5775.08 亿元，同比增长 15.9%；轻工业 866.46 亿元，同比增长 21.2%。全年规模以上工业中，八大支柱产业实现增加值 6502.7 亿元，比上年增长 16.4%。其中，能源化工工业 4059.47 亿元，同比增长 12.7%；装备制造业 807.31 亿元，同比增长 14.2%；有色冶金工业 620.11 亿元，同比增长 36.4%；食品工业 531.72 亿元，同比增长 19.6%；非金属矿物制品业 232.68 亿元，同比增长 31.6%；医药制造业 122.04 亿元，同比增长 21.1%；纺织服装工业 67.45 亿元，同比增长 27.9%；计算机、通信及其他电子设备制造业 61.92 亿元，同比增长 11.2%。[1]

（二）两化融合主要进展

2012 年，陕西省以两化融合试验区建设为出发点，开展两化融合六大专项

---

[1] 陕西省统计局：《2012年陕西省国民经济和社会发展统计公报》，2013年3月。

工程，培育两化融合典型示范企业和项目，加快工业园区和产业集群建设，培育新兴产业，提升企业的创新能力、发展水平和综合竞争力，有效促进了陕西省工业经济"调结构、上水平、增效益"，探索出一条具有西部区域特色的两化融合道路。

1. 企业两化意识有效提升，信息技术应用逐渐深入

2012 年，陕西省大中型工业企业信息化发展意识不断增强，50% 的规模以上企业把信息化作为企业发展的顶层设计和重要战略，60.3% 的规模以上企业建立了专门信息化管理部门或明确了信息化工作管理部门；企业网络基础设施明显改善，大中型企业已建立或正建企业内网的约占 63%；大中型企业两化融合资金投入逐年增长。总体来看，陕西省各类企业信息技术应用不断深入，大中型企业开展信息技术深化应用比例由 2009 年的 36% 提高到 58%，小型企业信息化深层次创新应用比例由 2009 年的 31% 上升到 34%。

2. 企业技术创新成果显著，产业优化升级动力增强

陕西省通过推进两化深度融合，有效提升了企业自主创新能力和整体技术水平，促进了产业的转型升级。在创新投入方面，省级企业技术中心研发投入占销售收入的 3.02%，国家级企业技术中心占比为 5.85%，陕鼓动力、西飞集团等企业研发投入占比超过 9%，宝钛集团、西安陕鼓动力股份有限公司被工信部、财政部认定为首批国家级技术创新示范企业。在技术创新成果方面，企业主导产品的信息技术含量得到有效提升，促进了产品的升级换代，提高了产品的附加值，通过信息技术应用带来的新增产值、新增税金分别以年均24%和16%的增速上升。

3. 战略性新兴产业发展迅速，装备制造业两化成果显著

陕西省通过引导企业开展技术服务、系统集成、现代物流和电子商务，促进战略性新兴产业的发展，培育出新的经济增长点，推动有条件的企业由生产型制造向服务型制造转变，当前已经涌现出西安国际港务区、陕鼓集团、陕重汽、黄马甲等一批在新兴业态及生产性服务业中发展迅速的企业。陕西省以现代装备制造业为重点，促进车辆运输设备制造、输配电设备制造、高端装备制造（航空航天设备和船舶制造业）、新能源设备制造、仪器仪表设备制造、工程机械设备制造和专用成套设备制造等七大优势产业的两化融合，实现了生产过程信息化、自动化、智能化、柔性化和生态化，当前装备制造业已全面进入综合集成应用阶段，

并将逐步开展协调应用。

4. 建立两化融合服务机构，开展专题培训交流活动

陕西省与多所高校共同建立了各类研究中心、研究所以及实验室，开展两化融合关键技术、重大项目研究，建立庞大的两化融合服务支撑机构，帮助陕西省两化融合更好更快发展。同时，为了更好地为企业提供两化融合服务，陕西省积极组织开展两化融合专题培训与交流活动，采取专家授课、典型示范企业经验交流和实地参观相结合的培训方式，先后举办了陕西省两化融合领导干部培训班、陕西省两化融合企业技术交流培训班、陕西省市厅级领导干部信息化培训班、陕西省两化融合高峰论坛、陕西省两化融合促进集团管控与创新高峰论坛和 11 个市区两化融合专题培训班，培训人数近 5000 多人。

二、两化融合发展水平分析

（一）综合分析

2012 年，陕西省两化融合发展指数为 59.87，受调查样本中中小企业数量大幅增加及陕西省中小企业发展水平的影响，指数比 2011 年下滑 2.6 个点。基础环境方面，2012 年陕西省基础环境指数为 72.22，比 2011 年提升 4.88 个点。工业应用方面，2012 年陕西省工业应用指数为 48.47，比 2011 年大幅下滑 10.04 个点。应用效益方面，2012 年陕西省应用效益指数为 70.34，比 2011 年提升 4.8 个点。由此可见，2012 年陕西省两化融合发展水平降低的主要原因为工业应用水平指数的下降，即受到省内中小企业信息化水平偏低的影响。

表 29—1　2011—2012 年陕西省两化融合指数情况

指标	2011年指数	2012年指数	变化情况
基础环境	67.34	72.22	↑4.88
工业应用	58.51	48.47	↓10.04
应用效益	65.54	70.34	↑4.80
发展指数	62.47	59.87	↓2.60

数据来源：中国电子信息产业发展研究院。

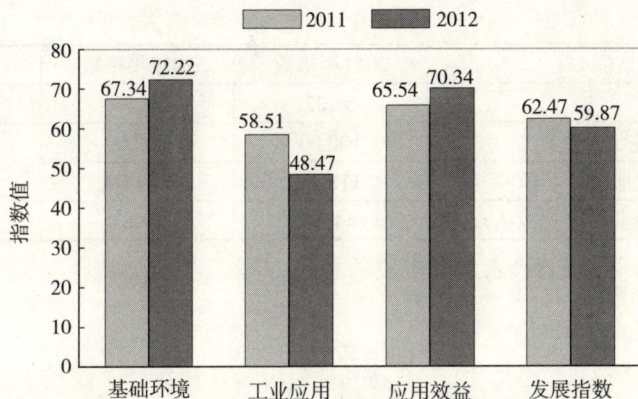

图 29—1　2011—2012年陕西省两化融合指数情况

数据来源：中国电子信息产业发展研究院。

（二）具体分析

1. 基础环境指数

陕西省两化融合基础环境水平提升较快，有力支撑了全省信息化与工业化融合发展。2012年，陕西省基础环境指数为72.22，比2011年提升4.88个点，高于全国平均指数7.35个点，位列全国上游水平。具体来看，2012年陕西省城（市）域网出口带宽指数为87.43，比2011年提升9.35个点；固定宽带普及率指数为66.1，比2011年提升7.6个点；固定宽带端口平均速率指数为56.75，比2011年提升5.83个点；移动电话普及率指数为61.82，比2011年提升4.62个点。在互联网应用普及率方面，2012年陕西省互联网普及率指数为58.38，比2011年提升3.16个点。在两化融合政策环境建设方面，陕西省设有两化融合专项引导资金，2012年中小企业信息化服务平台数指数为134.09，比2011年提升15.63个点；信息化重点行业典型企业信息化专项规划指数为47.83，比2011年下滑6.41个点。

表 29—2　2011—2012年陕西省两化融合基础环境指数情况

指标	2011年指数	2012年指数	变化情况
城（省）域网出口带宽	78.08	87.43	↑9.35
固定宽带普及率	58.50	66.10	↑7.60
固定宽带端口平均速率	50.92	56.75	↑5.83
移动电话普及率	57.20	61.82	↑4.62

（续表）

指标	2011年指数	2012年指数	变化情况
互联网普及率	55.22	58.38	↑3.16
两化融合专项引导资金	100.00	100.00	—
中小企业信息化服务平台数	118.46	134.09	↑15.63
重点行业典型企业信息化专项规划	54.24	47.83	↓6.41

数据来源：中国电子信息产业发展研究院。

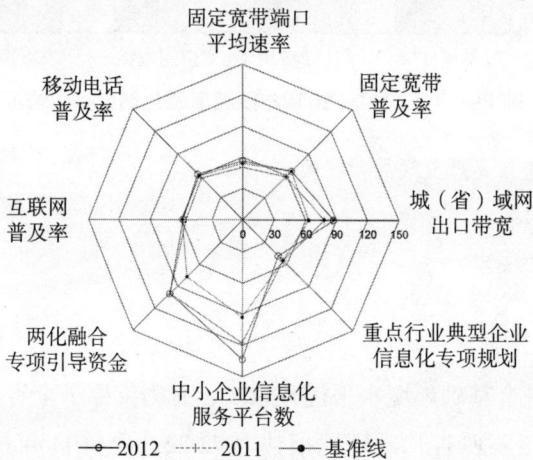

图29—2　2011—2012年陕西省两化融合基础环境指数情况

数据来源：中国电子信息产业发展研究院。

2. 工业应用指数

由于受调查样本的中小企业数量大幅增加及陕西省中小企业发展水平影响，2012年陕西省工业应用指数为48.47，比2011年大幅下滑10.04个点。具体来看，2012年陕西省重点行业典型企业ERP普及率指数为52.07，比2011年下滑6.52个点；重点行业典型企业MES普及率指数为44.82，比2011年提升0.28个点；重点行业典型企业PLM普及率指数为47.39，比2011年下滑9.49个点；重点行业典型企业SCM普及率指数为49.66，比2011年下滑7.22个点；重点行业典型企业采购环节电子商务应用普及率指数为57.67，比2011年下滑19.23个点；重点行业典型企业销售环节电子商务应用普及率指数为53.57，比2011年下滑18.55个点；重点行业典型企业装备数控化率指数为32.22，比2011年大幅下滑24.37个点；国家新型工业化产业示范基地两化融合发展水平指数为52.4，比

2011 年提升 4.71 点。

表 29—3　2011—2012 年陕西省两化融合工业应用指数情况

指标	2011年指数	2012年指数	变化情况
重点行业典型企业ERP普及率	58.59	52.07	↓ 6.52
重点行业典型企业MES普及率	44.54	44.82	↑ 0.28
重点行业典型企业PLM普及率	56.88	47.39	↓ 9.49
重点行业典型企业SCM普及率	56.88	49.66	↓ 7.22
重点行业典型企业采购环节电子商务应用	76.90	57.67	↓ 19.23
重点行业典型企业销售环节电子商务应用	72.12	53.57	↓ 18.55
重点行业典型企业装备数控化率	56.59	32.22	↓ 24.37
国家新型工业化产业示范基地两化融合发展水平	47.69	52.40	↑ 4.71

数据来源：中国电子信息产业发展研究院。

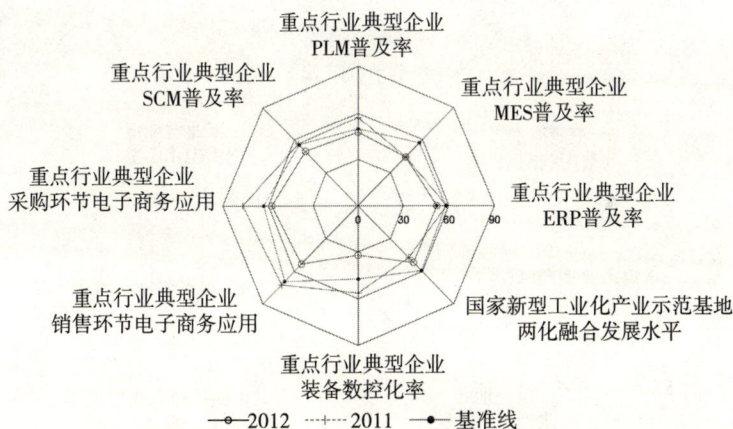

图 29—3　2011—2012年陕西省两化融合工业应用指数情况

数据来源：中国电子信息产业发展研究院。

3. 应用效益指数

2012 年，陕西省两化融合应用效益稳步提升，应用效益指数达到 70.34，比 2011 年提升 4.8 个点。在地区工业生产效益和水平方面，2012 年陕西省工业增加值占 GDP 比重指数为 53.16，比 2011 年提升 0.92 个点；第二产业全员劳动生产率发展水平指数为 71.76，比 2011 年提升 14.01 个点；工业成本费用利润率发展水平指数为 72.74，比 2011 年下滑 7.05 个点；单位工业增加值工业专利量指数为 64.77，比 2011 年提升 1.62 个点；单位地区生产总值能耗指数为 61.72；电子信息制造业主营业务收入指数为 56.21，比 2011 年提升 6.29 个点；软件业务收入指数为 118.29，比 2011 年大幅提升 21.02 个点。

表 29—4　2011—2012 年陕西省两化融合应用效益指数情况

指标	2011年指数	2012年指数	变化情况
工业增加值占GDP比重	52.24	53.16	↑0.92
第二产业全员劳动生产率	57.75	71.76	↑14.01
工业成本费用利润率	79.79	72.74	↓7.05
单位工业增加值工业专利量	63.15	64.77	↑1.62
单位地区生产总值能耗	61.72	61.72	—
电子信息制造业主营业务收入	49.92	56.21	↑6.29
软件业务收入	97.27	118.29	↑21.02

数据来源：中国电子信息产业发展研究院。

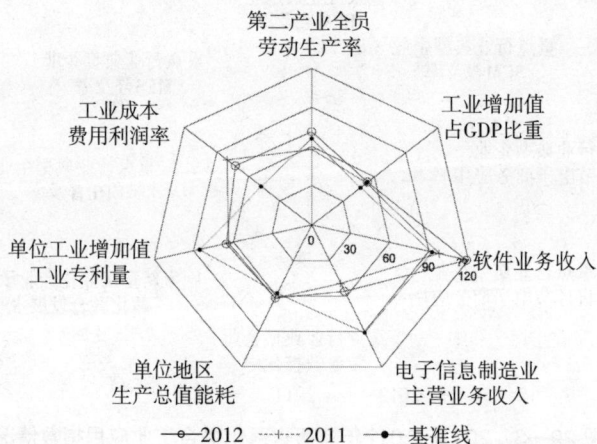

图 29—4　2011—2012年陕西省两化融合应用效益指数情况

数据来源：中国电子信息产业发展研究院。

三、优劣势评价

由于工业应用水平指数大幅下滑，2012 年陕西省两化融合发展总体水平受到影响，但具体来看，陕西省两化融合发展仍具有较强的局部优势，部分指标仍处于全国上游水平，发展优势主要如下：

一是信息化基础环境不断改善，为两化融合提供了良好发展氛围。根据分析可知，2012年陕西省基础环境指数显著增长，信息化基础环境不断改善，各项指标均处于西部地区领先水平，部分指标值在全国处于上游水平。目前，陕西省已形成拥有29.2万千米光缆线路、3.8万个移动基站、超过5000万门交换机容量、485万个互联网宽带接入端口、100万个2M数据通信长途电话的现代化通信网络。截至2012年年末，全省电话用户总数达到4036万户，电话用户普及率达到每百人108部；接入带宽在4M及以上的用户比例超过50%；地市级3G覆盖率达到100%；新增AP数33050个，建设3900个WLAN接入点。此外，陕西省不断加大两化融合专项资金投入，组织开展省、市两级专题培训，与多所高校共同建立各类研究中心、研究所以及实验室，建立健全两化融合服务支撑机构，为陕西省两化融合提供了良好的发展氛围。

二是两化融合带动力较强，电子信息产业聚集效应显现。根据分析可知，2012年陕西省电子信息制造业主营业务收入与软件业务收入大幅上升，指标值分别增加6.29和21个点，说明陕西省两化融合带动作用开始显现，不断推动电子信息产业蓬勃发展。2012年，陕西省电子信息制造业完成主营业务收入471.13万元，软件业务收入490.8亿元，电子信息产业规模不断扩大，经济实力不断增强。陕西省作为全国电子信息技术强省，是最早从事软件产品研发、生产和服务的省份之一，近年来整体规模迅速扩大，聚集效应不断显现。目前，陕西省形成了以西安、宝鸡、咸阳3个中心城市为聚集地的电子信息产业带，"两区一园"形成聚集发展格局，电子元件、电子器件、通信设备、卫星导航、雷达和电子材料等产业特色明显，是全省发展的主导力量，也是支撑产业规模提升的重点行业，如今已经形成了一批具有自主知识产权、高附加值和高技术含量的国内外知名品牌产品。陕西省在电子信息产业所具有的优势将不断为工业技术改造升级提供支撑，逐渐提升陕西两化融合发展水平，反之也更将带动陕西电子信息产业向前发展，形成可持续的正循环作用。

三是大中型企业信息化集成应用效益高，两化融合初见成效。2012年，陕西省实现工业增加值6847.41亿元，其中规模以上工业增加值6641.54亿元，50%的规模以上企业把信息化作为企业发展的顶层设计和重要战略，60.3%的规模以上企业建立了专门信息化管理部门或明确了信息化工作管理部门，大中型企业达到信息化集成应用阶段的比例由 2009 年的 50% 提高到 2012 年的 75%，2012 年信息化对陕西省大中型企业经济效益的贡献率达到 20% 以上。由此可见，陕西省大中型工业企业生产效率与盈利能力强，企业信息化集成应用效益高，两化融合初见成效。

同时，陕西省两化融合也存在一些劣势：

一是中小微企业信息化水平仍然严重滞后。2012 年，陕西省两化融合工业应用指数较 2011 年下滑 10.04 个点，主要原因为 2012 年受调查中小企业样本量增加且陕西省中小企业信息化水平偏低所致。尽管陕西省已经出台各项政策加大对中小企业的扶持力度，但政策实施效果仍未有效显现，中小企业尚未通过信息技术融合实现生产经营模式的转变，更多的还处于网站建设以及财务仓储管理等孤岛式初级阶段。

二是支柱产业创新能力较弱。2012 年，陕西省单位工业增加值工业专利量向上浮动 1.62 个点，全国排名下降 3 位，陕西省工业企业创新能力有待进一步提升。陕西省能源化工产业在工业总量中的比重接近 50%，而陕西省工业企业被授权的专利主要集中在装备制造产业领域，其占全省授权总量的 37.7%，支柱产业创新能力较为薄弱。

四、相关建议

对陕西省两化融合提出以下建议：

一是加快中小企业信息技术的推广应用。进一步加大力度扶植中小企业信息化发展，通过外包、服务购买、政府补贴等方式，鼓励信息技术服务企业为中小企业提供信息化服务。以提高信息化应用水平为重点，依托通信运营商，建设完善面向中小企业的集约化公共服务信息平台，引导广大中小企业建立信息门户，开展商务服务，加强企业管理，降低企业信息化建设成本，提升企业效益。

二是提升传统行业与新兴产业的信息化发展水平。按照十二大产业振兴规划，改造提升传统产业，加快重点行业生产装备数字化和生产过程智能化进程，普及企业资源计划、供应链、客户关系等管理信息系统；围绕研发设计、过程控制、企业管理等环节，带动企业信息技术应用向综合集成和产业链协同创新转变，实现资源深度转化和综合循环利用。培育壮大战略性新兴产业，围绕航空航天、新一代信息技术、新能源开展技术创新和科技成果转化。

　　三是鼓励工业企业节能减排信息技术的运用。推动节能减排信息技术的普及和深入应用，加大主要耗能、耗材设备和工艺流程的信息化改造；扶持重点企业作为应用信息技术促进节能减排示范企业、示范项目；以行业共性需求为突破，建立行业能耗管理平台，促进行业节能减排；以能耗数据实时采集和分析、能源利用综合平衡和调度为重点，促进企业节能减排；在有条件的企业建立能效分析系统；开展能耗行业领域节能、减排的宣传和培训工作。

　　四是大力培养两化融合专业人才。大力培养和用好企业两化融合人才，实施新一代产业大军"培养工程"。建立信息化和工业化融合人才培养体系和人才实训基地。鼓励社会培训机构增设工业化与信息化融合相关课程。探索建立第三方人力资源外包服务和管理模式，研究推进第三方人力资源外包市场建设。

第三十章　甘肃省两化融合发展水平分析

一、总体情况

（一）经济概况

2012年，甘肃省完成地区生产总值5650.2亿元，比上年增长12.6%。其中，第一产业增加值780.4亿元，比上年增长6.8%；第二产业增加值2600.6亿元，比上年增长14.2%；第三产业增加值2269.2亿元，比上年增长12.5%。三次产业结构比例为13.8:46:40.2，与2011年相比，2012年第二产业所占比重下降1.4个百分点，第一、三产业所占比重分别上升0.3和1.1个百分点。2012年，甘肃省完成工业增加值2074.24亿元，比上年增长14.5%。规模以上工业企业完成工业增加值1931.37亿元，比上年增长14.6%。轻工业完成增加值278.75亿元，比上年增长18.8%；重工业完成增加值1652.62亿元，比上年增长14.0%。石化、有色、电力、冶金、食品、煤炭和装备制造业等支柱产业完成工业增加值1755.42亿元，比上年增长13.34%，占规模以上工业的90.89%。其中，装备制造业完成工业增加值136.61亿元，比上年增长15.72%。[1]

（二）两化融合主要进展

2012年，全国首家广电系统省级云计算信息枢纽中心落户甘肃、"三维数字社会管理系统"备受关注，甘肃省信息化发展亮点不断。近几年，甘肃省把两化融合工作放到促进经济发展的全局中谋划，逐步建成多个企业信息化示范点、示

---

[1] 甘肃省统计局：《2012年甘肃省国民经济和社会发展统计公报》，2013年3月。

范园区，全面实现企业生产经营管理的科学化、网络化和智能化，整体提升了全省企业的信息化和工业化水平，促进了工业结构整体优化升级，两化融合向深度融合发展，成果逐步显现。

1. 注重政策引导，优化两化融合发展环境

甘肃省紧紧围绕以信息化带动工业化，工业化促进信息化的重大战略思路，分别起草下发了《甘肃省人民政府关于加快全省信息化与工业化融合发展的意见》（甘政发〔2009〕98号）、《甘肃省人民政府关于加快软件服务业发展的意见》（甘政发〔2010〕99号）、《甘肃省推进信息化与工业化融合发展实施方案》（甘政办发〔2010〕176号）、《关于加快全省物联网发展意见的通知》（甘政办发〔2012〕73号）、《关于加快推进数字城市建设的指导意见》（甘政发〔2011〕24号）等五个文件。通过出台一系列政策性文件，促进了两化融合工作的常态化、制度化、规范化。同时，与中国电信、中国移动、中国联通签订战略合作框架协议，积极推动三大通信运营企业在甘投资项目，两化融合发展环境逐步改善。

2. 关注重点行业信息化发展，推进信息技术有效运用

2012年，甘肃省持续关注重点行业两化融合发展，推进企业信息技术的有效运用。石油化工行业积极采用集散控制系统（DCS）、现场总线系统（FCS）、先进控制系统（APC）等控制技术和设备，实现生产信息在车间的集成；冶金有色行业通过企业资源计划(ERP)系统全面整合的内外部资源，规范业务流程，降低企业生产经营成本，提高企业整体管理水平和核心竞争力；装备行业逐步由计算机辅助设计和辅助制造技术向人机交互性更强和网络化制造方向发展；能源行业通过省、市、县三级政府安全生产监督信息系统、安全监测监控系统、抗灾救灾决策指挥系统，加强煤炭采选装备数字化，进一步提高煤炭生产、经营、管理信息化水平，提高系统集成运行能力，普及二级厂（站）生产、管理信息系统，逐步建立安全、可靠、稳定的电力购、输、供、配、售及服务一体化集成运行信息系统，实现了电力生产高度信息化和自动化，提升了电力系统可靠性、安全性和经济性，提升了电网调度与监控水平。2012年，甘肃省重点企业80%左右实现了办公自动化，50%以上企业建立了管理信息系统，90%左右建立了内部网，在线订货、采购、资金交易、信息化物流配送等电子商务应用模式也蓬勃发展。

3. 打造两化融合试验区，带动全省企业信息化发展

兰州市被工信部批准为第二批国家级信息化和工业化融合试验区，为帮助其

快速发展，甘肃省经信委协调和帮助兰州市制定了《国家级两化融合创新示范区实施方案》，确立了"地区抓特色、行业抓重点、园区抓集聚、企业抓提升、物流抓平台"的两化融合发展思路，通过"抓典型，树标杆，分类指导，整体推进"的工作措施，积极推进区域、行业、企业三个层面两化融合。通过两年的努力，兰州市两化融合试验区快速发展，信息技术在工业和社会领域广泛应用，重点企业、行业和领域两化融合成果明显，中小企业信息化公共服务平台建设在全省服务面广、发展迅速，兰州市两化融合工作已在全省起到了典型示范带动作用。

4. 信息产业集聚发展，两化支撑能力明显提升

2012 年，甘肃省电子信息制造业规模进一步扩大，软件服务业发展加快，初步形成了三个信息产业集聚区（天水微电子产业集聚区、兰州安宁特种电子产业集聚区、兰州高新区软件产业集聚区），三条产业链（数字音响视频产业链、电子专用材料产业链、半导体照明产业链），一个电子专用设备制造基地（兰州瑞德集团、45 研究所等），一个信息化服务平台（万维公司、飞天网景公司、南特数码公司、号百公司、紫光智能公司、大成公司等），信息产业对两化融合的支撑能力明显提升。

二、两化融合发展水平分析

（一）综合分析

2012 年，甘肃省两化融合发展指数为 44.76，比 2011 年提升 1.56 个点，虽然总体发展水平较为落后，但在基础环境与应用效益方面仍有显著提升。基础环境方面，2012 年基础环境指数为 53.91，比 2011 年提升超过 6 个点。工业应用方面，2012 年工业应用指数为 43.29，比 2011 年下滑 1.53 个点。应用效益方面，2012 年应用效益指数为 38.54，比 2011 年提升 3.02 个点。

表 30—1　2011—2012 年甘肃省两化融合指数情况

指标	2011年指数	2012年指数	变化情况
基础环境	47.65	53.91	↑6.26
工业应用	44.82	43.29	↓1.53
应用效益	35.52	38.54	↑3.02
发展指数	43.20	44.76	↑1.56

数据来源：中国电子信息产业发展研究院。

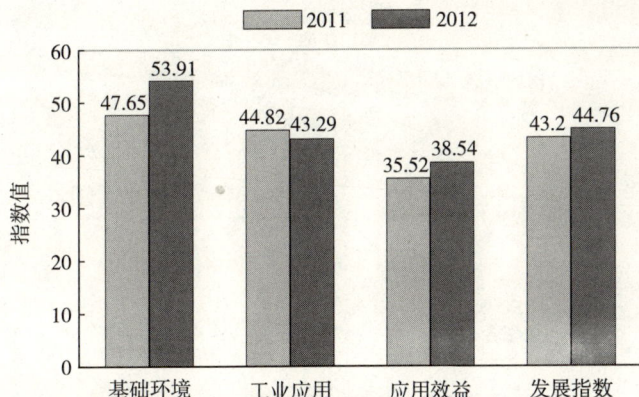

图 30—1　2011—2012年甘肃省两化融合指数情况

数据来源：中国电子信息产业发展研究院。

（二）具体分析

1. 基础环境指数

2012 年，甘肃省两化融合信息基础设施建设稳步推进，基础环境指数为 53.91，比 2011 年增加 6.26 个点。具体来看，2012 年甘肃省城（省）域网出口带宽指数为 35.32，比 2011 年提升 3.73 个点；固定宽带普及率指数为 40.37，比 2011 年提升 5.35 个点；固定宽带端口平均速率指数为 55.97，比 2011 年提升 7.52 个点；移动电话普及率指数为 52.48，比 2011 年提升 3.16 个点。在互联网应用普及方面，互联网普及率指数为 47.46，比 2011 年提升 4.15 个点。在两化融合政策环境建设方面，2012 年和 2011 年甘肃省均设有两化融合专项引导资金；中小企业信息化服务平台数指数为 75.13，比 2011 年大幅提高 45.88 个点；重点行业典型企业信息化专项规划指数为 34，比 2011 年下滑 21.83 个点。

表 30—2　2011—2012 年甘肃省两化融合基础环境指数情况

指标	2011年指数	2012年指数	变化情况
城（省）域网出口带宽	31.58	35.31	↑3.73
固定宽带普及率	35.02	40.37	↑5.35
固定宽带端口平均速率	48.45	55.97	↑7.52
移动电话普及率	49.32	52.48	↑3.16
互联网普及率	43.31	47.46	↑4.15
两化融合专项引导资金	100.00	100.00	—
中小企业信息化服务平台数	29.25	75.13	↑45.88
重点行业典型企业信息化专项规划	55.83	34.00	↓21.83

数据来源：中国电子信息产业发展研究院。

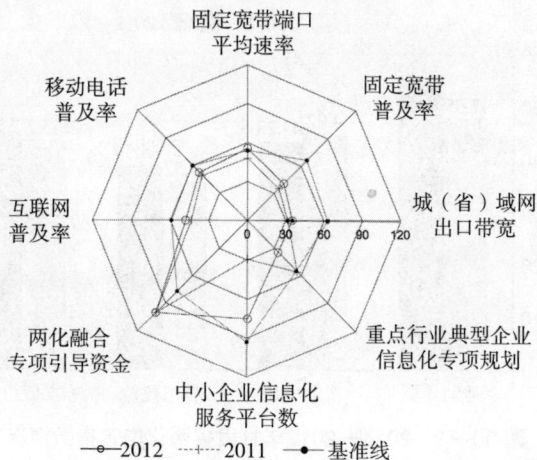

图 30—2　2011—2012 年甘肃省两化融合基础环境指数情况

数据来源：中国电子信息产业发展研究院。

2. 工业应用指数

2012 年，甘肃省两化融合工业应用指数为 43.29，比 2011 年下滑 1.53 个点，与全国平均水平 57.35 相比也具有一定差距。从具体指标看，重点行业典型企业 ERP 普及率指数为 48.28，比 2011 年下滑 2.97 个点；重点行业典型企业 MES 普及率指数为 49.65，比 2011 年下滑 3.8 个点；重点行业典型企业 PLM 普及率指数为 49.18，比 2011 年提升 7.94 个点；重点行业典型企业 SCM 普及率指数为 41.31，比 2011 年提升 0.08 个点；重点行业典型企业采购环节电子商务应用普及率指数为 42.41，比 2011 年下滑 16.75 个点；重点行业典型企业销售环节电子商务应用普及率指数为 46.33，比 2011 年提升 2.84 个点；重点行业典型企业装备数控化率指数为 35，比 2011 年下滑 0.41 个点；国家新型工业化产业示范基地两化融合发展水平指数为 36.67，比 2011 年提升 0.34 个点。

表 30—3　2011—2012 年甘肃省两化融合工业应用指数情况

指标	2011年指数	2012年指数	变化情况
重点行业典型企业ERP普及率	51.25	48.28	↓2.97
重点行业典型企业MES普及率	53.45	49.65	↓3.80
重点行业典型企业PLM普及率	41.24	49.18	↑7.94
重点行业典型企业SCM普及率	41.23	41.31	↑0.08
重点行业典型企业采购环节电子商务应用	59.16	42.41	↓16.75

（续表）

指标	2011年指数	2012年指数	变化情况
重点行业典型企业销售环节电子商务应用	43.49	46.33	↑2.84
重点行业典型企业装备数控化率	35.41	35.00	↓0.41
国家新型工业化产业示范基地两化融合发展水平	36.33	36.67	↑0.34

数据来源：中国电子信息产业发展研究院。

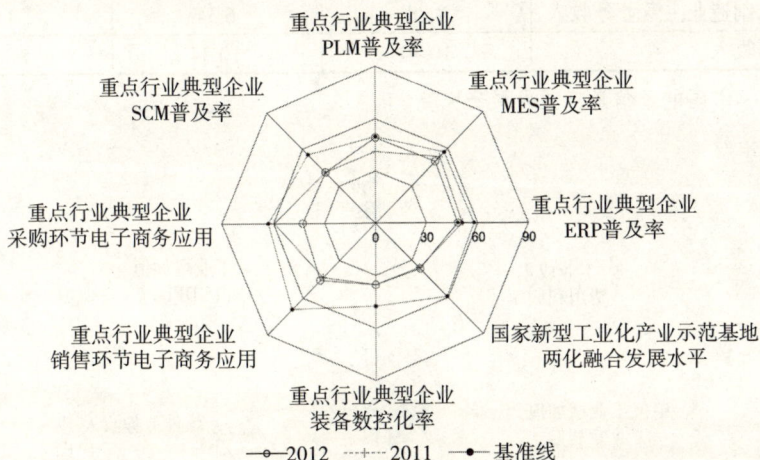

图30—3　2011—2012年甘肃省两化融合工业应用指数情况

数据来源：中国电子信息产业发展研究院。

3. 应用效益指数

2012 年，甘肃省两化融合应用效益有所提升，应用效益指数为 38.54，比 2011 年增加 3.02 个点，但与全国平均水平 68.27 相比仍有一定差距。具体来看，工业增加值占 GDP 比重指数为 44.15，比 2011 年下滑 3.98 个点；第二产业全员劳动生产率指数为 58.01，比 2011 年提升 5.78 个点；工业成本费用利润率指数为 27.4，比 2011 年下滑 2.81 个点；单位工业增加值工业专利量指数为 66.36，比 2011 年大幅提升 19.03 个点；单位地区生产总值能耗指数为 43.25；电子信息制造业主营业务收入指数为 6.34，比 2011 年提升 1.46 个点；软件业务收入指数为 10.34，比 2011 年下滑 0.36 个点。

表30—4 2011—2012年甘肃省两化融合应用效益指数情况

指标	2011年指数	2012年指数	变化情况
工业增加值占GDP比重	48.13	44.15	↓3.98
第二产业全员劳动生产率	52.23	58.01	↑5.78
工业成本费用利润率	30.21	27.40	↓2.81
单位工业增加值工业专利量	47.33	66.36	↑19.03
单位地区生产总值能耗	43.25	43.25	—
电子信息制造业主营业务收入	4.88	6.34	↑1.46
软件业务收入	10.70	10.34	↓0.36

数据来源：中国电子信息产业发展研究院。

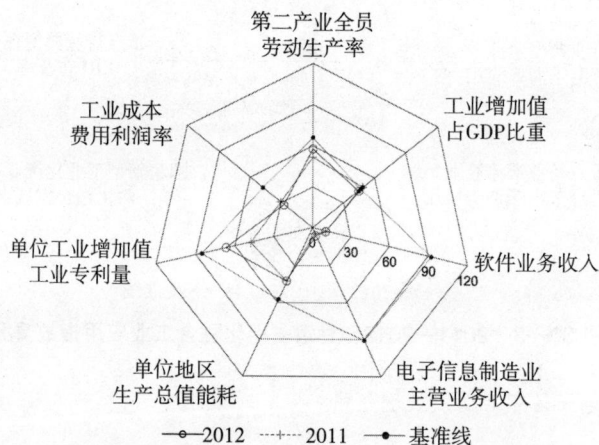

图30—4 2011—2012年甘肃省两化融合应用效益指数情况

数据来源：中国电子信息产业发展研究院。

三、优劣势评价

总体来看，2012年甘肃省两化融合发展水平稳中有升，且部分指标提升幅度较大。甘肃省主要存在以下发展优势：

一是信息基础设施建设与应用水平快速提升。根据分析可知，2012年甘肃省基础环境前五项指数均有所提升，其中固定宽带端口平均速率指数涨幅达7.5个点，指数超越全国平均水平。2012年，甘肃省全省电话用户达到2141.31万户，其中固定电话用户达到 377.77 万户，移动电话用户达到 1763.55 万户（3G 移动电话用户达到 308.7 万户）；固定互联网用户数达到 174.08 万户，其中宽带接入用户达到 163.3 万户，移动互联网用户达到 1257.71 万户，信息基础设施建设与应用水平得到快速提升，甘肃省两化融合的基础支撑能力不断增强。

二是中小企业信息化服务平台建设速度较快。根据分析可知，2012 年甘肃省中小企业信息化服务平台指数涨幅近 46 点，服务平台的快速建设将为中小企业信息化后期发展提供良好的支撑作用。2012 年，甘肃省加大力度完善中小企业服务体系建设，中小企业信息化服务平台数由 2011 年的 6 个增加至 22 个。甘肃省不断推进云计算示范项目建设和云计算服务平台建设，开展云服务，重点推进兰州市政府、IBM、甘肃移动共同出资建设的"西北中小企业云平台开通暨西北中小企业云服务联盟"，通过整合第三方数据中心等的通信、存储、软硬件基础设施等 IT 资源，为中小企业提供了"即用即取、高效便捷、绿色安全"的"云式"信息服务。

三是两化融合带动作用初见成效。根据分析可知，甘肃省两化融合水平总体呈现上升趋势，其对信息产业的带动作用也逐渐显现。尽管 2012 年甘肃省电子信息制造业主营业务收入涨幅较小，但产业集聚发展态势不断增强，技术创新成果显著提升，两化融合的带动作用初见成效。以华天电子、天光半导体、天水华洋、天水 6913 等企业为龙头的电子信息制造业主营业务收入占全省制造业 78%，形成微电子、通信设备集聚发展态势；敦煌软件产业基地开工建设，一批大专院校、企业签约入驻，推动了敦煌软件服务业集聚发展。另外，信息产业技术创新成果显著提升，截至 2012 年 11 月底，累计有 13 户企业建立了省级企业技术中心和重点实验室，2 户企业创建了国家级企业（工程）技术中心，3 户企业通过了 CMMI3 级认证评估，并先后获得省级以上科技奖励近 20 项、国家专利授权 120 多项，通过鉴定的新产品、新技术和新成果 100 余项，有 40 余种产品填补了国内空白，50 多项技术和产品达到国内领先或接近国际先进水平。

同时，甘肃省两化融合发展还存在以下劣势：

一是信息基础设施建设与应用水平仍相对滞后。尽管甘肃省信息基础设施建设与应用水平大幅提升，但大多数指标仍低于全国平均水平，建设速度还不足以满足甘肃省两化融合快速发展的需要。目前，甘肃省城市宽带网平均接入速率为 2.85M，农村平均为 1.25M，而甘肃省"十二五"规划目标为实现城市宽带网平均接入速率 12M，农村 8M。因此，甘肃省信息基础设施的建设任务还非常艰巨，高速率、大容量、广覆盖的主干宽带网络建设是制约全省信息化水平的主要瓶颈问题。

二是两化融合的投入产出效益尚不明显。近年来，甘肃省加大政策支持力度，为优化企业信息化发展环境不断创造条件。甘肃省企业信息化水平虽得到一定提升，但由于部分行业与企业的发展基础相对落后，两化融合的投入产出效益尚不明显。目前，中小企业信息化水平普遍偏低，中小企业信息化公共服务平台建设仍处于起步阶段，资金依然是制约中小企业信息化发展的瓶颈；传统产业在产品升级、提高产品质量、控制污染和节能降耗等方面应用信息技术尚未取得重大突破，企业信息化和电子商务应用在广度和深度上有待进一步拓展。

四、相关建议

对甘肃省两化融合提出以下建议：

一是进一步加快信息化基础设施建设速度。实施"宽带甘肃"战略，以光纤宽带和宽带无线移动通信为重点，加快信息网络宽带升级；加快全省骨干网络、城域网络、接入网络的扩容、升级和优化，加快 3G 网络在边远地区、交通干线、旅游景点的全覆盖，加大无线网络（WIFI）在城市热点地区的覆盖范围；大力推进具有我国自主知识产权的 4G 技术 TD-LTE 网络建设，通过 2—3 年实现全省县城以上区域成片连续覆盖，重点覆盖数据业务热点区域；支持互联网企业积极参与提速工程，采取优化网站设计、增加网站接入带宽等措施，提升网站服务能力和水平。

二是完善中小企业信息化服务体系。进一步加快中小企业信息化服务平台建设，提供智能制造集成一体化以及相关培训服务，降低中小企业研发创新和智能制造门槛，推动中小企业从传统的低附加值制造向信息化引领的高效节能领域快步迈进。积极开展电子商务集成创新试点工程，推动电子商务在中小企业管理、安全生产、环保监控、流通、物流等生产性服务业领域的创新应用，有效降低消费品成本及物流成本，实现企业流程再造，提高企业竞争力和自身营销能力。

三是提升传统企业信息技术应用水平。提升信息技术在传统重点企业的应用普及率，推动高能耗、高物耗和高污染行业的改造，支持节能减排检测与监控网络体系建设。突出抓好企业工艺流程、质量管控、诚信体系、自动监控等方面信息化建设，充分利用电信运营企业领先的网络资源和信息化综合运营能力，加快企业数据通信基础网络建设。鼓励企业建立门户网站，推行自动化办公系统，开展电子商务应用。

第三十一章　青海省两化融合发展水平分析

一、总体情况

（一）经济概况

2012年，青海省完成地区生产总值1884.54亿元，比上年增长12.3%。其中，第一产业增加值176.81亿元，比上年增长5.2%；第二产业增加值1091.98亿元，比上年增长14.1%；第三产业增加值615.75亿元，比上年增长11.1%。三次产业结构比例为9.4：57.9：32.7。2012年，青海省规模以上工业增加值897.16亿元，比上年增长15.0%。其中，非金属矿物制品业、化学原料及化学制品制造业、有色金属冶炼及压延加工业、黑色金属冶炼及压延加工业、电力热力的生产和供应业、石油加工和炼焦业六大高耗能行业完成增加值556.32亿元，比上年增长14.5%；十大特色优势产业完成增加值513.74亿元，比上年增长12.4%。[1] 近年来，青海省以循环经济理念推动工业转型升级，盐湖化工、装备制造、有色金属等传统产业改造升级力度加大，新能源、新材料等战略性新兴产业迅速崛起，新建成全球最大规模的光伏电站和全国最大的锂材料生产基地，全省十大特色工业产业体系初具规模，新型工业化进程明显加快。[2]

---

[1]　青海省统计局：《2012年青海省国民经济和社会发展统计公报》，2013年2月。
[2]　青海省第十二届人民代表大会第一次会议：《青海省2013年政府工作报告》，2013年1月。

（二）两化融合主要进展

2012 年，工信部和青海省签订了《关于加快推进青海省工业和信息化发展战略合作框架协议》，在与工信部的努力合作下，青海省积极完善两化融合基础环境，充分利用当地资源优势，积极发展特色优势产业，实现了工业信息化的持续快速发展。

1. 优势特色产业发展壮大，夯实两化融合工业基础

2012 年，青海省依托优势资源和原材料产业基础，用循环经济拉长产业链，十大特色产业进一步发展壮大。青海省已初步形成了硅材料及光伏产业完整产业链条的新能源基地；锂电池产业重大项目顺利推进，磷酸铁锂正极材料成功下线，动力及储能电池项目落地开工，新材料产业实现质的飞跃；铝加工规模快速加大，鲁丰鑫恒、力同等铝加工重点项目的建设，进一步提高了电解铝就地加工比例，延伸了产业链；钛合金、镁合金、铜合金等有色金属深加工项目投产，为青海省成为全国有色金属产业基地奠定了基础。伴随着一批关键核心技术的攻克和一批重大技术的应用，青海省围绕盐湖、石油天然气等优势资源，开展了一系列精深加工项目，化工行业已成为全省工业经济的重要支撑。此外，宁德新能源动力及储能项目、神光新能源高倍聚光太阳能电池、蓝宝石晶体、杰青公司高强度 PVC 复合材等 11 个总投资在 10 亿元以上的重大项目开工建设，为全省工业增添了新的活力。

2. 支持实施一批重点项目，助力两化融合快速发展

2012 年，青海省结合资源优势和省情实际，加大投资力度，深入实施"双百"行动、科技"123"工程和工业 50 个重大技术进步项目等，推动传统优势产业向高端化、高质化、高新化发展，有力支撑了全省经济增长。青海省人民政府办公厅下发了《关于印发加快推进 50 个重大工业技术进步项目实施意见的通知》，按照加快建设国家循环经济发展先行区、培育十大特色产业的战略部署，在"双百"行动基础上择优筛选出 50 个项目，计划总投资 1361 亿元，其中 33 个项目已开工建设，17 个项目年内开工，改造完成后预计可新增销售收入 2249 亿元。50 大工业技术进步项目的实施在节能减排降耗、关键技术研发和现代物流业等领域发挥重要作用，并助力青海省两化融合快速发展。

3. 鼓励园区科技创新，推动工业转型发展

青海省把高新技术项目建设和高新技术孵化基地建设作为园区经济增长和创新发展的"发动机"和"加速器"，引领青海高新技术产业的发展和高新技术产业的集聚，推动青海工业的转型发展。青海海西州盐湖化工及金属新材料产业园区作为青海省唯一的国家新型工业化产业示范基地，以科技促进优势产业发展。其中盐湖化工以关键技术突破，带动产业链创新，构建循环经济发展的技术支撑体系，探索了一条盐湖资源综合开发利用的新模式。目前，以盐湖化工为核心的钾、钠、锂、镁、氯盐特色产业集群初具规模，盐湖化工产业整体竞争力大幅提升。西宁国家级经济技术开发区内诸如"藏宝"、"高原羚"等产品，也在积极探索科技创新之路。青海高原羚食品有限公司不惜花两年时间，在北京、广东等地求技术、觅专家，将"小青稞"做成"大产业"，专利产品青稞挂面的问世，彻底改变了青海青稞以传统作坊生产糌粑粉和青稞酒的产业格局。

二、两化融合发展水平分析

（一）综合分析

2012 年，青海省两化融合发展指数为 44.9，比 2011 年提高 1.81 个点，排名与 2011 年持平。基础环境方面，2012 年基础环境指数为 53.04，比 2011 年大幅提升 9.6 个点。工业应用方面，2012 年工业应用指数为 44.21，比 2011 年略微下降 1.32 个点。应用效益方面，2012 年应用效益指数为 38.15，比 2011 年略微提升 0.26个点。

表 31—1　2011—2012 年青海省两化融合指数情况

指标	2011年指数	2012年指数	变化情况
基础环境	43.42	53.04	↑9.62
工业应用	45.53	44.21	↓1.32
应用效益	37.89	38.15	↑0.26
发展指数	43.09	44.90	↑1.81

数据来源：中国电子信息产业发展研究院。

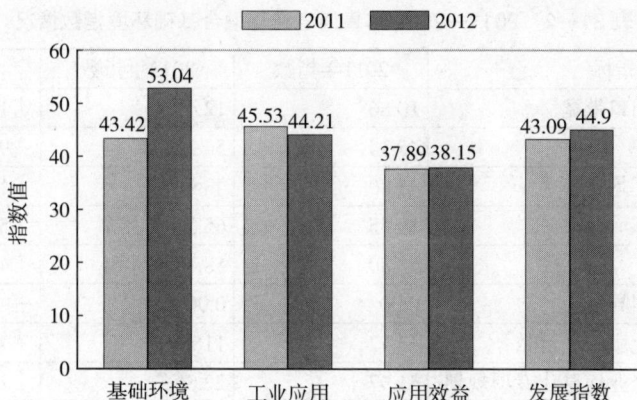

图 31—1 2011—2012年青海省两化融合指数情况

数据来源：中国电子信息产业发展研究院。

（二）具体分析

1. 基础环境指数

2012年，青海省两化融合基础设施建设稳步推进，两化融合基础环境有较大改善，基础环境指数为53.04，比2011年增加9.6个点，但较全国平均值64.87相比仍有差距，表明2011年青海省两化融合基础环境建设同期落后于全国其他先进省市。具体来看，青海省城（省）域网出口带宽指数为12.46，比2011年提升1.6个点；固定宽带普及率指数为54.37，比2011年提升9.03个点；固定宽带端口平均速率指数为43.99，比2011年下滑1.81个点；移动电话普及率指数为65.26，比2011年提升5.81个点。在互联网应用普及方面，2012年青海省互联网普及率指数为58.76，比2011年提升4.96个点。在两化融合政策环境建设方面，2012年和2011年青海省均没有设立两化融合专项引导资金；中小企业信息化服务平台数指数为118.46，较2011年大幅提升74.74个点；重点行业典型企业信息化专项规划指数为22.86，比2011年下滑19.11个点。

表 31—2　2011—2012 年青海省两化融合基础环境指数情况

指标	2011年指数	2012年指数	变化情况
城（省）域网出口带宽	10.86	12.46	↑1.60
固定宽带普及率	45.34	54.37	↑9.03
固定宽带端口平均速率	45.80	43.99	↓1.81
移动电话普及率	59.45	65.26	↑5.81
互联网普及率	53.80	58.76	↑4.96
两化融合专项引导资金	0.00	0.00	—
中小企业信息化服务平台数	43.72	118.46	↑74.74
重点行业典型企业信息化专项规划	41.97	22.86	↓19.11

数据来源：中国电子信息产业发展研究院。

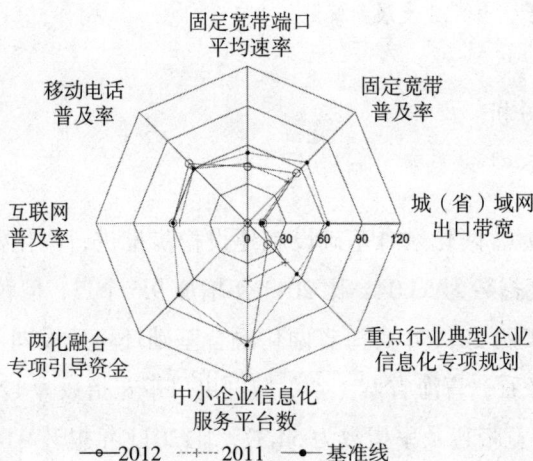

图 31—2　2011—2012年青海省两化融合基础环境指数情况

数据来源：中国电子信息产业发展研究院。

2. 工业应用指数

2012 年，青海省两化融合工业应用水平稍有降低，工业应用指数为 44.21，比上年略微下降 1.32 个点，与全国平均水平 57.35 相比仍有差距。具体来看，重点行业典型企业 ERP 普及率指数为 36.37，比 2011 年下滑 15.29 个点；重点行业典型企业 MES 普及率指数为 45.39，比 2011 年提升 1.12 个点；重点行业典型企业 PLM 普及率指数为 44.56，比 2011 年提升 7.05 个点；重点行业典型企业 SCM 普及率指数为 38.55，比 2011 年下滑 12.65 个点；重点行业典型企业采购环节电子商务应用普及率指数为 49.15，比 2011 年下滑 8.58 个点；重点行业典型企业销售环节电子商务应用普及率指数为 59.21，比 2011 年提升 6.91 个点；重点行业典型企业装备数控化率指数为 54.11，比 2011 年下滑 7.73 个点；国家新型工业化产业示范基地两化融合发展水平指数为 27.49，比 2011 年大幅提升 16.68 个点。

表 31—3 2011—2012 年青海省两化融合工业应用指数情况

指标	2011年指数	2012年指数	变化情况
重点行业典型企业ERP普及率	51.66	36.37	↓15.29
重点行业典型企业MES普及率	44.27	45.39	↑1.12
重点行业典型企业PLM普及率	37.51	44.56	↑7.05
重点行业典型企业SCM普及率	51.20	38.55	↓12.65
重点行业典型企业采购环节电子商务应用	57.73	49.15	↓8.58
重点行业典型企业销售环节电子商务应用	52.30	59.21	↑6.91
重点行业典型企业装备数控化率	61.84	54.11	↓7.73
国家新型工业化产业示范基地两化融合发展水平	10.81	27.49	↑16.68

数据来源：中国电子信息产业发展研究院。

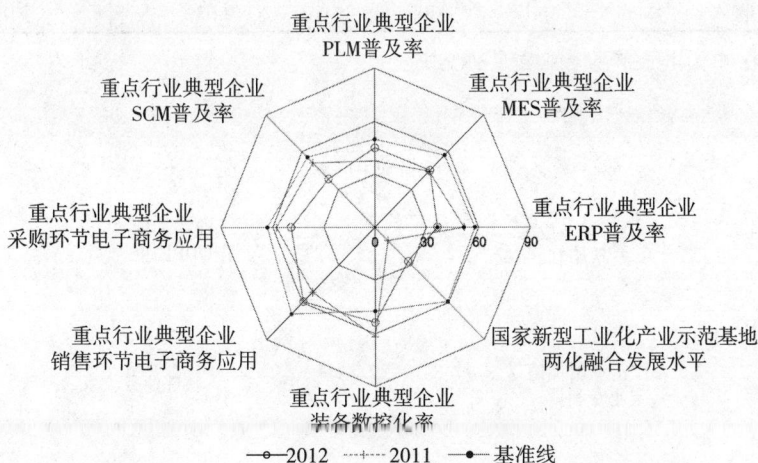

图 31—3 2011—2012年青海省两化融合工业应用指数情况

数据来源：中国电子信息产业发展研究院。

3. 应用效益指数

2012 年，青海省两化融合应用效益提升幅度较小，应用效益指数为 38.15，比 2011 年略微提升 0.26 个点，但与全国平均水平 68.27 相比仍有很大差距。具体来看，2012 年青海省工业增加值占 GDP 比重指数为 53.16，比 2011 年略微下降 0.31 个点；第二产业全员劳动生产率指数为 70.93，比 2011 年提升 10.39 个点；工业成本费用利润率指数为 54.77，比 2011 年下滑 17.37 个点；单位工业增加值工业专利量指数为 26.12，比 2011 年提升 1.85 个点；单位地区生产总值能耗指数为 31.75；电子信息制造业主营业务收入指数为 3.2，比 2011 年略微下滑 0.24 个点；软件业务收入指数为 9.62，实现了从无到有的突破。

表 31—4　2011—2012 年青海省两化融合应用效益指数情况

指标	2011年指数	2012年指数	变化情况
工业增加值占GDP比重	53.47	53.16	↓0.31
第二产业全员劳动生产率	60.54	70.93	↑10.39
工业成本费用利润率	72.14	54.77	↓17.37
单位工业增加值工业专利量	24.27	26.12	↑1.85
单位地区生产总值能耗	31.75	31.75	—
电子信息制造业主营业务收入	3.44	3.20	↓0.24
软件业务收入	0	9.62	↑9.62

数据来源：中国电子信息产业发展研究院。

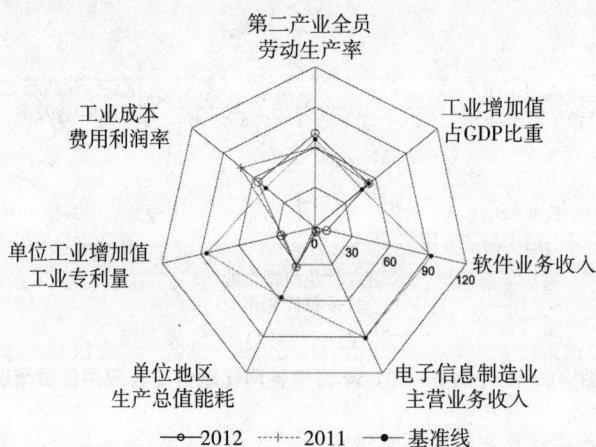

图 31—4　2011—2012年青海省两化融合应用效益指数情况

数据来源：中国电子信息产业发展研究院。

三、优劣势评价

总体来看，2012 年青海省两化融合发展较为平稳，部分指标数值相对波动幅度较大，但仍存在以下发展优势：

一是信息基础设施应用水平提升速度快。根据分析可知，2012 年青海省固定宽带、移动电话与互联网普及率提升速度较快，其中移动电话和互联网普及率均达到且超过全国平均水平，排名位于全国上游行列，两化融合网络基础环境逐步改善。截至 2012 年 12 月，青海省电话用户累计达到 639.7 万户，其中固定电话用户总数达到 102.5 万户，移动用户总数 537.2 万户，3G 用户 90.7 万户，占移动用户的比重为 16.9 %；全省互联网用户达到 380.9 万户，其中固定宽带用户达到 49.9 万户，移动互联网用户达到 330.4 万户。近年来，青海省通信业发展速度较快，通信基础设施建设取得长足的进展。

二是中小企业信息化发展势头强劲。根据分析可知，2012 年青海省中小企业信息化服务平台数指标值大幅提升 74.74 个点，一跃超过全国平均水平并高出 24.9 个点，青海省中小企业信息化服务平台建设取得较大进展。2012 年，青海省积极创造环境帮助中小企业快速发展，如青海省科技厅建成了一批科技创新服务平台，以“123”科技支撑工程的实施为重点，依托企业共组建了 67 家国家级和省级技术创新平台，大大加快了青海省中小企业技术创新步伐。另外，青海省出台了关于支持小型和微型企业发展的 60 条政策措施，同时积极开展“中小企业服务年”活动，通过搭建中小企业信息化服务平台，开展各项服务工作，改善发展条件，不断优化中小企业发展环境，中小企业信息化发展势头强劲。

三是新型工业化产业创新驱动力强。近年来，青海省通过科技有力支撑引领青海新型工业化发展，通过“123”科技支撑工程的深入实施，不仅攻克了一批制约产业化发展的科技难题，形成了一批国家发明专利或实用新型专利，而且促进了以太阳能级晶硅材料、铝铜化成箔电容储能材料、锂电池材料为主的新材料产业和以太阳能电池、大规模并网太阳能光伏电站、农牧区太阳能节能住宅等为主的新能源产业的蓬勃发展。在“123”科技支撑工程的实施中，青海盐湖工业集团公司与中国地质科学院矿产资源研究所联手攻克了察尔汗盐湖难开采固体钾矿的开采技术，相当于新增了一个察尔汗盐湖钾资源可开采储量，为青海省盐湖钾资源可持续开发和扩大钾肥生产规模提供了有力的科技支撑。

同时，青海省两化融合还存在以下劣势：

一是信息基础设施建设难度大。青海省城（省）域网出口带宽、固定宽带普及率以及宽带端口平均速率与全国平均水平相比仍具有一定差距，明显滞后于全国先进省份。青海省地广人稀、海拔高，单位面积上的信息需求明显较少。由于气候原因，能用于网络建设的时间短，网络建设干扰大、选址难，进一步推高了建设成本，网络投资效益无法体现，因而使得青海省信息基础设施建设难度较大，建设水平较为落后。

二是生产性服务业的两化融合带动力不足。尽管 2012 年青海省软件业务收入实现了从无到有的突破性进展，但总体来看电子信息产业发展仍较为落后，无法满足信息化发展的需要。另外，受到现代物流体系不健全、相关人才缺乏等因素的影响，青海省工业企业电子商务应用水平相对滞后，青海省电子商务发展还处于萌芽阶段。

四、相关建议

对青海省两化融合提出以下建议：

一是加快落实"宽带青海·数字青海"行动。围绕"宽带青海·数字青海"行动，落实基础设施提升计划，推动宽带网络、数据中心等基础设施建设；将新建工业园区、厂矿通信设施纳入总体规划中统筹考虑，扩容园区骨干网、汇聚网、接入网的网络带宽，构建互联网公用信息平台，助力经济园区和高新技术产业发展；统筹部署、协调推进物联网产业化进程，以宽带青海建设和应用为切入点，推进传感网与通信网融合发展。

二是积极发展壮大生产性服务业。加快推进工业软件研发和产业化，积极扶持工业软件开发企业，加速研发能够满足青海工业企业需求的软件产品和行业解决方案；鼓励企业建立特色优势产品电子商务平台，同时引进和培育专业电子商务企业，面向青海企业提供信用管理、电子支付、物流配送、身份认证等关键环节的集成化电子商务服务；支持物流企业加快建设面向区域、行业和工业企业的物流信息化服务平台，鼓励工业企业与物流企业信息系统对接，推进工业企业采购、生产、销售等环节物流业务的有序外包。

　　三是加强园区集群带动效应。聚焦西宁经济技术开发区、柴达木循环经济试验区和海东工业园区，立足于产业集群的共性需求、瓶颈问题和关键环节，找准切入点，不断增强园区的集群带动效应。鼓励园区内各产业和企业广泛应用信息技术，使技术开发、产品研制、生产准备集成化，对于有条件的企业推广计算机集成制造系统 (CIMS) 技术，实现从产品设计、工艺设计到生产，以及生产与市场、库存、财务、质量和设备管理等全面信息化，从而提升园区的两化融合水平，循序渐进地推进产业集群。

第三十二章　宁夏回族自治区两化融合发展水平分析

一、总体情况

（一）经济概况

2012 年，宁夏回族自治区（以下简称"宁夏"）实现生产总值 2326.64 亿元，比上年增长 11.5%。其中，第一产业增加值 200.16 亿元，比上年增长 5.6%；第二产业增加值 1158.58 亿元，比上年增长 13.8%；第三产业增加值 967.90 亿元，比上年增长 9.7%。三次产业结构比例为 8.6∶49.8∶41.6；三次产业对经济增长的贡献率分别由 2011 年的 3.9%、71.2% 和 24.9% 转变为 4.3%、62.0% 和 33.7%。2012 年，宁夏实现工业增加值 878.64 亿元，较上年增长 13.5%。规模以上工业实现工业增加值 818.24 亿元，较 2011 年增长 14.0%。其中，轻工业增加值 98.45 亿元，增长 8.6%；重工业增加值 719.79 亿元，较 2011 年增长 14.8%。[1]

（二）两化融合主要进展

2012 年，宁夏不断加大政策扶持和工作推进力度，研究设计了一套符合自治区实际的企业两化融合评估体系，为全区企业两化融合整体评估工作的可操作性提供了有力的支撑。同时，通过一系列行之有效的举措提升工业企业信息化水平，通过两化融合水平的示范、提升和带动作用，实现了全区两化融合的带动效应，有效推进了工业结构调整和产业转型升级。

1. 推进企业整体评估，促进两化深度融合

为促进两化深度融合，宁夏从推进企业整体评估工作着手，了解不同行业不

---

[1] 宁夏回族自治区统计局：《2012年宁夏回族自治区国民经济和社会发展统计公报》，2013年3月。

同规模企业信息化的基本情况，制定了科学的两化深度融合指导方案。自2012年10月开始，宁夏地区开展了50家骨干企业和700余家中小企业的两化融合水平测度，针对煤炭、电力、石油、化工、冶金、医药、装备制造等九大行业特点，设计了一套符合宁夏地区实际情况的两化融合评估体系，评估样本基本上实现全行业和规模以上企业的全覆盖。同时，自治区依托整体性评估结果，制订了科学的两化深度融合行动计划，从自治区两化融合未来五年发展目标、行动计划和保障措施等方面，提出了明确的要求与规划，对自治区未来两化融合起到有力的指导作用。

2. 扶持软件行业发展，整体实力明显提升

宁夏不断加大政策扶持和工作推进力度，全区软件和信息服务业呈现蓬勃发展的良好势头，有效推动了信息化与工业化的融合发展。统计数据显示，自治区经国家认定的软件企业和计算机信息系统集成企业已达105家，登记的软件产品累计达到433项，先后有7家企业获得中国国际软交会最具创新和最具发展潜力奖等8项全国性大奖，5家企业通过CMM(软件能力成熟度模型)国际认证。经过多年积累，自治区软件企业的整体实力和核心竞争力明显提升，为全区两化融合提供了坚实的技术支撑。

3. 信息技术深入应用，两化融合稳步推进

2012年，宁夏大型企业信息技术深入应用，以神华宁煤、吴忠仪表和共享集团等企业两化融合为示范，带动规模以上企业利用数字化、智能化为标志的工业化和信息化深度融合。2012年，宁夏90%的规模以上企业建立了不同类型的信息系统，通过信息技术将企业的信息流、资金流、物流、工作流进行集成和整合，实现了资源的优化配置，提升了企业生产过程的自动化水平。如宁夏共享集团通过实施供应商管理平台，库存资金同比下降近40%，采购计划完成率从40%增长到90%，采购计划准确率从60%增长到90%以上；通过实施计算机辅助设计等系统，新产品研发周期缩短20%，新产品废品率降低5%；通过熔炼控制系统，熔炼成分控制符合率达到100%；通过成本精细化控制系统，部分铸件综合成本降低了10%以上。[1]

---

[1] 《两化融合，引领"智能制造"》，《宁夏日报》2013年3月。

二、两化融合发展水平分析

（一）综合分析

2012年，宁夏两化融合发展指数为45.18，比2011年下滑5.16个点，低于全国平均水平16.78个点。基础环境方面，2012年宁夏基础环境指数为48.33，比2011年提升1.86个点。工业应用方面，2012年宁夏工业应用指数为46.78，比2011年下滑5.82个点。应用效益方面，2012年宁夏应用效益指数为38.82，比2011年下滑10.87个点。

表 32—1　2011—2012 年宁夏回族自治区两化融合指数情况

指标	2011年指数	2012年指数	变化情况
基础环境	46.47	48.33	↑1.86
工业应用	52.60	46.78	↓5.82
应用效益	49.69	38.82	↓10.87
发展指数	50.34	45.18	↓5.16

数据来源：中国电子信息产业发展研究院。

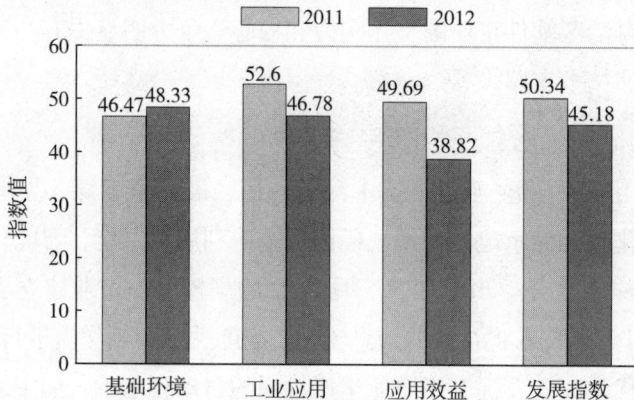

图 32—1　2011—2012年宁夏回族自治区两化融合指数情况

数据来源：中国电子信息产业发展研究院。

（二）具体分析

1. 基础环境指数

宁夏两化融合基础环境建设相对落后，绝大多数基础环境指标都处于全国中等偏下水平，但部分指标提升速度仍然较快。在信息基础设施建设方面，2012

年宁夏城（省）域网出口带宽指数为 11.99，比 2011 年提高 1.34 个点；固定宽带普及率指数为 54.37，比 2011 年提高 4.37 个点；固定宽带端口平均速率指数为 53.89，比 2011 年提高 1.77 个点；移动电话普及率指数为 64.3，比 2011 年提高 4.9 个点。在互联网应用普及方面，2012 年宁夏互联网普及率指数 57.21，比 2011 年提高 7.75 个点。在两化融合政策环境建设方面，2012 年宁夏没有设立两化融合专项引导资金；中小企业信息化服务平台指数为 55.77，比 2011 年提高 5.77 个点；重点行业典型企业信息化专项规划指数为 36.61，比 2011 年下滑 15.76 个点。

表 32—2　2011—2012 年宁夏回族自治区两化融合基础环境指数情况

指标	2011年指数	2012年指数	变化情况
城（省）域网出口带宽	10.65	11.99	↑1.34
固定宽带普及率	50.00	54.37	↑4.37
固定宽带端口平均速率	52.12	53.89	↑1.77
移动电话普及率	59.40	64.30	↑4.90
互联网普及率	49.46	57.21	↑7.75
两化融合专项引导资金	0.00	0.00	—
中小企业信息化服务平台数	50.00	55.77	↑5.77
重点行业典型企业信息化专项规划	52.37	36.61	↓15.76

数据来源：中国电子信息产业发展研究院。

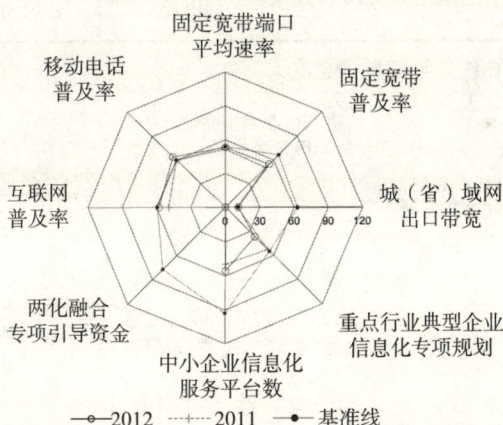

图 32—2　2011—2012年宁夏回族自治区两化融合基础环境指数情况

数据来源：中国电子信息产业发展研究院。

2. 工业应用指数

整体来讲，宁夏工业应用水平相对落后，多项工业应用类指标处于中等偏下水平。2012 年，自治区重点行业典型企业 ERP 普及率指数为 49.7，比 2011 年下滑 11.93 个点；重点行业典型企业 PLM 普及率指数为 48.92，比 2011 年下滑 17 个点；重点行业典型企业 MES 普及率指数为 46.2，比 2011 年下滑 15.95 个点；重点行业典型企业 SCM 普及率指数 40.54，比 2011 年下滑 15.46 个点；重点行业典型企业采购环节电子商务应用普及率指数为 49.15，比 2011 年下滑 2.79 个点；重点行业典型企业销售环节电子商务应用普及率指数 55.43，比 2011 年提升 8.52 个点；重点行业典型企业装备数控化率指数为 46.15，比 2011 年提升 5.78 个点；国家新型工业化产业示范基地两化融合发展水平指数为 39.5，比 2011 年下滑 0.55 个点。

表 32—3　2011—2012 年宁夏回族自治区两化融合工业应用指数情况

指标	2011年指数	2012年指数	变化情况
重点行业典型企业ERP普及率	61.63	49.70	↓11.93
重点行业典型企业MES普及率	62.15	46.20	↓15.95
重点行业典型企业PLM普及率	65.90	48.90	↓17.00
重点行业典型企业SCM普及率	56.00	40.54	↓15.46
重点行业典型企业采购环节电子商务应用	51.94	49.15	↓2.79
重点行业典型企业销售环节电子商务应用	46.91	55.43	↑8.52
重点行业典型企业装备数控化率	40.37	46.15	↑5.78
国家新型工业化产业示范基地两化融合发展水平	40.05	39.50	↓0.55

数据来源：中国电子信息产业发展研究院。

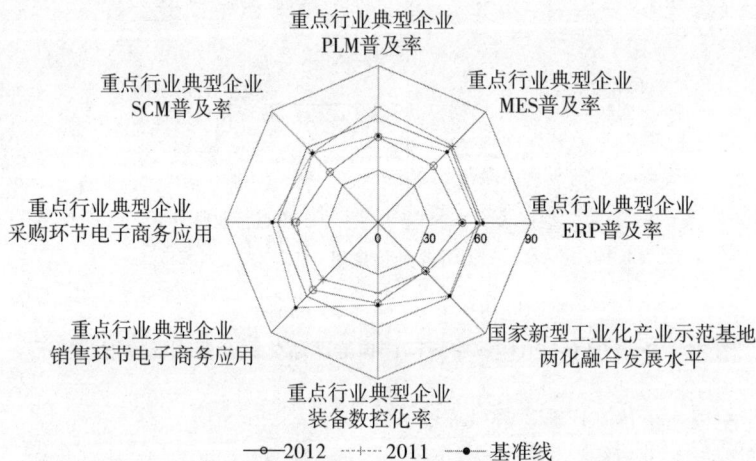

图 32—3　2011—2012年宁夏回族自治区两化融合工业应用指数情况

数据来源：中国电子信息产业发展研究院。

3. 应用效益指数

在地区工业生产效益和水平方面，2012 年宁夏工业增加值占 GDP 比重指数为 44.89，比 2011 年提升 2.15 点；第二产业全员劳动生产率指数为 61.98；工业成本费用利润率指数为 31.11；单位工业增加值工业专利量指数为 76.58，比 2011 年提升 10.22 个点。在信息产业发展水平方面，电子信息制造业主营业务收入指数为 4.4，比 2011 年下滑 0.28 个点；软件业务收入指数 3.54，比 2011 年略微提升 0.57 点。

表 32—4　2011—2012 年宁夏回族自治区两化融合应用效益指数情况

指标	2011年指数	2012年指数	变化情况
工业增加值占GDP比重	42.74	44.89	↑2.15
第二产业全员劳动生产率	127.30	61.98	↓65.32
工业成本费用利润率	46.31	31.11	↓15.20
单位工业增加值工业专利量	66.36	76.58	↑10.22
单位地区生产总值能耗	29.46	29.46	—
电子信息制造业主营业务收入	4.68	4.40	↓0.28
软件业务收入	2.97	3.54	↑0.57

数据来源：中国电子信息产业发展研究院。

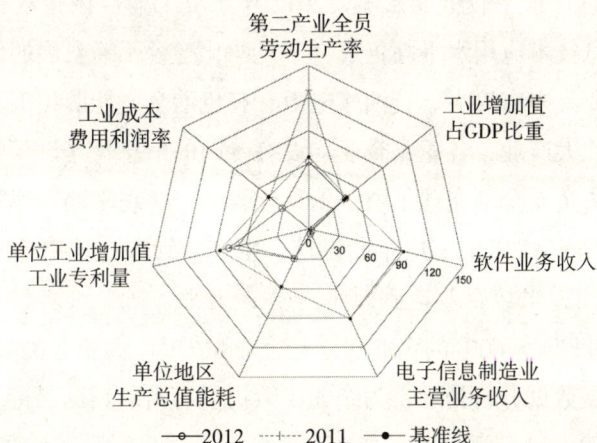

图 32—4　2011—2012年宁夏回族自治区两化融合应用效益指数情况

数据来源：中国电子信息产业发展研究院。

三、优劣势评价

总体来看，虽然 2012 年宁夏两化融合发展综合指数小幅下降，发展速度稍有放缓，但从具体方面来看，仍存在以下发展优势：

一是"宽带宁夏"建设步伐快，两化融合基础环境日益完善。根据分析可知，除重点行业典型企业信息化专项规划指数外，2012 年宁夏基础环境各项指标均呈稳步上升趋势，两化融合基础环境日益完善。自治区自 2011 年开始加快宽带建设步伐，推进实施"宽带宁夏"工程。两年来，"宽带宁夏"网络基础设施建设总计投资 14.6 亿万元，覆盖光纤宽带用户近 85 万；3G 网建设基站 4342 个，无线局域网热点区域覆盖达到 1000 个，无线接入点部署超过 2.4 万个，宽带基础设施建设得到长足发展。各基础电信运营企业对大中型企业和小型企业都实现了光纤宽带网络覆盖；对宁东能源化工基地、银川经济技术开发区等重点工业园区，也已经进行了园区的通信网络规划和跟进，通过以光网络、移动网络、无线网络为主，卫星和数字微波为辅的全方位、大容量、多手段、高速率、安全可靠的立体通信传输网络，保障了企业宽带网络服务的质量和效率。

二是龙头企业信息技术应用水平高，成为拉动两化融合发展的主力军。虽然受中小企业信息化水平较低的影响，2012 年宁夏工业应用指数有所下滑，但工业龙头企业信息技术应用水平高仍成为宁夏两化融合不断发展的优势。自治区工业龙头企业主要集中在煤炭、石油、电力、有色冶金、能源化工、轻纺工业、机械制造、制药八大产业，各龙头企业均设有专门的信息化建设部门。从信息化应用情况看，龙头企业全部实现了财务信息化管理，实现采购、库管、人力资源信息化管理的占到 60% 以上；从企业设计、生产、管理、营销等四大环节的子系统集成度来看，近半数企业达到 80% 子系统互联互通、业务协同。另外，98% 的企业拥有企业网站，60% 的企业建立起企业数据库，为企业决策提供初步支持，35% 的企业开展数据分析处理，为企业决策提供有力的辅助支持。自治区工业龙头企业信息化建设已广泛渗透于各个产业领域，明显提高了传统产业的智能化、自动化水平，增强了企业竞争力，成为拉动宁夏两化融合发展的主力军。

三是软件行业发展态势好，两化融合支撑作用强。宁夏软件企业数量呈现快速增长的态势，全区软件产业业务收入稳步增长，本地软件企业的创新能力和系统集成能力在不断增强。一批有特色的软件互联网企业逐渐涌现，如宁夏卓远信科网络技术公司的农产品追溯消费端统一服务平台，大大加快了宁夏物联网产业的建设和发展，对两化融合的支撑作用不断增强。

同时，宁夏回族自治区两化融合也存在一些劣势：

一是本地企业信息化服务能力较弱，不足以满足两化融合快速发展的需要。目前，自治区信息化服务相关产业无论是在企业数量、行业规模，还是在市场意识方面与发达省份都还有着明显的差距，大多数传统企业所使用的信息化相关软件产品并非来自本省软件企业，本地软件企业难以做到有力的技术支持和完善的产品系统开发，本地电信运营企业、软件企业、电信增值企业尚不能提供完善的信息化服务，不足以满足两化融合快速发展的需要。

二是顶层设计不够完善，影响企业信息化后期发展步伐。自治区大中型企业有着资金优势，信息化程度较高，但许多企业由于早期信息化建设没有完整的统一的顶层设计，企业信息化未与流程再造相互衔接，后期出现生产和管理系统难以兼容，整合难度大，生产管理全过程信息化难以贯穿的问题，严重影响了企业两化融合的发展步伐。

三是资金与人才短缺严重，制约企业信息化建设步伐。宁夏地处西部，人口少，急缺计算机、软件等信息化应用的高端技术人才，许多企业难以组建专业的IT部门，导致大量的企业信息化个性化服务得不到满足。目前自治区还未设立两化融合资金支持发展，从企业层面来说，部分企业负责人对信息化有一定认识，对企业实行信息化有相当的渴求，但传统的信息化建设先期要有大量的软硬件投入，而现阶段资金短缺成为许多民营企业尤其是中小企业的普遍困难，是实现企业信息化的主要瓶颈。

四、相关建议

对宁夏回族自治区两化融合提出以下建议：

一是加大信息基础设施建设力度。按照基础设施建设的总体要求与发展战略，进一步加大宁夏信息基础设施的建设力度。进一步推进"宽带宁夏"建设，加大全区光纤宽带、移动通信网络和无线网络的覆盖面积，提高出口带宽速度，优化网络环境，设置省内互联点，根据企业需求提供差异化的、优质和快捷的网络。

二是提升软件和信息服务业的服务水平。注重软件和信息服务业的技术人才培养，提升企业自主创新能力，引导企业有所侧重、有所优势的研发具有核心技术的软件产品，结合本地企业的需求提供系统的、全面的解决方案，做好后续的技术支撑服务。鼓励软件企业开发各种行业软件、行业信息化系统集成及面向行业的技术服务平台，研制符合行业发展的各种信息系统技术解决方案及成套产品，从多种途径开展技术服务。

三是加强对中小企业信息化的引导扶植。加紧建设中小企业信息化服务平台，尽快建成覆盖全区的中小企业公共服务平台网络，实现服务平台网络内部以及与服务资源的互联互通和服务协同，为中小企业提供信息咨询、人员培训、技术支持等多项服务。加大对中小企业的资金支持，鼓励企业创新发展，推动信息基础设施建设，提高企业信息化建设的积极性。

四是优化电子商务发展环境。营造良好的网络支付环境，建立电子商务诚信体系，加强互联网安全防护，推广"手机支付"、"手机钱包"等应用，扩大企业电子商务的深度和广度。优先发展现代物流业，依托现有交通枢纽与网络高速率优势，加快物流园、物联网的建设，提升物流服务水平，为电子商务发展提供有力保障。

第三十三章　新疆维吾尔自治区两化融合发展水平分析

一、总体情况

（一）经济概况

2012 年，新疆维吾尔自治区（以下简称"新疆"）地区生产总值为 7530.32 亿元，比上年增长 12%。其中，第一产业增加值为 1320.57 亿元，比上年增长 7.0%；第二产业增加值为 3560.75 亿元，比上年增长 13.7%；第三产业增加值为 2649 亿元，比上年增长 12.3%。三次产业结构比例为 17.5:47.3:35.2。2012 年，新疆工业增加值完成 2929.90 亿元，比上年增长 12.7%。其中，规模以上工业增加值 2804 亿元，同比增长 12.7%；轻工业 207.24 亿元，同比增长 14.0%；重工业 2596.76 亿元，同比增长 12.5%。在自治区重点监测的十大产业中，有色工业 104.44 亿元，同比增长 43.4%；电力工业 257.62 亿元，同比增长 31.8%；化学工业 280.83 亿元，同比增长 25.2%；钢铁工业 96.64 亿元，同比增长 18.5%；煤炭工业 141.61 亿元，同比增长 17.4%；纺织工业 40.30 亿元，同比增长 15.1%；农副食品加工工业 44.66 亿元，同比增长 11.6%；装备制造工业 56.88 亿元，同比增长 11.3%；石油工业 1386.17 亿元，同比增长 4.1%；汽车工业 4.78 亿元，同比增长 3.0 倍。[1] 近年来，新疆新型工业化进程不断加快，工业化水平不断提高。乌石化千万吨炼油改扩建、疆电外送等重点能源项目，509 项现代煤化工、矿产品精深加工、装备制造、新型建材、农副产品精深加工、纺织项目建设加快了工业化进程；268

[1]　新疆维吾尔自治区统计局：《2012年新疆维吾尔自治区国民经济和社会发展统计公报》，2013年2月。

项新技术、新工艺、新设备、新材料改造项目，103项新产品开发、新技术推广和重点技术创新项目，56项新能源、节能环保、生物、新能源汽车项目的实施提升了工业化水平；电力、化工、煤炭、有色等行业引领工业发展，工业增加值实现两位数增长；园区工业增加值占比升至46.7%。[1]

（二）两化融合主要进展

2012年，新疆不断推动信息技术深度应用，大力培育两化融合示范企业，积极开展两化融合试验区建设工作，通过"点"（企业）、"线"（行业）、"面"（区域）相结合，整体推进，深度融合的布局正在逐步形成，两化融合的层次和水平逐渐提高。

1. 出台相关政策措施，加强两化融合宏观指导

2011年初，新疆党委、人民政府出台了1号文件《关于加速推进新型工业化进程的若干意见》，对自治区两化融合提出了新的更高的要求，推动两化融合向纵深发展。2011至2013年自治区连续三年组织制定了《自治区两化融合示范工程实施方案》，起草完成了《关于加快推进自治区信息化和工业化融合的指导意见》，并结合自治区实际，编制了《自治区企业信息化"十二五"规划》，明确了"十二五"新疆两化深度融合的总体方向、主要目标、重点任务和保障措施，加强了对区内各地方信息化及两化融合工作的宏观指导。

2. 完善支撑服务体系，开展两化融合服务工作

2012年，新疆已初步形成了自治区、地州（市）和县市（区）三级经信系统共同推进的两化融合工作体系，建立了一支由区内21家IT企业组成的两化融合支撑服务队伍，政产学研用协同推进的自治区两化融合服务体系初步形成。同时，自治区组织专家深入全疆各地开展培训。近三年来，累计为1000多家企业的4000多名企业领导和信息化技术人员进行两化融合培训，为各地经信系统及相关企业做了20多场两化融合专题辅导培训，为上百家中小企业提供了现场技术咨询与服务，同时还协调组织举办了多次自治区级两化融合专题论坛和交流会议，有效推进了全区两化深度融合。

---

[1] 新疆维吾尔自治区人民政府网：《2013年新疆维吾尔自治区人民政府工作报告》，2013年2月。

3. 积极开展试点示范，立体推进两化融合

新疆充分发挥产业集聚度高、工业基础好、改造潜力大的优势，从区域、行业、企业三个层面立体推进两化深度融合。在区域方面，确定了克拉玛依市、乌鲁木齐高新技术开发区等 6 个自治区级两化融合试验区，带动了区内其他地区加快两化深度融合推进工作；在行业方面，确定了在石油化工、特色矿产、装备制造、轻工等重点优势行业开展两化深度融合对标试点活动；在企业方面，确定了 180 家自治区级两化融合示范企业，"数字企业"试点工作已在全区 8 个地州展开，全区数字企业已达 1000 多家。2012 年，部分区域信息化水平显著提高，部分重点行业企业的信息化程度已达到国内领先水平，如新疆油田公司已率先在全国建设首个数字油田，如今正在向"智慧"油田迈进。

二、两化融合发展水平分析

（一）综合分析

2012 年，新疆两化融合发展指数为 55.98，比 2011 年提高 2.88 个点，但仍低于全国 61.96 的平均发展水平。基础环境方面，2012 年新疆基础环境指数为 64.07，比 2011 年提升了 5.4 个点。工业应用方面，2012 年新疆工业应用指数为 54.7，比 2011 年提升了 4.19 个点。应用效益方面，2012 年新疆应用效益指数为 50.46，比 2011 年下滑了 2.25 个点。

表 33—1　2011—2012 年新疆维吾尔自治区两化融合指数情况

指标	2011年指数	2012年指数	变化情况
基础环境	58.67	64.07	↑5.40
工业应用	50.51	54.70	↑4.19
应用效益	52.71	50.46	↓2.25
发展指数	53.10	55.98	↑2.88

数据来源：中国电子信息产业发展研究院。

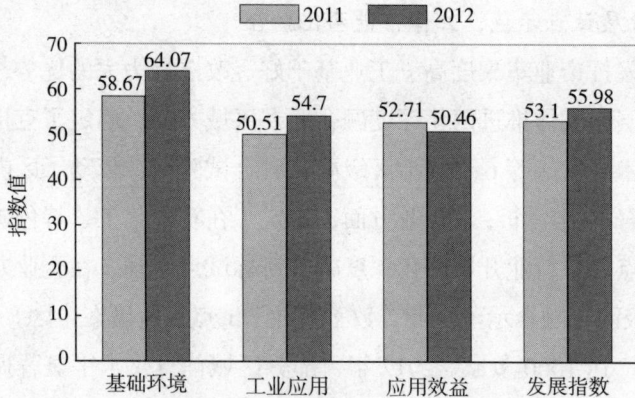

图 33—1　2011—2012年新疆维吾尔自治区两化融合指数情况

数据来源：中国电子信息产业发展研究院。

（二）具体分析

1. 基础环境指数

2012 年，新疆两化融合发展基础环境持续改善，基础环境指数为 64.07，比 2011 年提升了 5.4 个点，接近全国平均发展水平。具体来看，城（省）域网出口带宽指数为 29.38，比 2011 年下滑了 7.62 个点；固定宽带普及率指数为 62.4，比 2011 年提升了 8 个点；固定宽带端口平均速率指数为 51.9，比 2011 年提升了 2.4 个点；移动电话普及率指数为 63.65，比 2011 年提升了 7.15 个点。在互联网应用普及方面，2012 年新疆互联网普及率指数为 60.37，比 2011 年提升了 3.07 个点。在两化融合政策环境建设方面，2012 年和 2011 年新疆均设有两化融合专项引导资金；中小企业信息化服务平台数指数为 92.07，比 2011 年大幅提高 42.07 个点；重点行业典型企业信息化专项规划指数为 47.66，比 2011 年下滑 21.94 个点。

表 33—2　2011—2012 年新疆维吾尔自治区两化融合基础环境指数情况

指标	2011年指数	2012年指数	变化情况
城（省）域网出口带宽	37.00	29.38	↓7.62
固定宽带普及率	54.40	62.40	↑8.00
固定宽带端口平均速率	49.50	51.90	↑2.40
移动电话普及率	56.50	63.65	↑7.15
互联网普及率	57.30	60.37	↑3.07

（续表）

指标	2011年指数	2012年指数	变化情况
两化融合专项引导资金	100.00	100.00	—
中小企业信息化服务平台数	50.00	92.07	↑42.07
重点行业典型企业信息化专项规划	69.60	47.66	↓21.94

数据来源：中国电子信息产业发展研究院。

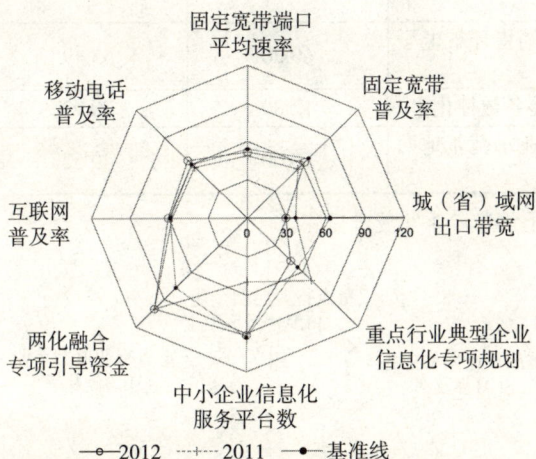

图33—2　2011—2012年新疆维吾尔自治区两化融合基础环境指数情况

数据来源：中国电子信息产业发展研究院。

2．工业应用指数

2012年，信息技术在新疆工业中应用水平稳步提升，工业应用指数为54.7，比2011年提升4.19个点，逐步接近全国工业应用平均发展水平。具体来看，重点行业典型企业ERP普及率指数为56.38，比2011年下滑了6.72个点；重点行业典型企业MES普及率指数为62.62，比2011年提升了12.62个点；重点行业典型企业PLM普及率指数为36.65，比2011年下滑了15.95个点；重点行业典型企业SCM普及率指数为51.07，比2011年提升了10.43个点；重点行业典型企业采购环节电子商务应用普及率指数为63.58，比2011年提升了3.98个点；重点行业典型企业销售环节电子商务应用普及率指数为55.49，比2011年下滑了4.71个点；重点行业典型企业装备数控化率指数为70.92，比2011年大幅提高58.12个点；国家新型工业化产业示范基地两化融合发展水平指数为40.52，比2011年下滑了10.08个点。

363

表 33—3　2011—2012 年新疆维吾尔自治区两化融合工业应用指数情况

指标	2011年指数	2012年指数	变化情况
重点行业典型企业ERP普及率	63.10	56.38	↓6.72
重点行业典型企业MES普及率	50.00	62.62	↑12.62
重点行业典型企业PLM普及率	52.60	36.65	↓15.95
重点行业典型企业SCM普及率	61.50	51.07	↓10.43
重点行业典型企业采购环节电子商务应用	59.60	63.58	↑3.98
重点行业典型企业销售环节电子商务应用	60.20	55.49	↓4.71
重点行业典型企业装备数控化率	12.80	70.92	↑58.12
国家新型工业化产业示范基地两化融合发展水平	50.60	40.52	↓10.08

数据来源：中国电子信息产业发展研究院。

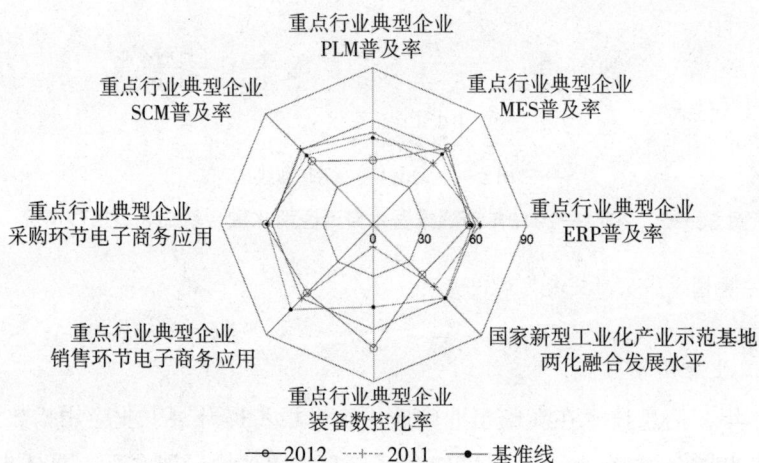

图 33—3　2011—2012年新疆维吾尔自治区两化融合工业应用指数情况

数据来源：中国电子信息产业发展研究院。

3. 应用效益指数

2012 年，新疆两化融合应用效益有所下降，应用效益指数为 50.46，比 2011 年下滑 2.25 个点，相比全国平均值 68.27 仍具有一定差距。在地区工业生产效益和水平方面，2012 年，新疆工业增加值占 GDP 比重指数为 46.22，比 2011 年下滑了 2.58 个点；第二产业全员劳动生产率指数为 98.95，比 2011 年下滑了 11.65 个点；工业成本费用利润率指数为 69.02，比 2011 年下滑了 10.38 个点；单位工业增加值工业专利量指数为 53.83，比 2011 年提升了 5.83 个点。在信息产业发展水平方面，电子信息制造业主营业务收入指数为 4.33，比 2011 年小幅提升 1.03 个点；软件业务收入指数为 20.32，比 2011 年提升了 5.32 个点。

表 33—4　2011—2012 年新疆维吾尔自治区两化融合应用效益指数情况

指标	2011年指数	2012年指数	变化情况
工业增加值占GDP比重	48.80	46.22	↓2.58
第二产业全员劳动生产率	110.60	98.95	↓11.65
工业成本费用利润率	79.40	69.02	↓10.38
单位工业增加值工业专利量	48.00	53.83	↑5.83
单位地区生产总值能耗	38.50	38.51	↑0.01
电子信息制造业主营业务收入	3.30	4.33	↑1.03
软件业务收入	15.00	20.32	↑5.32

数据来源：中国电子信息产业发展研究院。

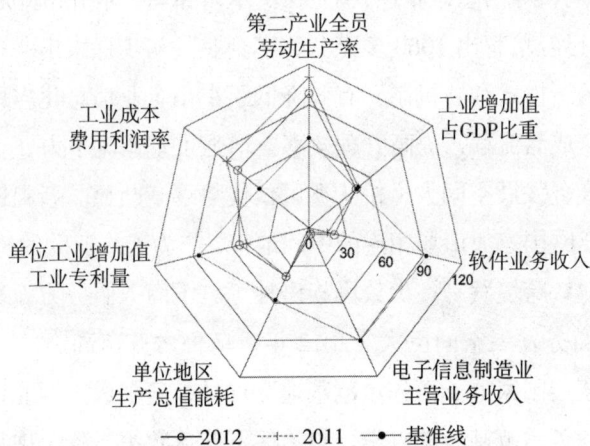

图 33—4　2011—2012年新疆维吾尔自治区两化融合应用效益指数情况

数据来源：中国电子信息产业发展研究院。

三、优劣势评价

2012 年，新疆两化融合发展较为平稳，虽然总体仍处于较低水平，但局部领域发展较为突出，主要存在以下发展优势：

一是大型工业企业实力强，两化融合发展基础好。新疆企业具有鲜明的特征，大企业数量较多，实力较强，对信息化的认识和理解程度较深，两化融合发展基础较好，因此在企业两化融合方面取得较大的进展。自治区已有86%的企业建立了企业内网，78%的企业采用了生产经营管理、行政管理信息系统，42%的企业建立了企业外部网站，机械制造行业63.2%的企业在设计领域普遍运用了计算机辅助设计（CAD）工具。部分特色行业在利用信息技术方面达到全国领先水平，如石油行业的数字油田建设将信息技术和石油勘探技术有机地结合起来，促进了勘探能力、勘探水平的提高和提升，也为及早地探明丰富的石油储量、提升石油产量做出了极大贡献。

二是对中小企业信息化支持力度大，"数字企业"试点初见成效。新疆中小企业占自治区企业总数的99%以上，是两化融合工作的重要组成部分。2012年，新疆加大对中小企业信息化的支持力度，针对中小企业普遍存在的资金不足、人才匮乏、开发周期长等信息化瓶颈，率先在伊犁州和乌鲁木齐市开展了"数字企业"建设试点工作，已经培育出1000多家"数字企业"，初步探索出一条适合新疆"数字企业"建设的新模式和新机制，有效降低了中小企业信息化应用成本，转变产业模式，优化产成品流程，提高管理效率，增强了企业竞争力。

三是电子商务发展空间大，桥头堡区位优势逐渐凸显。新疆地处我国内地企业大量产品与亚欧国家大市场相连的中间地带，作为连接亚欧的桥头堡，在区位、资源、特色产业、跨境贸易、少数民族语种等电子商务服务方面都具有独特的优势，新疆电子商务发展空间巨大。2012年，乌鲁木齐市高新区（新市区）和伊犁州奎屯市荣获"国家电子商务示范基地"称号，新疆成为西北地区唯一拥有两个国家级电子商务示范基地的省份。自治区不断从政策、资金项目及市场开拓等方面支持电子商务建设，新疆特色林果网等电子商务平台快速发展，大力提升了企业品牌价值，扩大了产品覆盖面，促进了新疆电子商务的快速发展壮大。

同时，新疆两化融合还存在以下劣势：

一是中小企业发展基础薄弱，信息化水平尚未得到有效提升。新疆中小企业普遍规模小、水平低、实力弱，对两化深度融合战略意义和重要性认识不到位，以致需求不明确，应用主动性不足，因此中小企业整体信息化程度偏低，较多企业仍没有网站，且尚未在生产和管理过程中有效地利用信息技术帮助企业发展，新疆中小企业信息化水平尚未得到有效提升。

二是缺少顶层设计，发展极不平衡。尽管新疆出台了一些政策推进两化融合快速发展，但很少从新疆新型工业化战略全局来谋划两化深度融合，主要表现为工作思路不太清晰，投入力度不太大，效果不太明显，发展极不平衡。两化深度融合在区域、行业、企业间存在差异和不平衡，南疆与北疆、石油与纺织、国营与民营之间水平差异较大，且有继续扩大的趋势。

三是信息产业落后，支撑队伍能力较弱。新疆电子信息产业发展基础薄弱，整体规模小，产业配套能力弱，发展不平衡；软件和信息服务业的服务水平与能力有待进一步提高。自治区信息产业发展仍较为落后，两化深度融合技术支撑和服务队伍能力较弱，信息化人才队伍还不能满足两化融合快速发展的需要。

四、相关建议

对新疆两化融合提出以下建议：

一是建立和完善两化融合推进机制。加强信息化与工业化政策的共同引导，做好两化融为一体的顶层设计工作，注重各部门之间的统筹协调，建立健全政府主管部门、行业、区域（园区）的两化深度融合统筹协调机制和联席会议制度，逐步减弱区域、行业及企业间发展的不平衡性；围绕石油石化、新型煤化工、电力、有色、机械装备制造、钢铁、建材、特色轻工 8 个超千亿元产业，全方位、多角度、立体推进，构建现代产业体系和智慧产业；加大资金投入，建立信息化与工业化相互适应、相互配合、相得益彰的项目牵引机制。

二是加快提升信息产业的支撑能力。以牵引打造 3 个百亿元信息产业为基础，提升信息化支撑两化深度融合的能力。以物联网应用为牵引，加大物联网在"千百亿工程"领域的应用示范力度，着力打造百亿元物联网产业；以"天山云"计划推进为抓手，着力推动乌鲁木齐、克拉玛依两个云计算产业园区和新疆软件园建设，着力打造百亿元云计算产业；大力发展以光伏电子应用为代表的光伏和以电子铝箔为代表的电子新材料两个基地建设，积极推进硅产业发展、特色电子制造业建设，着力打造百亿元电子信息制造产业。

三是着力推进信息技术的深入应用。大力度、全方位推进信息技术、信息产品、信息资源、信息化标准等信息化要素在工业技术、工业产品、工业装备、工业管理、工业基础设施、工业市场环境等各个层面的渗透与融合，在工业企业、行业、区域的各个方面、各个环节、各个要素之中要有明显体现，形成新型的企业经营模式、组织形态和产业可持续发展模式，提升工业能力和工业素质，推进工业经济发展方式转变，构建现代工业体系。

第三十四章　相关建议

两化融合是推动工业结构优化升级的抓手。促进两化融合是推动我国走中国特色新型工业化道路进程的一项长期任务，也是实现国民经济又好又快发展的关键举措。当前，我国正处于工业大国向工业强国迈进的新时期，工业结构优化升级也进入两化融合主导的新阶段，这就要求相应的体制机制、政策环境和战略举措与之相配套。为此，我们提出着重从以下几方面着力创造和推动完善我国两化融合的制度和政策环境。

一、加强两化融合宏观引导和组织协调

完善各部门之间、各级政府之间的组织协调机制。在国家层面加强政府职能转变，将政府主要职能定位在管理规划、管政策、管标准和加强行业指导、增加监督职能上。地方上，各部门之间相互协调，密切配合，畅通信息沟通渠道和机制，调动各方面推动两化融合的积极性。鼓励建立两化融合部省合作机制和区域合作推进机制，加强试点示范、统筹推进和研究交流。在各级政府和部门建立首席信息官制度，负责统筹本级政府或部门信息化建设，重点推进两化融合。

将两化融合纳入政绩考核体系。改变地方政府以经济增长速度和财政收入等指标为主要考核内容的政绩考核制度，将两化融合发展水平纳入各级政府的业绩考核体系中，督促各地政府加强推进区域两化融合。

发挥行业协会和专家智库的作用。建立起与行业协会、地方、研究机构之间的信息共享机制，以及对重点企业两化融合运行监测的联络体系。建立完善行业

协会有偿服务制度，鼓励行业协会协助政府搞好行业两化融合研究和指导工作，开展两化融合项目申报与评审、行业标准规范制定和典型推广工作等，为行业企业提供优质服务。鼓励各地成立两化融合专家咨询委员会，为两化融合提供辅助决策。

二、选择典型项目推动两化融合示范应用

进一步深入推进两化融合，开展典型示范项目专项行动。选择一批有影响力大的有代表性的成效明显、具有典型示范作用的项目，推动两化融合的示范应用，尤其是运用信息技术加快改造和提升传统产业项目，如基于生产性服务业、电子商务、工业控制、物联网、云计算技术等新技术的应用示范项目。通过实施标杆比对专项行动，让企业清晰了解同行业内的标杆企业信息化水平，进行差距分析，从而为企业制订出一套适合企业发展需求和行业特色的信息化解决方案。

开展两化融合示范和样板工程。加快推进两化深度融合，组织实施重点行业和企业生产与管理集成样板工程、新型工业化产业示范基地深度融合样板工程、制造企业服务新业态培育工程。继续组织"'两化'融合深度行"巡回推广展示活动，大力宣传各地区、各行业和典型企业的成功经验和有效做法，通过媒体、网上展示和博览会等形式扩大影响范围。督促检查国家新型工业化产业示范基地、国家级两化融合试验区建设，加强对两化深度融合试验区建设的指导工作。召开软件企业、信息技术服务企业与工业企业的合作对接会，沟通供需，创造交流合作的机会。鼓励和支持地方开展试点示范，并加强经验交流和培训宣传。

加强标准规范体系建设。组织大型企业、行业组织研究制定适合行业特点的两化融合技术标准规范，如能源管理系统技术规范、企业信息安全管理体系技术规范、数据中心技术规范等。加强电子商务标准建设，规范电子商务信息发布、信用服务、网上交易、电子支付、物流配送、售后服务、纠纷处理等服务。推动电子商务诚信体系建设，完善交易主体身份认证机制，规范交易双方权利和义务，不断完善电子商务市场环境。加快制定物流行业标准，开展相关应用标准的调查、复审、修订，推动物流企业提高物流信息管理水平。进一步深化物联网框架体系和标准规范的研究，积极参与大数据、云计算等标准工作，研究制定云安全、服务能力与质量、开放接口、体系架构与评估认证等标准规范，为两化融合提供安

全可靠的技术支持。

三、完善对信息服务企业的扶持政策

推出针对工业企业两化融合 IT 服务企业的扶持政策。针对广大企业的"两化融合"战略是一个系统工程，需要通过咨询实施一体化将单纯的软件实施，扩展为 IT 战略规划、业务流程梳理、需求优化、非 ERP 的流程优化、管理及信息化应用提升、后续服务维护等服务项目，因此企业开展信息化建设，必须在信息化服务企业的帮助下进行战略规划、流程优化以及应用维护等。因此，建议逐步推出针对工业企业两化融合 IT 服务企业的扶持政策，帮助 IT 服务企业发展和壮大，提升 IT 服务企业的服务能力，从而为两化融合企业提供更好更有价值的 IT 服务。同时，实施行业两化融合 IT 服务商的资质认定工作，为两化融合企业挑选出有资质条件的优秀 IT 服务商，确保 IT 服务商的资质和服务能力，为两化融合企业提供有保障的服务，降低企业进行信息化建设的风险。加大对提供两化融合诊断、规划、评估和咨询、培训等服务的第三方专业服务机构的培育和扶持。政府应该考虑采取进一步措施来催化两化融合中介服务机构的发展和壮大，尽快出台两化融合中介机构的扶持政策，积极推动两化融合走向可持续的发展道路。

加大财政支持力度。加大对工业企业两化融合资金支持力度，引导地方对开展两化融合示范工程和项目的企业设立奖励资金，并给予相应的资金配套政策。各级政府应设立两化融合专项资金，引导和支持企业开展两化融合。各级政府部门应结合实际情况，合理调配和适当增加促进两化深度融合的各项资金，用于支持企业采用信息技术改造提升传统产业，支持面向行业的关键、共性技术的推广应用。积极发挥政府采购在推动两化融合方面的作用，以政府补贴或政府购买服务等方式，调动基础电信运营商、信息服务商和信息产品制造商的积极性，鼓励相关企业研发"实用、好用、廉价"的相关信息产品和服务。开放政府资源和市场，推行政府网上采购，吸引和带动企业使用信息技术和互联网。

完善税收支持政策。调整部分产品的进出口税率。对有重大推广应用前景的两化融合产品、技术、系统和解决方案，在进口自用设备以及按照合同随设备进口的技术及配套件、备件，免征进口关税。充分发挥增值税转型政策对企业两化融合的促进作用，鼓励企业加大信息化建设力度，提升企业生产和经营管理水平。

实施税收优惠政策。对与两化融合有关的技术转让、技术开发和与之相关的技术咨询、技术服务获得的收入，可按规定免征营业税或减半征收企业所得税。对企业利用信息技术开发新技术、新工艺、新产品的研发费用，在审查立项、投融资贴息等方面给予优先支持，未形成无形资产计入当期损益的，在按照规定据实扣除的基础上，再按照研发费用的 50% 加计扣除；形成无形资产的，按照无形资产成本的150%摊销。出台相关政策措施，给予使用国产软件的企业财政补贴，如免税、免息等优惠。

拓宽多元化投融资渠道。引导和鼓励金融机构对企业两化融合项目予以信贷支持，鼓励企业利用资本市场、外资、民间投资、风险投资等，改善中小企业两化融合融资条件，拓宽中小企业融资渠道。完善中小企业信用担保体系。设立包括中央、地方财政出资和企业联合组建的多层次中小企业信用担保基金，对中小企业开展两化"融合"提供融资担保和信贷贴息补助。鼓励各地建立小企业贷款风险补偿基金，对金融机构小企业贷款按增量给予适度补助。支持建立专门面向软件和信息服务业的融资担保中心，为中小企业提供融资担保。积极培育创业风险投资市场，完善创业风险投资机制，促进创业投资与软件和信息服务业的有机结合。

四、建立健全两化融合综合服务体系

搭建两化融合公共服务平台。建议重点发展面向行业服务的两化融合公共服务平台。为了推动企业信息化软件的推广应用，建立一批为中小企业服务的 SaaS 平台，如搭建为企业工业设计的在线服务平台，由国产软件平台系列产品为主，建设企业工业设计在线服务平台，提供国产的 CAD、CAPP、PDM 以及 CAM 等在线设计软件，并提供相关的技术支持和服务；或与有关机构合作，为企业提供在线财务、在线进销存等软件服务。通过 SaaS 平台服务可以大幅降低企业信息化建设成本和技术难度，便于企业采用相关 SaaS 软件提升企业的管理水平。

完善企业为主体的创新体系。鼓励企业建立技术中心、工程技术中心等研发机构。鼓励有实力的大型企业建立技术中心，鼓励中小型企业通过联合出资、共同委托的方式进行合作研究。鼓励企业、研究机构和大专院校开展多层次的研发合作，建立集"产学研用"为一体的科研开发体系。发挥企业市场资源优势，通过技术创新，实现新技术、新产品在商业上的成功运用，促进新产业培育和发展。

深入实施知识产权战略。进一步完善国家知识产权制度，强化科技人员和科技管理人员的知识产权意识，营造尊重和保护知识产权的法治环境。积极推进软件正版化。实施标准化和专利战略，对研制并获准颁布国际、国家、行业标准的企业给予奖励；对企业专利申请和维持给予补贴。加强知识产权保护，建立完善工业技术和信息技术的知识产权管理和保护机制。鼓励企业组建本行业、本领域的知识产权保护联盟。

大力支持云服务创新。建立云服务创新示范基地，开展生产、商贸和公共服务领域的云服务应用示范。培育云服务头企业，加强对我国云服务提供商的扶植力度，鼓励终端制造商、软件提供商、网络运营商与互联网服务商之间加强合作，推动信息产业链垂直整合。支持具备较好业务、用户、技术基础的云服务企业发展壮大，打造具有行业影响力、产业控制力的本土云服务龙头企业。

强化工控系统信息安全防控能力。加大自主知识产权工控系统的研发和产业化的支持力度，结合重大科技专项、共性关键技术等专项的实施，重点支持国产工控芯片、工控操作系统、系统集成技术以及安全防护技术。扶持信息安全应用产业，开发信息安全产品，构建自主可控的信息安全产业链。建立工业控制系统安全测评检查制度，加强对工业控制系统信息安全管理工作的指导监督，结合行业实际制定完善相关规章制度，并加强督促检查，确保落到实处。加强工业控制系统信息安全管理，加强信息安全防控与测评，落实信息安全管理要求。研究云服务带来的网络和信息安全问题，加强对云服务商的监管，强化云存储信息安全。

五、其它推进信息化和工业化融合的建议

部省市联动开展工作。为确保两化深度融合工作落实得力，建议部省市联动、协同推进，发挥两化深度融合信息的互联互通，避免信息化分散建设、步调不一致、信息不共享。同时，通过大力开展智能工业、智慧城市等方式深化融合。以物联网、云计算为代表的新一轮的技术革命将传统工业提高到智能工业的新阶段，改变信息平台的格局，加强对智能工业、智慧城市的研究和服务有利于实现两化融合的方式的多元化。

加强培养和吸引领军人才。完善柔性引才机制，引进和培养一批两化融合的

高技能人才。加快建设海外高层次人才创新创业基地，建立健全信息化人才引进、项目实施、基地建设有机结合的新机制，形成对引进高层次人才的特殊使用和激励制度。建立经营管理者和企业家队伍健康成长的激励、考核、监督机制，并逐步制度化、规范化。深化企业科技人员专业技术职称评聘制度改革，鼓励企业对特殊、拔尖人才采取特殊的吸引和使用办法，积极推行科技骨干年薪制和期权期股试点，最大限度地调动科技人员积极性和创造性。加快出台《企业首席信息官制度指南》，推动建立"企业首席信息官职业资格认证制度"，引导企业建立信息化专门机构，鼓励企业建立和完善首席信息官制度。筹建中国企业首席信息官协会，组织召开企业首席信息官论坛，通过组织协会和举办论坛，建立企业信息化组织体系和人才队伍。

大力发展两化融合高等教育和职业教育。支持各层次产业人才参加信息化继续教育，培养和造就一支与信息化发展相适应的高素质队伍。鼓励高等院校和职业技术院校面向市场需求，积极调整学科和专业设置，培养两化融合人才。支持有关信息技术企业与学校合作办学，推进与行业应用结合的信息技术教育，培养各类行业信息化应用复合型人才。开展企业首席信息官的教育培训，通过针对企业信息化高层管理人员的培训，提高企业信息化规划、管理和应用水平。结合国家国家信息化计算机教育认证（CEAC）培训项目，制定两化融合培训标准和培训计划，落实培训教材和培训机构。鼓励相关中介机构、企事业单位举办各种类型的两化融合培训班，最终形成一个专业与结构合理的两化融合队伍。

后 记

信息化与工业化融合已成为促进工业转型升级的重要抓手,是走中国特色新型工业化道路的重要内容。未来,我国工业各行业对两化融合的需求将更加强烈,推进两化深度融合的积极性更高,智能制造将进一步发展,电子商务服务业、工业软件和信息技术服务业快速发展,我国两化融合的广度和深度将进一步加大。为摸清我国区域两化融合发展现状,正确评价各地两化融合发展水平,帮助政府部门准确把握发展趋势和规律,务实推进两化融合工作,赛迪智库信息化研究中心组织专门团队,历时12个月,经反复研讨、多次修订,最终形成《中国信息化与工业化融合发展水平蓝皮书(2013)》。

在本书编撰过程中,信息化领域专家、地方工业和信息化一线工作的许多同志提出了大量宝贵意见和建议。工业和信息化部信息化推进司徐愈司长、王建伟处长对本研究报告的撰写给予了悉心指导。高新民、王安耕、漆永新、安筱鹏、陈玉龙、龚炳争、张新红、赵国俊、周剑等同志参与了指标体系讨论,为完善指标体系和计算方法提出许多宝贵意见。

参加本课题研究、数据调研及文稿撰写的人员有:中国电子信息产业发展研究院的张春生、樊会文、杨春立、肖拥军、潘文、姚磊、陆峰、徐靖、谭霞、庄金鑫、王伟玲、王薇、张妮、曹江龙、许旭、陈阳、汤敏贤、李格、赵争朝等。各省市人员:张宇航、戴顺、魏万江、薛利杰、昭日格图、徐艳燕、吴玮、岳欣、石伯明、金雷、傅正、刘三新、邹履传、张洁、孙志强、李洋、范雷、欧柳、袁国清、劳创志、梁启健、赵红民、邓文红、杨国栋、许建明、吴新松、李栋斌、郭俊宏、罗文贵、俞发军、曹雷等同志对数据收集工作给予了大力支持和帮助。本书的出版还得到了院软科学处的大力支持,在此并表示诚挚感谢。

本书的内容和观点虽然经过广泛而深入的讨论,在编写过程中也经过多次修改和提炼,但由于涉及领域宽、研究难度大,有些实践还待时间考验,加之编者的理论水平和视野所限,难免存在不少缺点和不足,敬请广大读者批评指正。

赛迪智库

面向政府 服务决策

中国工业和信息化领域的**思想库**

《赛迪专报》 　　　　《工业和信息化研究》

《赛迪译丛》 　　　　《工业经济研究》

《赛迪软科学》 　　　　《工业科技研究》

《赛迪国际观察》 　　　　《世界工业研究》

《赛迪智库·前瞻》 　　　　《原材料工业研究》

《赛迪智库·视点》 　　　　《装备工业研究》

《智说新论》 　　　　《消费品工业研究》

《书说新语》 　　　　《工业节能与环保研究》

《两化融合研究》 　　　　《工业安全生产研究》

《互联网研究》 　　　　《产业政策研究》

《信息安全研究》 　　　　《中小企业研究》

《电子信息产业研究》 　　　　《无线电管理研究》

《软件与信息服务研究》 　　　　《财经研究》

《军民结合研究》 　　　　《跨国公司研究》

编 辑 部：工业和信息化部赛迪研究院
通讯地址：北京市海淀区万寿路27号电子大厦4层
邮政编码：100846
联 系 人：刘 颖 董 凯
联系电话：010-68200552　13701304215
　　　　　010-68207922　18701325686
传　　真：010-68200534
网　　址：www.ccidthinktank.com
电子邮件：liuying@ccidthinktank.com

赛迪智库

面向政府 服务决策

中国工业和信息化领域的咨询翘楚

信息化研究中心	工业化研究中心
产业政策研究所	规划研究所
电子信息产业研究所	工业经济研究所
软件与信息服务业研究所	工业科技研究所
信息安全研究所	工业节能与环保研究所
互联网研究所	世界工业研究所
光伏产业研究所	装备工业研究所
无线电管理研究所	消费品工业研究所
军民结合研究所	原材料工业研究所
中小企业研究所	工业安全生产研究所
	财经研究所

编 辑 部：工业和信息化部赛迪研究院
通讯地址：北京市海淀区万寿路27号电子大厦4层
邮政编码：100846
联 系 人：刘颖 董凯
联系电话：010-68200552 13701304215
010-68207922 18701325686
传 真：010-68200534
网 址：www.ccidthinktank.com
电子邮件：liuying@ccidthinktank.com